Douglas Monroe

Merlyns Wiederkehr

Douglas Monroe

CⲘERLⲨNS ⲂIEDERKEHR

Die verschollenen Schriften und Zauberbücher
des großen Druiden

Ein Einweihungsweg
für das neue Jahrtausend

Verlag Hermann Bauer
Freiburg im Breisgau

Die Deutsche Bibliothek – CIP-Einheitsaufnahme

Monroe, Douglas:
Merlyns Wiederkehr : die verschollenen Schriften
und Zauberbücher des großen Druiden ; ein
Einweihungsweg für das neue Jahrtausend /
Douglas Monroe. –
2. Aufl. – Freiburg im Breisgau : Bauer, 1999
Einheitssacht.: The lost books of Merlyn ⟨dt.⟩
ISBN 3-7626-0706-0

Die amerikanische Originalausgabe erschien 1998 bei
Llewellyn Publications, St. Paul, MN 55164, USA
unter dem Titel
The Lost Books of Merlyn – Druid Magic From the Age of Arthur
© 1998 by Douglas Monroe

Deutsch von Sylvia Luetjohann

2. Auflage 1999
ISBN 3-7626-0706-0
© für die deutsche Ausgabe 1999 by
Verlag Hermann Bauer, Freiburg im Breisgau
Einband: Markus Nies-Lamott, Freiburg im Breisgau
Satz: Fotosetzerei G. Scheydecker, Freiburg im Breisgau
Druck und Bindung: Wiener Verlag, Himberg
Printed in Austria

Für Francisco und Magda,
ohne deren Unterstützung
es dieses Buch nicht geben würde

Inhalt

Teil III: Das Gorchan von Maeldrew

Zum Geleit

Ein Neuerzählen - ein Abenteuer - eine Entdeckungsreise

Diese Sammlung lange verschollener Schriften will deutlich machen, ja in gewisser Weise rechtfertigen, warum im 21. Jahrhundert die Druiden, welche im Westen traditionell als die Hüter der Erde galten, wieder auftauchen müssen. Gleichzeitig bietet sie praktische schamanische Methoden an, um die Verbindungslinien zwischen der Menschheit und jenen unsichtbaren Naturreichen wieder zu erwecken und herzustellen, von denen unser Planet in seiner Existenz, seinem Gleichgewicht und seinem Überleben abhängig ist.

Warum in Geschichtenform? – Die keltische Tradition ist untrennbar mit ihrer tiefen Liebe zur Erzählkunst verbunden. Sogar die druidische Überlieferung war ein wesentlicher Teil davon, und der Orden der Barden widmete sich fast ausschließlich dem Bewahren und Verbreiten der historischen Versdichtungen und Mythen der keltischen Völker. Die keltischen Geschichtenerzähler – ob es sich nun um die umherwandernden Barden oder die Stammesväter handelte – wurden aufgrund ihrer Fähigkeit, den Geschichten Leben zu verleihen, mit einer fast übernatürlichen Ehrfurcht verehrt. So war lange vor dem Zeitalter der Videospiele und -filme das Geschichtenerzählen die beliebteste Form von Unterhaltung und machte die Welt der Vorstellungskraft zugänglich. Die Erzähler waren geschickt und vielseitig begabt. Sie benutzten die verschiedensten Stimmen, Klänge, Lieder und Musikinstrumente zum Ausschmücken einer Geschichte, die zu erzählen oft Tage, Wochen oder gar Monate dauerte. Dabei sorgte die nächtliche Feuerstelle, ihr Lieblingsplatz, zusätzlich für eine Atmosphäre von Zauber und Magie.

Die keltische Bilderwelt selbst war ganz deutlich ausgeprägt, fremdartig, oft von wilder Schönheit oder auch erschreckend und bizarr, stets aber anschaulich und lebendig. Wer könnte beim Zuhören, selbst heute noch, jemals die furchterregenden Verwandlungen von Cuchulainn, dem Heldenkämpfer, vergessen? Oder König Cormacs silbernes Haus, das Dach gedeckt mit den Flügeln weißer Vögel? Blodeuwedd, die trügerische junge Blumenfrau, oder Llyrs singende Schwäne? Keiner, der jemals davon gehört hat! In der Tat ist das Keltische nicht von dem Reichtum seines Erzählgutes zu trennen, sondern beide haben denselben Ursprung.

Aus diesem einen Ursprung, aus ebendieser Tradition ist auch *Merlyns Wiederkehr* erwachsen. Warum also einem Buch, in dessen Mittelpunkt praktische Keltenmagie steht, Erzählform geben? Auch hier lautet die Antwort, weil die Kelten, die Druiden es auf diese Weise getan hätten, denn so gaben sie ihre Lehren weiter.

Prolog

Tief in mir regt Artos sich. »Bleib fern«, sage ich zu ihm. »Schlaf wieder ein.« Doch Artos ist wach ... und öffnet seine Augen in mir. »Es ist Zeit!« sagt er. »Zeit wofür?« »Ich weiß, was Merlyn mich lehren wollte«, flüstert Artos in meiner Seele. »König über die Menschen zu sein. Zu wissen, wer sie sind ... und den Preis dieses Wissens zu kennen.«

Parke Godwin, *Firelord (1980)*

Merlyns Wiederkehr besteht aus einer Reihe uns überlieferter Schriften, die Merlyn als Verfasser zugeschrieben werden – oder, genauer gesagt, die ursprünglich in seiner Obhut gewesen sein sollen. Alle verläßlichen Quellen weisen darauf hin, daß Merlyn ein Druide war. Die Druiden wiederum waren Mystiker der ersten Stunde, die für die keltischen Völker die Funktion von Priestern hatten und ihre Lehrlinge einweihten; auch dafür gibt es gut belegte Zeugnisse bei zeitgenössischen Autoren der Vergangenheit.

Bei dieser Rekonstruktion alter Texte handelt es sich um ein Buch über Einweihung: *Initiation* als Werkzeug der persönlichen Transformation. Beachten Sie, daß hier eine wichtige Verschmelzung stattgefunden hat: Merlyn ist in der westlichen Welt zur archetypischen Symbolgestalt für Mystik geworden und hat dadurch den Geist des Druidentums tief im abendländischen kollektiven Unbewußten verankert. Merlyn, der selbst in den mystischen Aspekt des Lebens einweihte, hat als Symbol für die Initiation, der Einweihung in höheres Wissen, überlebt. Da dieses Buch sich jedoch auf die Gegenwart und nicht auf die Vergangenheit bezieht, steht die Initiation in unserer heutigen Zeit im Mittelpunkt. Ist die Fähigkeit erhalten geblieben, mit diesem alten Lehrsystem zu arbeiten und, wenn ja, wie kann diese Tradition nutzbringend angewendet werden?

Initiation bedeutet den Höhepunkt einer Visionssuche, die über die Grenzen der normal wahrnehmbaren Welt hinausgeht. Häufig handelt es sich dabei um eine geführte Reise, welche eine mystische Lektion vermittelt, die dann zur Menschenwelt – und zu deren Verbesserung – zurückgebracht wird. In den meisten Fällen ist diese magische Initiationsreise in irgendeiner Form mit dem Weg der *Lehrlingschaft* verbunden.

INITIATION und LEHRLINGSCHAFT: Nach dem Erscheinen der vorangegangen Werke *Merlyns Vermächtnis* und *Merlyns Lehren* wurde vielfach die Bitte geäußert, mit diesen beiden uralten Elementen hier, in unserer modernen Welt, wieder in Berührung zu kommen. So ist das vorliegende ungewöhnliche Buch entstanden. Ich habe dafür Quellen herangezogen, die in der einen oder anderen Form in *The Book of the Pheryllt* enthalten sind – einem alten Manuskript, von dem mir vor vielen Jahren eine Fotokopie anvertraut wurde. Diese umfaßte doch tatsächlich drei Nacherzählungen bzw. Versionen von Geschichten aus dem alten keltischen Sagenschatz, mit denen ich damals nur dem Namen nach vertraut war:

• Die Schlacht der Bäume (*The Battle of the Trees*)
• Das Buch der Pheryllt (*The Book of the Pheryllt*)
• Das Gorchan von CDaeldrew (*The Gorchan of Maeldrew*).

Diese Sammlung ist eine ziemlich ungewöhnliche Verbindung von Stilarten und Handschriften. Durch mehrjährige Studien dieses Manuskriptes, die auch der »Entwirrung« dienten, bin ich zu der Überzeugung gelangt, daß der Originaltitel des Buches, das drei einzelne Teile zusammenfügte, wahrscheinlich DER LEIB DES DRACHEN lautete.

In Ergänzung zu diesen drei ursprünglichen mythologischen Erzählungen habe ich ans Ende einer jeden einen umfangreichen, eher praktischen Teil gestellt und diesen *Grimoire* (altfrz., »magisches Zauberbuch«) genannt. Der mittelalterliche Begriff »Grimoire« wurde deshalb gewählt, weil er traditionell eine oft zufällige Sammlung von persönlichem oder geheimem Wissen, gewöhnlich esoterischer oder magischer Art, bezeichnet. Damit sind diese drei Abschnitte ganz genau beschrieben. Ich habe sie deshalb in das Buch aufgenommen, weil in den mythischen Geschichten viele magische Elemente erwähnt werden, die nach einer Erklärung verlangen; früher einmal wurden diese von den Zuhörern zweifellos ohne weitere Anmerkungen verstanden, doch das ist heute leider nicht mehr der Fall.

Hinzu kommt, daß es viele Anfragen nach zusätzlichem Material für Rituale gegeben hat. Aus in meinem Besitz befindlichen Bänden habe ich daher Teile bearbeitet und zusammengestellt, die brauchbar scheinen und deren Veröffentlichung weder nachteilig ist noch gegen etwas Heiliges verstößt. Verallgemeinernd gesagt, ist dieses Material nach dem Grundsatz von »Ursache und Wirkung« geordnet worden und faßt jeweils diejenigen magischen Informationen zusammen, die einander auf irgendeine Art und Weise ähnlich sind oder eine Verbindung zu den Elementen der vorangegangenen Geschichte aufweisen. Diese »Grimoires« ermöglichen es dem Leser vielleicht am ehesten, einen Blick in die persönlichen Archive eines Magiers zu werfen: in sein »Buch der Schatten«, dessen Wissen nur einem ausgewählten Lehrling, seinem Nachfolger, vorbehalten ist. Dies entsprach der Tradition, und wir wollen diese Tradition in das 21. Jahrhundert hinein fortsetzen.

Menschen aus allen Kulturen klagen über den Verlust der ursprünglichen Mystik und verlangen mit einer Sehnsucht danach, die auch die christliche Kirche nicht stillen kann, denn Kirche und Gesellschaft haben den Sinn für das Mysterium verloren. Die Priester verstehen die innersten gnostischen Lehren nicht mehr: die spirituelle Sprache als Grundlage dieser einstmals bedeutenden Religion. Es gibt vor allem in den hochentwickelten Ländern keine Einweihungsriten mehr, bei denen Ältere die Jugendlichen beim Übergang zum

Erwachsensein begleiten. Die Folgen davon sind Verwirrung, Iden-
titätskrise, ein Fehlen von echten Mythen. Mehr noch als nach spiritueller Wahrheit suchen die Menschen Zugang zu dem geheimnisvollen Sinn in ihrem Leben, ihrer Existenz. Deshalb treten Jahr für
Jahr viele, auf der Suche nach einer Spiritualität jenseits des Bibel-
glaubens, auf der Suche nach Lehrlingschaft und letztlich Initiation,
aus den traditionellen Kirchen aus.

Kehren wir an dieser Stelle wieder zu Merlyn zurück, dem großen Druiden, der den Westen in die Mystik einweihte, und zu
Arthur, seinem legendärsten Schüler. Wir wollen hier keine historischen Fakten diskutieren, denn das wäre keine spirituelle, sondern
eine Auseinandersetzung unter Gelehrten. Gelehrte sind stets die
schlechtesten Mystiker – nur ein Dichter kann zwischen den Welten
lesen. Merlyn und Arthur verkörpern noch immer das Urbild der
Vereinigung zwischen sprituellem Mysterium und irdischer Welt.
Arthur, der Mensch, ist das, was wir tatsächlich sind, und Merlyn,
der uns initiiert, ist das, wovon wir träumen. Dies entspricht einer
Wahrheit, die jedes Kind tief in seinem Innern kennt und die weit
über die eindimensionalen Fakten eines Gelehrten hinausgeht.

Die Frage, ob dieses Kind noch immer in uns vorhanden ist, will
das vorliegende Buch aufzuklären versuchen. Von Anfang an sei
klar, daß es als Werkzeug sowohl für Lehrer als auch Schüler bestimmt ist – soweit zwischen beiden überhaupt klar unterschieden
werden kann. Auch der Lehrer wird durch das Lehren immer von
neuem belehrt und dadurch selbst wieder zum Schüler. Dieser Ablauf geschieht so oft von neuem, wie Lehrer und Schüler frei vom
Einfluß des Ego es zulassen.

Merlyns Wiederkehr ist ein magisches Handbuch des Wissens und
gleichzeitig ein äußerst ungewöhnliches Werkzeug der Initiation.
Seine verschiedenen Teile sind nicht dazu gedacht, für sich untersucht oder überprüft zu werden, denn die einzelnen Geschichten
oder magischen Anleitungen haben kaum eine größere Bedeutung
als ein einzelnes Puzzleteil für das ganze Puzzle. Nur zusammen, als
Ganzes – wenn sie aus einiger Entfernung als miteinander vereinig-
tes Bild betrachtet werden – ergeben die Teile einen Sinn.

Schließlich aber sei noch verraten, daß die Erkenntnisse und
Weisheiten dieses Buches zum Teil auch aufgrund einer Reihe ein-
zigartiger und äußerst ungewöhnlicher Erfahrungen gesammelt worden sind, die auf mehreren Ebenen über den »normalen« Rahmen

der Alltagsrealität deutlich hinausgingen. Erst viel später sollte ich erfahren, daß moderne Seelenforscher solche Erfahrungen als »Zeit-schübe« bezeichnen und Hunderte davon aufgezeichnet haben. Wenn man sich jedoch im Ringen mit solchen Kräften befindet, be-deuten Erklärungen und Zahlen wenig! Welcher Mechanismus auch immer damals im Jahre 1981 wirksam war – während einiger kur-zer, doch dramatischer Tage kam es zu einer Transzendierung der Zeit.

Was für ein Buch wird das sein!
Es wird uns das Geheimnis dessen enthüllen, wovon Oisin sang ...
Und was Merlin wußte ...
Und wie sich allmählich ein langer Schlaf auf die Insel senkte.
Und nur die schwankenden Gräser im Wind
Und der Wind selbst ...
Und die zerbrochenen Schatten von Träumen im Geist der Alten
Bewahren noch immer die Geheimnisse von Albion.

Fiona Macleod

Teil I
Die Schlacht der Bäume

Y GWIR VN ERBVN BVD

PHERYLLT

FIRST SYSTEMATIZERS
OF THE ANCIENT OTARY,

The Pre-Druidic Religion

(From the Blue Book)

by

Llywelyn Sion

Bard of the Glamorgan chair

Imprinted at London 1586.

Sylvia Slawn

Die Vorbereitung

Doch als aus den unbeaufsichtigten Tagen ziel- und planlose Wochen wurden, empfand ich das wachsende Bedürfnis, Merlyn wiederzusehen – um mich innerhalb seiner Pläne erneut geborgen zu fühlen.
Merlyns Vermächtnis

29. Oktober 1981. Im Nebel und Nieselregen eines naßkalten Nachmittags landete mein Flugzeug endlich auf dem Flughafen von Cardiff-Wales in Glamorgan. Das Gefühl einer dringenden Notwendigkeit, das mich dazu veranlaßt hatte, nach bestandenem Abschlußexamen den Rest meines Studiendarlehens für ein Flugticket mit diesem Ziel auszugeben, läßt sich nur schwer in Worte fassen – vielleicht könnte ich von »Getriebensein« sprechen.

Am Flughafen nahm ich mir einen Leihwagen und fuhr weiter nordwärts in die Gegend des Rhondda-Tals. Nach mehrstündiger Fahrt erreichte ich endlich den Ort meiner Bestimmung: das ruhige Städtchen Merthyr Tydfil. Es bereitete keine Mühe, mich hier für die nächsten paar Tage in einem Gasthaus einzuquartieren. Nachdem ich alles ausgepackt und verstaut hatte, beschloß ich, noch einen Spaziergang zu machen, um Klarheit in meine Gedanken zu bringen. Seit ich in Wales angekommen war, herrschte aus irgendeinem Grunde ein wirres Durcheinander in meinem Kopf – fast wie eine Art Dunstschleier aus der Anderwelt. Mount Newais war ganz in der Nähe … ich konnte *spüren*, wie der Berg seine Fühler ausstreckte.

Die Frau, die das Gasthaus führte, sagte mir, daß sich *Nuw'l Mount*, wie sie ihn nannte (in modernem Englisch eigentlich *Newhill*, »Neuer Hügel«), an der nordwestlichen Grenze des Brecon Beacons Nationalparks befand, dessen Randgebiet nicht weit von der Ortschaft entfernt lag. So spät es inzwischen auch war, ich machte mich dorthin auf, um meine Orientierung zurückzugewinnen.

Die Nacht war kühl und feucht, kein Mond war zu sehen. Ein dichter Baldachin aus tiefziehenden, dunklen Wolken wogte und

19

wand sich langsam über meinem Kopf, doch kein einziges Blatt regte sich in der schwarzen Stille. Nach einer halbstündigen Wanderung hatte ich die südliche Grenze des Naturschutzgebietes erreicht und machte mühelos einen Fußweg ausfindig, der in die richtige Richtung zu führen schien. Diesen Weg schlug ich ein, nur begleitet von einer großen Eule mit grünen Augen, die mir überallhin zu folgen schien. Nachdem ich eine ziemliche Strecke zurückgelegt hatte, gelangte ich zu einem Wegweiser, der in zwei Richtungen zeigte: *Pen-y-Cae/Abergavenny*. In einer plötzlichen Verwirrung und Benommenheit ließ ich mich darunter nieder.

Der Name »Abergavenny« hatte eine starke Reaktion in mir ausgelöst. Den Grund dafür konnte ich nur erraten, doch Visionen strömten mir durch den Kopf wie niemals zuvor – Fluten von Bildern, die nicht aus diesem Leben stammten. Vielleicht hatte ich meine Augen geschlossen, doch da waren sie, so klar wie am helllichten Tag: Elfen, die auf Wiesen voller Tausendschönchen tanzten ... Holzflöten, auf denen feierlich gekleidete Männer spielten, die an einer rötlich fließenden Quelle saßen ... und der Druide in seinen blauen Gewändern, der einen hölzernen Schrein auf den Rücken gebunden trug. Ja, diesen Mann kannte ich, wußte in meinem Innern, daß er der Schlüssel war und meine Suche irgendwie mit ihm beginnen mußte.

Die letzte Gewißheit, an die ich mich in jener Nacht erinnere, war das Bild des blaugekleideten Mannes, der mir einen merkwürdigen Gegenstand hinhielt – so als würde er mir ein Geschenk anbieten oder vielleicht sogar einen Hinweis geben. Es schien sich dabei um eine Art Glockenspiel oder Gong von ungewöhnlicher Gestaltung zu handeln: Es bestand aus drei dünnen, zu einem Dreieck geformten Eisenstäben, deren längste Seite etwa so lang wie ein Männerarm war und die nur an den Enden miteinander verschmolzen waren, sich sonst aber an keiner Stelle berührten. Das Ganze hing oben an einem Kettenring und ließ, wenn es angeschlagen wurde, einen unheimlichen, dreistimmigen Klang ertönen. In meiner Vision hing das Instrument von einem tiefen Ast des Baumes herab, neben dem der blaugekleidete Mann mit erhobener Hand stand und sagte:

»Der Atem des Drachen ... jene Stimme, die einst auf den Wind horchte. Bringe sie wieder zum Sprechen! Ddraglais ... die Drachen-Stimme, der Drachen-Wind ... sie vereinen sich bei der Höhle. Drei

Tage, die keine Tage sind ... drei Zeiten, die keine Zeiten sind ... zwischen den Welten und jenseits von ihnen ... dreimal wird die STIMME DES DRACHEN dich anrufen ... sie rufen herbei ... dreimal ... sie rufen herbei...«

Mit einem Ruck schreckte ich hoch, schweißüberströmt. Doch das Bild und seine Botschaft standen völlig klar vor mir. Der Morgen des 30. Oktobers, des ersten der drei »Zwischentage« des alten keltischen *Samhain*-Festes dämmerte herauf, und ich wußte, was zu tun war.

»Nichts geschieht jemals zufällig«, rief ich mir selbst ins Gedächtnis. »Alles im Leben ist wie ein riesiges Netzwerk miteinander verbunden. Wir müssen nur unseren stärksten Eingebungen beharrlich folgen, damit wir darauf stoßen.« Mit diesem kostbaren Juwel in meinem Geiste ging ich den Weg zurück, auf dem ich gekommen war, und war voll und ganz bereit, dem Tag entgegenzusehen.

Obwohl ich hungrig war, widerstand ich der Versuchung, in einem der wunderschön altmodischen Läden zu frühstücken, welche die Straßen säumten, denn es war wichtig zu fasten. Statt dessen schaute ich in einem Telefonbuch unter dem Stichwort »Metallverarbeitung« nach und fand einen Mr. O. Strattford in der West Main Street.

Der Laden war leicht zu finden, doch auf einem Schild stand, daß er erst eine Stunde später öffnen würde. Irgend jemand mußte gesehen haben, daß ich davor wartete, denn schon bald ging die Tür auf, und vor mir stand ein etwa fünfzigjähriger, kräftiger Mann mit wilden schwarzen Augenbrauen. Er war außergewöhnlich schweigsam und sagte nichts, während wir zur Schmiede gingen – bis ich den Gegenstand aus meinem Traum beschrieb. In diesem Augenblick zog er seine wilden Augenbrauen hoch, was ihm ein noch wilderes Aussehen gab.

»Mein Herr, ich glaube, daß ich weiß, wonach Sie suchen«, meinte er mit dem Anflug eines Lächelns. »Bitte kommen Sie mit mir nach oben in mein Studierzimmer. Meine Frau wird uns etwas Tee bringen.«

Mit diesen Worten wurde ich in eine herrliche, holzgetäfelte Bibliothek geführt, die ein großes Aussichtsfenster hatte, das von weißen Rüschenvorhängen und Blumen umrahmt war. Ein langer Holztisch aus dunklem glänzendem Holz nahm die Mitte des Raumes ein. Darauf legte Mr. Strattford vorsichtig ein altes Buch mit dem Titel *Die Geschichte und Topographie von Caermarthenshire* von John O'Donovan aus dem Jahre 1895. Der Schmied ging das Inhaltsverzeichnis mit dem Finger durch, bis er mit einem triumphierenden *Aha* bei der Überschrift »Newhill ausgegraben« anhielt. Hier, auf Seite 242, verbarg sich ein altes Schwarzweißfoto, das in der Tat tausend Fragen beantwortete.

Es zeigte die Höhle … am Eingang halb begraben unter ungezählten Jahren kaskadenartig herabgestürzten Gesteins, aber dennoch die Höhle! Doch dies allein war nicht das Wunder: In der Nähe der Öffnung wuchs ein knorriger, halbtoter Apfelbaum, von der Zeit und von Unwettern verkrüppelt und verdreht. An seinem tiefsten Ast aber hing das Instrument – das Glockenspiel, genauso, wie ich es in meinem Traum gesehen hatte. Da lächelte ich erneut über die »Vernetzung von Traum und Wirklichkeit« und fragte, ohne auch nur einen Augenblick zu zögern: »Können Sie mir so eines bauen? Vor dem Einbruch der Nacht?« Und die wilden Augenbrauen hoben sich noch einmal.

* * *

Im Laufe des Nachmittags las ich in fieberhafter Aufregung alles über den rätselhaften Gegenstand, stellte Fragen wie ein Zehnjähriger und erfuhr, warum ausgerechnet der Schmied so vertraut damit war. Offenbar hatte es bis vor wenigen Jahren zu den traditionellen Aufgaben der städtischen Schmiede gehört, das Glockenspiel zu ersetzen, wenn es abgenutzt war. Wie Mr. Strattford erklärte, bestand es aus Eisen und hielt jeweils etwa fünfzig Jahre, so daß also jeder Handwerksmann im Laufe seines Lebens ein Glockenspiel anzufertigen habe. Deshalb müsse der Schmied des Ortes wissen, nach welchen Vorgaben es zu bauen war. Er beeilte sich jedoch zu betonen, daß diese Tradition ein Relikt der alten heidnischen Bräuche sei, die es heute nicht mehr gäbe. Die Höhle schien ein Jahrtausend lang die Quelle des Sagenschatzes und Aberglaubens dieses Ortes gewesen zu sein. Wie der Schmied mir erzählte, war sie aus einem behauenen Stein entstanden, der direkt davor lag und den Namen »der Nekromant von Yore«, in merkwürdigen eingekerbten Zeichen trug. Mehr sagte er nicht darüber.

In dem Buch wurde das Instrument als *Die Stimme des Drachen* bezeichnet und seine Verwendung nur angedeutet, denn selbst 1895, als das Buch geschrieben worden war, wurden derartige Vorgänge kaum in Worte gefaßt. Aber es gab sie: Die Menschen gingen zur Höhle, riefen »den Atem« herbei, ließen den Gong erklingen – und dann? Das, so nahm ich an, hatte ich selbst herauszufinden.

Während ich darauf wartete, daß der Schmied seine nachmittägliche Arbeit vollendete, ging ich in mein Zimmer zurück und durchsuchte den Stoß Manuskripte, den ich mitgebracht hatte. Der Mann hatte etwas gesagt, was mir vertraut vorkam, eine bruchstückhafte Erinnerung an etwas in mir auslöste, was ich einmal gelesen hatte. Dann, fast zuunterst im Stapel, fand ich es:

»*Grabschlaf bei den Kelten*« lautete der Titel, der reich verziert in altenglischer Schrift obendrüber stand, und darin beschrieben wurde genau das Puzzlestück, das mir fehlte! Es gab, so hieß es darin, den alten Brauch, einen Zauberspruch zu sagen und dann am Grabe desjenigen einzuschlafen, zu dem man in Verbindung treten wollte. Dieser Brauch existierte schon vor Menschengedenken, wie es in dem Schriftstück hieß. Zum Abschluß wurde noch ein Fall als Beispiel geschildert, der bei den frühen okkulten Schriftstellern des 16. Jahrhunderts allgemein bekannt war: *Das Herbeirufen des Schattens von Merlyn* durch das Rezitieren seiner in einen alten Grabstein eingehauenen Grabschrift. Der allergrößte Glücksfall aber war, daß der Zauberspruch in walisischer Ursprache wiedergegeben war!

Als die Schatten allmählich länger wurden, hatte ich bereits das *Ddraglais* abgeholt, die Aussprache des altwalisischen Verses gelernt und mir eine ungefähre Wegbeschreibung bis zum Fuß des Berges, *Merlyns Berg*, beschafft. Das Herz schlug mir bis zum Hals, als ich die *Stimme des Drachen* vorsichtig in den großen Koffer packte und losfuhr. Nun blieb nur noch übrig, die Höhle ausfindig zu machen. Aber würde sie nach so langer Zeit überhaupt noch sichtbar sein?

* * *

Eine Stunde später näherte ich mich meinem Ziel. Ich hatte mich, ehrlich gesagt, nur einmal verfahren, glücklicherweise jedoch eine klare Wegbeschreibung von einem Paar bekommen, das auf der

Straße gerade einen Reifen wechselte. Der Zugang zum Gipfel des Newhill war nur über einen recht vernachlässigten und schlecht markierten Wanderweg möglich, doch zum Glück hatte ich keine Mühe, ihn ausfindig zu machen. Ich verstaute meine Gerätschaften in einem Rucksack, nahm das *Ddraglais* in die Hand und machte mich auf einem Pfad, der sich zunächst langsam ansteigend in die Höhe wand, bald aber felsig und steil wurde, an den Aufstieg. Die Sonne war schon fast hinter den Hügeln verschwunden, als ich schließlich die Kerze in meiner kleinen Laterne anzündete und diese an meiner Gürtelschnalle befestigte. Überall in den Wiesen war das einsame Zirpen von Grillen zu hören, wich jedoch dem leiseren Ruf des Windes und dem laut herabkollernden Gerölls, je höher ich stieg. Nach etwa zweistündiger großer Anstrengung wurde der Weg allmählich ebener und zu einem stärker ausgetretenen Fußpfad, der sich um den Berg herumzog. Diesem folgte ich, bis ich an eine Weggabelung gelangte, von wo aus eine der Abzweigungen leicht aufwärts führte und die andere nach unten ins Buschwerk. Hier war auch die Zivilisation wieder sichtbar, denn in großen pinkfarbenen Leuchtbuchstaben waren die Worte *Hier lebt Merlin* auf die Felswand gesprüht, und dahinter war ein Pfeil, den kein Riese übersehen konnte. Damit war die weitere Marschroute klar, und die Zeichen stimmten tatsächlich. Nach etwa fünfhundert Metern war ich an einen Höhleneingang gelangt, der durch Ranken und Geröll zwar teilweise verborgen, aber dennoch vorhanden war!

Aber war es wirklich *die* Höhle? Mit Sicherheit entsprach sie nicht den Berichten, die ich kannte. Dennoch waren die Geister da – die Geistwesen der Vergangenheit. Der Wasserfall war verschwunden, aber etwa sechs Meter über der Höhle waren deutlich breite, ausgewaschene Furchen und Bahnen zu erkennen, über die vor so vielen Jahren einst das Wasser in gleichmäßigen Wellen herabgestürzt war. Die Stelle war richtig, und Geister gab es überall …

Eigenartigerweise betrat ich die Höhle nicht. In der Tat habe ich während jener denkwürdigen drei Tage die Höhle niemals betreten wollen. Den Grund dafür kenne ich immer noch nicht. Vielleicht wollte ich das Geheimnis nicht aufstöbern oder fürchtete mich einfach davor, mit Vergangenem konfrontiert zu werden. Was auch immer es sein mochte, ich beschloß, mein Lager in einiger Entfernung am westlichen Rand des Höhleneingangs aufzuschlagen – ein idealer Platz, durch einen Felsvorsprung etwas geschützt, wo der Weg breiter wurde. Der alte Apfelbaum auf dem Foto von 1895 war wohl schon lange nicht mehr da, doch auch von ihm konnte man noch undeutliche geisterhafte Spuren auf der Erde erkennen, wo einst ein Stumpf gewesen war. Da mir so eine Stelle fehlte, wo ich das *Ddraglais* hinhängen konnte, nahm ich dafür eine alte Baumwurzel, die innen aus der Höhlenwand gerade am Eingang hervorwuchs. Da hing es nun.

Nach kurzer Zeit hatte ich ein Feuerloch gemacht und auch ohne Mühe ein Feuer entzündet, denn das Gebiet war übersät mit dürrem, herabgefallenen Reisigholz. Mit diesem einzigen Gefährten, der mir die Nacht erhellte, machte ich mich nun an die wirkliche Aufgabe, die vor mir lag.

An dieser Stelle ist zu erwähnen, daß ich keinerlei konkrete Vorstellung hatte, wie es nun weitergehen sollte. Die Bühne war errichtet, der Akteur erschienen – nun mußte das Stück nur noch geschrieben werden. Ich durchstöberte meinen Rucksack, zog den Stapel Manuskripte hervor und breitete sie im Schein des Feuers aus. Durch die leuchtenden Flammen wurden die Seiten lebendig, Symbole tanzten und Bilder verschwammen. Ein Blatt zog meine besondere Aufmerksamkeit auf sich: die Kopie der Seite 243 aus Mr. Strattfords Buch.

Ich suchte den dunklen Erdboden auf Händen und Knien ab und schaffte es schließlich, die erforderlichen acht Steine für den Schutzkreis zu sammeln.

»An herbe, a flower and a tree make three« – so lautete die alte Formel für das Räucherwerk aus Kraut, Blume und Baum. Wieder ging ich zu meinem Rucksack und holte die Sammlung von Kräutern hervor, die ich mitgebracht hatte. *»Wermut das Kraut, Stechapfel die Blume, Eibe der Baum«* hieß es in dem *Grimoire*, und so warf ich eine Handvoll von jedem in die Glut und trat in den Kreis. Als die Kräuter im Feuer glühten und knisterten, wand sich ihr gräulicher Dunst zu einem Dutzend geisterhaft aufsteigender Rauchschwaden, und ich war plötzlich von einem Gefühl geheimnisvoller Macht erfüllt.

BEDD ANN AP LLEIAN YMNNEWAIS FYNNYDD
LLUAGOR LLEW YMRAIS
PRIF DDEWIN MERDDIN EMBRAIS ...

Der Widerhall meiner Stimme war deutlich zwischen den Felsen zu hören, verlor sich dann über meinem Kopf und ließ alles in einer schwarzen Stille zurück. Nichts rührte sich, kein Laut war zu hören, nichts geschah. Ich wartete, mit atemloser Spannung, was mir wie eine Ewigkeit vorkam, scheute davor zurück, die symbolische Sicherheit des Kreises zu verlassen. Schließlich, kurz vor Mitternacht, als ich nicht mehr wußte, was ich sonst noch tun sollte, trat ich aus dem Kreis heraus und legte mich auf meinen Schlafsack ... lauschend, jeder Nerv angespannt vor Erwartung.

Die Zeit verging langsam – oder vielleicht verging sie überhaupt nicht, denn unvermittelt verstummten im Hintergrund die Geräusche der Nachttiere, während sich der Himmel allmählich in ein gleichmäßiges Schokoladengrau verwandelte. Da fragte ich mich, ob der Zauber überhaupt eine Wirkung gehabt hatte – Zeit und Raum schienen einfach auf halbem Wege zu enden. Dann kam der Schlaf, machte meinem Grübeln ein Ende und ließ mich zwischen die Welten schlüpfen.

Und dann das Getöse! Seitdem ich die Augen geschlossen hatte, schienen nur Augenblicke vergangen zu sein. Das Blut schoß mir in den Kopf, als würde ein Damm brechen, mein Herz pochte heftig, und ich bekam keine Luft mehr. In jenen wenigen spannungsgeladenen Sekunden dachte ich, daß ich sterben würde. (Sind Sie jemals zu plötzlich aus einem Alptraum erwacht?) Der Gong ... die Stimme des Drachen erschallte ungestüm, ihr metallischer Klang durchbohrte die vollkommene Stille der Nacht. Dreimal ertönte ihr lauter Ruf, und dreimal verhallte das Echo in Wellen hinter den Hügeln. Dann, so unvermittelt wie es begonnen hatte, war wieder Schweigen.

* * *

»Dann wird ein Eber aus Cornwall hervorkommen und ihre Nakken unter seinen Füßen zertrampeln!« erklang eine Stimme aus dem Innern der dunklen Höhlenöffnung. Aus irgendeinem Grunde kannte ich diese Stimme gut, wie das vertraute Gefühl, das man bei einem alten Hut oder einem Paar Lieblingsschuhe hat. Noch sehr vorsichtig, wie um den Zauberbann nicht zu brechen, richtete ich mich auf und rückte näher an den Eingang der Höhle.

»Komm her, Freund«, sagte die Stimme sanft, *»und hab keine Angst vor mir. Denn ich bin ziemlich weit gereist, um dich zu treffen – und ich bringe tausend Geheimnisse mit!«*

Da, als wäre etwas lange Zurückgehaltenes plötzlich befreit worden, wurden meine weit aufgerissenen Augen von Tränen verschleiert, die mir in Strömen das Gesicht herunterliefen. Ich kannte diese Worte – wir hatten sie vorher ausgesprochen, irgendwo in einer anderen Zeit oder an einem anderen Ort, und wie Sonnenstrahlen nach einer langen Nacht kehrte eine Flut von Erinnerungen zurück.

»*Merlyn?*« fragte ich versuchsweise nach einer langen Pause, »*Merlyn, seid Ihr es wirklich?*« Meine Stimme klang erstickt, und ich schluckte schwer. »Ich muß Euch sehen«, und ich machte Anstalten, mich der Höhle zu nähern.

»*Nein! Nicht jetzt ... und nicht auf diese Art und Weise*«, kam die fast schroffe Antwort. »Schließlich schaut man nicht das Gesicht der Gottheit und überlebt es! Erinnerst du dich nicht?« Nach einem Augenblick des wohlüberlegten Schweigens fing die Gestalt dann unvermittelt laut zu kichern an. *Ja, es war mit Sicherheit Merlyn,* dachte ich voller Freude bei mir, *sein Lachen ist ebenso eindeutig wie ein Fingerabdruck!*

Ich blieb stehen, wo ich mich befand, und blickte krampfhaft in die dunkle Höhle hinein – und tatsächlich, dort, tief im Innern auf einem herabgestürzten Felsblock, saß die schattenhafte, in ein langes Gewand gekleidete Gestalt eines Mannes. Nichts anderes war zu sehen, doch ... es war eindeutig etwas zu riechen! Mein Herz hüpfte vor Freude, als feine Schwaden von Pfeifenrauch zu mir nach draußen trieben. Ich hielt mich an die Form und ließ mich rasch vor der Höhle auf der Erde nieder. Innerlich war ich dazu bereit, Geduld zu üben. Es fühlte sich so natürlich, so richtig an, dort wieder zu sitzen.

»Der Leib des Drachen liegt im Sterben, Bärenjunges«, erklang Merlyns Stimme, die jetzt ernst und traurig geworden war, »und mit ihm stirbt die Erde, denn beide sind ein und dasselbe. Vor langer Zeit, oben auf dem Berg Camelot, hast du mir einmal gesagt, daß du gern dein Leben dafür geben würdest, wenn du irgend etwas dafür tun könntest, um das Los der Druiden zu erleichtern. Nun, hier an dieser Stelle, nach vielen Zeitaltern, fordere ich dich dazu auf, diesen Eid einzulösen. Die Druiden hatten stets das Erbe, Hüter der Erde zu sein – die *verschwundenen* Druiden, die nun unbedingt wieder sichtbar in Erscheinung treten müssen, wenn die Menschheit das nächste Jahrtausend überleben soll. Genau in diesem Augenblick, während wir miteinander reden, kann die Sonne, das Feuer des Lebens, an manchen Stellen kaum noch die Pflanzen erreichen, so verdunkelt vor Schmutz sind der Himmel, das Feuer und die Luft geworden. Der heilige Leib der Erde ist zu einem Abladeplatz für allen Müll der Menschheit geworden, das Wasser mit unnatürlichen Giften von den Städten und ihren großen Maschinen verunreinigt. Die Pflanzen sterben, die größten alten Bäume gehen durch unsichtbare Kräfte zugrunde, der wolkenverhangene Himmel kann nichts mehr dagegen tun. Die Tiere sterben, Fische und Vögel werden von unbekannten Seuchen hinweggerafft. Die natürlichen Kreisläufe werden langsamer, sie sterben, *und der Mensch ist dazu bestimmt, mit ihnen zu sterben.* Warum erkennt er das nicht? Ich kann darauf eine Antwort geben: weil die Druiden nicht mehr da sind, um diese Zusammenhänge zu enthüllen, um das Gleichgewicht vor dem selbstsüchtigen Fortschritt des Menschen zu bewahren. Läge dies noch in den Händen der Priesterschaft, so würde die Erde, unser Drache, nicht sterben. Die Zeit für die Rückkehr ist gekommen, und die Vorsehung hat mich für eine Zeitlang zum Fürsprecher auserwählt – dich und mich sowie deine zwanzig Gefährten, wenn sie vor dem Beginn des nächsten Jahrtausends gefunden werden können. Dies ist vor langer Zeit von mir selbst prophezeit worden, und so muß es sich auch ereignen. Schicksalhaftes Verhängnis ist die fehlende Bewußtheit der Menschen, und ihnen muß wieder der Weg gezeigt werden.«

»Aber wie?« Langsam schüttelte ich den Kopf. »Der Mensch hat sich in Beton und Stahl eingerichtet, unter deren Gewicht die Erde Tag für Tag ein Stückchen stirbt. Womit läßt sich das ändern? Mit einem Krieg?«

Merlyn stieß ein verkrampft wirkendes Kichern hervor.

»Wenn die Dinge doch nur· so einfach wären«, antwortete er düster, »... doch das sind sie nie! Die Zukunft, Bärenjunges, ist nur allzuoft sogar den Menschen verborgen, die sie gestalten. Trotzdem hat die Vorsehung Ströme und Strudel, die beobachtet, erforscht oder auch neu geplant werden können. Zur Zeit der Sagen hatten du und deine Gefährten die Möglichkeit, die Welt zugunsten der alten Bräuche zu verändern. Du, ihr alle seid gescheitert. Nun kommt eine Gelegenheit zur Wiedergutmachung: Hör zu, wie du dies niemals vorher getan hast – und handle dann, ohne an dich selbst zu denken.«

Darauf erhob sich die Gestalt inmitten undeutlicher Schatten und breitete beide Arme aus wie zu einer feierlichen Erklärung. Die tiefe und feste Stimme Merlyns erfüllte wieder die Höhle mit verborgener Weisheit:

Wisse
daß wir viele Gestalten gehabt haben
ehe wir in dieser jetzigen erschienen sind.

Drei Nächte, die außerhalb aller Nächte liegen
Drei Leben, die keine Leben mehr sind
Dreimal wird die Stimme des Drachen rufen ...

Füge von neuem zusammen, was auseinandergerissen war
Heile den Leib des Drachen:
Drei heilige Bücher – zu einem geworden.

Lausche auf die Stimme
Lerne aus der Vergangenheit
Forme die Zukunft, solange die Zeit noch währt ...

Dann loderte das erlöschende Feuer noch ein letztes Mal kräftig auf, und sein plötzlicher Schein zerstreute die auf den Felswänden liegende Dunkelheit wie Fledermausflügel. In jenem kurzen Augenblick wurde das Innere der Höhle endlich für das Auge erhellt. Mir aber sank der Mut – denn schließlich wurde nichts sichtbar außer Stein und Staub und in den Nischen unaussprechliche Jahre der Erinnerung. Doch nein, etwas war tatsächlich geblieben! Selbst als der letzte Funken verglühte und ausgegangen war, spähten zwei grüne Augen durchdringend oben von der Felskante herab.

»Noath?« flüsterte ich aus meinem Unbewußten in die Dunkelheit hinein. »Auch du bist also meinetwegen zurückgekommen?«

Scheinbar als Antwort, glitt eine große Eule von ihrem Nachtsitz genau auf mich zu und brachte durch ihre Bewegung eine Lawine aus kleinen Steinen ins Rollen, die wie Herbsthagel auf den Lagerplatz herabprasselten. Dann waren die Schatten wiederum zerstreut, doch diesmal war meine Seele mitten unter ihnen und floh von den grauen Bergspitzen wie ein verirrter Geist.

1

Der Mund von Pharon

*Der Wald rührt sich ... die Bäume atmen und bewegen sich dann ...
Äste knacken in der Dunkelheit, Zweige rascheln und recken sich;
ein großes Meer aus wogendem Laub ... Und dann, als die Morgendämmerung über dem Land anbricht, steht ein dichtes Heer von
Waldkriegern fest und undurchdringlich zwischen den beiden ins Feld
ziehenden Priesterscharen – Tapfere Hüter des Friedens der Bäume.*

Peter Roberts, *Popular Antiquities*, 1815

Es war kurz vor Tagesanbruch auf dem Schlachtfeld von Goddeu
Brig. Dort wogte ein schwerer grauer Nebel und wand sich zu einer
Wolkendecke direkt über den Wipfeln der höchsten Bäume, die wie
eine Legion von Göttern in Gefangenschaft wirkten. Weit in der
Ferne, jenseits des Horizontes, war Donnergrollen zu hören, wäh-
rend die ersten Strahlen der Sonne zu einem blutroten Dunst aus-
glühten. Inmitten dieses Farbenspiels warteten wir, wartete jede
Seele in angespannter Bereitschaft.

Wir alle hatten schon lange gewußt, daß sie kommen würden; es
war nur eine Frage der Zeit. Vor zwei Tagen hatten unsere Späher und
die Bergbewohner uns vor den nahenden heiligen Legionen gewarnt.
Selbst das Orakel der Wälder und Ströme hatte ihre Ankunft vorausgesagt, ja sogar das geweihte Haupt des Pharon! Also warteten wir, zu
unserem Empfang versammelt. Oder sollte ich vielleicht besser sagen:
zu *ihrem* Empfang, denn ich war nur ein widerwilliger Zuschauer?

Und wer war ich? Lediglich ein Novize des einstmals bedeutenden Ordens der *Pheryllt*, und ich spürte doch, wie die Geschichte

– oder vielleicht das Schicksal – an diesem Punkt auf dem Gefüge von Raum und Zeit zu lasten begann ... und fürchtete die Geburtswehen, von denen ich wußte, daß sie bald kommen würden. Und jetzt konnte ich von dort, wo ich stand, hoch oben auf dem windgepeitschten Berg Fefnedd, die Rauchsäulen sehen, die wie Dämonen aus Ruß von den Lagerfeuern weit unten aufstiegen. Aber waren es tatsächlich *Dämonen*, wie die Ältesten uns gesagt hatten? Ich hätte es gern gewußt.

Als ich eine plötzliche Gegenwart spürte, wandte ich den Kopf und blickte zurück. Unten am Waldrand zog eine Reihe graugekleideter Gestalten schweigend den Weg entlang und verschwand dann auf geheimnisvolle Weise hinter der dichten Baumgrenze. Die Ältesten, insgesamt zwanzig, versammelten sich, und der Grund dafür war klar. Obwohl Angelegenheiten dieser Art niemals in der Öffentlichkeit besprochen wurden und ganz gewiß nicht unter unseren niederen Rängen, waren Gerüchte zu vielen Ohren gelangt, daß bald das Große Buch geöffnet und Rat beim Pharon-Orakel gesucht werde. Wie es hieß, trugen sich solche Dinge nur in äußerst ernsten Zeiten zu, und in der Tat blieben uns nur noch ein paar Augenblicke vor dem Angriff bei Morgengrauen.

Als die Trommelschläge durch die hohlen Schluchten des Neuen Waldes widerhallten, begann ich langsam in Richtung des Heiligen Tals zu klettern, wobei ich sorgfältig darauf achtete, kein Geräusch zu machen, damit ich nicht entdeckt und hingerichtet würde. Das Kriegsrecht war ausgerufen worden, und niemand – ob Priester oder Stammesangehöriger – war im Umkreis der Ritualstätte zugelassen; denn es handelte sich um ein *Nemeton*, einen heiligen Ort, und es hatte düstere Folgen für jeden, der ihn unerlaubt betrat.

Die Trommeln verstummten gerade in dem Augenblick, als ich in Sichtweite der Lichtung gelangt war. Die Ältesten standen in einem weiten Kreis zusammen, durch den ich die schwache Glut eines Feuers auf dem Steinblock sehen konnte. Unser Oberpriester, der Bladudd hieß, hob die Hände und intonierte das »Lied des Visionengebers«, dessen Magie ich sehr wohl kannte; danach sollte der sagenumwobene Geistertanz beginnen. Die blauen Feuerkugeln, eine für jeden Priester, waren hoch in die Zweige gehängt worden, und ihr unheimliches Licht warf Schattenkontraste von azurfarbenem Zauber über den Feuerkreis. Dann begann langsam der Tanz, in Drehungen und Windungen mit dem Sonnenlauf, so als würden sich die Tanzen-

den unter Wasser befinden. Lautlose Rufe wurden ausgestoßen ...
und von vergessenen Stimmen im Dunkel des Waldes beantwortet.
Schatten von Priester-Legionen traten hervor, Geister von Stammesleuten, die lange tot waren. Ein Meer von Gespenstern. Und als die
Zweige schwer wie ein Spinnennetz unter dem Gewicht der Zauber-
kraft hingen, stimmte Bladudd den Ruf an, der die Wächtertür zwischen den Welten – zwischen *Seiner* und unserer Welt – öffnete.

»*Imbas Forosnai*«, rief er in den Abgrund, und ein dichter röt-
licher Rauch begann zwischen den Steinen hervorzuquellen. Bald
kroch ein scharlachroter Fluß zwischen den Wurzeln und Baum-
stümpfen nach außen, bis er schließlich mein Versteck erreichte.
Ich kannte den Geruch gut. Es war das geweihte Schlangenblut,
ein mystischer Stoff, der nur auf der Heiligen Insel weit im Süden
gesammelt wurde: eine steinähnliche Substanz, die trotzdem wie
Wachs brannte. Ich schmiegte mich dicht an die Erde und atmete
soviel frische Luft ein, wie ich konnte, bis ein greller Lichtblitz mich
hochfahren ließ.

Ich erblickte durch meine abschirmenden Finger eine monströse
Erscheinung, die sich erhob inmitten des Kreises der mit langen Gewändern bekleideten, im Zustand tiefer *Imbas*-Versenkung stehenden Gestalten, während das Feuer endlich ganz erlosch.

»*Wer die Vision sucht, muß hervortreten*«, ertönte wie von trok-
kene Asche klingend eine Stimme aus dem Mund der Erscheinung.
»*Hervortreten oder euch alle zugrunde richten ...*«

Es war keine menschliche Gestalt, welche die Luft über dem
Nemeton erfüllte, sondern eine hoch aufragende Maske: ein hohler
Kopf, von glänzendem Schwarz wie polierter Onyx, bewegungslos
ruhig, von Licht umtanzt. Die Stimme kam aus dem Mund, einem
horizontal verlaufenden dunklen Oval. Die Augen, die ebenfalls
oval und genauso pechschwarz waren, schienen irgendwo, in ihrem
Zentrum schwebend, einen Punkt von pulsierendem weißen Licht
zu haben. Nichts regte sich – außer einem kühlen Morgenlüftchen,
das durch die Zweige ging.

»*Ich* suche die Vision«, rief die Stimme Bladudds und durch-
brach damit das dumpfe Schweigen. Und er trat einen Schritt vor
auf die Maske zu, die daraufhin schweigend zu ihm glitt und mit
ihm zu einer dunklen Gestalt verschmolz.

»Wir sind der Mund von Pharon«, sprachen die beiden, »dem
ältesten von den Sonnengöttern der Insel. Es ist lange her, seitdem die

Priesterschaft es gewagt hat, uns um Rat anzurufen. Es ist lange her, seitdem wir die Geschicke der Menschen einer Antwort für wert befunden haben. Doch hier sind wir und überbringen die Worte der Warnung, die ihr zu hören erbittet. Und so werden sie verkündet:

Ihr könnt dem Schicksal nicht entrinnen, ihr könnt dem Wandel nicht entkommen, denn so ist das Universum beschaffen. Wachstum und Veränderung sind untrennbar miteinander verbunden ... oft durch Schmerz verbunden, und dies unweigerlich immer dann, wenn es mißlingt, die bindenden Ketten der Vergangenheit aufzubrechen. Laßt sie fallen, oder ihr geht zugrunde. Immer wieder verlangt die Zeit dieses Opfer.

Die Eichenmänner sind gekommen: Dies ist das Schicksal, dem ihr nicht entrinnen könnt. Doch Wachstum kann daraus hervorgehen, wenn ihr auf den Ähnlichkeiten aufbaut und die Unterschiede auffangt. Laßt die Vergangenheit fallen, trennt den Goldenen Zweig ab, schließt euch für die Zukunft in Eintracht zusammen.

Und haltet auch nach ihm Ausschau, der kommen wird, denn er wird mit Gewißheit kommen ... der Gehörnte. Er wird den Weg zeigen, Er, der gleichzeitig Jäger und Gejagter ist, wird unsere Rolle als die Stimme Albions übernehmen. Laßt es so sein. Der königliche Hirsch wird als Wächter erscheinen, dicht gefolgt von dem großen Bären. Dann wird das Goldene Zeitalter für uns gekommen sein ... und auch wieder vergehen, denn dies ist Veränderung. Dies bedeutet, daß ihr dem Schicksal nicht entgehen könnt.

Leistet Widerstand, und eure Welt wird zerstört werden. Leistet Widerstand, und ich selbst werde euch zerstören. Denn auch ich bin Hüter der heiligen Gesetze – genauso wie er. Und nun verlassen wir euch. Achtet darauf, daß ihr uns nicht mehr ruft, denn unser Zeitalter ist zu Ende gegangen. Errichtet das große Buch der Einheit ... Achtet auf den Grünen Mann ... Ein Junge wird den Weg zeigen ... ein Junge ...«

Genau in diesem Moment geschahen viele Dinge gleichzeitig: Hoch oben im dichten Blätterdach des Waldes brach ein schwerer Ast ab und fand krachend seinen Weg durch dunkle Lagen von Ranken und Laub direkt über der Stelle, wo ich mich versteckt hatte. In dem Augenblick, den ich brauchte, um mich zur Seite zu wälzen, fiel der *Mund von Pharon* in sich zusammen, während Bladudd unvermittelt einen Schrei ausstieß und mühsam auf die Beine kam.

»Packt ihn! Packt ihn um jeden Preis!« schrie er gellend in die Nacht hinein, »denn er hat unseren allerhöchsten Ritus entweiht!«

Und drohend wies er mit dem Finger in meine Richtung, während sich alle umwandten, das Dunkel mit ihrem Blicken zu durchdringen versuchten und zwischen den Bäumen auszuschwärmen begannen.

Hastig atmete ich die kühle Luft vor Tagesanbruch ein und rannte dann kopflos in die Richtung zurück, aus der ich gekommen war, wobei ich immer wieder stolperte und ins Straucheln kam. Schritte schienen mich einzukreisen, bis etwas Außerordentliches geschah.

Nachdem ich kopfüber über eine Wurzel gestolpert und gefallen war, richtete ich mich wieder auf und schaute hoch, nur um in der Ferne eine seltsame menschenähnliche Gestalt zu erblicken, die sich als Silhouette gegen die im fahlen Licht stehenden Bäume vor mir abhob. Ich blinzelte, rieb mir dann den Schmutz und Schweiß aus den Augen, doch die Gestalt blieb bewegungslos in sich ruhend im frühen Morgennebel bestehen. Wie eine Amphora schien ihr Körper geformt und fast etwas zottelhaarig, doch etwas ragte deutlich oben aus ihrem Kopf hervor, einem Hirschgeweih äußerst ähnlich! Dann erhob die Gestalt eine Hand und ließ sie wieder sinken, wandte sich um und ging langsam in südlicher Richtung.

Ich folgte einem inneren Impuls, ohne die Zeit zu haben, darüber nachzudenken, und hastete so schnell ich konnte hinterher. Dabei schien ich nie an Boden zu gewinnen und spürte auch deutlich die Aussichtslosigkeit der Jagd. Nach und nach vergaß ich gänzlich, daß mich die Priester verfolgt hatten, deren Schritte aber immer weiter zurückblieben. Es schien nur noch darauf anzukommen, den Fremden zu erreichen, obwohl meine Anstrengungen vergeblich bleiben sollten. Die schattenhafte Gestalt war verschwunden.

* * *

Rechts von mir und weit oben durchdrangen goldene Strahlen des
Morgenlichtes wie Pfeile die Baumwipfel, während ich genau nach
Süden, tief in den Neuen Wald hinein vordrang. Jedes Blatt schien
in seinem eigenen Licht zu erglühen – einem leuchtenden jungen
Grün. In den erwachenden Ästen flatterten und zwitscherten die
Vögel. An jenem Tag lief ich immer weiter und war mir kaum
bewußt, wie die Zeit verstrich; durch das dichte Blätterdach war die
Sonne nur schwer zu sehen. Ich lief lange und weit, hielt nur an, um
Wasser zu trinken und gelegentlich auf das zu lauschen, was in meiner Vorstellung Schritte waren, die meine eigenen nachzuahmen
schienen. Aber freilich spielte der tiefe Wald den Sinneswahrneh-
mungen dann einen Streich.

Als die Vögel schon begonnen hatten, sich auf ihren nächtlichen
Schlafplätzen niederzulassen, vernahm ich die Geräusche des Meeres, die alles andere übertönten. Ich kroch mit steifen Gliedern aus
dem Unterholz hervor und an den Strand. Ich fühlte mich wie ein
Bär, der gerade aus einem langen Winterschlaf erwacht war, und
blinzelte, während die letzten Strahlen der untergehenden Sonne in
Feuerspielen auf der Wasseroberfläche tanzten. Weit in der Ferne
konnte ich undeutlich die zerklüfteten Umrisse einer Insel erkennen,
die fast unsichtbar inmitten von hundert sich verändernden grauen
Schatten lag: *die Schlangeninsel.* Über der stillen, silbrigen Wasseroberfläche hatte sich Nebel zu bilden begonnen ... Nebel und noch
etwas anderes, was auf dem Wind über das Wasser getragen wurde:
der Klang eines Trommelschlags, dumpf und gleichmäßig.

Zuerst hielt ich es nur für die wilde Phantasie des Meeres auf
dem Felsen, doch als der Klang immer näher kam, nahm etwas
Form an: ein Schiff ... ein Boot, flach und lautlos ... pechschwarz,
darauf ein Zelt aus schwerem Segeltuch. Und aus dem Zelt drang
deutlich der Klang einer Ritualtrommel, wie unsere Priester sie häufig verwendeten; Leben wurde ihr verliehen von einer schmalen,
dunkelgewandeten Gestalt, die sich tief darüber beugte. Ich trat ein
paar Schritte zurück und beobachtete, wie das Boot völlig still und
leicht am Ufer anlegte, und danach hörten die geheimnisvollen
Herzschläge der Trommel plötzlich auf ...

2

Wildes Notfeuer

Zur Zeit von Bres, Sohn des Elatha, König von Irland, wurde es erfunden. Ogma, ein Mann, der in Rede und Dichtung sehr geübt war, hat das Ogham erfunden. Der Grund für seine Erfindung und der Beweis für seine Klugheit war, daß diese Sprache nur den Gebildeten gehören sollte – unter Ausschluß der Bauern und Hirten.

Celtic Wonder Tales

»Du mußt heilen, nicht verletzen«, drang eine Stimme wie unter dumpfem Staub aus dem Innern des Bootes hervor. »Viele sind gekommen, doch die vielen müssen wie einer werden – *du mußt helfen.* Und vor allem ist der Gehörnte endlich zu dem Wald gekommen! Hörst du mich, Junge?«

»Wer … wer seid Ihr?« fragte ich ganz leise flüsternd, doch er hörte mich trotzdem. »Seid Ihr eine Geistererscheinung – oder lediglich meine Ängste, die in diesen verwunschenen Nebeln Gestalt annehmen?«

»Eine Geistererscheinung?« war das Gelächter einer sehr alten Stimme zu hören, trocken wie Knochen und Pergament. »Oder eine Angst? Jaja, vielleicht *alles*, was du sagst! Doch im Augenblick bin ich nur die Stimme von Maeldrew, dem Zaubersänger, und ich habe wirklich viele Gestalten gehabt, bevor ich zu dieser geworden bin.

Nun bin ich wohl von ansehnlicher Gestalt,
doch am Hofe der Cerridwen habe ich meine Buße geleistet.
Ich war ein großer Geist an jenem Ort, zu welchem ich geführt!

Und durch Gesetz der Sprache verlustig, ward ich befreit
von einem schwarzen alten lächelnd Weib, als sie erzürnt.
Furchtbar war, was sie von mir einforderte.

Ich floh mit großer Kraft als Frosch, dann
in Rabenform – kaum fand ich Ruh.
Ich bin geflohen als blaue Kette und als Reh
in undurchdringlich Dickicht.
Ich bin geflohen als Wolfsjunges in die Wildnis,
als Drossel mit verkündender Zunge, als Fuchs,
in allen Bereichen der Jagd erfahren.
Ich bin geflohen als Schwalbe und als Eichhörnchen,
das vergeblich sich versteckt.
Als Hirschgeweih mit rötlichen Sprossen bin ich geflohen,
als Eisen in einem glühenden Feuer.
Als Lanzenspitze aus Bronze,
als grimmiger Kampfstier,
als borstiges Wildschwein in einer Schlucht,
als helles Weizenkorn bin ich geflohen
und wurde schließlich in einen dunklen Lederbeutel geworfen,
in den Kranich-Sack des alten Weibes,
und dem grenzenlosen Meer preisgegeben.
Nun endlich haben die Götter mir Freiheit geschenkt!

»Zu welchem Zweck Freiheit geschenkt?« fragte ich, denn ich war mir immer noch unsicher über die Absichten dieses Wesens. »Zum Guten oder zum Schlechten?«

»Zu lehren«, lautete die unvermittelte Antwort, »*dich* zu lehren. Komm rasch an Bord, denn wir vergeuden wertvolle Zeit.«

Das merkwürdige flache Schiff senkte sich leicht unter meinen Füßen, als ich an Bord ging. Im Innern war es dunkel, doch konnte ich deutlicher die geheimnisvolle Gestalt des Mannes im langen Umhang sehen, der am anderen Ende des Bootes saß. Er war klein oder vielleicht vom Alter gebeugt, das war schwer zu sagen; unter seiner Kapuze waren jedoch fast zottige, lange graue Haarsträhnen zu erkennen.

Das Wasser war ruhig wie Glas, denn in jener Nacht wurde seine Oberfläche von keinem Windhauch bewegt. Weder sprach der Fremde, noch rührte er sich, bis wir schließlich sacht am Ufer anlegten und er mir nur durch Gesten zu verstehen gab, daß ich an Land gehen sollte. Dann folgte ich ihm lange Zeit auf einem sich schlängelnden Pfad, welcher eine seltsame Hügelkette säumte, die sich in Wellenform über die Insel zog. Ich hatte diesen Ort niemals zuvor besucht, und das Gelände machte einen merkwürdigen und öden Eindruck auf mich: Ausgedehnte, mit Bäumen bewachsene Stellen oder, besser gesagt, kleine Waldungen lagen in der Landschaft wie Tupfen verstreut, voneinander getrennt durch große Wiesen mit wogendem Gras und wilden Blumen, und im Rücken die stets gegenwärtigen Geräusche des Meeres. Wir waren gerade bei der größten dieser Bauminseln angelangt, als sich der Weg scharf gabelte und Maeldrew nach links wies.

»Dort entlang!« sagte er schnell, fast zu sich selbst. »Geh weiter, in den Hain hinein. Beeile dich! Was wir brauchen, liegt dort unten, und wir verlieren kostbare Zeit. Bald ist die Morgendämmerung da!« Und er versetzte mir einen leichten Stoß.

Der Weg mündete in ebenes Gelände, das mit einer erstaunlichen Vielfalt von Bäumen bewachsen war. Ich konnte ihre sich deutlich voneinander abhebenden Formen selbst beim schwachen Mondlicht erkennen: das weiche Dunkel der Kiefern vor dem metallisch glänzenden Silber der Buchen, die gebeugten Weiden und die knorrigen braunen Eichen. O ja, diese Bäume waren sehr alt.

Der Mann, der eine kurze Strecke vorausgegangen war, blieb bei etwas Hochaufragendem stehen. Als ich näherkam, stellte ich fest, daß es sich um einen großen *Menhir*, eine aufrechte Steinsäule, handelte, und daneben wuchs die größte Buche, die ich jemals gesehen hatte.

»Wir werden unsere Suche ... unsere Versammlung des Kranich-Sacks hier beginnen«, sagte er und klang immer noch recht ungeduldig. »Das ist *Phagos*: der letzte und der erste. Schau dort hinauf!« Und er wies hoch in die Zweige hinein, wo eine dunkelgrüne Masse von Mistel, unserer heiligsten Pflanze, hing, deren weiße Beeren wie kleine Monde schimmerten. So waren geweihte Bäume gekennzeichnet.

»*Phagos ... Ffawydden ... mächtige Buche, höre mich*«, rezitierte der Mann angestrengt in die Rinde des Baumstammes hinein. »Gewähre mir nun dieses *Coelbren*, denn Albion bedarf dringend deiner uralten Weisheit. Komm schnell, komm, wenn wir rufen, komm, wenn wir singen ... unsere Not ist groß.« Dann ergriff er mit einer raschen Bewegung die kleine Sichel an seinem Gürtel und schnitt einen Holzspan etwa von der Größe eines Fingers von einem tief-hängenden Ast ab. Diesen stopfte er in einen blauen Lederbeutel, den er ebenfalls an der Seite trug, und bewegte sich singend und rezitierend weiter, zu einem anderen Baum.

»Ioho ... Ido ... Ywen ... Idad ... Ibur ... *Gaben verschenkende Eibe, höre mich*«, wiederholte der Zauber-Priester die magischen Formeln. »Gewähre mir dieses *Coelbren* ...« Und so ging er immer weiter, von Baum zu Baum, bis die heilige Zahl der *Coelbren*-Höl-zer gesammelt war: *einundzwanzig*. Nachfolgend sind die übrigen Worte in der Reihenfolge verzeichnet, wie sie von ihm gesungen wurden:

... als nächstes du, Eadha ... Aethnen ... Edhadh ... Edad ... Crithach ... lange ausdauernde PAPPEL, *höre mich!*

Und Ur ... Grug ... Fraech ... HEIDEKRAUT, *Trostspender, höre mich!*

O Ohn ... Onn, der Unüberwindliche ... Eithin ... Aiteand ... STECHGINSTER, *mit Goldblüten, aber ungeartet, höre mich!*

Und Ailim ... silberne Ailm ... Ffynidwydden ... Ochtach ... TANNE, *ungeschlacht und wild, höre mich!*

Du, Ruis ... Ysgawen ... Trom ... HOLUNDER, *der langsam brennt, höre mich!*

Und Straif ... Draenen Ddu ... Draidean ... Anführer SCHWARZ-DORN *... Gott der üblen Frucht, höre mich!*

Du, Ngetal ... Rhedynen ... Farn von Mathonwy ... schlankes SCHILF, *das rasch verfolgt, höre mich!*

Gort ... Iorwg ... Eiddew ... Eideand ... stark im Kampf, EFEU *in der Blüte, hilf mir jetzt in dieser verzauberten Zeit!*

Muin ... Muinn ... Gwinwydden ... zornvoller WEINSTOCK, *mit Gefolgsmännern der Ulme in höchster Kriegsführung!*

Quert ... Aball ... Queirt ... WILDAPFEL, von Maeldrew geliebt ... lachend vor Stolz neben der Felswand!

Coll ... Collen, der Wissen verleiht ... HASELSTRAUCH, Schieds-richter von geschickter Art, Wirker von Träumen, hilf mir nun!

Tinne ... Celynnen, von dunklem Grün ... Cuileann ... entschlos-sene STECHPALME, mit Speerspitzen bewaffnet, die verwunden die Hand ... von allen Bäumen des Waldes trägst du die Krone ... hilf diesem Land!

Duir ... Dair ... Derwen ... schnelle EICHE, unter deinem Fußtritt dröhnten Himmel und Erde ... mannhafter Wächter der Pforte, gewähre Schutz!

Huathe ... Sceith ... Huath ... Anführer WEISSDORN ... Drae-nen Wen, ungeliebte Göttin, schenke mir Gehör!

Nuin ... Iundius ... Nin ... grausam ist er, weicht keinen Fußbreit zur Seite ... direkt aufs Herz zielt er, der ESCHENBAUM!

Saille, Saile ... Sail ... Helygen, Dreifache Göttin der Nacht ... säumige WEIDE, hilf uns in unserer Not!

Fearn ... Fernn ... Gwernen, Sprachrohr von Brân ... hitzköpfige ERLE, erste in der Schlachtordnung, in vorderster Reihe ... hilf uns an diesem Tag!

Luis ... Caerthann ... Cerdinen ... EBERESCHE, mystischer Gott, obwohl auch du säumig bist ... gewähre mir nun dein geheimnis-volles Holz!

Beith ... Beithe ... edle Bedwen ... anmutige BIRKE, du König-liche, die sich erst spät bewaffnete ... ein Zeichen nicht von Feig-heit, sondern von hohem Stand ... letzter Zweig, hilf mir zu er-schaffen!

Und mit einem erschöpften Seufzer der Erfüllung, fast einem Lächeln, wandte Maeldrew sich mir zu, richtete sich auf und ging wieder zu dem Pfad hinüber.

»Nun zur echten Magie. Komm, Gwydion, die Nacht schwindet rasch, und vor Tagesanbruch haben wir noch viel zu tun.«

Binnen einer Stunde näherten wir uns der Westküste am anderen Ende der Insel und befanden uns in Sichtweite der legendären *Needles of Ur*. Der Weg schlängelte sich an felsigen Klippen hoch und verschwand dann hinter einer Biegung. Dieser folgten wir, bis sich unter uns und vor uns so etwas wie ein kleines Plateau auftat. Es war ein merkwürdiger Ort, der auf allen Seiten von einer Eindämmung umgeben war, doch am allermerkwürdigsten daran war, daß genau in der Mitte ein eigentümliches Gebilde aus lose aufeinandergelegten Steinen stand. Am ehesten glich es einem großen ovalen Backofen, war jedoch auf eine Art und Weise zusammengefügt, die ich niemals zuvor gesehen hatte. Irgendwo aus dem Innern schien ein blasses Licht zu kommen.

»Der Tempel ...«, sagte der Mann und blickte zu mir herüber, ...»du mußt *hineingehen*«, und er gab mir einen nachdrücklichen Schubs wegabwärts. Wir gingen zum Eingang und blieben stehen, während Maeldrew sich dem erbleichendem östlichen Himmel zuwandte, die Hände über den Kopf hob und laut mit dumpfer Stimme die folgende Anrufung rezitierte:

Heil Dir, Ogma Sonnengesicht, Auge des großen Gottes
Auge des ruhmvollen Gottes
Auge des Königs der Lebenden

Ergieße Deinen Segen über uns ...
Ergieße Deine Fähigkeit über uns ...
Ergieße Deine Macht über uns!

Heil Dir
Du ruhmvolles Sonnengesicht,
Maske des Lebensgottes.

Danach betraten wir den Erdhügel. Was ich im Innern vorfand, war zugleich einfach und phantastisch. Obwohl die ringförmige Anlage kahl und schmucklos war, besaß sie dennoch eine strahlende Schönheit, die schwer in Worten zu beschreiben ist. Da war nur ein einfacher Kreis aus acht Steinen, etwa zwei Pfeilhöhen von einer Seite zur anderen, und jeder Stein hatte ungefähr die Größe eines Männerkopfes. Aber was für Steine! Sie leuchteten mit einem überirdischen, gedämpft blauen Kristallicht, und ihr gemeinsames Strahlen erfüllte das ganze Gemach.

»*Der Kreis von Ogma*«, lautete die Antwort auf meine ungestellte Frage, »der Kreis des Lebens. Ich, Maeldrew, der Zaubersänger, bin der Hüter dieses Ortes, dieses Tempels. Hier kann, wie nirgendwo sonst, machtvolle Magie ersonnen werden – Magie, machtvoll genug, um die Invasion aufzulösen, die in diesem Augenblick unsere Küsten bedroht.«

Schlagartig erstarrte ich. Das Wort »Invasion« hatte mich wie ein Messer durchschnitten. Ich zitterte heftig, denn durch dieses ganze Abenteuer und rätselhafte Geschehen hatte ich fast völlig das drohend bevorstehende Unheil vergessen, das mich erst vor ein paar Stunden aus dem Neuen Wald hatte fliehen lassen. *Invasion* ...

»Ja, wir werden etwas dagegen tun – und zwar *jetzt*«, versicherte er und beantwortete damit wieder eine Frage, die ich noch nicht laut gestellt hatte. »Geh und setze dich dort drüben«, und damit wies er auf eine Stelle dicht am Mittelpunkt des Kreises.

Dann ging Maeldrew hinüber zu einem Stoß Anzündholz, das makellos an einem Ende des Gemachs aufgestapelt war, ergriff einen Armvoll und legte ihn vorsichtig vor mir nieder. Langsam löste er den blauen Beutel von seinem Gürtel, breitete die Holzstücke aus und begann dann, von jedem die Rinde mit der Klinge seiner Sichel abzuschaben. Als alle sauber und weiß waren, langte er nach einem großen, braunen Lederbeutel, der an einem Stein lehnte, und zog eine herrlich geschnitzte hölzerne Schoßharfe mit zwanzig Saiten daraus hervor.

»Was wir hier tun, Gwydion, ist dem gewöhnlichen Menschen untersagt«, sagte der Zaubersänger mit leiser Stimme. »Aber da ich weiß, daß du im Laufe vieler künftiger Leben eine einzigartige Bestimmung haben wirst, will ich es riskieren, dir dieses Wissen zu enthüllen. Die Geschichte und Religion Albions hängen davon ab.

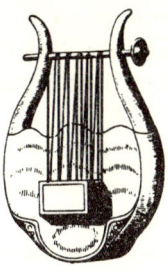

Nun sind wir bereit für das *Crannchur*: das ›Schnitzen der Hölzer‹.
Hier an dieser Stelle erschaffe ich einen Ort, der den alten Göttern
geweiht ist. Eine Zeitlang, hier und jetzt, werden die alten Bräuche
wieder lebendig.« Und er nahm seine Harfe und spielte eine Reihe
von Tönen, wobei er jede Saite bis zum völligen Verklingen nach-
hallen ließ.

»Jetzt, Gwydion, mußt du das Feuer entzünden – das *wilde Notfeuer*! Nimm zwei von diesen Stöcken und reibe sie aneinander. Tu
dies, bis wildes Feuer entsteht. Tu's jetzt – ich will für dich spielen.
Tu's jetzt, Junge!« Langsam begann er auf den Saiten zu spielen,
dann sang er:

Zorn des Feuers
Feuer der Sprache
Atem des Wissens
Weisheit des Reichtums
Schwert des Liedes
Lied von bitterer Schärfe!

Immer wieder fing das Lied von neuem an, wurde jedesmal schneller,
bis der Kreislauf mich in eine Art poetische Erregung versetzte – so
etwas wie Wahnsinn, so daß ich mich mit einer geradezu verrückten
übermenschlichen Konzentration meiner Aufgabe unterzog. Als ich
auf den losen Holzstoß vor mir starrte, schien es, als würde sich von
einem winzigen Punkt in der Mitte ein orangefarbener Dunst nach
außen ausbreiten. Dann verwandelte sich der Dunst nach und nach
in Rauch. Dicke Schweißtropfen liefen mir das Gesicht und den
Rücken hinunter. Ich begann mich schwindlig zu fühlen, zwang mich
jedoch dazu, in gleichbleibender Geschwindigkeit weiterzumachen.
Die Musik ... der Rauch ... die Wärme ... und plötzlich schrie

Maeldrew gellend »*Halt*!« Ich öffnete die Augen und sah ein loderndes Feuer. Sofort zog ich mich zurück, um den Flammen auszuweichen, bis mein Rücken gegen einen der Steine des Kreises lehnte.

Stürze nicht hinab
in diese herrlich dunkle Welt,
wo eine trügerische Tiefe herrscht
und Hades, in Düsternis gehüllt ...
Voll unverständlicher Bilder,
steil abfallend, sich windend,
ein schwarzer, unaufhörlich wogender Abgrund,
sich stets verbindend mit einem lichtlosen Körper,
formlos und leer.

»Willst du dich bemühen, diesen alten Grundsatz in deinem ganzen Leben aufrechtzuerhalten?« fragte er mich im ernsten Ton. »Willst du das?« Ich blickte ihn durch die Flammen an und wußte die Antwort, ohne nachzudenken. »Nun denn, Gwydion von den *Pheryllt*, schau dir dieses Buch an!«

Damit legte er einen dicken Stapel von Pergamentrollen vor mich hin, die oben mit einer blauen Schnur zusammengebunden waren. Jede von ihnen war mit seltsamen, spinnenartigen Schriftzeichen beschrieben, die mir unbekannt waren.

»Was du vor dir siehst«, begann Maeldrew, »ist mein *Gorchan*, meine Dichter-Tafel – sozusagen das gesammelte Wissen meines Lebens. Dies ist das Vermächtnis, das ich nach einem Leben hinterlasse, welches den höheren Wissenschaften geweiht war. Darin enthalten sind die gesammelten Lektionen vieler verschiedener Meister, die ich im Laufe der Jahre aufgespürt, gestaltet und an diese meine moderne Welt angepaßt habe. Die Schrift ist dir zweifellos fremd, denn es handelt sich um das alte und machtvolle *Boibeloth*, die Bildersprache der Bäume, die von Ogma aus den Träumen der Bäume selbst gestaltet wurde. Eines Tages wirst du sie selbst durch einen Traum kennenlernen. Und sie kann tatsächlich benutzt werden, wie du bald sehen wirst.« Er blickte zu mir hinüber und lächelte auf eine seltsame, unergründliche Art, dann wandte er seine Aufmerksamkeit wieder dem Feuer zu. Der Magier nahm seine Sichel, mit der er die Hölzer geschnitzt hatte, und legte sie vorsichtig in die glühende Asche des Feuers.

»Siehst du, Junge, es gibt nämlich eine tiefe, durch die Zeiten ge-
formte Verbindung zwischen der Musik und den Bäumen. Sie sind
Teil desselben Sprachsystems. Die alten Mystiker haben die Harfe,
das am höchsten verehrte magische Kunstmittel, als ein Instrument
des Dialogs zwischen Menschheit und Baumwelt erschaffen. Eine
echte Harfe hat zwanzig Saiten, zwanzig Klangfarben. Es gibt auch
zwanzig Herrscherbäume, wie sie von Ogma Sonnengesicht, der uns
das Wissen und die Buchstaben schenkte, bestimmt wurden ... und
zwanzig Buchstaben. *Alle sind miteinander verbunden.* Alle sind
ein Teil dessen, was früher einmal ein Ganzes war. Alles muß für
diesen einen Augenblick in der Geschichte wieder miteinander vereint werden. Die Bäume, unsere uralten Verbündeten, sind müde
geworden und eingeschlafen, sie müssen aufgeweckt werden. *Laß
uns anfangen!*«

Maeldrew schloß die Augen, hob seine Hände mit den Handflächen nach oben und sprach dann mit einer eigenartig rituellen
Stimme, die ganz anders als seine eigene klang:

Ton, Wasser, Wolle und Blut
Holz, Kalk und Flachsgarn, eine ganze Spule
Akaziengummi, Erdpech voll Kraft –
die neun Stoffe von Nimrods Turm
füllen nun meinen Kranich-Sack!

Der Zaubersänger ergriff das Birkenholz, während er die Harfe in
seinen Schoß legte und auf der obersten Saite drei klare glocken-
gleiche Töne spielte; dann rezitierte er auf derselben Tonhöhe einige
jener Worte, die ich schon früher im Heiligen Hain vernommen
hatte:

»*Beith ...Beithe ... edle Bedwen ... anmutige Birke, du König-
liche, die sich erst sehr spät bewaffnete, ein Zeichen nicht von Feig-
heit, sondern von hohem Stand ... Erster Zweig, hilf mir zu erschaffen!*«

Und er zog die rotglühende Sichel aus der glimmenden Asche und
sprach ein letztes Wort der Kraft: »*Boibel*!« (dessen große Bedeutung ich damals noch nicht kannte). Darauf brannte Maeldrew
mit einer raschen Folge von Strichen ein winzig kleines Muster aus
Linien tief in das Birkenholz hinein, ließ es dann wie ein heißes
Stück Eisen fallen und atmete heftig aus.

»Hier ... das erste *Ogham* ist nun vollendet«, sagte er, als sei er erschöpft, und hielt den fertigen Stab hoch, damit ich ihn sehen konnte. »Du mußt ihn genau vor Tagesanbruch benutzen, um die Bäume aufzuwecken. Sie sind unsere einzige Hoffnung für den Frieden. Nun weiter zum nächsten!«

»Sie *benutzen*? Aber wie denn?« war alles, was mir einfiel. Doch er hörte mich nicht, so entrückt war er in den Tiefen seines Zaubers.

»*Luis* ... *Caerthann* ... *Cerdinen* ...«, aus tiefer Versenkung heraus fuhr er damit fort, bis schließlich alle zwanzig Holzstücke eingebrannt und vollendet vor ihm lagen. Die Luft um uns herum roch herrlich nach versengtem Holz und magischem Zauber! Der Magier sammelte die Hölzer zusammen und legte eines nach dem anderen in den blauen Lederbeutel, *den Kranich-Sack*. Dann wandte er sich mit müden Augen zu mir.

»Jetzt bist du an der Reihe, Gwydion, der bald ›Gwydion der Zaubersänger‹ sein wird, denn du bist mein Namensvetter. Es ist nun an dir zu handeln.« Er hob eine Handvoll rötliche Kiesel vom Boden der Höhle auf und warf sie ins Feuer. Augenblicklich wurde der Raum um uns von einem rosenfarbenen Dunst erfüllt – überall roch es nach verbranntem Eisen, und der Steinkreis schien in seiner Umgrenzung zu tanzen und sich zu drehen. Auch mir drehte sich alles im Kreis, mir war schwindlig, meine Lungen verlangten dringend nach Luft. Schließlich glitt ich in eine Welt der Träume, gerade als alles plötzlich wieder ruhig wurde – glitt an einen tiefen und dunklen Ort, wo alles stillstand wie Stein.

3

Lied der Waldbäume

Von meinem Sitz in Fefynedd,
Einer stark bewehrten Stadt,
Sah ich die Bäume und Pflanzen
Forteilen.
Câd Goddeu, 4. Jh. v. Chr.

Ein starker Wind wehte, als meine Ohren wieder etwas hören konnten, und ich war von den Geräuschen des Meeres umgeben. Als erstes versuchte ich mich zu bewegen, doch meine Beine und Arme wollten mir nicht gehorchen; einen Augenblick lang trug ich mich mit dem Gedanken, daß ich möglicherweise gestorben sein könnte. Doch nach kurzer Zeit konnte ich mich aufsetzen und blinzelte angestrengt zum Horizont, wo die Sonne sich rasch ihren Weg nach oben bahnte.

Zuerst war mein Geist verwirrt, ich hatte nur undeutliche, verworrene Gedanken und Erinnerungen. Es pochte in meinem Kopf, und mein Körper glühte wie von einer unbekannten Hitze. War dieser Mann, war alles nur ein Traum? Ich war mir überhaupt nicht mehr sicher; vielleicht war ich ja nur in das Dunkel gefallen ... weiter nichts. Dann aber lenkten zwei Dinge meine Aufmerksamkeit auf sich und ließen all meine Träume sich auf einen Punkt konzentrieren: Erstens, neben mir lag voller Unschuld eine gebundene Sammlung von Pergamenten in einer fremdartigen Schrift, und zweitens, an meinem Gürtel hing ein blauer Lederbeutel, der mit etwas gefüllt war – und ich wußte ganz genau, womit ...

Ich öffnete den Beutel und betastete langsam die Holzstücke. Dann holte ich, einer augenblicklichen Regung folgend, eines hervor und hielt es hoch ans Licht. Und wieder wußte ich ganz genau, welches Holz ich herausgezogen hatte: *Beith*, es war die Birke, der Anfang. *Der Anfang.* Mit meinem inneren Ohr hörte ich die Stimme Maeldrews rezitieren: »*Edle Bedwen ... anmutige Birke*«, und unversehens strömte alles ins Gedächtnis zurück – *alles*, selbst Teile, die ich vorher gar nicht gekannt hatte! Plötzlich erinnerte ich mich an die bevorstehende Entscheidung: *Die Kelten waren endlich gekommen*, und ich wußte mit absoluter Gewißheit, was ich zu tun hatte.

Ich nahm Maeldrews *Gorchan* vom Boden hoch und schlug die Blätter aufs Geratewohl auf. Die fremdartige Handschrift war natürlich noch da, aber wieder hatte sich etwas verändert: *Diesmal konnte ich jedes Wort lesen ... jede Wendung war mir sonnenklar.* Oben auf der Seite stand LIED DER WALDBÄUME, und es folgten die geheimen Namen der Kraft, die Magier seit Anfang der Zeit benutzt hatten, um die Bäume aufzuwecken.

Ich packte den Text zusammen und begann zu laufen – in den Wald hinein, auf dem Weg, den ich vor vielen Stunden planlos gekommen war. Aber jetzt war ich alles andere als planlos, denn jetzt gab es einen eindeutigen, einen mystischen Plan: *Maeldrews Plan!* Ich lief, bis der bleiche Himmel über dem Ende des Waldes aufzutauchen begann, bis ich den schwachen Rauch der Lagerfeuer riechen und ferne Stimmen im Dunkel hören konnte. Dann blieb ich stehen und versteckte mich hinter der riesenhaften Gestalt einer alten Goldbirke, die am anderen Ende der Waldlichtung wuchs, gerade außerhalb des Schlachtfeldes von Goddeu Brig. Von dort aus war es leicht zu erraten, welche Art von Arbeit getan werden mußte.

Im schwachen Schein der erlöschenden Wachfeuer waren die Banner der beiden Lager zu erkennen: das dreifach gezackte Eichenblatt der Kelten, das über der Wiesenniederung flatterte, und die dreifachen weißen Kreise der *Pheryllt*-Mistel, die trotzig auf der Berghöhe stand: *mein* Lager. Aber war es das wirklich? Es mochte seltsam erscheinen, aber ich spürte mich weder der einen noch der anderen Richtung zugehörig, sondern empfand ein Gefühl von Ebenbürtigkeit, von Gleichheit.

* * *

Doch die Goldene Birke! Aus irgendeinem Grunde erkannte ich, daß es alles andere als bloßer Zufall war, hinter einem solchen Baume Schutz zu suchen. Und so öffnete ich den blauen Kranich-Sack, *meinen Kranich-Sack*, nahm das Birken-*Ogham* heraus und legte es vorsichtig zwischen die von der Zeit knorrig gewordenen Wurzeln dieses Riesen. Dann öffnete ich das *Gorchan* und sang beim schwachen Licht der Morgendämmerung mit heller und fester Stimme den ersten Vers aus dem LIED DER WALDBÄUME. *Und wie durch ein Wunder schien niemand außer dem Baum es zu hören!* Schließlich klopfte ich dreimal auf den mächtigen Stamm und sprach laut den geheimen Namen der Kraft, den Ogma Sonnengesicht diesem Baum zu Anfang der Zeit gegeben hatte. Und dann konnte ich es durch die Erde zu meinen Füßen ganz deutlich spüren: Ein Zittern, ein Beben des Erwachens durchlief das Baumwesen von den Blättern bis zur Wurzel. Da wußte ich, daß dies der richtige Zeitpunkt war, um weiterzugehen und den nächsten Baum in dem Liede zu finden ...

Von meinem Sitz in Fefynedd,
Einer stark bewehrten Stadt,
Sah ich die Bäume und Pflanzen
Forteilen.

Zurückweichend vor dem Glück,
Wurden sie gern gefaßt
In die Form der Hauptbuchstaben
Des Alphabets.

Wanderer staunten,
Krieger waren erschreckt
Über das Wiederaufleben der Konflikte,
Von Gwydion ausgeheckt.

Unter der Zungenwurzel
Ein höchst schrecklicher Kampf,
Und ein anderer tobt
Hoch im Hinterkopf.

Ich plünderte den Farn,
Alle Geheimnisse Maeldrews ergründe ich,
Der alte Math up Mathonwy
Wußte nicht mehr als ich.

Die Wipfel der Buche
Haben jüngst erst geknospt,
Sind verändert und verjüngt
Aus ihrem welken Zustand.

Wenn die Buche gedeiht,
Trotz Bannfluch und Litaneien,
Die Eichenwipfel sich verflechten,
Dann ist Hoffnung für die Bäume.

Ich folgte meinem Weg rund um die beiden Lager herum, legte die *Ogham* zu Füßen der mächtigsten Bäume nieder, die ich finden konnte, und sang dabei das alte Lied der Kraft, das von meinem Geist und meiner Seele völlig Besitz ergriffen hatte:

Du Birke, sehr edle, wirst dich erst spät bewaffnen ...
Ein Zeichen nicht von Feigheit, sondern von hohem Stand.
Beith Boibel – erwache nun!

Du Eberesche, mystisches Schicksal: in Träumen versunken,
niemals wach ...
Hör mich nun, du geweihtes Holz, kämpfe für Albion.
Luis Loth – kämpfe für das Gute!

Du Erle, Hitzköpfige ...
Erste in der Schlacht, Schrecken der vordersten Reihen.
Fearn Forann – töte den Feind!

Du Weide, Mann nächtlicher Wasser ...
Säumig mit Luis, tu, was du kannst.
Saille Saliath, Herr des Mondes – rette nun unser Land!

Du Esche, grausamer Baum ...
Weiche keinen Fußbreit zur Seite, ziele direkt aufs Herz.
Nuin Neiagadon – sei der Schaft eines Speeres!

Du Weißdorn, mächtiger Anführer ...
Mit deinem ungeliebten Bruder, Maidorn, trauervoller Tänzer.
Huathe Huiria – rufe deine Verachtung herab!

Du Eiche, schnellster der Schritte,
Mannhafter Wächter der Pforte,
Dröhnen von Himmel und Erde.
Duir Daibhaith – dein Name
sei auf jeder Zunge!

Du Stechpalme, dunkelgrüner Mann ...
Mit Speerspitzen bewaffnet, verwunden die Hand.
Tinne Teilmon – halte entschlossen stand!

Du Haselstrauch, geschickter Schiedsrichter ...
Freund des Salms, Wirker von Träumen.
Coll Cae – schmiede alle Ströme!

Du Apfel, lachend vor Stolz ...
Aus dem Gorchan von Maeldrew, neben der Felswand.
Quert Kaliap – gesegneter Führer!

Du Weinstock, dessen Gefolgsmänner die Ulmen sind ...
Erhaben und zornvoll für die Herrscher der Reiche.
Muin Muriath – führe unsere Helme!

Du Efeu, groß in deiner Blüte ...
Totschläger von vielen in dieser verzauberten Zeit.
Gort Gath – mache diesen Vers lebendig!

Du Schilf, rasch in der Verfolgung ...
Schlank und geschickt, aufrecht, niemals gebeugt.
Ngetal Ngoimar – leiste, was notwendig ist!

Du Schwarzdorn, stärkster Anführer ...
Bitterer Träger von übler Frucht, mit seiner ungeliebten Schwester.
Straif Stru – gewähre den Bäumen dein Kampfeskleid!

Du Holunder, der langsam brennt ...
Standhaft inmitten sengender Feuer, Kriegsfreund der Eibe,
am Rande der Schlacht kämpfend.
Ruis Riuben – nun bist du an der Reihe!

Du Tanne, ungeschlacht und wild ...
Ungezügeltes Holz,
du zerschlägst und verwüstest.
Ailim Achab –
todbringend sei deine Freude!

Du Stechginster, ungeartet, bis du bezwungen wirst ...
Goldblüten oder alte Reiser.
Ohn Oise – möge keiner dir entfliehen und entweichen!

Du Heidekraut, Trostspender ...
Tröste das von den Mühen erschöpfte Volk.
Ur Urith – purpurfarbenes Joch!

Du Pappel, lang ausdauernde ...
Erschöpft von der Schlacht und vielfach gebrochen,
treuster Verbündeter.
Eadha Essu – zersplittere alles, Kampfesfeuer!

Hör mich Eibe, letztes Holz ...
Finster am Rande des Kampfes stehend, Gaben verschenkend.
Ioho Iachim – Giftzweig: brenne und senge!

Und damit war der Kreis vollendet! Ich stand nur ein paar Armlängen von der Goldenen Birke entfernt, von wo aus ich meinen Weg angetreten hatte, zwar erschöpft, doch zugleich in gehobener Stimmung. Ich ging hinüber zu dem Baum und ließ mich schwer zwischen dem riesigen Wurzelwerk und der rauhen Borke niederfallen. Es blieb nur noch eine kurze Zeit bis zum Anbruch des Tages. Dann lehnte sich mein Kopf – fast so, als würde er dorthin gezogen – wie benommen gegen den Stamm, und ich schloß die Augen. Der Duft des frühen Morgentaus stieg wie ein wohlriechender Nebel von dem fruchtbaren, feuchten Waldboden auf, und ich atmete langsam und tief ein. Mein Körper war schwer wie Blei. Meine Arbeit für die

Nacht war getan. Jetzt lag alles in den Händen des Schicksals – in den Händen von Maeldrews Magie, denn DAS LIED DER BÄUME war wieder gesungen worden.

Visionen von dunklen Wogen und Steinhügeln strömten in meinen Kopf ... Lieder und Harfen, geheimnisvolle graugekleidete Gestalten an fremden Küsten. Ich versank irgendwohin in die Tiefe, wurde eins mit dem Waldboden, eins mit den Bäumen. Meine Arme wurden zu Wurzeln, weit ausladend und unbeweglich. *Aber waren sie wirklich unbeweglich?* Denn ich erinnere mich an das Gefühl, daß gerade in diesem Augenblick ein Zittern wie eine starke Welle durch die Erde ging, und wieder regte sich die Goldene Birke in ihrem Schlummer. *Meine* Arbeit für die Nacht war beendet ... *ihre* Arbeit fing gerade an! Und so fand ich mich damit ab, eine Zeitlang meinen Platz mit den Bäumen zu tauschen: meine Welt gegen ihre, farbige Visionen gegen wirkliche Stimmen, und die blasse Welt der Menschen entglitt tatsächlich, während ich tiefer in ein anderes Reich von wundersamen Kristallmeeren versank, die unergründlich, dunkel und schweigend waren.

4

Und sie wanderten bei Nacht ...

Man hat aus gutem Grund vielfach angenommen, daß hinter diesen knappen und verschlüsselten Aussagen ein tiefgründiges System mystischer Philosophie steht, das aber, um voll erfaßt zu werden, feine geistige Fähigkeiten und eine tiefere Erkenntnis von immateriellen Grundwahrheiten verlangt.

Perci Bollock, *The Oracles of Antiquity*, 1895

Zuerst glaubte ich nur zu träumen ... doch dann wurde es zur Gewißheit. Hoch über dem Waldboden sah ich, daß sich Leben regte in den Baumkronen. Nicht ich, *sie* bewegten sich! Niemals zuvor hatte ich Bäume für lebendig gehalten; dies war nun anders, und das war noch lange nicht alles!

Etwas kehrte zu den Bäumen zurück – etwas, was spürbar und fast sichtbar war, etwas Ätherisches: Wie feiner Regen strömte es von oben herab. Es war schwer, sich darauf zu konzentrieren (*mein Geist war so klar wie Wasser, leer und übervoll zugleich*), denn dieses Etwas nahm die Umrisse seiner Umgebung an! Ich war Beobachter von Geschehnissen in der Anderwelt, erhaschte einen seltenen Blick auf jene fremdartigen Mächte, welche die Welt jenseits der verschleierten Augen von uns Menschen aufrechterhalten. Aber *was* erblickte ich? Kaum konnte ich mir diese eine Frage merken, als sich auch schon eine zweite herauskristallisierte: Hatte Maeldrew irgend etwas mit diesem wunderlichen Geisteszustand zu tun? Wußte er davon?

Wie als Antwort, erhob sich unvermittelt eine Stimme (*ich kann nicht sagen, ob sie von außen oder von innen kam*) und sagte deutlich: »Es gibt einen verehrungswürdigen Namen, der im unaufhörlichen Kreislauf durch die Welten getragen wird«, und verstummte.

Name? Der einzige Name, an den ich gedacht hatte, war derjenige des Zauberers. Dann erinnerte ich mich an die Sätze, die er gesprochen hatte, als ich ihn beim ersten Zusammentreffen fragte, wer er sei. Wie hatten sie noch gelautet? »... *Ich bin in vielen Gestalten gewesen, ehe ich in dieser gekommen bin ...*« Viele Gestalten – dann vielleicht auch viele Namen?

»Wer seid Ihr?« sprach ich laut meine Frage aus. »Zaubersänger Maeldrew, seid Ihr ... hier? Sagt es mir!«

»Du weißt ganz genau, wer ich bin ...«, kam lakonisch die Antwort, doch in einer anderen Stimme, als ich sie zuvor gehört hatte. »Aber Namen sind eigentlich unwichtig, oder nicht, Gwydion? Sie kommen und gehen. Auch du hast viele Gestalten vor der jetzigen gehabt. Und was mich angeht, nun, ich werde immer in der einen oder anderen Gestalt bei dir sein ... darum brauchst du dich nicht zu sorgen. Jetzt aber wartet eine neue Welt auf dich, und du darfst sie nicht länger warten lassen!«

Das nächste, woran ich mich erinnere, war, daß wir dicht über dem Blätterdach des Waldes schwebten, während direkt unter uns ein wahres Meer von Energie erdbedeckte Wurzeln in Bewußtsein versetzte. Doch über uns, hoch oben schillerten und funkelten unzählige Lichtstrahlen, explodierten lautlos zwischen den dichten Wolken – so als würden sie darauf warten, sich auf alles herabzustürzen.

»Schau nach unten«, ertönte die Stimme meines Führers, wer auch immer er sein mochte, »... dort unten.« Ich unterdrückte einen Schrei: Dort unten war mein Körper, genauso, wie ich ihn verlassen hatte, als ich eingeschlafen war, reglos gegen den Stamm der großen Goldenen Birke gelehnt! Da verstand ich langsam.

»Schau nach oben!« befahl er, und aus den verzauberten Wolken kam eine Flut schimmernder Sonnenstrahlen (*so erschien es mir jedenfalls*), die auf den riesigen Baum herabströmten und ihn mit fester Absicht und Kraft durchtränkten. So als würde ich eine Botschaft auffangen, die für einen anderen bestimmt war, spürte ich eine Folge von Zauberworten – oder vielleicht »Baum-Lektionen« – wie eine große hölzerne Trommel durch meinen Kopf hallen. Ja, das war in der Tat eine Botschaft: eine verschlüsselte mystische Weisheit, eine Art Erinnerungsbild, das nur für den Baum bestimmt war, doch mit einer verborgenen Bedeutung, die ich nun zu vermitteln suche. Die Worte (obwohl es eigentlich keine Worte waren) lauteten:

Weissagung der edlen Birke

Ehe die erschaffene Welt begann, war das Nichts.
Doch hüte dich, daß du nicht einer großen Täuschung erliegst,
denn Leerheit ist dasselbe wie Fülle.
Die alles besitzen, besitzen auch nichts,
denn nichts ist als Besitz übrig,
weil sie nicht mehr haben können.

Am Anfang war das Nichts und das Alles,
das Eine, die Väterliche Monade.
Um alle Dinge zu beherrschen und alle ungeordneten Dinge
zu ordnen, erschafft die Monade die Zwei.
Diese Zweiheit glänzt nun mit allem, was sie nicht ist.
Da Gegensätze immer ein Drittes erzeugen,
erscheint in der Welt die Triade,
und die Monade herrscht über sie.
Diese Ordnung ist der Anfang aller Unterscheidung.

Denn der Geist des Schöpfers befahl, daß alle Dinge
in drei Teile unterteilt werden.
Und so wurden alle Dinge geteilt,
werden aber vom gleichen Geiste gelenkt.
In der Triade zeigten sich Weisheit, Würde und
eine über die sinnliche Welt hinausreichende Wahrheit.
Daraus ist die Gestalt der ursprünglichen Triade gebildet,
denn man muß verstehen, daß alle Dinge diesen drei
Grundsätzen dienen: die der Matrix, die alles einschließt.

Wie ein überreicher Quell sprudeln
die vielfältigen Erscheinungen hervor.
Als erstes daraus entstanden ist ein Baum
von glühendem Feuer, weiß und golden,

der wie ein Blitz in verborgenes Dunkel fährt;
und von ihm aus senden alle Dinge
ihre edlen Strahlen hinab.

Dann schienen wir uns weiterzubewegen ... die Bäume und ich, von jener geheimnisvollen himmlischen Erscheinung geführt, bis wir über einem anderen Baumriesen verweilten. Und auch er hatte eine verborgene Botschaft mitzuteilen:

Weissagung der mystischen Eberesche

Suche stets nach dem Weg der Seele,
nach der Ordnung, wie sie dem Körper gedient hat –
derselben Ordnung, aus der sie entströmte,
damit sie wieder erstehen kann und Handeln
mit heiliger Rede verbindet.

Es gibt kein anderes Mittel für uns, bei dieser Quelle
anzukommen, als das Gefäß der Seele
durch mystische Riten zu stärken.
Denn die Bäume wissen, daß die Seele
durch Steine, Kräuter und Wasser gereinigt
und dadurch bald reif für die Ernte wird.

Immer weiter bewegten wir uns inmitten und über der großen Flut der Bäume, einem Ziel entgegen, von dem ich immer noch keine Vorstellung hatte. Aber Maeldrew kannte es ... Der himmlische Regen wurde zu einem immer stärker werdenden, reißenden Strom – zu einem Wolkenbruch, bis ich mich mit Geist und Seele der Flut hingab und die strömenden Wassermassen sagen hörte:

Weissagung der tapferen Erle

Die Seele, die ein leuchtendes Feuer ist, bleibt unsterblich.
Am reinsten sind die Seelen von jenen,
die den Leib in tapferem Heldenmut verlassen.

Die Seele, die den Leib gewaltsam verläßt,
scheut dieses Leben und lehnt es ab,
sich mit dem Leib neu zu verbinden.
Freudig flieht sie in höhere Bereiche.

Jene Seele aber, die dieses Leben verläßt,
weil ihr Leib auf natürliche Weise
durch Alter oder Krankheit zerfällt,
bedauert, daß sie gebunden ist an den Leib.

Lerne daher von der tapferen Erle,
die als erste in die Schlacht ging!

Weissagung der Flußweide

Unsere Weisheit sagt uns, daß die Tiefe der Seele
in den dreifachen Kräften ihrer Erkenntnis liegt.
In diesen dreien ruhen die unsichtbaren Lobgesänge
der aufsteigenden Seele, die Lobgesänge des Flußwanderers.

Erde, Mond, Sonne ... die Stufenleiter.
Der Meister ist irgendwo am Ende des aufsteigenden Weges.
Laßt uns diese vergängliche Wasserwelt verlassen,
laßt uns zu dem wahren Ziel gelangen,
laßt uns der einen Berufung folgen,
laßt uns zur Wärme laufen, vor der Kälte fliehen,
laßt uns zu Feuer werden!
Laßt uns durchs Feuer gehen.

Ihr, die ihr die einfache, schmucklose Form der Schönheit liebt:
Der Meister wird euch leiten und die Wege des Feuers weisen.
Laßt uns nicht mit dem dürftigen Strom der Boann fließen,
dem Fluß des Vergessens ...

Weissagung der grausamen Esche

Begreife das Sichtbare mittels der
vollen Flamme eines entfalteten Willens.

Der Wille!
Von den Feuern der Vorstellungskraft emporgehoben,
durchbricht er die Mauer mit magischer Kraft,
zertrümmert die Pfähle der Palisade,
macht aus sieben Teilen tausend Stücke ...
und spricht die Meisterworte des Wissens!

Wenn du selbst daran glaubst, daß du stärker bist
als der Leib, dann ist es so. Schwanke niemals,
damit du nicht in die Herde eingereiht wirst,
die dem Schicksal unterworfen ist.

Weissagung des ungeliebten Weißdorns

Diesen Leib
werden die wilden Tiere der Erde bewohnen:
ein Dornengewirr.

Dieses Gefäß ist Wohnstatt der Seele, aus ihr gebildet.
Die wilden Tiere sind jene Kräfte, die die Erde durchschweifen.
Unser Leben voller Leidenschaften
wird von solch wilden Tieren bewohnt,
denn sie sind von Leidenschaften gelockt
und nehmen irdische Wohnstatt und Ordnung.

Jene, die den Leidenschaften ergeben sind,
heften sich voller Bewunderung an sie,
denn stets ziehen sie an, was ihnen gleicht.

Weissagung der Wächter-Eiche

Über dem himmlischen Licht brennt eine unzerstörbare Flamme,
stets funkensprühend – die Quelle des Lebens,
die Formgebung aller Wesen, das Urbild aller Dinge!
Sie steht für sich selbst,
kann nicht an einem Ort eingeschlossen werden,
ist körperlos und ohne feste Substanz.
Aus ihr hervor gehen kleine Funken, die alles erzeugen.
Nichts kann sich vor ihrer leuchtenden Gegenwart verbergen.

In der jenseitigen Welt lodert
ein unermeßlich großes, unergründliches Flammenmeer.
Doch sollte kein Herz es fürchten,
sich diesem heiligen Feuer zu nähern
oder von ihm berührt zu werden.
Niemals verzehrt dich dieses friedliche Feuer,
dessen milde und stetige Wärme
die Verbindung, die Harmonie und die Dauer der Welt schafft.

Strebe nicht danach, mehr als dieses zu wissen,
denn solches liegt jenseits deiner Erkenntniskraft.
Und wir als Boten des Feuers
sind nur ein kleiner Teil Gottes.

Weissagung der entschlossenen Stechpalme

Für die gestaltlose Seele führt jeder Weg
bis in die Verästelungen des Feuers.
Wenn du dieses heilige Feuer betrachtest,
das keine Gestalt hat und
in unbeirrbarer Entschlossenheit
die Tiefe der Welt durchstrahlt,
so höre seine Stimme!

Weissagung des verzauberten Haselstrauches

Viele Gläubige sagen,
der Mensch sei als Ebenbild Gottes geformt.
Wir aber sagen: Gott hat kein Ebenbild.

Der Geist des Vaters
hat der Seele jedoch Symbole eingeprägt.
Verzauberte Symbole seines innersten Wesens
hat der Schöpfer tief in den Menschen gelegt,
und aus diesem Samen sind nicht nur Seelen,
sondern alle höheren Ordnungen hervorgegangen.

In diesem Urgrund der Wesen
gibt es ein einzigartiges Zeichen,
das formlos ist und von eigener Prägung.
In der leiblichen Welt gibt es andere Zeichen,
die mit den unbeschreiblichen Eigenschaften des Jenseits
die Symbole selbst weit übertreffen.

Weissagung des gesegneten Apfels

Unterwirf deinen Geist nicht
den unermeßlichen Grenzen der Erde,
denn der Baum der Wahrheit wächst nicht auf ihr.
Sammle dir auch keine Orakelsprüche,
um die Wege der Sonne zu bestimmen:
Sie alle bewegen sich durch das ewige Wollen des Meisters –
nicht um deinetwillen.

Ermesse auch nicht den raschen Lauf des Mondes:
Stets dreht er sich, von Notwendigkeit getrieben.
Auch die Fortbewegung der Sterne
wurde nicht um des Menschen willen geschaffen.
Der himmlische Flug großfüßiger Raben
ist stets in sich vollendet.

Opfer darbringen und in den Eingeweiden
das Schicksal ergründen wollen –
nichts als Spiele,
die einträglichen Täuschungen dienen.
Fliehe diese, wenn du dir
jene gesegneten Gärten erschließen willst,
wo Tugend, Weisheit und Wahrheit
die wahren Früchte des Geistes sind.

Weissagung des zornvollen Weinstocks

Wenn du oft zu mir sprechen würdest,
wirst du klar erkennen, wovon ich spreche –
denn die Welt ist erfüllt von unbeugsamen Führern.

Wir, die Orakel, werden »die Bewahrer« genannt,
da wir die ganze Welt erhalten.
Unerschütterlich in der uns verliehenen Macht,
bestimmt unser Wächteramt über die Ursache
und Unveränderlichkeit der Welten.
Wir wenden die Seelen der Menschen von niederen Dingen ab
und veranlassen sie, nicht von heftigen Regungen
hoffnungslos verlockt zu werden.

Die Erde steht nicht still,
das Licht des Mondes ist verdeckt –
und doch sind alle Dinge in seinem Schein sichtbar.

Weissagung des weisen Efeu

Verändere niemals ursprüngliche Namen der Vorzeit.
Alle Völker haben bestimmte Namen erhalten
von Dem, der im Jenseits weilt.
Diese besitzen unaussprechliche Wirkkraft
in göttlichen Riten und verlieren dieselbe,
verändert man sie.

Nahtrieccunde
Gahinneverahtunin
Zehgessurklach
Zunnus

Weissagung des rasch verfolgenden Schilfs

O Mensch, Werk von kühnster Natur!
Von Gott mit unsagbarer Kunst gestaltet,
nennt auch dieses Orakel ihn
seinem Wesen nach »rasch verfolgend«.

Mit vortrefflichen Dingen beschäftigt,
mißt er den Lauf der Sterne und erforscht
die Ordnung der übernatürlichen Mächte –
weit reicht er hinaus und betrachtet auch das,
was jenseits der Himmelskugel liegt,
um von Gott zu berichten.

Diese Bemühungen des Geistes
gehen von einem wagemutigen Wesen aus:
Kühnheit – nicht durch Tadel, sondern als Ausdruck
rasch verfliegenden Eifers in seiner Natur.

Weissagung des bitteren Schwarzdorns

Der Leib ist die Wurzel allen Übels,
so wie der Verstand die Wurzel der Tugend ist.
Tugend erwächst für Seelen aus himmlischen Sphären,
während Übel stets aus dem Reich der Materie kommt.

Wenn das Übel ins Reich der Materie gelangt,
wird es aus der Natur des Menschen getilgt,
und seine Seele kann sich erheben, wohin sie mag.

Der Leib des Menschen ist Teil der Zeugung,
die zum Reich der Zeit und zur Sinnenwelt gehört.
Doch Geist und Leib sind nicht eins.
Die Seele steht abseits und vermag zu handeln,
denn sie unterliegt nicht dem Einfluß der Zeugung.

Doch auch die Seele kann die Zeugung nicht ganz überwinden,
wenn nicht deren innerstes Wesen zerstört wird.
Wirf daher blinden Haß und Eifersucht zurück
in die Welt der Materie, von wo die Seele sie angezogen hat.
Die Materie nährt solche Dinge.

Behalte nicht in dir, was angestaut ist.
Verunreinige den Geist nicht, sondern befreie,
was im Innern verborgen ist.
Die Seele schließt Leidenschaften ein,
die den Geist der Materie zugehörig,
verbittert und kraftlos machen.

ᘧWeissagung des unheilvollen Holunders

Stürze nicht hinab,
denn unter der Erde liegt ein Abgrund:
furchterregende Tiefen, die nach unten ziehen
über die siebenstufige Leiter,
darunter der Thron der Notwendigkeit.

Die siebenstufige Leiter spiegelt
die Himmelskörper der sieben Planeten,
und so eine unglückliche Seele hinabstürzt,
wird sie zur Erde zurückgeführt durch die sieben Gestirne.
von denen sie dann den wartenden Händen
der leidvollen Erdenwelt übergeben wird.

Weissagung der wilden Tanne

Wir, die Bäume, wissen, daß unter uns
weilen die Keltoi – die geheimen Lenker der Welt,
mit höchster Vernunft begabt und unwandelbar.

Diese nennen wir »die Bewahrer«,
da sie die Erde nähren und ordnen.
Sie sind unerschütterlich. Jedem von ihnen
ist eine bestimmte Macht zugeteilt,
ein unbestechliches Wächteramt.
Es gibt auch noch andere Mächte, die wild,
aber nicht auf die niederen Dinge gerichtet sind.
Dies sind die Fomorier.

Eingeschlossen sind sie in den heiligen Losungsworten
»Eikones Aglatama« – ein Wirbelsturm aus Lauten!
Dieses Orakel verbindet den beschwörenden Namen
mit dem Opfer des Steins.

Weissagung des milden Stechginsters

Der Schöpfer
flößt keine Furcht ein,
wohl aber Neugier.

Die Natur des göttlichen Wachstums
ist weder streng noch wild,
sondern von anziehender Ruhe.
In denen, die ihr unterworfen sind,
erweckt sie keine Furcht, sondern gewinnt
durch sanfte Überredung und Zuneigung
alle Dinge für sich.

Woher weiß man dies?
Wäre die Natur des göttlichen Wachstums
feindselig und schrecklich,
wäre jegliche Ordnung der Wesen aufgelöst.
Denn was hätte einem solchen Gegner widerstehen können?
Nicht einmal die Bäume!

Solche Drohungen sind wie die Unterbrechung
des göttlichen Wohlwollens für alle,
denn damit wären die Geschicke der Menschheit
schlecht gelenkt.

Weissagung des liebevollen Heidekrautes

Die Melodie des Calen –
der Lauf von Sonne und Mond ... und der Luft!
Von diesen, die Seele nährenden Blüten
stammen die heiligen Früchte.
Wer dort weilt, hört eine lautlose Stimme,
und so empfängt der Mensch die göttlichen Melodien,
jeder gemäß seiner eigenen Natur.

Die Blüte des Geistes
ist das einzigartige Ohr der Seele,
und in dem allumfassenden Geist
liegt jene Au höchster Harmonien.
Hier weilen die vielen Bäume der Tugend:
siebenmal die Drei Welten des Geistes.

So verhält es sich auch mit dem »Baum des Lebens«,
der Pflanze göttlicher Erleuchtung.
Strebe danach, von seiner Frucht zu essen,
deren Gaben Tugend, Weisheit und Wahrheit sind.
Doch die Weisheit allein schenkt diese Lieder,
die der göttliche Geist nur im Schweigen offenbart.

Weissagung der ausdauernden Pappel

Laß die Gestaltungen der Materie
nicht unbewacht.

Als erstes
begreife, daß sich der Leib
aus den vier Elementen zusammensetzt.
Er spricht zu dem Schüler
durch Unterweisung und Mahnung.
Laß daher ihn, in den Gott dich gekleidet hat,
nicht in der niederen Welt zurück.
Als zweites
begreife, daß göttliche Dinge
nicht von Sterblichen erlangt werden können,
deren Denken ausschließlich
gerichtet ist auf den Leib.

Nur wer sich von seinem Gewande befreit hat,
erreicht den höchsten der Gipfel.

Weissagung der schweigsamen Eibe

Erfahre zuerst das dem Verstand Erkennbare
und dann, was jenseits des Geistes liegt.

Obwohl alle Dinge vom Geist umfaßt werden,
so existiert doch Er, der im Jenseits weilt,
außerhalb des Geistes.
Der erste Geist ist Verstand, ist Denken,
der zweite Eingebung, unmittelbar.
Im dritten ist Er, der im Jenseits weilt
und weder erkennbar noch selbst-erfahrbar ist.

Erhabener ist er als alle Sprache und jede Vorstellung,
mehr zu verehren durch Schweigen als durch große Worte.

Und damit hörten die wundersamen Regenfälle auf, um niemals mehr auf den *New Forest* von Cornwall herabzuströmen ... und strahlend wie niemals zuvor ging die Sonne auf über dem Schlachtfeld von Goddeu Brig. Alle regten sich aus ihrem verzauberten Schlaf, standen gelassen auf und waren bereit für die entscheidende Schlacht, die bald kommen würde – ein Kampf, der hinten, ganz hinten im Kopf tobte!

5

Wie Mistel auf Eiche

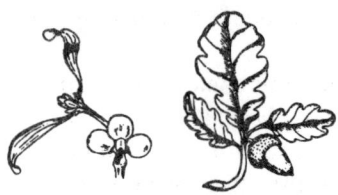

*Die Druiden errichteten magische Hecken zwischen den Heeren, um
den Feind zu besiegen, und sie verbündeten sich auf verschiedene Art
mit den Elementen, um den Ausgang des Kampfes zu beeinflussen.*

Caitlin Matthews, *The Celtic Tradition*

Ich erwachte mit einem plötzlichen Ruck und blickte um mich. Noch
immer legte sich Staub auf die Baumwurzeln – regelrechte Staubwolken. Mein Körper war klamm vom Tau des Morgens, und ich stöhnte
laut, als ich mich aufrichten wollte. Von oben drangen kräftige goldene Sonnenstrahlen in langen Bahnen durch die Staubwolken hinab.
Alles war still – mit Ausnahme der frühmorgendlichen Singvögel, die
das lange nächtliche Schweigen von sich schüttelten.

Und dann begannen die Rufe aus beiden Heereslagern (*fast hatte
ich vergessen, daß rings um mich unzählige Männer waren*), mit
hellen und tiefen Stimmen: die *Pheryllt* mit ihren Stämmen von
düsteren *Brythonen* und die Druiden mit ihren lebhaften keltischen
Kriegern. Sie alle aber klangen in diesem ungewöhnlichen Augenblick gleich: nämlich völlig verwirrt. Ich lief die steil ansteigende
Eindämmung hinauf, bis das Schlachtfeld ganz zu überblicken war.
Menschen riefen, rannten, redeten gleichzeitig in dichten, wechselnden Gruppen, und sie alle befanden sich in einem gewaltigem
Durcheinander und Chaos. Das heißt, *alle außer den Bäumen*, denn
nun, nach einer langen Nacht magischen Wirkens, waren sie es zufrieden, ruhig und bewegungslos dazustehen. In der Tat mußten sie
dies, denn eine gute Mauer bewegt sich nie!

Ich konnte nun eine seltsame Trennung von Staat und Kirche beobachten: Die Krieger auf beiden Seiten liefen höchst beunruhigt an den Heckenzäunen entlang und suchten emsig nach einem Durchgang; die Priester auf beiden Seiten dagegen standen in schweigender Ehrfurcht gruppenweise zusammen, denn sie waren sich der übernatürlichen Hintergründe des Geschehens voll bewußt. Keine der Gruppen schien irgendeine Ahnung zu haben, was als nächstes zu tun sei.

Langsam bahnte ich mir meinen Weg auf dem Erdwall entlang, bis eine Gruppe meiner *Pheryllt*-Mitnovizen in mein Blickfeld kam, die gaffend und staunend auf das Wunder dort unten wies. Ein Wunder war es in der Tat, denn beide Seiten voneinander trennend befand sich ein undurchdringliches Meer von Bäumen – Bäume, die so dicht und so nahe beieinander standen, daß wohl keine von Menschenhand errichtete Mauer sie an Geschlossenheit hätte übertreffen können! Eine deutliche Trennlinie aus großen Bäumen, die, sich über die gesamte Breite des Schlachtfeldes und darüber hinaus erstreckend, eindrucksvoll, ja fast herausfordernd dastanden, in vollkommen geradliniger Aufstellung wie Soldaten. Lächelnd erkannte ich sie alle wieder: Weit rechts standen die Goldenen Birken, daneben die Ebereschen und die grausamen Eschen, dann die silberhaarigen Weiden – sie alle waren da, und genau in der Reihenfolge, wie ich es in der Nacht gesungen hatte: *Das Lied der Waldbäume!* Zufrieden mit meinem Werk tastete ich nach Maeldrews Pergamenten, die tief in den Falten meines Gewandes versteckt waren.

»Gwydion!« ertönte ein aufgeregter Ruf hinter mir, »... Gwydion, hier drüben!« Ich drehte mich um und entdeckte meinen alten Freund Noath, der atemlos zu mir gelaufen kam. »*Wo bist du bloß gewesen?*« Ich zuckte die Achseln.

»Komm mit ... hast du es nicht gehört? Die Ältesten haben einen dringenden Kriegsrat einberufen, *im Nemeton*. Es heißt, daß Bladudd sich an das Orakel selbst wenden wird. Nur Es kann sagen, warum die Götter den Bäumen dies befohlen haben. Nun komm schon!« Und gemeinsam mit den anderen lief er zur heiligen Lichtung davon.

Ich folgte ihnen zögernd, denn ich verspürte eine seltsame Mischung aus Schuld und heimlicher Erregung, als der Kreis der Priester in Sicht kam. Ich fragte mich (*und doch schien es mir fast gewiß zu sein*), ob wohl die keltischen Priester im anderen Lager genau dasselbe taten: Befragten auch sie ihre Orakel und Götter, schüttelten die Köpfe in Verwirrung und Furcht? Dann beobachtete ich, wie der Hohe Priester die geheimen Namen und Beschwörungen ausrief – und vergeblich versuchte, den Urgrund der Kraft zu erwecken und die beiden Welten miteinander zu verbinden. Doch die Götter sprachen nicht, und die Priester, obwohl sie es hinter strengen Gesichtern zu tarnen suchten, waren sichtbar von Schrecken erfüllt. Nach einer Zeit angespannter Erwartung drehte Bladudd sich auf fast theatralische Weise um und verkündete mit lauter Stimme: »*Brüder, selbst wir können dem Schicksal nicht entgehen* ...« und ging langsam den Weg zurück, den er gekommen war. Alle folgten ihm, schweigend vor Bestürzung und Furcht.

Wieder lief ich, fast lächelnd, davon, um nachzusehen, ob inzwischen Fortschritte darin gemacht worden waren, *meine* Wand aus lebendigem Grün zu durchdringen. Was ich sah, überraschte mich nicht – an jedem Punkt entlang der Kampflinie waren Stammesleute, in den Ästen ebenso wie am Boden, doch der bitterzüngige Schwarzdorn hatte seine Arbeit allzu gut verrichtet: Dicht entlang der Baummauer verlief ein geradezu ordentliches und fast undurchdringliches Dornengestrüpp, stechend und feindselig. Der einzig erfolgreiche Versuch, die Kluft zwischen den beiden Seiten zu überbrücken, waren lange graue Rauchschwaden von den Lagerfeuern, die mit spöttischer Mühelosigkeit über den Baumkronen hin- und hertrieben. Überall waren die Rufe von Männern in vielen Sprachen gleichzeitig zu hören. Dann fing der wahrhaft von Wundern erfüllte Tag an ...

Am Vormittag hatten sich dichte schwarze Wolken über uns zu sammeln begonnen, die auf nicht spürbaren Winden scheinbar aus allen Himmelsrichtungen herbeigetrieben wurden. Donner rollte hin und her, Blitze zuckten in großer Höhe auf ... und jeder hielt inne, die Augen nach oben gerichtet, dachte in diesem Augenblick nicht mehr an den Kampf und an die Bäume. Etwas anderes geschah, etwas so Machtvolles, wie ein Omen, daß alle Männer, ob Priester oder Bauer, es in gleichem Maße spüren konnten. *Überall ringsumher waren die Götter.*

Dumpf und bedrohlich entwickelte sich der Donner zu einem derart furchterregenden Getöse, daß sich die Männer wie junge Katzen darunter duckten. Sie warfen einander erschreckte Blicke zu. Die Vögel flohen von ihren Sitzen in den Ästen, die Erde bebte. Am allerschlimmsten aber war das Himmelsfeuer! Blendende Blitze zuckten von einer schwarzen Wolke zur nächsten und trafen nicht ein einziges Mal auf den Boden. Das Unwetter über unseren Köpfen verstärkte sich zusehends. Alle Männer, ob von hohem oder niederem Stand, hielten sich vor Entsetzen Augen und Ohren zu, warfen sich entweder auf die Erde nieder oder verbargen sich, so gut sie konnten, hinter Felsen und Erdhaufen.

Doch da, als wir spürten, daß wir es keinen Augenblick länger ertragen konnten, riß der Himmel plötzlich mit unglaublicher Heftigkeit auseinander und schoß einen starken weißen Lichtblitz mitten in den Wald hinab. Die Männer stoben in alle Richtungen auseinander, während die Bäume in rotglühenden Flammen aufzugehen schienen, bis jede Knospe und jedes Blatt wie von Feuer eingehüllt wirkte – selbst die Luft über uns schien in Wellen aus farbloser Hitze zu flimmern und zu brennen. Man konnte kaum atmen. Als nächstes erinnere ich mich daran, daß mein Gesicht von einem der Priester mit kühlendem Gras befeuchtet wurde.

»Ist alles in Ordnung mit dir, Junge?« fragte er und beugte sich mit besorgtem Gesicht über die Stelle, wo ich am Rande des Schlachtfeldes lag. Als ich nickte, warf er einen raschen Blick über seine Schulter, ehe er sich eilig zurückzog, so als hätte er plötzlich bemerkt, daß er etwas Gefährlichem zu nahe gekommen war – *und das war er tatsächlich!*

Ich stützte mich auf einem Ellbogen auf und schnappte laut nach Luft beim Anblick des Bildes, das sich mir bot. Die Bäume hatten sich wieder bewegt – oder sie waren bewegt worden. Inmitten der weiten Fläche von schwelendem Laub hatte sich am Boden eine breite Schneise aufgetan, die in gerader Linie genau durch die Baummauer verlief, anscheinend so etwas wie eine Brücke zwischen den widerstreitenden Priesterschaften. Aber eine Brücke wohin?

Meine Frage wurde in wenigen Augenblicken, als vieles gleichzeitig passierte, beantwortet. Nach einem kurzen angespannten Schweigen drang eine Stimme laut und tief aus dieser Öffnung im Wald hervor – ähnlich der Stimme eines Mannes und doch fremd, die in gebräuchlicher Sprache zu reden anhob:

»Männer der Insel des Mächtigen ... des Goldenen Zweiges! Freunde von der anderen Seite des großen Meeres, Männer der Roteichen, hört mich! Tretet hervor, denn zu diesem Zweck ist ein Ort der Versammlung erschaffen worden ... Ich will zu den Priestern sprechen!«

So als schienen sie alle die unausweichliche Hand des Schicksals
auf sich zu spüren, traten die Männer hervor. Beide Seiten trugen
ihre Banner: das dreifach gezackte Eichenblatt der Druiden und die
drei weißen Mondbeeren der *Pheryllt*. Ich, Gwydion, war dazu auserwählt worden, die Standarte unseres Ordens zu tragen. Bladudd
händigte mir die Fahne wortlos, doch mit einem Blick aus, der verriet, daß er weit mehr als die bloßen Worte verstand.

Langsam und vorsichtig näherten sich die beiden Gruppen der
Lichtung, jede von ihrer Seite aus, jeder Priester von denselben drei
Gedanken beherrscht: *Was* stand als Kraft hinter allem, *wer* hatte
gesprochen und *warum?*

Zu dem Zeitpunkt, als sich alle schweigend einander gegenüber-
gesetzt hatten, brannte die Mittagssonne herab. Sie waren auf allen
Seiten von großen Eichen umgeben – durch Fügung oder Zufall
hatte sich die Lichtung inmitten von Eichen aufgetan! Jede Seite
schien die andere mit tiefem Mißtrauen zu beäugen, doch der Anblick der beiden so unterschiedlichen Gruppen selbst war wirklich
sehenswert: Einige der Kelten trugen lange Gewänder in leuchten-
dem Blau oder Grün, manche waren ganz in Weiß gekleidet mit
herrlich gearbeiteten goldenen und kupfernen Verzierungen, und
diesem farbenprächtigen Bild gegenüber saßen unsere düster aussehenden *Pheryllt*-Priester, alle in einheitlichem heiligen Grau gekleidet, und nur die Gewänder der Ranghöchsten zeigten die rötliche
Färbung des Drachenauges.

Dann richteten sich plötzlich alle Blicke gen Osten, denn von
dort, gerade jenseits der Baumwand, drangen die Geräusche von
schweren Fußstapfen aus dem Gebüsch. Sie kamen auf uns zu, ach-
teten nicht auf die Stille, bis schließlich vor der atemlosen Menge
die riesenhafte Gestalt eines Waldgottes auftauchte. Fremd und
schrecklich war er, schien halb Mensch, halb Hirsch zu sein, spalt-
füßig, in aufgerichteter Haltung und mit einem großen Geweih auf
dem Kopf. Er war ganz mit einem dichten Fell bedeckt, bis auf sein
Gesicht, das fast menschlich wirkte. In der einen Hand trug er den
Ast einer Eiche, der reich geschmückt mit einem Goldenen Mistel-
zweig voller weißer Beeren war. Er näherte sich uns im Osten bis
auf etwa zehn Schrittlängen und musterte uns dann prüfend, wobei
seine Augen mit wild funkelndem Blick von einer Gruppe zur anderen schweiften. Schließlich hob er mit beiden Händen den Ast hoch,
bevor er direkt zu der Stelle hinüberstarrte, wo ich stand.

»Du, *Junge*, von Maeldrew auserwählt, tritt hervor!« und sein Blick durchbohrte wie ein Speer meinen Körper, während sich alle Köpfe mir gleichzeitig zuwandten. »*Komm hierher!*« wiederholte er mit einer Stimme, die mehr wie ein Brummen klang, und schüttelte den Ast so kräftig, bis drei weiße Beeren zu seinen Füßen verstreut lagen. Die dicht daneben sitzende Menge der *Pheryllt*, die dies als Zeichen ansah, atmete schwer und senkte ihre Augen zu Boden. Nur zögernd bahnte ich mir meinen Weg vorwärts, der sich wie von selbst vor mir geöffnet hatte. Meine Mitbrüder waren ebenso beunruhigt wie ich. Bei jedem Schritt konnte ich seine Augen auf mir spüren.

»*Nimm nun dies, und schau es dir genau an, Junge*«, befahl er und schob mir den Ast in die Arme. »Sag ... was hältst du nun da?« Sein durchbohrender wilder Blick verstärkte sich noch. Mein Geist trieb angstvoll in einem Meer möglicher Antworten. Angstschweiß lief mir das Gesicht und den Rücken hinunter, doch ich wartete – wartete auf Hilfe von irgendwoher.

»Ein Eichenzweig, der die Heilige Mistel trägt«, sagte ich schließlich, als ich mein eigenes Schweigen nicht mehr ertragen konnte. »*Falsch!*« brüllte fast der Waldmann. »*Falsch!* Du hältst in deinen Händen nicht etwas so Einfaches, sondern statt dessen die schicksalhafte Bestimmung dieses ganzen Landes. Schaut auf eure eigenen Banner, um die Antwort zu finden«, und er machte eine weit ausholende, schwungvolle Geste in Richtung der Stammesfahnen. »Mistel auf der einen und Eiche auf der anderen Seite – *in Eintracht*«, fuhr er fort und ließ die beiden letzten Worte schwer wie Blei in der Luft hängen.

»Hört mir gut zu, Stammesleute, denn ich bin Herne der Gehörnte: *Er, der ebenso Jäger wie Gejagter ist.* Lange Zeit habe ich dieses Land und die Geschicke der Menschheit darin beobachtet, und lange habe ich mich damit begnügt, euch eure Geschicke selbst lenken zu lassen. Nun aber bedroht das Eindringen neuer Menschen und Bräuche auf dieser Insel ihre Einheit. Daher erkläre ich, Herne der Jäger, Wächter dieses Landes: ›*Wer durch das Schwert lebt, wird durch das Schwert sterben.*‹ Ihr habt daher die Wahl: Zu wachsen und zu gedeihen, indem ihr eure Kräfte und euer Wissen miteinander vereint, so wie die Mistel auf der Eiche wächst, oder durch eure eigene Uneinigkeit zerstört zu werden, nachgeholfen von meiner Hand, die hier in der Tat große Macht besitzt! Vereint eure Schriftrollen und Pergamente, euer Wissen zu einem Körper: dem *LEIB*

DES DRACHEN, dem Leib dieses Landes. Eure Bräuche sind wie die beiden Hörner eines Stiers. Lernt daher, über eure Unterschiede hinwegzusehen und in die jenseitige Welt hineinzuwachsen, indem ihr auf dem gemeinsamen Fundament aufbaut. Viel kann aus genau dieser Stelle wachsen und sich entwickeln – zum Wohle der Menschheit!« Und der Jäger-Gott hielt ein Samenkorn (vielleicht war es auch eine Schote) hin und legte es auf die Erde zu seinen Füßen. Dann trieb er, mit einem einzigen kraftvollen Stoß, den Samen mit seinem behuften Fuß tief in den Boden hinein, so daß Staub und Erdbrocken in alle Richtungen flogen.

»Was nun hier in der Tiefe liegt, ist der einzige letzte Sohn eines großen Gott-Baumes, der früher einmal die versunkene Insel des Sonnenvolkes mit seiner grünen Pracht bedeckte. Außer diesem einen Samen ist nach der Sinflut nichts von diesem alten Geschlecht übriggeblieben. Wenn es euch, den hier versammelten Stämmen und Priestern, aber gelingt, die *Magie der Eintracht* unter euch selbst zu bewirken, dann wird einer dieser einsamen Titanen wieder lebendig werden und in eurer Welt gedeihen. Dies wird ein Zeichen sein: Wenn das Schicksal des Wachstums von hier aus erfüllt wird, dann wird sich an dieser Stelle ein Riese erheben, in dessen grünen Armen eines Tages ein prachtvoller Tempel des Friedens errichtet werden wird. Außerdem wird einer unter euch sein, der großen Beistand bei der Verwirklichung dieses Ziels leisten wird: *ein Auserwählter*, der euer Führer sein wird. Hört immer auf seinen Rat«, und Herne bedeutete mir mit der Hand, daß ich aufstehen sollte.

»Die Strömungen der Zeit verändern sich wieder ... Das Rad dreht sich, und du mußt dich mit ihm drehen. Es kann kein Wachstum ohne Veränderung geben. Geh nun vor – und achte darauf, daß dieses Schicksal erfüllt wird.«

Und ich, Gwydion der Zaubersänger, blieb nach dieser Aufforderung als einziger stehen zurück, während wir alle in schweigender Verblüffung beobachteten, wie der Wald-Wächter sich entfernte und dann in den Tiefen der Wälder verschwand. Da schienen mir die richtigen Worte zu kommen.

»Willkommen, keltische Freunde von der anderen Seite der großen Wasserscheide«, sagte ich laut und hob segnend die Arme. »Wir
alle haben es gehört, und wir alle haben es gesehen. Die Schlacht
der Bäume ist gut ausgefochten worden, und *sie* haben gewonnen –
sie haben uns den Weg gezeigt. Durch unsere Niederlage haben wir
nun die Möglichkeit zu siegen, denn der wahre Kampf beginnt
hier und heute, im Kopf! Ein Kampf des Herzens und des Geistes.
Herne hat dies, so glaube ich, klar gemacht. Womit fangen wir an?
Freunde ... *laßt uns zusammen beratschlagen*!«

Also hielten wir Rat, bis tief in die Nacht und noch weit über den
nächsten Tag hinaus. Es war nicht leicht, dieses Zusammenschmie-
den von *Mistel und Eiche*. Doch am Ende waren unsere Geister,
unsere Fahnen und unsere Lehren eins geworden. Alle spürten das
Wirken des Schicksals hinter jeder vergehenden Stunde – und so
entstand das Buch von Albion, das Buch des alten Wissens: der
LEIB DES DRACHEN. Die Weisheit der *Pheryllt* aus dem lange versunkenen Atlantis, die Geheimnisse der keltischen Druiden, die Pergamente von Maeldrew. Ach ja, und das Lied der Waldbäume! Die
Schlacht, die Buchstaben selbst ... auf diesen Schlüsseln, diesen
Grundstrukturen würde sich alles andere aufbauen!

Und schließlich wurde es tatsächlich so geschaffen, wie Herne
es gewünscht hatte: als »Mistel auf Eiche«, alle Teile zu einem
Ganzen vereint. An jenem letzten langen Tag hatten die erfahren-
sten Buchbinder und Lederarbeiter aus beiden Lagern hart und
lange daran gearbeitet, bis es vollendet war – jenes heilige Buch,
das dazu bestimmt war, eine Brücke zwischen zwei Welten zu
schlagen. Dann war es fertig: Dort auf dem Altar aus *Bluestone*,
wo der Samen eingepflanzt worden war, lag der LEIB DES DRA-
CHEN, so daß alle ihn sehen konnten: in rotes Leder gebunden und
geschmückt mit dem Auge des Drachen, ganz in Gold. Dies galt
als das höchste Symbol, das die Magie der Erde vereinte ... unseren Leib. Als mahnende Erinnerung für jene, die nach uns kommen würden, wurde dann die folgende Triade ausgewählt, die
symbolisch die hohen Ideale von jenem Ersten Rat der Bäume wie-
dergab:

WAHRHEIT IN EUREN HERZEN
STÄRKE IN EUREN HÄNDEN
BESTÄNDIGKEIT IN EUREN ZUNGEN

Und was war mit dem Baum, jenem großen Baum, den Herne prophezeit hatte? Mit der Zeit wuchs er tatsächlich, dort an jenem auserwählten Ort, den die Geschichte später »Caer Gwydion« nennen würde. Auch der Weiße Tempel entstand, wurde zwischen seinen mächtigen Ästen errichtet – Symbol für ein goldenes Zeitalter, in dem der Mensch in Harmonie mit dem Land und mit sich leben würde. Doch dies muß ein zukünftiges Kapitel unserer großen Geschichte bleiben...

GRIMOIRE I –
ERSTES MAGISCHES ZAUBERBUCH

21 Textauszüge aus DIE SCHLACHT DER BÄUME

1. WILDES FEUER SCHÜREN: »Das heilige Notfeuer errichten«
2. BOIBELOTH: »Geheimschrift der Bäume«
3. BESCHWÖRUNG DES HÜTERS: »Pharon herbeirufen«
4. DER KRANICHBEUTEL: »Das Coelbren-Orakel befragen«
5. BINDU-VERSENKUNG: »Den mystischen Zustand herbeiführen«
6. CLACHA BRATH: »Eine Baumstimme erschaffen«
7. DER GRÜNE MANN: »Den Gott der Wälder hervorrufen«
8. SLATAN DRUIDEACHT: »Den Druidenstab suchen«
9. HEILIGER RAUCH: »Mischungen für magisches Räucherwerk und Pfeifenkraut«
10. MONDVISIONEN: »Die Kunst und Praxis des Wahrträumens«
11. STEINGARTEN: »Den heiligen Raum anlegen«
12. DER NAMENSRITUS: »Das keltische Selbst entdecken«
13. DER GROSSE BAUM: »Den Druidenweg aufsteigen«
14. COELCERTHS: »Holeystones brennen lassen«
15. DAS HOLUNDER-TRANKOPFER: »Faylinns Trank des Vergessens«
16. BAUMORDNUNG: »Die hölzerne Leiter der Autorität«
17. TUATHA: »Die Macht der Vier Symbole anrufen«
18. DIE NEUN-STERNE-HÄUSER: »Den druidischen Zodiak entschlüsseln«
19. TAMBOUR: »Die keltische Ritualtrommel«
20. PANTHEON: »Die druidischen Gottheiten entdecken«
21. DRUIDISCHE OMEN: »Die heiligen Vorzeichen deuten«

* * *

Diese Textauszüge sind wegen ihrer Bedeutung für die keltischen Mythen aufgenommen worden und nicht als Lehrsystem zur Selbst-Einweihung bestimmt – obwohl mancher sie vielleicht in solch einer Weise anwenden wird. Sie werden hier aber ausschließlich als einzigartige Beispiele für Praktiken der druidischen Tradition vorgestellt, soweit sie uns durch die Schriften von Llewellyn Sion aus dem 16. Jh. erhalten sind. Für einen Schüler des Druidentums, der *Merlyns Vermächtnis* und *Merlyns Lehren* oder einen vergleichbaren Übungskurs ernsthaft *durchgearbeitet* und nicht nur *durchgelesen hat*, sollten diese Texte anregendes Material sein, mit dem er sein Wissen ergänzen oder ein bereits bestehendes Lernprogramm erweitern kann.

I. Lektion: Wildes Feuer schüren

»Das heilige Notfeuer errichten«

Merlyns Gewohnheit, seinen Zauber unter einer Eiche zu wirken, kann durchaus druidischem Brauch entsprechen. In Wales etwa wurden Eichenscheite aneinandergerieben, um die Maifeuer zu entzünden.

Ward Rutherford, *Celtic Lore*

Vier der wichtigsten Tage im keltischen Jahr wurden als »Feuerfeste« bezeichnet: der November-Vorabend (31. Oktober, *Samhain*/Halloween), der Mai-Vorabend (30. April, *Beltane*/Maitag), der Mittsommertag (21. Juni, die Sommersonnwende) und der Mittwintertag (21. Dezember, die Wintersonnwende). An diesen heiligen Tagen wurden gewöhnlich auf Hügelkuppen oder Berggipfeln besondere Feuer, *Coelcerths* oder »Notfeuer« genannt, errichtet, denn mit diesem Anlaß waren vielfältige magische Bräuche verbunden. Um heilig zu sein, mußte das Feuer sowohl von heiligen Personen als auch mittels heiliger Methoden entzündet werden. Die Personen waren die Druiden, die Methode das sogenannte »wilde Feuer«.

Drei Methoden, wildes Feuer zu erzeugen, waren bekannt. Nach der Sage hat jede der drei großen Linien des Druidentums – in Irland, Britannien und Gallien – eine von ihnen überliefert. In unserer Geschichte weist der alte Zauberer von der Dracheninsel Gwydion an, ein Feuer zu machen für den heiligen Akt, *Ogham*-Buchstaben in die hölzernen *Coelbren*-Stäbe einzubrennen. Er bedient sich dafür der Technik, die am häufigsten mit dem britischen Druidentum in Verbindung gebracht wird: *Reibung* – die erste Methode.

Bei der zweiten Methode wurde Feuer durch die Konzentration von Sonnenstrahlen in einem das Licht bündelnden *Kristall* entzündet. Solche Kristalle waren von unterschiedlicher Farbe und häufig in die Klingen von heiligen Werkzeugen, wie Schwertern oder Sicheln, eingelegt. Bei den Druiden am höchsten begehrt war eine besondere Sorte namens »Drachenstein« (Rubin, vielleicht Rosenquarz oder Granat), die an den Berghängen Snowdonias geschürft worden sein soll.

Die dritte Methode war das natürliche Himmelsfeuer oder der *Blitz*, von den Göttern geschickt und daher als heilig angesehen. Während eines Gewitters blieben die Priester oft mutig im Freien, um eine Fackel an einem Baum oder Strauch zu entflammen, den ein Blitz in Brand gesetzt hatte. Mit der Fackel wurde dann wiederum ein heiliges Notfeuer oder eine Kerze entzündet, deren Flamme sorgsam als »Orakelfeuer« erhalten wurde.

In *Merlyns Vermächtnis* und *Merlyns Lehren* werden zahlreiche Verwendungszwecke für ein derart geweihtes Feuer im Reich der keltischen Magie angegeben, wie die Anrufung des Drachen oder der Ritus der Inspiration. Sie können auch eine der drei oben erwähnten Methoden benutzen, wenn Sie an den hohen keltischen Festtagen Ihre eigenen *Coelcerths* entzünden. Wenn Sie sich eine eigene Sammlung von *Ogham*-Stäben anfertigen möchten, verwenden Sie dafür immer *wildes Feuer*, das die Druiden für die einzige heilige Substanz hielten, aus der die Wahrheit zu deuten war.

Zum Abschluß dieser magischen Feuer-Lektion geben wir eine englische Volksdichtung in freier Prosa wieder. Sie handelt davon, welches Holz für Feuer zu wählen ist. Sie ist neueren Ursprungs, schöpft jedoch eindeutig aus früheren Vorbildern – aus einer Zeit, als Holz noch einen höheren Wert als nur den Geldwert besaß und wo man eine Hand verlieren, schwer bestraft oder sogar hingerichtet werden konnte, wenn man die falsche Art von Baum fällte. Damals wurden Bäume noch für Wesenheiten von geistigem Rang und großer Würde gehalten. Denken Sie beim Lesen an die Ähnlichkeiten mit der alten *Schlacht der Bäume*.

Eichenscheite, alt und trocken,
wärmen dich gut.
Tannenscheite sind wohlriechend,
wenn auch die Funken fliegen.

Birkenscheite verbrennen zu schnell,
Kastanien aber fast gar nicht.
Weißdornzweige brennen lange,
wenn sie im Herbst geschnitten werden.

Stechpalmenzweige brennen wie Wachs
und können frisch genommen werden.
Ulmenholz mit unsichtbarer Flamme
ähnelt glimmendem Flachs.

Buchenscheite für die Winterzeit,
ebenso das Eibenholz.
Doch ein Frevel ist es, wenn jemand
frische Holunderzweige verkauft.

Apfel- und Birnbaumholz werden dein Haus
mit Wohlgeruch erfüllen.
Kirschzweige auf dem Rost
riechen wie Ginsterblüten.

Eschenscheite, glatt und grau,
können frisch oder alt verbrannt werden.
Kaufe alle auf, denen du begegnest,
denn nicht mit Gold sind sie aufzuwiegen.

2. Lektion: Boibeloth

»Geheimschrift der Bäume«

Überall in den keltischen Ländern Irland, Britannien und Gallien gibt es eine ganze Reihe noch erhaltener Zeugnisse dafür, daß die dort lebenden Druiden verschiedene Formen von Schriftzeichen für magische Zwecke verwendeten. Während uns berichtet wird, daß sie für öffentliche und rechtliche Aufzeichnungen griechische Buchstaben benutzten, war es durch Gesetz verboten, daß ihre heiligen Sagen und Lehren jemals mit einem Pergament in Berührung kamen. Bei den Fragmenten, die in kaum zugänglichen Manuskripten in ganz Europa verstreut sind, taucht eine Form in Abwandlungen immer wieder auf: das *Boibeloth*, ein irisches System, das seine Wurzeln wahrscheinlich in Asien hat. Diese Schrift soll ihren Ursprung von den Bäumen selbst haben: Jeder Baum gab sein eigenes Zeichen einem alten Zauberer, dessen Name mit der Zeit verlorenging. Andere Berichte behaupten, daß die Bäume ihre Zeichen nach der Schlacht der Bäume im Jahre 400 v. Chr. erhalten haben. Man weiß jedoch, daß diese Schrift namentlich in über zwanzig alten Sagen auf der ganzen Welt erwähnt wird. Nachfolgend die irische und die walisische Fassung:

ꝛ	B	Boibel	ꞁ	B	Beith
⊥	L	Loth	⊿	L	Luis
Ⴟ	F	Foran	~	N	Nuin
ᒣ	S	Salia	Ӽ	F	Fearan
ᚻ	N	Neaigadon	Ⲅ	S	Suil
ᔕ	D	Daibhoith	ᒪ	D	Duir
⊹	T	Teilmon	⟨	T	Tinne
ᶜ	C	Casi	ᘯ	C	Coll
ᘓ	M	Moiria	ᘰ	M	Muin
ᐱ	G	Gath	⅂	G	Gort
⋮	P		—	P	Poth
ᓀ	R	Ruibe	ᚷᛁᛁ	R	Ruis
Ꭷ	A	Acab	ᛁᒪᘓ	A	Ailim
Ӽ	O	Ose	ᚦᛁᛁ	O	On
ᛘ	U	Ura	ᐱ∨	U	Ux
ᴣ	E	Esu	ⱅ᚛	E	Eactha
⚇	J	Jaichim	ᛁᚷ	J	Jodha

In unserer Geschichte erhält Gwydion Pergamente, auf denen DAS LIED DER WALDBÄUME in *Boibeloth* geschrieben steht. Nur sehr heilige Dokumente sind auf diese Weise aufgezeichnet worden, da einzig die Druiden sie lesen konnten. Andere traditionelle Verwendungszwecke dieser »Schrift« waren: heilige Instrumente mit Gottesnamen zu beschriften; als Runen in Stein gemeißelt oder in Holz geschnitzt; als magische Zeichen zur Beschwörung von Mächten in die Luft gezeichnet; als Schrift für das Verfassen eines geheimen Tagebuches.

Bei näherer Betrachtung hat es den Anschein, daß das *Boibeloth* für die Gälen (Iren, Schotten und die Bewohner der Isle of Man) dasselbe bedeutete wie das *Ogham*-System für die frühesten brythonischen Magier (Waliser, Bretonen und die Bewohner von Cornwall).

Diese alten Schriftzeichen dienen der praktischen Erprobung für den Leser, der vielleicht ein Tagebuch führen oder magische Inschriften eingravieren möchte. Das *Pheryllt*-Manuskript erwähnt mehrmals das *Boibeloth* und seinen Vorgänger, die vergessene GORTIGERN-SCHRIFT, als Hilfsmittel für die Weissagung: Fragen wurden auf ein makelloses Pergament geschrieben, das in einem flachen Eisengefäß im Feuer versengt und dann wie beim Kristallsehen nach Antworten erforscht wurde. Dem Leser, der diese Buchstaben verwenden möchte, wird vorgeschlagen, sie in verschiedenen Eigenschaften auszuprobieren, um ihr Potential zu erkunden. So könnten mögliche Anhaltspunkte für ihre ursprüngliche Verwendung entdeckt werden.

Noch ein wenig mehr »Volkswissen«: Wenn Sie im Traum eine Antwort finden möchten, so schreiben Sie die Frage in »heiligen Buchstaben« auf ein sauberes Pergament und legen dieses an drei aufeinanderfolgenden Nächten unter Ihr Kopfkissen.

3. Lektion: Beschwörung des Hüters

»Pharon und die Herren von *Annwn* herbeirufen«

In den alten Texten und bis weit ins Mittelalter hinein galt die Praxis der Beschwörungsmagie als eine der vorherrschenden Tätigkeiten des mystischen Geistes und war gleichzeitig eine seiner höchsten Leistungen. Wenn ein Magus eine »sichtbare Erscheinung herbeirufen« konnte, so wurde dies nach den ägyptischen Mysterienschulen als Fähigkeit des höchsten Einweihungsgrades angesehen. Königin Elisabeth I. beschäftigte bekanntlich einen Hofmagier ausschließlich zu diesem Zweck. Eine gute Darstellung für eine Anrufung der vormittelalterlichen Zeit findet sich in meinem Buch *Merlyns Lehren* (Lektion 4).

Das *Pheryllt*-Manuskript gibt zwei Formeln an, die unter das Thema Beschwörung fallen:

Die erste wird als *Die Herbeirufung von Pharon* bezeichnet. Dabei handelt es sich um einen außerordentlich alten – wahrscheinlich atlantischen oder voratlantischen – Gott und den Beschützer der vordruidischen britischen *Pheryllt*. Er »weilt im Geisterland, einem kalten Ort jenseits des Nordwindes, in Höhlen unter einer Hochebene«, und er kann »durch Feuer oder durch Wasser« herbeigerufen werden. Da in dem Kapitel *Der Mund des Pharon* eine Version des Feuer-Rituals wiedergegeben ist, wollen wir hier diejenige für das Wasser zitieren:

Allein bei Neumond, in einem kleinen Boot auf einem See oder Teich von geringer Tiefe, verbrenne eine Mischung aus getrockneten Bilsenkrautwurzeln, frischem Eisenkraut und Eichenblättern in einem Eisengefäß. Halte eine brennende rote Kerze hinaus über das Wasser, schau hinab in die Tiefe und rezitiere folgendes:

»Dᴇᴍ ᴡɪʀ ᴢᴜᴇʀsᴛ ɪɴ NᴀᴅᴇʟᴡÄʟᴅᴇʀɴ ɢᴇᴅɪᴇɴᴛ ʜᴀʙᴇɴ
Dᴜғᴛᴇɴᴅᴇs RÄᴜᴄʜᴇʀᴡᴇʀᴋ sᴛᴇɪɢᴛ ᴢᴜᴍ Hɪᴍᴍᴇʟ ᴇᴍᴘᴏʀ
Sɴᴏᴡᴅᴏɴ ʙᴇᴢᴡɪɴɢᴇɴᴅ ᴍɪᴛ sᴄʜᴡᴇʟʟᴇɴᴅᴇᴍ Wᴏʜʟᴋʟᴀɴɢ
Pʜᴀʀᴀᴏɴ! Pʜᴀʀᴀᴏɴ ... ᴍɪᴛ Fᴇᴜᴇʀ ᴠᴇʀᴇʜʀᴛ!«

Die zweite Formel bezieht sich auf die *Anrufung der Neun Thronsitze*, auf denen die Herrscher von *Annwn* zu Gericht sitzen, und sie lautet:

In einem Nemeton, heiliger Lichtung tief im Wald, ordne in einer hellen Vollmondnacht neun leere Sitze, möglichst aus Stein, in einem Kreis von neun Fuß an. Verbrenne in der Mitte des Kreises Wermut, Myrrhe und Schwefel in einem Eisengefäß und rezitiere folgendes:

Aᴍᴀʀᴀ ... Eᴏᴄʜ ... Aᴛʀᴇʙᴀᴛʜᴇᴛᴏᴄʜ ... Mᴏɢᴏᴄʜғɪʟᴀʙɪx ...
Eᴘᴏɴɪsᴛᴀ ... Tᴇᴜᴛᴀᴛʜᴇʀɪᴏɴ ... Tᴀʀᴀɴɪᴛʜᴇᴄᴛᴏɴ ... Bʀɪɢɢᴀᴛ-
ʜᴇʀɪᴏɴ ... Eʟᴜɢᴀᴅᴇɴɪᴛʜᴀᴍ.

Die Sitze bleiben nur so lange von den Herrschern besetzt, bis sie mit dem Wort »*THOREBALO!*« entlassen werden, oder sonst bis zum Sonnenaufgang. Die Herrscher können 33mal befragt werden.

4. Lektion: Der Kranichbeutel

»Das *Coelbren*-Orakel befragen«

Wähle die Weide am Wasser
Wähle die Hasel der Felsen
Wähle die Erle der Sümpfe
Wähle die Birke am Wasserfall.

Wähle die Esche im Schatten
Wähle die Eibe des Rückzugs
Wähle die Ulme am Abhang
Wähle die Eiche der Sonne!

Carmina Gadelica

Coelbren sind fingergroße Holzstücke, in welche die unten dargestellten zwanzig *Ogham*-Zeichen eingebrannt oder eingraviert sind. Der Begriff »Kranichbeutel« ist tief in der keltischen Überlieferung verwurzelt und bezeichnet ein Säckchen für die persönlichen Utensilien eines Magiers. In der walisischen Tradition ist es aus Leder gefertigt und mit Waid blau gefärbt. Kraftsteine, magische Ringe, Federn und seine *Coelbren* – alle persönlichen Kraftgegenstände, die er in der Magie verwendet, können darin aufbewahrt werden. Früher einmal hieß es, die Seele des Magiers wohne in seinem Kranichbeutel! Der Kranich ist ein sehr altes Totemtier, das Visionen und Einsichten schenkt.

Wenn Sie sich selbst eine Sammlung von druidischen *Coelbren* anfertigen möchten, so schneiden Sie sich zwanzig fingergroße Holzstücke aus einem weichen, hellen Holz zurecht (Esche ist dafür hervorragend geeignet) und schleifen sie glatt. Brennen Sie dann die *Oghams* mit einem im Feuer erhitzten Metallgegenstand ein; früher haben die Druiden dafür ihre Sicheln, Priesterinnen ihre Dolche verwendet. Wenn Sie bestmögliche Ergebnisse erzielen möchten, so arbeiten Sie in der sechsten Nacht nach Neumond mit »wildem Feuer« (siehe *Lektion 1*). Wenn Sie sich einen eigenen Kranichbeutel anfertigen wollen, schneiden Sie sich ein rundes Stück blaues Leder etwa von der Größe eines Tellers zurecht und stanzen Sie zwei Finger breit vom äußeren Randes entfernt rundum Löcher im gleichen Abstand aus. Fädeln Sie ein Lederband durch die Löcher und ziehen Sie die beiden Enden fest zusammen. Der Kranichbeutel wird traditionell am Gürtel getragen.

Die *Ogham-Coelbren*, die als wichtigste Kraftquelle eines Druiden angesehen werden, sind Schlüssel zu einem großen Wissensschatz und magischen Geheimnissen. Jedes *Ogham* steht für einen Laut, einen Baum und eine Erkenntnis (ein Orakel). Das gesamte System ist von tiefer Symbolik geprägt. In dem Kapitel *Und sie wanderten bei Nacht* ... sind die uralten Baumorakel enthalten, eine verschlüsselte Folge von zwanzig Botschaften, für jeden Baum eine –, in rätselhafte Bilder eingewoben. Wenn Sie das Orakel befragen möchten, so gehen Sie hinaus an einen Ort in der freien Natur, im Wald oder an einem See, und konzentrieren sich auf Ihre Frage/ Ihr Problem. Wenn Sie das Gefühl haben, der Zeitpunkt sei richtig, greifen Sie in Ihren Kranichbeutel und ziehen ein *Ogham* heraus. Schlagen Sie die entsprechende Orakelbotschaft in dem erwähnten Kapitel nach. Studieren Sie dann aufmerksam die Worte und suchen in ihrer verborgenen Bedeutung nach einer Antwort. Das Orakel sollte nur einmal während eines Sonnenumlaufs, also einmal pro Tag, benutzt werden.

Das *Pheryllt*-Manuskript bezeichnet solche *Ogham*-Sets als die kraftvollsten, die aus dem Holz von zwanzig verschiedenen Bäumen angefertigt werden und bei denen jedes *Coelbren* aus der ihm zugehörigen Holzart geschnitzt ist.

5. Lektion: Bindu-Versenkung

»Den mystischen Zustand herbeiführen«

Manche Texte sprechen von der Fähigkeit des Dichters, jemanden mit seinem Stab zu berühren oder einen Gegenstand aufzuheben und dann durch rituelle Anrufung die Geschichte jener Person oder jenes Gegenstandes herauszufinden.

C. Matthews, *The Celtic Tradition*

Woher der Ausdruck *Bindu* kommt, ist nicht bekannt. Er taucht überall im *Pheryllt*-Manuskript auf, scheint aber nicht aus irgendwelchen bekannten keltischen Quellen geschöpft zu sein. Einer meiner Freunde mit linguistischem Wissen tippte auf Sanskrit, da das Wort *Bindu* in dieser alten Sprache »in einem Punkt zusammengezogen« bedeutet. Welchen Ursprung das Wort auch immer haben mag, *Bindu-Versenkung* zeigt einen Zustand psychischer Einheit zwischen zwei Polen an, die in unmittelbarem inneren Kontakt (dem sogenannten »Rapport«) miteinander stehen. Übersinnlich begabte Personen, die darin bewandert sind, Gegenstände zu »lesen« und die Geschichte herauszufinden, die in ihrer energetischen Matrix verzeichnet ist, betreiben *Psychometrie*. Sie ähnelt der *Bindu-Versenkung*; die druidische Entsprechung wurde als *Stilles Lesen* bezeichnet.

Als Methode, um diesen veränderten Bewußtseinszustand zu erlangen, werden einfach die Herzschläge und Atemzüge gezählt. Dies wird je nach Fähigkeit auf verschiedenen Stufen praktiziert:

Anfänger: Alter (Anzahl der Lebensjahre), ein Atemzug auf 3 Herzschläge;
Zwischenstufe: Alter verdoppelt, ein Atemzug auf 4 Herzschläge;
Fortgeschrittene: Alter verdreifacht, ein Atemzug auf 5 Herzschläge.

Schließen Sie die Augen und entspannen sich, bis Ihr Herzschlag sich beruhigt hat. Beginnen Sie bei der Zahl, die Ihrem jetzigen Alter entspricht, und zählen Sie rückwärts, für jeden Herzschlag eine Zahl, bis Sie bei Null angelangt sind. Wenn Ihnen die damit verbundene Empfindung einmal vertraut ist, regulieren Sie Ihre Atmung, so daß Sie jeweils drei Herzschläge lang einatmen und die nächsten drei Herzschläge ausatmen, bis Sie Null – und den Versenkungszustand erreichen. Wenn Sie in dieser Technik geübter werden, gehen Sie zu den nächsten Stufen über, die Sie zu einer immer tieferen Versenkung führen.

Dieser Zustand ist z. B. hervorragend geeignet für die Arbeit des *Baumkontaktes*, wo Sie mit einer Pflanze kommunizieren und dabei die universelle Bildersprache verwenden. Versuchen Sie als Übung, die Geschichte in einem Gegenstand zu lesen, der einem Ihrer Freunde gehört, damit Sie Ihre zunehmende Treffsicherheit beurteilen können. Die Druiden waren bekannt dafür, daß sie ihre Schüler auf Friedhöfe führten, wo sie sich auf ein Grab legten (gewöhnlich das eines Verwandten), sich in einen Zustand der Versenkung (oder des Schlafes) versetzten und das Leben des Toten wieder ablaufen sahen, so als würden sie sich einen Film im Kino anschauen. Dies wurde als *Grabschlaf* bezeichnet und auch praktisch dazu genutzt, um Informationen zu erhalten, die nur dem Toten bekannt waren.

Über das Einswerden mit der Vergangenheit heißt es in einem alten walisischen Vers aus dem 7. Jh.:

> *Heute nacht werde ich nicht zu Bett gehen,*
> *denn mein Liebster schläft nicht darin.*
> *Ich werde mich auf sein Grab legen ...*

> *Zwischen ihm und mir ist nichts als*
> *Erde und Sarg und Totenhemd.*
> *Oft bin ich weiter fort gewesen,*
> *doch nie war mir das Herz schwerer ...*

Zu den praktischen Übungen gehört, mit offenen oder geschlossenen Augen in die Versenkung einzutreten und das Bewußtsein in
einen Baum, einen Stein, fließendes oder stehendes Wasser, ein Tier,
eine Kerzenflamme oder ein Feuer zu projizieren. Im allgemeinen ist
dies leichter zu lernen, je weniger Ablenkungen vorhanden sind.
Vermeiden Sie daher am Anfang belebte Objekte, wie Tiere, beweg-
tes Wasser oder loderndes Feuer. (Siehe auch Kapitel 13 von *Merlyns Lehren* zu weiteren Anwendungen.)

6. Lektion: Clacha Brath

»Eine Baumstimme erschaffen«

Still stand ich und ward ein Baum mitten im Wald,
... habe manch neue Dinge verstanden,
die vorher für meinen Kopf reiner Unsinn waren.

E. Proud, keltischer Dichter

Sagen über *besondere*, sprechende Bäume kursieren überall auf der Welt. Diese Tradition ist vor allem in der keltischen Kultur verbreitet, da sich vieles von ihrer tieferen Mythologie um Bäume dreht, und ebenso bei den Griechen, die ganze Haine mit Orakeleichen unterhielten. Es heißt, daß die Druiden zu ihren wichtigsten Angelegenheiten *Orakelbäume* befragten. Solche Bäume konnten ihre Aufgabe auf zweierlei Weise erfüllen: Entweder die Stimme/den Willen einer Gottheit (z. B. Belenus oder Zeus) als Medium (»Channel«) übermitteln oder aus eigenem Antrieb kommunizieren. Manchmal sprach der Baum in einem Traumzustand (Hellhören), ein anderes Mal mittels universeller Bildersprache (wie Merlyn es nannte) oder durch eine verschlüsselte Folge von Klopfzeichen (auch als *Ogham-Klopfen* bekannt). Daher leitet sich der Brauch ab, zur Bekräftigung auf Holz zu klopfen. Manchmal haben sogar die Priester andersartige Stimmen für ihre Bäume erschaffen: die *Clacha Brath* oder »Sprechenden Steine«. Wir reden hier von Priestern, weil eine derart kraftvolle Methode als eines der großen und wohlgehüteten Geheimnisse des Altertums galt, im *Buch der Pheryllt* jedoch offengelegt wird.

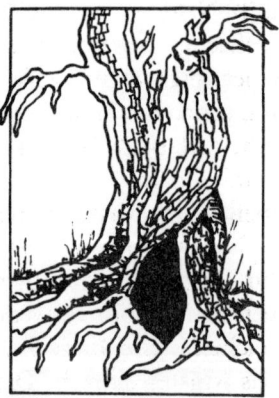

Was macht einen Orakelbaum aus? Größe ... Alter ... Gattung ... Aussehen? Alles dies, und Sie müssen genau wissen, wonach Sie suchen, wenn Sie einen dafür geeigneten Baum zu finden hoffen. Orakelbäume werden nicht zu solchen gemacht, sondern gefunden! Die meisten von ihnen wachsen auf *Ley-lines*: Das sind magnetische Kraftlinien, die in einem Gitternetzwerk unter der Erdoberfläche verlaufen. Daraus erklärt sich das zumeist hohe Alter der Orakelbäume und ihre wache Intelligenz, selbst wenn sie von einem Wald aus Bäumen derselben Art, aber mit durchschnittlichem Alter und ohne besondere Merkmale, umgeben sind. Noch ein letztes hervorstechendes Kennzeichen in der Anatomie solcher Bäume sollten Sie wissen, ehe die Suche beginnt: *Sie sind hohl* und haben irgendwo in mittlerer Höhe über dem Erdboden eine Öffnung.

Suchen Sie also in der unberührten Natur nach einem sehr alt aussehenden, knorrigen Baum, der »Persönlichkeit« ausstrahlt, der hohl und zugänglich ist. Die Seele des Baumes, sein Bewußtseinsfeld, verläuft nämlich genau durch seine Mitte – im Kern des Baumes, ob er innen nun voller Holz ist oder nicht. Die dort vorhandene Energie nimmt diesen Raum im Zentrum ein. Warum muß ein Orakelbaum hohl sein? Wenn Sie beabsichtigen, zur Kommunikation Sprechende Steine zu verwenden, müssen die beiden *Clacha Brath* bei dieser Praxis im »Bewußtseinsbereich«, im Innern des Baumes plaziert werden, und das ist im allgemeinen nur dann möglich, wenn der Baum hohl ist.

Nachdem Sie einen Baum gefunden haben, der diesen Beschreibungen entspricht, müssen die Steine selbst vorbereitet werden. Gehen Sie an eine Stelle, wo Erde und Wasser aufeinandertreffen: an einen Strand, ein Flußufer oder an den Rand eines Teiches ... überall dort, wo Sie kleine Steine oder Kiesel sammeln können, auf die das Wasser eingewirkt hat (am günstigsten unter einem Wasserfall). Nehmen Sie sich Zeit, um zwei Steine von der Größe eines Kartoffelchips zu finden, die, wenn sie aneinandergeschlagen werden, einen angenehm nachklingenden Ton erzeugen. Der Klang ist wichtig; probieren Sie daher viele Kombinationen aus, bevor Sie sich entscheiden. Beide Steine sollten eine glatte Oberfläche haben, damit ein Symbol darauf gemalt werden kann. Die Steine sind gründlich unter fließendem Wasser zu reinigen und an der Sonne zu trocknen.

Nun können Sie mit dem Malen anfangen. Entscheiden Sie sich für ein persönliches Symbol, das ganz allein für Sie steht. Sie können ein Symbol verwenden, ein Bild, ein Sigill (persönliches Kraftzeichen), Ihre Initialen, was immer Sie anspricht, aber halten Sie das Muster einfach. Die alten Magier, die es gewohnt waren, ihre

Clacha Brath selbst zu meißeln und zu gestalten, beschrifteten sie mit einem *Ogham*, das ihren geheimen magischen Namen darstellte. Malen Sie Ihr persönliches Symbol auf beide Steine gleich, und verwenden Sie Ihre Lieblingsfarbe(n). Nehmen Sie sich Zeit dafür, und prägen Sie ihnen Ihre Bewußtseinskraft ein. Wenn sie fertiggestellt sind, werden aus ihnen die »Stimmbänder« Ihres Baumes.

Bringen Sie dem Baum eine Opfergabe dar, die aus einer Honigwabe, Wein oder Räucherwerk bestehen kann, das am Stamm entzündet wird. »Pflanzen« Sie nun Ihre Steine und geben ihnen einen Platz im Innern, im Kern des Baumes, so daß sie sich gegenseitig berühren. Dort bleiben sie und dürfen niemals mehr berührt oder herausgeholt werden.

Nun zum Ritual: Erwecken Sie zuerst den Baum mit dem im Epilog dieses Buches beschriebenen Ritual. Bestimmen Sie dann den besten Zeitpunkt, um sich an das Orakel zu wenden. Das hängt davon ab, um welche Art von Baum es sich handelt. Wenn es beispielsweise eine Birke ist, dann sehen Sie in der im *Epilog* enthaltenen Übersicht, daß sie mit dem aktiven Luftelement verbunden ist, also von Sonnenzyklen beherrscht wird und daher am stärksten zugänglich oder bewußt während des Tages ist. Wenn der Orakelbaum eine Weide ist, so gehört sie zum Wasserelement und ist damit ein passiver oder in der Nacht aktiver Baum. Es gibt nur diese beiden Arten:

Luft- und Feuerbäume – aktiv/sonnenhaft-Tag
Wasser- und Erdbäume – passiv/mondhaft-Nacht.

Ziehen Sie sich festlich an, formulieren Ihre Frage und wenden sich zum richtigen Zeitpunkt an den Baum. Zünden Sie zu Beginn stets Räucherwerk als Opfergabe an, berühren dann den Baum und sprechen laut Ihr Anliegen aus. Halten Sie sich anfangs an Fragen, die als Antwort ein einfaches »Ja«, »Nein« oder »nicht bekannt« erfordern. Wenn alles richtig ausgeführt worden ist, wird der Baum mit einem leichten Aneinanderschlagen oder Klopfzeichen der Steine antworten. Sie müssen genau zuhören, es ist ähnlich wie bei einem Morsealphabet. Ein Klopfzeichen bedeutet gewöhnlich »Nein«, zwei Klopfzeichen »Ja« und drei Klopfzeichen »nicht bekannt«. Wenn Sie möchten, können Sie auch Ihr eigenes System entwickeln.

Bringen Sie aber nie jemand anderen zu Ihrem Baum, um ihm eine Frage zu stellen, sonst wird er für immer verstummen. Echte Magie ist ein Spiel für einen einzelnen!

7. LEKTION: DER GRÜNE MANN

»Den Gott der Wälder hervorrufen«

Der Grüne Mann, der Gehörnte Gott der Wälder, ist die Schutzgottheit des Druidentums. Er verkörpert den männlichen Aspekt der Vereinigung mit der Erde. Deshalb wird dieser Gott von Priester-Magiern mit patriarchalischer Grundlage, wie die Druiden es sind, besonders in Ehren gehalten. Er ist der älteste und am höchsten geachtete aller alten keltischen Götter, und in den keltischen Ländern finden sich am Maitag, zur Sommersonnwende oder bei den Erntefesten seine Spuren noch heute. Er hat viele Namen und Gesichter: Kern der Mächtige, Der Gehörnte, Der Geweihte (ein Geweih tragend), Herne der Jäger, Herr der Tiere, Der Hirschkönig, Der Winterherr und, für die Kelten, *Kernunnos*. Er lebt – selbst heute noch – in jedem verwilderten Wald.

Herne, der Große Gott der Wälder, ist schwer faßbar. Daraus erklärt sich wahrscheinlich einer seiner vielen anspielungsreichen Beinamen: *Der hinter den Bäumen geht*. Es erfordert Zeit und Geduld, eine persönliche Beziehung zu ihm aufzubauen, doch sie ist tief, sobald sie einmal besteht. Es folgen einige bereits erprobte Vorschläge, um in Kontakt mit dem Waldgott zu treten und dadurch auch eine engere Verbindung zur Erde, seinem Element, herzustellen.

Wählen Sie mit Sorgfalt eine Stelle aus. Herne ist ein Gott der tiefen Wälder, zurückgezogen und verschwiegen, geräuschlos ... aber stets präsent. Die *Tanne* (auch Kiefer, Fichte und andere Nadelbäume) ist sein Baum; wählen Sie daher einen abgelegenen, stillen Tannen- oder Nadelwald. Am besten geeignet ist ein *Nemeton*, eine heilige Lichtung. Alle Götter werden gern mit Räucherwerk verehrt, das ihnen geweiht ist, denn diese Form von Energie können sie mühelos spüren. Verbrennen Sie in einem Eisengefäß Harze von

Nadelbäumen, Moschus, Patchouli, Wacholderbeeren oder Schwarzeiche. Einer meiner Freunde hat erstaunliche Erfolge mit einer Mischung aus Gewürznelken, Wermut und Myrrhe.

Das musikalisch mit Herne verbundene Instrument ist die *Trommel*. Wird sie gespielt, trägt dies dazu bei, seine Aufmerksamkeit zu wecken. Auch wenn dieser Gott jederzeit gegenwärtig ist, kann er mit größter Wahrscheinlichkeit in der Abenddämmerung oder in der Dunkelheit gesehen werden. Sein Element, die Erde, ist selbst dunkel, tief, schweigsam und verborgen – in der Magie zieht Gleiches immer Gleiches an, und nach diesem Prinzip muß man vorgehen, auch wenn man einen Gott anziehen möchte. Schaffen Sie eine Umgebung, in der sich der Gott wohl fühlen kann (ein Fisch kann keinen Besuch auf einem Berggipfel machen!). Denken Sie jedoch daran, wie wichtig Ruhe und Geduld sind. Die folgende Anrufung aus alten Quellen hat sich als sehr erfolgreich darin erwiesen, den Waldgott geneigt zu machen, daß er erscheint:

Steinschneise im dunklen Wald,
Tannenzweig in Wächters Hand,
Eisenrauch ruft den Hüter des Waldes.
Hört den Flug der Schneegänse,
das Eilen des Waldlandheeres.
Hört das Klirren von kühnem Geweih
im Namen des Herrn der Tiere.
Hört den Atem des Gottes, üppig und fruchtbar,
hört den Schritt des Geweihten.
Hört Kernunnos die Steinschneise im dunklen Wald betreten!

8. Lektion: Slatan Druideacht

»Den Druidenstab suchen«

Gibt es in der Welt der Magie ein bekannteres Bild als das eines Zauberers, der sich beim Gehen auf einen knorrigen, alten Stab stützt? In allen Kulturen der Welt ist dieses Bild vom »Stab des Weisen« fast zu einem Archetyp an sich geworden: dem Urbild von *Gandalf*. Es taucht sogar in biblischen Berichten auf, wenn Moses seinen Holzstab benutzt, um allerlei Wunder auszuführen: Der Stab wird zu Füßen des Pharaos zur Schlange und teilt die Wasser des Roten Meeres. Der Stab war bereits in der Frühzeit ein Symbol für große Macht und Autorität, wie wir es auch bei Königen feststellen können. Als Werkzeug der Magie ist der Stab in seiner rechtmäßig wichtigen Funktion lange vernachlässigt worden, denn seit dem Mittelalter hat die aus ihm abgeleitete kürzere *Zauberrute* ihm nahezu vollständig die feurige Kraft gestohlen.

Der Stab versinnbildlicht vor allen Dingen den Magus und seine persönliche Beziehung zu den Bäumen. Diese sind seine grünen Verbündeten, die seine Schritte auf dem Weg der *Queste* stets sichern und unterstützen. Wie ein elektrischer Leitungsdraht, eine Art kosmische Verlängerungsschnur verbindet er den Magier mit den himmlischen Mächten.

Damit der Stab eine wirksame magische Waffe sein kann, müssen tief verwurzelte persönliche Verbindungen zu dem bestehen, der ihn besitzt. Daher ist es von größter Wichtigkeit, bei seiner Anfertigung genau auf alle Einzelheiten zu achten. Haben Sie beispielsweise schon ein Lieblingsholz? Einen Lieblingsbaum, der etwas mit Ihrer Vergangenheit zu tun hat? Bevorzugen Sie einen leichten »Spazierstock« oder einen kräftigeren, knorrigen »Zauberstab«? Helles oder dunkles Holz? Mit eingeschnitzten Symbolen oder ganz schlicht? Diese Fragen müssen geklärt sein, ehe Sie mit der Suche nach dem richtigen Stück Holz beginnen.

Nehmen Sie sich viel Zeit dafür, denn draußen im Wald ist die Auswahl groß. Vergewissern Sie sich vor dem Abschneiden, daß Sie völlig zufrieden sind. Und *fragen* Sie vorher: Wecken Sie den Baum und bitten ihn um Erlaubnis! Der Stab wird zu einem negativen Werkzeug, wenn der Baum, von dem er stammt, feindlich gesinnt ist. Bringen Sie eine Honigwabe, Wein oder Räucherwerk als Opfer, und achten Sie darauf, beim Schneiden so wenig Schaden wie möglich anzurichten.

Bearbeiten Sie das abgeschnittene Holz, wenn es noch weich und frisch ist. Ziehen Sie die Rinde ab und geben dem Stab mit Messer und Sandpapier Gestalt, bis sich das richtige Aussehen zeigt. Lassen Sie ihn dann trocknen und schützen ihn zuletzt mit Firnis, Lack oder Leinöl. Zum Abschluß noch ein Stück vergessener Überlieferung: Die alten Zauberer haben ihren Stäben stets einen Namen gegeben. Dieser beruhte häufig auf der Gottheit, der sich der Magier geweiht hatte, oder auf einer verwandten Symbolik.

Mein eigener Stab ist aus dunklem, gewundenem Holz, und in einer Vertiefung am oberen Ende ist ein kleiner silberner Hirschkopf eingelassen. Er wurde von dem Baum geschnitten, in dem ich mit acht Jahren mein erstes Baumhaus gebaut habe. Ich mußte quer durch das ganze Land reisen, um ihn zu bekommen, habe dadurch aber ein enges Bündnis mit ihm hergestellt. Nach dem Ereignis, daß ich an einem lange zurückliegenden Sommertag einmal von demselben Baum heruntergefallen bin, habe ich ihn »Narbe« genannt ...

9. Lektion: Heiliger Rauch

»Mischungen für magisches Räucherwerk und Pfeifenkraut«

Die magische Pflanzenkunde ist vielleicht der größte für Studien-
zwecke zugängliche Bereich auf dem Gebiet der Magie, denn sie
führt durch das Brauchtum in Küche, Heilkunst und Religion. Die
Aufgabe, eine solche Überlieferung aus Platzgründen hier in ge-
drängter Form zusammenzufassen, ist geradezu niederschmetternd,
und so habe ich deutliche Schwerpunkte gesetzt. Das *Buch der
Pheryllt* beschäftigt sich ausgiebig mit magischer Pflanzenkunde auf
vielfältigen Ebenen, von denen manche interessante Ansatzpunkte
bieten. Das ausgewählte Material ist hier in die beiden Bereiche
Räucherwerk und *Pfeifenkraut* unterteilt worden.

Räucherwerk für Magie und Ritual

Es folgen einige eher ungebräuchliche Kombinationen von Kräutern, die für verschiedene Versuchszwecke bestimmt sind. Dabei
handelt es sich um 12 Mischungen, die bisher noch nicht in anderen
Quellen aufgeführt worden sind.

1. *KELTISCHES 9-HÖLZER-RÄUCHERWERK*
   zu gleichen Teilen
   * Eberesche
   * Weißeiche
   * Holunder
   * Apfelbaum
   * Kiefer/Tanne
   * Stechpalme
   * Zeder
   * Wacholderholz
   * Pappel

2. *MONDFEUER*
   Je ein Teil
   * Wacholder
   * Lorbeerblätter
   * Veilchenwurzel
   * Rosenblüten
   * Drachenblut*
   * ¹/₂ Teil Salpeter

3. *RÄUCHERWERK
   FÜR HEILZWECKE*
   * Myrrhe, Gewürznelken
     und Rosmarin

4. *RÄUCHERWERK ZUM FLIEGEN*
   * Schwarzer Nachtschatten, Gemeiner Kalmus und
     Wacholderbeeren

5. *RÄUCHERWERK FÜR ASTRALREISEN*
   * Sandelholz
   * Beifuß
   * Benzoeharz
   * Diptam

6. *RÄUCHERWERK ZUM STUDIEREN*
   * Mastixharz und Rosmarin

7. *RÄUCHERWERK FÜR REGEN*
   * Heidekraut, Farn und Bilsenkraut

8. *RÄUCHERWERK FÜR HELLSEHEN*
   * Mastixharz, Kalmus und Beifuß
   * oder: Mastixharz, Patchouli, Zimt, Wacholder und Sandelholz
   * oder: Beifuß und Wermut
   * oder: 3 Teile Fingerkraut
           3 Teile Zichorienwurzel
           1 Teil Gewürznelken

---

* Zu beziehen über das Prana-Haus, Kronenstr. 2, D-79100 Freiburg

9. *BESCHWÖRUNG EINER GOTTHEIT*
   * Wermut, Weidenrinde und Sandelholz
   * oder: Beifuß und Wermut
   * oder: Diptam, Vanilleschoten und Benzoeharz

10. *SONNENZEREMONIE*
    * Sonnenblumenblüten, Drachenblut, Muskatblüte, Safran und Weihrauch
    * oder: Mistel, Drachenblut und Eichenrinde

11. *MERLYNS WALDRAUCH*
    * 1 Teil Birkenrinde
    * 1 Teil Wacholder
    * 1 Teil Drachenblut (oder Wiesenknöterich)

12. *SCHLÜSSEL ZUR ANDERWELT*
    * Kleefarn, Moschus, Safran und Roter Styrax

Pfeifenkraut für Magie und Ritual

Der Archetyp eines Pfeife rauchenden Zauberers ist fast ebenso verbreitet wie seine Zauberrute oder sein Stab. In der Tat hat zu allen Zeiten eine starke Verbindung von Pfeiferauchen mit intellektueller Leistung und höherer Bildung bestanden. Im Unterschied zu heute, wo Tabak in allen Mischungen bei weitem überwiegt, wurde das »Pfeifenkraut« vergangener Zeitalter aus einheimischen Kräutern und würzigen Pflanzen einer bestimmten Region zusammengestellt und unterschied sich daher auch nach dem jeweiligen Gebiet. Nachfolgend sind 12 Pflanzen genannt, die Magier und Zauberpriester vergangener Zeiten in dieser Form genossen haben sollen. Natürlich können sie in unterschiedlichen Mischungen miteinander kombiniert werden.

1. Engelwurzblätter
2. Huflattichblätter
3. Minze (Grüne, Pfeffer- und Katzenminze)
4. Mischung aus Maisfasern, Sumachbeeren und Katzenpfötchen
5. Blüten und Blätter der Goldrute

6. Blätter und Blüten der Sonnenblume
7. Blüten und Blätter des Mädesüß
8. Wollkrautblätter
9. Blüten und Blätter der Wiesenaster
10. Blüten und Blätter von Honigklee
11. Wilder Lattich
12. Kamille

10. Lektion: Mondvisionen

»Die Kunst und Praxis des Wahrträumens«

Die Grenzen unseres Geistes sind stets in Bewegung,
Und die Geister von vielen können ineinanderfließen ...
Und einen einzigen Geist, eine einzige Energie
erschaffen oder sichtbar werden lassen.

W. B. Yeats, *irischer Dichter*

Manche Magier haben sich im Laufe der Geschichte einen Namen als Traumdeuter gemacht. Andere haben die Fähigkeit bewiesen, Träume tatsächlich zu kontrollieren; sie sind als »Traumweber« bekannt. Die Volksüberlieferung ist reich an heimischen Bräuchen, die dazu bestimmt sind, nächtliche Dämonen und Alpträume abzuwehren, einen geliebten Menschen im Traum erscheinen zu lassen oder ein zukünftiges Ereignis durch Traumsymbole vorauszusagen. Das Traumkissen ist ein Beispiel dafür: Verschiedene Pflanzen und Kräutermischungen werden in kleine Kissen oder Säckchen eingenäht, auf denen man schläft, um sich an Träume zu erinnern. In einem alten angelsächsischen Kräuterbuch wird dafür die gerühmte Mischung aus Beifuß, Rotkleeblüten, Lavendel und Echter Katzenminze empfohlen.

Die nordamerikanischen Indianer fertigen immer noch *Traumfänger* an, mit denen sie nächtliche Dämonen sozusagen aus den Träumen »herausfiltern«. Traumfänger sind rund, weisen das Muster eines Spinnennetzes mit einem Bergkristall im Zentrum auf und werden über das Bett gehängt. Da wir mehr als die Hälfte unseres Lebens in der Traumwelt verbringen, ist es nicht verwunderlich, daß so viele überlieferte Bräuche diesem einzigartigen mystischen Zustand gewidmet sind!

Nach dem *Buch der Pheryllt* glaubten die Druiden, daß der Zugang zu luzidem oder hellsichtigem Träumen in zwei Schlüssel-
pflanzen lag: die Rinde der *Weide* und die Wurzel des als *Baldrian*
bekannten Krautes, dessen alter Name »Phu« lautet. Traditionell
gehörte zu einem der Stufengrade, die ein Lehrling während seiner
20jährigen Ausbildung zu durchlaufen hatte, auch das Wahrträumen oder *Gwelaeth y Lleuad*, die »Mondvision«. Damit war der
Zustand gemeint, aus dem Traum herauszuschlüpfen und die sich
während des Träumens ereignenden Dinge kontrollieren zu können.
Schließlich wurde der Schüler überprüft und mußte den Namen eines
Gegenstandes benennen, den sein Lehrer irgendwo in der Traum-
welt/Anderwelt versteckt hatte. Dies führte zu einer fortgeschritte-
nen Übung, dem »Traumverbinden«, die den Magier in die Lage
versetzte, in den Traum eines anderen zu gelangen und gemeinsame
Abenteuer zu erleben, wobei häufig frühere Leben erforscht wurden. Um diesen gemeinsamen Zustand zu erreichen, war es nötig,
nebeneinander einzuschlafen, damit die beiden Lichtschilde (Auras)
ineinanderfließen konnten.

Ein alter *Ritus des Wahrträumens* ist wie folgt überliefert: Wenn
eine einfache Frage vorliegt, die mit »Ja« oder »Nein« zu beantworten ist, müssen Sie jeweils ein kleines Stück Bergkristall und schwarze
Kohle zu einem *Nemeton* oder heiligen Hain mitnehmen. Suchen
Sie dort einen Stein, etwa in Kopfgröße, der sich leicht bewegen
läßt. Drehen Sie ihn um und legen die beiden kleineren Steine darunter, während Sie gleichzeitig Ihre Frage dreimal den dort verborgenen Schatten von Erde und Stein zuflüstern. Schieben Sie den
Stein dann wieder an die ursprüngliche Stelle zurück und nehmen
ein bißchen von der Erde darunter mit, die Sie zu Hause unter Ihr
Bett legen. In den folgenden drei Nächten werden Sie von etwas
Weißem oder Schwarzem träumen: Weiß bedeutet »Ja«, Schwarz
»Nein«. Die früheste Version dieses Ritus verlangte, daß der Frage-
steller tatsächlich neben dem Stein schlief.

Wenn Sie mit dem Traumzustand experimentieren möchten, sollten Sie den Vorschlag aufgreifen, einige der oben angeführten Kom-
ponenten einmal selbst auszuprobieren. Die Alten glaubten, daß der
Mond über die Träume herrsche, und daher galt die Vollmondphase
als kraftvollster Zeitpunkt für eine solche Arbeit. Oft hilft ein
Traumtagebuch dabei, die eigenen Träume beobachten zu lernen:
Legen Sie sich ein leeres Notizbuch und einen Bleistift neben Ihr

Bett, in das Sie Ihre Träume sofort beim Aufwachen hineinschreiben – denn Träume haben die Neigung, sich innerhalb von Sekunden zu verflüchtigen. Schulen Sie sich darin, Ihr Bewußtsein an der Schwelle des Schlafes zu halten, ohne einzuschlafen. Wenn Sie sich erfolgreich gegen den Schlaf zur Wehr setzen können, dann können Sie auch willentlich in Ihren Träumen ein und aus gehen. Probieren Sie auch die Baldrianwurzel vor Ihrer Traumarbeit mit doppelter Dosis als allgemein üblich aus. Dadurch werden häufig »Flugträume« hervorgerufen.

In seinem 1983 erschienenen Buch *The Magical and Ritual Use of Herbs* (Destiny Books 1983) beschreibt der Biochemiker Richard Alan Miller die lange Geschichte von Baldrian im europäischen Zauberkult und erklärt, daß die Pflanze völlig ungiftig sei und eine Wirkung hervorrufe, »als würde man in der Luft schweben«. Auch von Wildem Lattich, einer in Amerika und in Europa weitverbreiteten Pflanze, ist der magische Gebrauch in der Traumarbeit geschichtlich überliefert; er wird am häufigsten in der Pfeife geraucht und als »Sakrament für lebendiges Träumen« bezeichnet.

11. Lektion: Steingarten

»Den heiligen Raum anlegen«

Wie viele Kenner der Folklore wissen, daß der Ausdruck »Steingarten« eigentlich auf die keltische Kultur zurückgeht? Während des Mittelalters wurde diese Bezeichnung als gleichbedeutend mit »*Hexen- oder Teufelsgarten*« angesehen, und man konnte als Hexe (oder Hexenmeister) vor Gericht gestellt werden, wenn man einen solchen Garten hatte.

Was ist ein Steingarten eigentlich? Traditionell bezeichnet dies ein sorgfältig geplantes Gartenstück, häufig zwischen Natursteinen oder Felsen gelegen, das Heilkräutern oder magischen Pflanzen vorbehalten ist. Man hat vermutet, solche Gärten seien deshalb zwischen großen Steinen angelegt worden, um sie vor scharfen (christlichen) Augen zu verbergen. In Wirklichkeit aber läßt sich diese Tradition bis zu einer Zeit zurückverfolgen, wo Gärtner wußten, welche Wirkung richtig plazierte Steine mit ihren gebündelten Energien auf das Pflanzenwachstum hatten. Magischen und religiösen Zwecken dienende Kräuter wurden stets um und in solche Steinformationen gepflanzt. Dadurch verstärkte sich ihre Kraft, und sie konnten die Einwirkungen von Sonne und Mond zu sich herabziehen.

Es ist eine gute Idee, sich – soweit dafür die Möglichkeit besteht – einen eigenen druidischen Zaubergarten zu schaffen. Zunächst wird die äußere Anlage beschrieben:

Sammeln Sie 36 Steine in drei verschiedenen Größen: zwölf kleine in der Größe Ihrer Faust, zwölf mittlere in der Größe Ihres Kopfes und zwölf große, die aufrechtstehend vom Boden bis zu Ihren Knien reichen.

Die authentische Gestaltung baut auf der druidischen Vorstellung von den *Drei konzentrischen Kreisen der Existenz* auf. Als erstes legen Sie einen Mittelpunkt fest und markieren ihn. Legen Sie sich so hin, daß Ihre Füße den Mittelpunkt berühren. Kennzeichnen Sie die Stelle, wo Ihr Kopf liegt – damit haben Sie den Durchmesser des ersten Kreises. Legen Sie die zwölf kleinsten Steine wie ein Zifferblatt auf dem Boden aus. Legen Sie sich dann wieder hin. Diesmal befinden sich Ihre Füße an irgendeinem Punkt auf der Kreislinie, und Ihr Kopf weist vom Zentrum weg. Kennzeichnen Sie wieder die Stelle, wo Ihr Kopf liegt, und legen danach den zweiten Kreis der mittelgroßen Steine aus. Wiederholen Sie diesen Vorgang noch einmal, bis Sie drei Kreise mit einem gemeinsamen Mittelpunkt haben, deren Radius aus Ihrer einfachen, doppelten und dreifachen Körpergröße abgeleitet ist.

Nun können Sie mit dem Pflanzen beginnen, wofür Ihnen vier Bereiche zur Verfügung stehen: innerhalb des ersten Kreises, außerhalb des ersten Kreises, außerhalb des zweiten Kreises und außerhalb des dritten Kreises.

Diese verkörpern die vier Elemente der Materie: *Erde, Wasser, Luft* und *Feuer*. Die druidische Kräuterkunde drehte sich um eine Auswahl von Pflanzen, die bekannt sind als die *16 Heilkräuter von Diancecht*, einem alten Gott der Heilkunst und Magie (zur Anwendung von Kräutern siehe auch das Kapitel »Der Garten« in *Merlyns Vermächtnis* und Lektion 6 in *Merlyns Lehren*).

Die einzelnen Sorten werden an den folgenden Stellen gepflanzt:

* *INNERHALB DES ERSTEN KREISES – im Reich der Erde*:
  Baldrian, Frauenschuh, Helmkraut und Wermut;
* *AUSSERHALB DES ERSTEN KREISES – im Reich des Wassers*:
  Echte Katzenminze, Hopfen, Weide und Echinacea (Kegelblume);
* *AUSSERHALB DES ZWEITEN KREISES – im Reich der Luft*:
  Kamille, Ringelblume (Calendula), Schafgarbe und Eisenkraut;
* *AUSSERHALB DES DRITTEN KREISES – im Reich des Feuers*:
  Kanadische Gelbwurz (Hydrastis canadensis), Johanniskraut, Kreuzdorn (Cascara) und Weißeiche (Wintereiche).

12. Lektion: Der Namensritus

»Das keltische Selbst entdecken«

»Was bedeutet schon ein Name?« Diese Redensart dürfte es seit fast ebenso langer Zeit geben wie den Menschen selbst. Und warum? Weil sich hinter der Oberfläche eines Namens oder Titels sehr viel Ungeahntes, Unvermutetes verbirgt. Auch wenn es stimmt, daß man ein Buch nicht nach seinem Einband beurteilen kann, trifft es doch zu, daß der »Einband« oder »Name« eine ganze Menge mit der Art eines Buches zu tun hat. Diese Beziehung wollen wir hier erforschen.

In allen magischen Traditionen der Welt wird an irgendeinem Punkt das Ritual der *Namensgebung* erwähnt. Es gehört zu dem magischen Zyklus der Berufung, der Lehrlingschaft und der Einweihung. Während der letzten Phase, der Einweihung, findet die Namensgebung (oder eigentlich »Umtaufung«) statt. Der Eingeweihte erhält immer einen neuen Namen, der gewöhnlich durch eine Orakelmethode ausgewählt wird. Dieser ist ein Zeugnis seines neuen Wissens, seiner Identität in Beziehung zur Welt – er ist zu einem neuen Wesen geworden.

Im *Pheryllt*-Manuskript wird dargelegt, daß jeder druidische Priester drei Namen hatte:

* seinen Taufnamen (den Vornamen, den ihm die Eltern bei der Geburt gaben)
* seinen Gruppennamen (unter dem er bei anderen Eingeweihten bekannt ist) und
* seinen geheimen Namen (eine Quelle, aus der allein er seine persönliche Macht schöpft).

Der letzte Name wurde für symbolische Inschriften auf magischen Geräten oder Ritualgegenständen benutzt. Aus diesem geheimen Namen schufen die Magier ein *Sigill* (»Zeichen«) oder *Engramm* – ein einfaches graphisches Muster, das nur von seinem Träger verstanden wurde und das »innerste Wesen seiner Seele« enthielt. Diese Vorstellung ist auch für heutige Schüler der Magie hervorragend geeignet, denn sie ist authentisch, verschwiegen und dient der persönlichen Stärkung und Macht.

Bei einer im *Pheryllt*-Manuskript beschriebenen Methode des

Namensritus wurde in der sechsten Nacht nach Neumond Wasser, dem Mistel hinzugefügt worden war, über einem Feuer zum Kochen gebracht. Wenn es kochte, wurde eine Anrufung gesprochen (die nicht wiedergegeben ist) und eine bestimmte Menge Bienenwachs hineingeworfen. Dann ließ man das Wasser von selbst abkühlen und suchte in dem Konglomerat aus hart gewordenem Wachs und Mistel, das in einem Stück an der Oberfläche schwamm, nach Zeichen oder Bildern. Für den Ältesten ergaben sich daraus Anhaltspunkte, welcher Name geeignet sei, und ebenso wurde von dem Lehrling erwartet, sein *Sigill* aus dem Wachsmuster abzuleiten. Dieser alte Ritus ist von wunderbar geheimnisvoller Art – wir benutzen ihn oft.

Der erste Name wird von der Familie gegeben, der dritte von einem Lehrer verliehen; nur der mittlere Name kann selbst gewählt werden. Er kann von etwas herrühren, wovon Sie besonders angezogen werden: ein Film, ein Buch, ein Mensch, eine Reise, die Erinnerung an ein früheres Leben – er kann alles sein, nur nicht gewöhnlich. Das Gewöhnliche oder »normal« Übliche bedeutet für die Magie eine tödliche Losung, denn die Mystischen Künste haben immer das Ziel, den Geist über das Weltliche hinaus zu erheben.

Auch Träume stellen eine weitere gute Methode der Namensgebung dar (siehe »Wahrträumen«). Der Verfasser hält es jedoch für die beste Methode, die Erforschung früherer Leben einzubeziehen, denn hier ruhen in der Tat manche besonders wirksamen Zusammenhänge. Wie ist dies ohne einen Lehrer in diesem Leben möglich? Achten Sie genau darauf, von welchem geschichtlichen Zeitraum Sie am stärksten angezogen werden, und beginnen Sie damit: Bücher aus der Bibliothek sind immer ein hervorragender Ausgangspunkt, denn sie inspirieren zu Ideen und lösen tiefe Dinge aus … eine Art Spurensuche nach Fingerzeigen und Anhaltspunkten.

Nachfolgend sind einige Anregungen zu den drei Namensgruppen zusammengestellt. Da das Thema »Druiden« im Mittelpunkt steht, sind natürlich nur Namen mit spezifisch keltischem Ursprung ausgewählt worden. Denken Sie daran, daß Sie nur einen davon auswählen dürfen.

TAUFNAME	GEWÄHLTER NAME	GEHEIMER NAME
Adda	Golwg (Sehen)	Achten
Emrys	Caergaint	Alba
Andreas	Afon (Fluß)	Amaethon
Enid	Carregog (steinig)	Arannan
Antw	Dulyn	Artos/Uthr
Bifan	Fflint	Bedwyr
Siarl	Morgannwg	Brendan
Deiniol	Golwyth	Cathbadh
Dafydd	Llundain	Vortigern
Deio	Aros (er, der wartet)	Cian/Calan
Iorwerth	Gwernen (Erle)	Dormath
Enoc	Byddin (Heer)	Dylan
Ifan	Saeth (Pfeil)	Eachtra
Sieffre	Effro (wach)	Elffyn
Sior	Balch (stolz)	Fionn/Fintan
Gerallt	Traeth (Ufer)	Ronan
Gruffudd	Credu (glauben)	Galan
Echtor	Perllan (Obstgarten)	Gwalchmei
Hywel/Huw	Bendithio (segnen)	Gwydion/Gwyn
Iago	Gleision (blau)	Iuchar
Sion	Gwaed (Blut)	Kernow
Sulien	Dewr (mutig)	Kymon
Iestyn	Corwynt (Wirbelwind)	Lochlann
Lewys	Gorchmyn (Befehl)	Mabon
Luc	Peryglus (gefährlich)	Tuatha/Tuan
Marc	Gellyn (Feind)	Mathgen
Mihangel	Noson (Abend)	Myrddin
Olfyr	Coedwig (Wald)	Nemed
Owain	Barugg (Frost)	Oisin
Pawl	Llwyn (Hain)	Olwen
Peredur	Gobaith (Hoffnung)	Trystan
Pedr	Collen (Haselstrauch)	Pryderi
Phylip	Gwahodd (einladen)	Samhain
Rheinallt	Llawen (freudig)	Seth
Rosser	Gwerth (Wert)	Setanta
Tomos/Twm	Cerddor (Musiker)	Simon Magus
Trystan	Derwen (Eiche)	Taliesin
Gwallter/Gwilym	Hydref (Oktober)	Teyrnon

13. Lektion: Der Grosse Baum

»Den Druidenweg aufsteigen«

Der Große Baum ist ein archetypisches Symbol in allen Kulturen der Welt. Es gibt nur einen, doch er wird mit vielen Namen bezeichnet: der Baum von Gut und Böse, der Lebensbaum, der nordische *Yggdrasil*, der Baum der Transformation, der *Crann Bethadh*, der Brennende Baum/Dornbusch; der Baum von Dathi, Mugna, Tortu, Usnech ... diese Aufzählung läßt sich fast unendlich fortsetzen, da dieser Baum in jeder Kultur und zu jeder Zeit gegenwärtig ist. Die Fachgelehrten wissen zwar keine Antwort darauf, warum dies so ist, doch ich vertrete dazu meine eigene, druidisch geprägte Ansicht: Aus Gründen, die allein der Schöpfer kennt, sind Herz, Seele und Schicksal des Menschen stets eng mit den Bäumen verbunden gewesen.

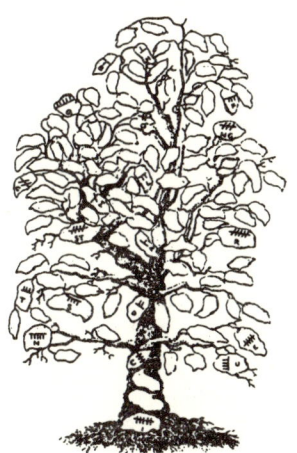

Nachfolgend wird eine faszinierende Darstellung des Druidischen Lebensbaumes wiedergegeben, die aus der *Pheryllt*-Ausgabe von Llewellyn Sion (1588) und in Abwandlung aus einer Ausgabe des *Gorchan von Maeldrew* (1876) entnommen ist. Der Auszug aus dem *Pheryllt*-Manuskript ist besonders interessant, weil er die *Ogham*-

Buchstaben in aufsteigender Reihenfolge verwendet – in Form einer Leiter, die zu erklettern ist. Der Auszug aus dem *Gorchan* enthält eine musikalische Deutung.

Hier sind die 21 Stufen oder Schritte wiedergegeben, die erforderlich sind, um den Großen Baum hinaufzusteigen – die Große Eiche *Duir*, die inmitten des heiligen *Drunemeton* wächst. Die Umkehrung von 21:12 Stufen für jeden Stein im heiligen Kreis als Entsprechung zu den herkömmlichen zwölf Himmelshäusern. Während es für den Baum kein ausdrücklich festgelegtes Ritual gibt, wird eine achtsame Meditation auf die »21 Pfade der Begegnung«, wie sie genannt werden, mit Sicherheit einen einsichtsvollen Blick auf die eigene Stellung im Lebensplan ermöglichen und auch manch praktische Auswirkungen nach sich ziehen.

1. *PFAD*: Birke, Neuanfang. Erste Erkenntnis, Erwachen für deinen selbstgewählten spirituellen Weg.
2. *PFAD*: Eberesche, erstes Handeln. Beherrschung aller Sinne in der Ausrichtung auf den von dir gewählten Weg. Entspricht dem ersten Zug in einem Spiel.
3. *PFAD*: Erle, hitziger Widerstand. Die materielle Welt widersetzt sich deiner Wahl, doch deine Bestrebungen stehen unter vollem Schutz.
4. *PFAD*: Weide, schweigende Inspiration. Dein Weg durch die Welt erscheint wie ein Traum in einer mondhellen Nacht.
5. *PFAD*: Esche, unbeirrbare Entschlossenheit. Innere und äußere Welt kommen sich freudig entgegen. Der Pfeil unbeschadet.

Durchschreiten des Ersten Schleiers:
»Tod des Alten«

6. *PFAD*: Weißdorn, die Blüte entfaltet sich. Reinigung und Schutz, während du Freuden und Leiden annehmen lernst.
7. PFAD: Eiche, die starke Tür. Ein Eingangstor zu neuen Mysterien steht verschlossen, jedoch als Aufforderung vor dir. Möglichkeiten.
8. *PFAD*: Stechpalme, eine Begegnung. Du erlebst eine Herausforderung in Form eines Zusammentreffens. Der überraschende Türhüter.

9. *PFAD:* Haselstrauch, Frucht der Erkenntnis. Deine Begegnung bringt die direkte Ernte verborgener Eingebung.

10. *PFAD:* Apfel, Schönheit der Vereinigung. Die Frucht deines Weges schickt dich von neuem auf die Reise. Ehrfürchtiges Staunen auf dem Wege.

Durchschreiten des Zweiten Schleiers:
»Materie weicht dem Mysterium«

11. *PFAD:* Weinstock, das Zusammentreffen mit Gefährten. Dein Weg wird durch die Gegenwart und die Prophezeiung anderer verworren.

12. *PFAD:* Efeu, die stetige Kletterspirale. Du gewinnst innere Kraft und Vertrauen. Die Stärkung des Selbst.

13. *PFAD:* Schwarzdorn, in den Fängen der Welt. Wenn alle Möglichkeiten der Wahl genommen sind, bleibt ein vollkommener Weg übrig.

14. *PFAD:* Schilf, sich mit dem Wind biegen. Sich anpassen, den Kampf verstehen und wissen, daß Nachgeben Siegen bedeutet.

15. *PFAD:* Holunder, am dunkelsten vor der Morgendämmerung. Du nimmst die vor dir liegende Prüfung an, weil du dahinter das helle Licht siehst.

Durchschreiten des Dritten Schleiers:
»Die Vision des Sieges«

16. *PFAD:* Weißtanne, hohe Ziele und Weitblick. Die Täuschungen der Welt werden erkannt, in der Ferne wird ein grünes Tal sichtbar.

17. *PFAD:* Stechginster, der süße Duft des Sieges. Kämpfe vergehen in sonnenbeschienener Schönheit. Du sammelst dich von neuem.

18. *PFAD:* Heidekraut, Heilung des Geistes. Eine Ruhepause und Erfüllung lassen deine Wunden heilen.

19. *PFAD:* Silberpappel, der Regenbogen erscheint. Ein Köcher aus neuen Horizonten mit vielen Farben. Wiedergeburt des Geistes.

20. PFAD: Eibe, Bestätigung des ewig Gültigen. Höchste Verwirklichung, am Ende rechtfertigt der Gewinn alle Kämpfe.

21. PFAD: Mistel, das Unerkennbare. Das, was sich jenseits aller
Voraussage bewegt ... die Kraft der Zukunft, die aus der Gegenwart erwächst.

14. Lektion: Coelcerths

»Holeystones* brennen lassen«

In den letzten Jahren sind auf einzelnen Flohmärkten und Ausstellungen von Kunsthandwerkern kleine, feuerfeste Gegenstände aus Ton und mit einem Kerzendocht aufgetaucht, die dazu bestimmt sind, oben auf Flaschen zu brennen. Als ich diese erstmals bemerkte, war ich entgeistert – und kaufte alle auf, die ich finden konnte! Woher kam diese Aufregung? Weil es sich dabei tatsächlich um die Fortsetzung (oder Wiederentdeckung/Erinnerung?) einer Tradition handelt, die mindestens so alt wie das Alte Ägypten ist! »Flammenmünzen«, wie man sie in früheren Zeiten nannte, wurden in fast allen Tempelbezirken benutzt, da Kerzen ebenso kostspielig wie rar waren. Nur mit einer kleinen Menge an präpariertem Öl konnte eine Flammenmünze praktisch tagelang unbeaufsichtigt brennen. Sie war daher weniger ein religiöser als ein praktischer Gegenstand – obwohl von großer Echtheit und Authentizität, wie sie uns heute wieder interessiert. Ursprünglich verwendete man für die *Coelcerths* (»Feuersteine«) flache Steine, wie sie an der Meeresküste zu finden sind, doch heutzutage werden sie in Ton nachgebildet.

In einem Kapitel aus dem *Buch der Pheryllt*, das sich mit der Vorbereitung des Altars beschäftigt, werden die besonderen Kennzeichen der *Coelcerths* wie des verbrannten Öls sehr ausführlich behandelt. In einem mystisch-religiösen Sinne war das Besondere an den Steinen, daß sie in der Mitte ein Loch von geeigneter Größe haben mußten, das auf völlig natürliche Weise entstanden war.

---

* Der Begriff »Holeystones« ist ein (unübersetzbares) englisches Wortspiel: Es handelt sich dabei um einen flachen, wie eine Münze geformten runden Stein mit einem Loch (»hole«) in der Mitte, der gleichzeitig als ganz (»whole«) und heilig (»holy«) gilt. Für die Druiden war er das Symbol der Meisterschaft über das Erdelement. (Anm. d. Übers.)

Gewöhnlicher Schiefer weist dieses Merkmal häufig auf, ist jedoch nur da zu finden, wo Wasser und Stein seit einer Ewigkeit aufeinander eingewirkt haben – nämlich an Küsten, unter Wasserfällen oder in Gebirgsbächen. Für die Maße war im *Pheryllt* »die Größe von zwei Gold-Ceridwen« angegeben. Des Rätsels Lösung fand sich erst Jahre später in einem Buch über das römische Britannien: In der zweiten Hälfte des ersten Jahrhunderts n. Chr. prägten die Britannier eine goldene »Pferdemünze« als Tribut an die Gottheit Cerridwin ... und damit haben wir unsere »Gold-Ceridwen«! Das Buch gibt für die Münze eine Größe von 1,5 bis 2 cm an, so daß unsere Feuermünze mindestens 3 cm groß gewesen sein muß; das Loch sollte vermutlich etwa den Durchmesser eines Bleistiftes haben. Durch das Loch wird eine Dochtschnur gezogen, der Stein wird oben auf eine mit Öl gefüllte Glas- oder Tonflasche gelegt und angezündet.

Öllampen, die einen heiligen Raum erleuchten sollten, wurden auf eine besondere Weise präpariert. Für diesen Fall wurden dem Öl bestimmte Kräuter zugesetzt, deren Auswahl von der Gottheit oder dem Jahreszeitenfest abhing. Nur bestimmte Arten von Kräutern lösen ihre ätherischen Anteile in Öl auf, der Rest ist wasserlöslich. Um Ihr Öl herzustellen, geben Sie etwa 30 Gramm des *getrockneten* Krautes in die fünffache Menge an Petroleum. An einen kühlen, dunklen Ort stellen, täglich schütteln und nach zwei Wochen durchseihen. Wenn Stein, Flasche (möglichst kobaltblau), Öl und Docht beisammen sind, behandeln Sie die Lampe wie jedes andere magische Gerät und verwenden sie nur zu heiligen Zwecken.

Zum Abschluß dieser Lektion werden mehrere Anleitungen gegeben, wie besondere Öle im Einklang mit dem alten *Keltischen Rad der Jahreszeiten* zubereitet werden können.

* 31. Oktober, *Samhain*, das keltische Fest der Toten. Als Kräuter zu verwenden: Wermut, Tollkirsche, Stechapfel, Hanf.
* 21. Dezember, *Mittwintertag*, die keltische Wiedergeburt der Sonne. Als Kräuter zu verwenden: Tanne/Kiefer, Zeder, Sandelholz, Wacholder, Minze.
* Die Nacht auf den 1. Februar, *Imbolc*, das keltische Kerzenfest. Als Kräuter zu verwenden: Meeresalgen, Muskatblüte, Hopfen, Christophskraut, Holunderblüten.

* 21. März, *Frühlings-Tagundnachtgleiche*, das keltische Vogelfest. Als Kräuter zu verwenden: Lavendel, Krokus, Narzisse, Besenginster.
* Die Nacht auf den 1. Mai und 1. Mai, *Beltane*, das keltische Blumenfest. Als Kräuter zu verwenden: Flieder, Heidekraut, Apfelblüten, Rotkleeblüten.
* 21. Juni, *Mittsommertag*, das keltische Eichenfest. Als Kräuter zu verwenden: Mischung aus Eiche/Mistel, Johanniskraut, Rose, Farn.
* Die Nacht auf den 1. August und 1. August, *Lugnassad*, das keltische Kornfest. Als Kräuter zu verwenden: Kamille/Goldkamille, Ringelblume, Sonnenblume.
* 21. September, *Herbst-Tagundnachtgleiche*, das keltische Weinfest. Als Pflanzen zu verwenden: Beifuß, Salbei, Schwertlilie, Balsamstrauch und als Harz Myrrhe.

15. Lektion: Das Holunder-Trankopfer

»Faylinns Trank des Vergessens«

Im schattigen Dunkel des fluchbeladenen Holunders und der todbringenden Eibe wachsen Eberesche und Tollkirsche.

T. Scot, *Philomythie*, 1616

Die Geschichte von Faylinn ist sehr alt. Der irischen Sage zufolge war er der König eines winzig kleinen Volkes, das sogar Zwerge wie Riesen aussehen ließ. Sie hatten die Angewohnheit, Haushalten, die sie nicht in gebührender Weise versöhnlich stimmten, allen nur erdenklichen Schaden zuzufügen. Das einzige Gegenmittel war, ihnen jede Nacht einen Fingerhut voll Holunderbeerenwein an die Türschwelle zu stellen. Der König Faylinn hatte nämlich einen unersättlichen Durst, der durch nichts anderes gestillt werden konnte, und daher trank er sich jede Nacht ins Vergessen.

So erzählt es die Sage, doch der Ruhm des Holunderbeerenweins reicht weit darüber hinaus. Jahrhundertelang wurde er als *der* Götternektar angesehen, der vollkommene Trank, und war einer der ersten Weine, der in historischen und mythologischen Zeugnissen der Kelten erwähnt wird. Er besaß auch magische Eigenschaften und war das bevorzugte Getränk aller mystischen Wesen, von gewöhnlichen Zauberern und Elfen bis hin zu Drachen und Einhörnern – ein »Trankopfer der Anderwelt«.

Der *Pheryllt*-Stoff erwähnt in der Tat seine Verwendung als Ritualgetränk für alle Festtage der dunklen Jahreshälfte des Winterhalbjahres: Herbst-Tagundnachtgleiche, *Samhain*, Wintersonnwende und *Imbolc*. Von der dunklen Eigenart des Holunders werden wir noch sprechen. Es handelt sich um eine bis baumgroß wachsende einheimische Pflanze, deren Kräfte Jahr für Jahr weiter in Vergessenheit geraten. In manchen Landstrichen Europas gibt es nur noch eine Handvoll Menschen der alten Generation, die seinen Gebrauch pflegen – und noch weniger, die sich an sein großes und uraltes magisches Erbe erinnern. Da die Holunderbeeren in den von uns herangezogenen Quellen so auffallend oft erwähnt werden und ich selbst ein geradezu leidenschaftlicher Fan von daraus hergestelltem Wein, Obstkuchen und Fritters (Krapfen) bin, wird hier der Versuch unternommen, diese einzigartige mystische Pflanze und ihre praktische Verwendung wieder ins Gedächtnis zurückzuholen.

Sollte der Leser die Pflanze nicht genau kennen, kann er sie anhand der Abbildung identifizieren. Die Blütezeit des Holunders fällt hauptsächlich in den August, und die tintenschwarzen, glänzenden Beeren sind gewöhnlich nach dem ersten Frost im Oktober reif.

Wenn man Holunder unter dem Gesichtspunkt der Magie betrachtet, scheint die starke Beziehung des Baumes zu Tod, Unglück und der Zahl 13 eng mit seinem Gebrauch bei druidischen Einweihungsriten zusammenzuhängen. Holunder ... Tod ... Initiation: Das ist fast schon eine magische Formel! Teil jeder Einweihung ist der *symbolische Tod*, danach folgt eine Wiedergeburt und geistige Bewußtwerdung (Erleuchtung). Vielleicht verkörpert diese Frucht auf irgendeine Weise die psychische Essenz von alldem und wurde daher von den Alten für eine Pflanze von »Tod und Auferstehung« gehalten? Oder ist es bloßer Zufall, daß nach christlicher Legende der Holunder das bei der Kreuzigung verwendete Holz gewesen sein soll? Oder daß sich Judas, der Verräter, an einem Holunderbaum erhängt haben soll? Oder daß sich der König Faylinn aus unserer obenerwähnten Geschichte jede Nacht in todesähnliches Vergessen trank, um am Morgen wieder aufzuerstehen und von neuem am Leben teilzuhaben? Oder daß die Druiden als Teil der letzten Einweihungsriten ihrer Schüler einen kleinen Kessel der Wiedergeburt mit Holunderwein gefüllt haben sollen? Tod – Wiedergeburt: Solche Geschichten sind tief erfüllt von symbolischer Allegorie. Auf der Grundlage derartiger Parallelen können sicher Mutmaßungen darüber angestellt werden, daß die Holunderbeere den, der sie verzehrte, symbolisch dazu in die Lage versetzte, an einer Essenz aus der Anderwelt teilzuhaben und danach bereichert wieder in die Welt der Lebenden zurückkehren. Ich kann mir kaum noch unwiderstehlicher klingende Gründe vorstellen, um den Leser zu verführen, dieses magische Gebräu einmal selbst auszuprobieren. Schließlich zum Geschmack – Sie werden ihn entweder lieben oder hassen: Er ist eigenartig und wunderbar, aber unmöglich zu beschreiben, eher unergründlich. Es folgt ein sehr altes Rezept aus einem Kochbuch des 13. Jh. mit dem Titel *To the King's Taste*, Rezepte vom Hof König Richards I.

Holunderwein

»Zerdrücke einen kleinen Eimer (etwa 4 l) Holunderbeeren in 12 l gutem Quellwasser. Zusammen 1 Stunde kochen lassen, durch ein Tuch seihen und 3 Pfund dunklen Kleehonig hinzufügen. Die Flüssigkeit auf 20° abkühlen lassen und etwa 30 g Bierhefe hineinrühren. Zudecken und 2 Wochen gären lassen. Vorsichtig mit einer Kelle von oben abschöpfen und in dunkle Flaschen füllen. Nur leicht verschließen, bis die Gärung abgeschlossen ist, dann in einem kühlen Keller in Sand lagern. Für den besten Geschmack mindestens 1 Jahr altern lassen.«

Noch eine letzte Anmerkung: Nach demselben Rezept wie Heidelbeertorte läßt sich mit Holunderbeeren ein unbeschreiblich leckerer Obstkuchen backen. Auch die Blütentrauben ergeben ein herrliches Fettgebäck: in einen dünnflüssigen Teig tauchen, in heißem Fett schwimmend ausbacken und mit Zimt und Zucker bestreuen.

16. Lektion: Baumordnung

»Die hölzerne Leiter der Autorität«

Drei Dinge, die nicht atmen, aber nur von atmenden Dingen aufgewogen werden: ein Apfelbaum, ein Haselstrauch, ein heiliger Hain ...
Die Triaden Irlands

Da die Menschheit sich stets an »Hierarchien« zu orientieren scheint, ist auch aus dem Altertum schon manches über eine Rangordnung unter den Bäumen überliefert. Viele Kulturen haben solche hierarchischen Baumsysteme entwickelt, besonders die Völker Skandinaviens, Griechenlands und Asiens. Was uns hier beschäftigen wird, ist der keltische Ableger mit seinen britischen, irischen und gallischen Varianten.

Die Kriterien, nach denen die Bäume unterteilt wurden, sind dabei unterschiedlich: Bei den Brythonen gibt es dafür eine magisch-mythologische Erklärung (wie in der *Schlacht der Bäume* dargelegt); für die Gälen war es eine Unterscheidung vom Geldwert her (manche Hölzer waren praktisch mehr wert als andere); die Gallier wiederum haben eine gänzlich andere, im *Pheryllt*-Text erwähnte Ordnung, deren Ursprünge in Vergessenheit geraten sind.

Die drei genannten Varianten werden hier in der Hoffnung weitergegeben, daß der Leser sie gründlich studieren und vielleicht zu einer wichtigen druidischen Erkenntnis gelangen wird: *Bäume unterscheiden sich nach ihren Eigenschaften, nach ihrem Aussehen und nach ihrer spirituellen Natur.* Heute werden Bäume – besonders für gewerbliche Zwecke – oft nur nach ihrem Geldwert betrachtet. Wenn der Leser durch die gedankliche Assoziation mit den verschiedenen Lesarten daher zu verstehen lernt, auf welche Weise und warum die Menschen des Altertums Bäume als einzigartige spirituelle Wesen betrachteten, dann werden die Absichten des Verfassers mehr als reich belohnt sein! (Angemerkt sei, daß es sich hierbei nicht nur um Bäume im botanischen Sinn handelt.)

7 Anführer-Bäume

britisch	irisch	gallisch
Birke	Eiche	Eiche
Eberesche	Haselstrauch	Apfel
Erle	Stechpalme	Erle
Weide	Eibe	Weide
Esche	Esche	Birke
	Kiefer	
	Apfel	

7 Bauern-Bäume

britisch	irisch	gallisch
Weißdorn	Erle	Espe
Eiche	Weide	Esche
Stechpalme	Weißdorn	Kiefer/Tanne
Haselstrauch	Eberesche	Weißdorn
Apfel	Birke	Eibe
	Ulme	
	Birne	

7 Busch-Bäume

britisch	irisch	gallisch
Weinstock	Schwarzdorn	Schwarzdorn
Efeu	Holunder	Eberesche
Schilf	Weiße Hasel	Holunder
Schwarzdorn	Silberpappel	Haselstrauch
Holunder	Erdbeerbaum	Stechpalme
	Wildrose	
	Efeu	

7 Strauch-Bäume

britisch	irisch	gallisch
Edeltanne	Farn	Efeu
Stechginster	Gagelstrauch	Weinstock
Heidekraut	Goldkamille	Schilf
Silberpappel	Stechginster	Stechginster
Eibe	Heidekraut	Heidekraut
	Besenginster	
	Stachelbeere	

Im Kommentar zum *Brehon Law* wird der »Adel« der sieben Anführer-Bäume mit den folgenden Anmerkungen erklärt:

* *Eiche*: durch ihre Größe, ihr stattliches Aussehen und die Schweine mästenden Eicheln.
* *Haselstrauch*: durch seine Nüsse und Ruten.
* *Apfelbaum*: durch seine Früchte und die zum Gerben geeignete Rinde.
* *Eibe*: durch ihr Nutzholz, das für Haushaltsgefäße, Brustharnische usw. verwendet wurde.
* *Stechpalme*: durch ihr Nutzholz, das für Wagendeichseln verwendet wurde.
* *Esche*: durch ihr Nutzholz, das als »Stütze für die Schenkel des Königs« (d. h. für Throne) und für Waffenschäfte verwendet wurde.
* *Kiefer*: durch ihr Nutzholz, das für die Herstellung von Stützpfosten und großen Fässern verwendet wurde.

Das Thema der Baumordnung ist ein sehr schwieriges, da die druidischen *Ollaves* (irische Meistersänger) nicht daran interessiert waren, sie für Uneingeweihte verständlich zu machen. Setzen Sie also bitte den bardischen Dichter in sich dafür ein, um das Wertvolle aus diesen wenigen Überresten herauszulesen!

17. Lektion: Tuatha

»Die Macht der Vier Symbole anrufen«

Ich bin das Kind der Dichtung,
Dichtung ist das Kind der Betrachtung,
Betrachtung das Kind des Nachsinnens,
Nachsinnen das Kind des überlieferten Wissens,
Überliefertes Wissen das Kind der Erforschung,
Erforschung das Kind großer Erkenntnis,
Große Erkenntnis das Kind geistiger Einsicht,
Geistige Einsicht das Kind des Verstehens,
Verstehen das Kind der Weisheit, und
Weisheit ist das Kind der drei Götter der Dana.
Nede, *Colloquy of the Two Sages*

Wie in Kapitel 3 von »Das Buch der Invasionen« erwähnt wird, waren die *Tuatha De Danann* das mythische Volk der Göttin Dana. Sie bewohnten das vorchristliche Irland seit etwa 1450 v. Chr. vor der Ankunft der Milesier (ca. 1000 v. Chr.). Sie waren als die Götter des Lichtes und der Güte bekannt, ihr Anführer war Nuada. Sie hatten ganz menschliche Züge, mit allen Tugenden und Lastern, wurden schließlich aber im Kampf besiegt. Da sie Irland nicht verlassen wollten, wählten sie die Verbannung in steinige, unterirdische Hügelkammern, die sogenannten *Sidhe*, und verwandelten sich in der Phantasie des Volkes schließlich von Göttern zu Feen.

Die *Tuatha* hatten vier magische Besitztümer, die sie mehr als alles andere schätzten und hüteten. Jedes von ihnen war über das Meer aus einem der vier Unterreiche des »großen nördlichen Landes«, woher sie ursprünglich stammten, mitgebracht worden. Diese vier Schätze waren:

* DER STEIN VON FAL: Er kam aus der Stadt Falias in der Anderwelt und wurde in der irischen Provinz Ulster aufbewahrt. Seine Gottheit im Norden war Morfessa, sein Element *Erde*.
* DER SPEER DES SCHICKSALS: Er kam aus der Stadt Gorias in der Anderwelt und wurde in der irischen Provinz Leinster aufbewahrt. Seine Gottheit im Osten war Esras, sein Element *Luft*.
* DAS SCHWERT VON NUADA: Es kam aus der Stadt Finias in der Anderwelt und wurde in der irischen Provinz Munster aufbewahrt. Seine Gottheit im Süden war Uscias, sein Element *Feuer*.
* DER KESSEL DER WIEDERGEBURT: Er kam aus der Stadt Murias in der Anderwelt und wurde in der irischen Provinz Connacht aufbewahrt. Seine Gottheit im Westen war Semias, sein Element *Wasser*.

Es ist eine interessante Feststellung, daß diese Schätze nach der Verbannung der *Tuatha* nach Britannien gelangt zu sein scheinen. Der Stein von Fal existiert dort heute noch und ist in den Krönungssessel in der Westminster Abbey eingebaut. Der Kessel wurde zum Gefäß von Cerridwen, der Großen walisischen Mutter. Der Speer wurde zur Waffe von Lleu (Lugh) Langarm und ist vermutlich derselbe, mit dem Christus bei der Kreuzigung in die Seite gestoßen wurde und den der machtgierige Hitler schließlich in seinem Welteroberungsdrang ausfindig machte. Das Schwert wurde zur heiligen walisischen Klinge *Caliburn*, dem Schwert Arthurs, und gehört heute zu den englischen Königsinsignien. Man kann nur darüber staunen, *wie* diese Schätze das Meer überquerten und in britische Obhut gelangten.

Was können wir heute mit solchen legendären Schätzen anfangen? Die Antwort darauf ist in dem ARCHETYPUS enthalten, den die *Tuatha* hinterlassen haben. Diejenigen Leser, die entweder das Doppelwerk *Merlyns Vermächtnis* und *Merlyns Lehren* oder die eindrucksvollen Schriften des Schweizer Psychologen C. G. Jung gelesen haben, verstehen den Kerngedanken, Archetypen zu einer modernen Form von Magie zu verwenden. Nach dieser Vorstellung hinterlassen alle mit intensiver Emotion und Symbolgehalt aufgeladenen religiösen Systeme auch nach ihrer Auflösung kraftvolle *Eindrücke*, zu denen in späterer Zeit eine Verbindung hergestellt werden kann – etwa vergleichbar mit einer aufgeladenen Batterie, die darauf wartet, daß irgendein Gerät derselben Energiefrequenz »angeschlossen« wird. Dieser Gedanke hat seine Berechtigung, denn er stimmt völlig überein mit den alten Begriffen der *Akasha-Chronik* oder, als druidischer Entsprechung, den *Wassern von Annwn* als eine Art »Sammelbecken« oder Speicherbewußtsein für alle Handlungen und geistigen Eindrücke der Menschheit. Nach jahrelanger magischer Praxis auf dieser Basis kann ich nachdrücklich bestätigen, daß diese Methode funktioniert. Überzeugen Sie sich selbst!

Wie kann man nun die Verbindung zu einem bestimmten Archetyp herstellen? Die Antwort darauf bieten die *Symbole*, welche die betreffende Religion hinterlassen hat – in unserem Fall die Vier Schätze. Wenn Sie sich als Leser an die kräftige »Batterie« der *Tuatha* »anschließen« möchten, dann fertigen Sie die Vier Schätze mit aller Zielstrebigkeit und Detailtreue an, die Sie aufbringen können. Es folgen dafür einige Anhaltspunkte, und vergessen Sie nicht, die Vier Symbole mit dem Namen der Gottheit, der Himmelsrichtung und der magischen Stadt zu beschriften und sie in den richtigen Farben zu bemalen.

* STEIN: ein *Holeystone* (siehe Lektion 14) mit einem natürlichen Loch in der Mitte. Kann jede Größe haben, doch im allgemeinen hat sich einer von der Größe eines Briefbeschwerers am besten bewährt. Gottheit: *Morfessa*. Himmelsrichtung: *Norden*. Stadt: *Falias*. Farben: *Grün* (aktiv) und *Schwarz* (passiv).

ANRUFUNG
Tuatha! Tuatha! Morfessa, erwache!
Stein von Fal aus dem dunkelsten Norden,
Gewähre deine Weisheit, bevor ich mich aufmache!

* SPEER: langer Speer mit einer Eisenspitze und einem Holzschaft. Als Ersatz kann auch ein Holzstab verwendet werden, beide haben dieselbe symbolische Bedeutung erlangt. Vergewissern Sie sich aber

in beiden Fällen, daß Sie das Holz nehmen dürfen und daß es von den obersten Ästen eines Baumes stammt, die niemals den Erdboden berührt haben! *Eschenholz* für einen Speer, jedes andere Holz für einen Stab, aber achten Sie darauf, daß es von dem Baum stammt, den Sie wegen Ihrer besonderen Beziehung zu ihm ausgewählt haben. Gottheit: *Esras.* Himmelsrichtung: *Osten.* Stadt: *Gorias.* Farben: *Gelb* (aktiv) und *Weiß* (passiv).

ANRUFUNG
Tuatha! Tuatha! Esras zum Licht!
Speer des Schicksals, Macht des Ostens,
Gewähre Scharfsinn inmitten von Kampf!

∗ *SCHWERT:* Kurz- oder Langschwert aus Eisen – je älter, desto besser. Häufig werden sie von Antiquitätenläden oder auf großen Märkten geführt. Auch Dolche sind geeignet, doch zu allem muß eine persönliche Beziehung bestehen, denn dies ist das Schlüsselwort für das Reich der Magie. Gottheit: *Uscias.* Himmelsrichtung: *Süden.* Stadt: *Finias.* Farben: *Rot* (aktiv) und *Gold* (passiv).

ANRUFUNG
Tuatha! Tuatha! Uscias komm!
Schwert von Nuada, Flamme des Südens,
Gewähre mir den Willen, deinen Namen zu tragen!

∗ *KESSEL:* aus Eisen, kann die kleine drei- oder vierfüßige Form sein, die zum Bepflanzen verwendet wird, oder die größere Sorte zum Kochen. Sie sind an vielen Stellen, in Kaufhäusern, Antiquitätenläden oder bei Eisenwarenhändlern zu finden. Sie können einen Griff haben oder nicht. Gottheit: *Semias.* Himmelsrichtung: *Westen.* Stadt: *Murias.* Farben: *Blau* (aktiv) und *Silber* (passiv).

ANRUFUNG
Tuatha! Tuatha! Semias aus dem Schlaf!
Kessel des Lebens aus der Tiefe des Westens,
Gewähre mir das Verstehen von Mond und Meer!

Halten Sie Ihre Schätze in einem Kasten vor den Augen anderer verborgen. Echte Magie ist eine »private« Kunst und nicht für neugierige, gleichgültige oder fremde Blicke bestimmt. Benutzen Sie sie, wenn Sie die Kraft anrufen müssen, wofür sie symbolisch jeweils stehen: die *Weisheit* des Steines, das *Verstehen* des Wassers, den *Scharfsinn* der Luft oder den *Willen* des Feuers. Aber passen Sie auf … es können machtvolle Verbündete sein, und Sie könnten genau das bekommen, was Sie herbeirufen.

18. Lektion: Die Neun-Sterne-Häuser

»Den rituellen Zodiak der Druiden entschlüsseln«

Die Druiden waren scharfsinnig im Wissen um die Sterne und deren Berechnung, und sie verwendeten Geräte, um ihr Licht herabzubringen und sichtbar zu machen.

Diodorus Siculus

In den letzten fünfzig Jahren ist viel faszinierendes Material über astronomische Spekulationen in Zusammenhang mit der keltischen oder druidischen Mythologie veröffentlicht worden. Diese Entdeckung machte ich, als ich nach einem Schlüssel für eine unverständliche Darstellung des Tierkreises aus den *Pheryllt*-Schriften suchte. Abgesehen davon, daß sie aus einem früheren Manuskript von 1577 stammte, gab es dazu keinerlei Anhaltspunkte. Ohne Kenntnisse oder auch nur besonderes Interesse an Astronomie und Astrologie erschloß die Suche nach einer Erklärung der Symbolik eine ganz neue und faszinierende Welt. Beim Studium der Schriften John Dees aus dem 16. Jh. und später Samuel Norton, Robert Ranke-Graves und Anthony Roberts bis zu Katharine Maltwood und Helena Paterson* stellte sich nach und nach eine interessante Tatsache heraus: Kein einziges Werk auf dem Gebiet der keltischen Astrologie lieferte irgend etwas Erhellendes über die seltsame Aufteilung des Tierkreises in die eigenartigen Einheiten von 8 und 1!

In unserer Verzweiflung schrieben wir an einen Freund in England, der in rätselhaften Dokumentationen und alter Astronomie bewandert ist. Nach einem Monat kam eine Antwort mit den notwendigen Fingerzeigen – wohlgemerkt keine Lösungen, sondern Fingerzeige. Das endgültige Zusammensetzen der Einzelteile sollte sich noch über weitere fünf Jahre fortsetzen!

Der keltische Kalender unterteilt das Sonnenjahr in ein System von Jahreszeiten, die mit den keltischen Jahreszeitenfesten zusammenfallen. Der Zweck ihres Kalenders bestand in der Tat darin, diese heiligen Geschehnisse in einer Übersicht zusammenzustellen und nicht einfach den Ablauf der Zeit zu unterteilen.

Duncan Norton Taylor, *The Celts* (1974)

Das wirklich Verwirrende beruhte auf der Tatsache, daß sämtliche Forschungen bis heute die keltische Astrologie entweder auf ein griechisch-römisches Sonnenjahr mit 12 Monaten oder auf einen sumerisch-keltischen Mondkalender mit 13 Monaten zusammengezogen haben, die beide eine zusätzlich eingeschobene Berechnungszeit (»Schalttage«) benötigen.

Für zusätzliche Verwirrung sorgt, daß die Kelten darauf bestehen, den Beginn des Neuen Jahres auf den 1. November und nicht auf die Wintersonnwende zu legen, wie man logischerweise hätte vermuten können. Das *Pheryllt*-Schema lieferte jedoch den Hinweis auf etwas ganz anderes, denn das Jahr wurde demnach in acht »Gestirnsphasen nach Festtagen« und eine zusätzlich eingeschobene Berechnungsphase von 5 Tagen vor der Wintersonnwende eingeteilt. Zumindest die Numerologie war interessant: 8 + 1 = 9, die heiligste Zahl in allen keltischen Ländern; 8 Unterteilungen mit den 5 zusätzlich berechneten Tagen ergibt 13, die Zahl des Mondkalenders. Hier vermutete ich bereits, daß eine Vermischung mit einem mythologischen Geschichtenzyklus vorliegen könnte.

---

* Helena Paterson, *Entdecken Sie Ihr keltisches Mondzeichen*. Verlag Hermann Bauer, März 1999

Durch den Vergleich vieler Daten schien dann·endlich ein vollständiges Bild zutage zu treten. Die Symbole selbst stellten kein Problem dar, sie waren deutlich: *Ogham*-Zeichen und Sternbilder, die im ganzen keltischen Pantheon der Totemtiere und Gottheiten leicht erkennbar waren. Nein, die Aufgabe bestand vielmehr in dem Versuch, die druidische Kalender-Version aus Einheiten von 8 + 1 der anderen »normalen« Version aus 12 anzugleichen, die sich auf dem alten Gilgamesch-Epos gründet und uns aus Babylonien und Griechenland überliefert ist. Oder, noch schlimmer, die Abstimmung auf die 13 Monate des Mondjahres! Alle vergleichenden Methoden erwiesen sich als vergeblich, bis wir erkannten, wie oft im Verlauf der Geschichte verschiedene Kulturen die ursprüngliche babylonische Schöpfung aus dem Jahr 3000 v. Chr. angepaßt und abgewandelt hatten. Sowohl die Griechen als auch die Ägypter hatten Dinge ersetzt, hinzugefügt oder verändert und ihre eigenen Helden, Götter und Ritualordnungen auf das ursprüngliche Grundsystem übertragen. Dann kam die Erkenntnis: Die Druiden hatten ihre Sache gut gemacht, sie hatten einen Ritualkalender aus Sternbildern erschaffen!

Der Verfasser der *Pheryllt*-Schriften hatte jeden »Stein-*Gilgal*« (*Gilgali* = himmlischer Steinkreis) mit erklärenden Anmerkungen versehen. Diese werden im folgenden wiedergegeben und im Anschluß von mir ergänzt. Der Leser kann dann anhand der Darstellung verfolgen, wie der Weiße Rehbock um die Neun-Sterne-Häuser herum aus *Annwn* verjagt wird. Acht der Stationen (*Gilgali*) auf dem Weg haben jeweils 45 Tage; der letzte Abschnitt, eine zusätzlich eingeschobene Berechnungszeit, dauert 5 Tage. Dies ergibt insgesamt 365 Tage des Sonnenjahres, denn die Priesterschaft der Druiden war der Sonne geweiht.

 * *Erstes Gilgal*: DER HIRSCH MIT SIEBEN GEWEIHENDEN, Lebensbringer durch das Dickicht (die Grenze von *Annwn*), erscheint zur Wintersonnwende und trägt den Geist des Heiligen Kindes in die Welt. Keltische Wiedergeburt der Sonne. *Ogham*: Birke. Geburt des Göttlichen Kindes. (Steinbock?) *Wintersonnwende* bis *Imbolc*.

 * *Zweites Gilgal*: DIE FLAMME DER MATRONA, Göttliche Mutter von Mabon, die das Kind durch den dunkelsten Winter führt und beschützt. Keltisches Kerzenfest. *Ogham*: Weide. Beschützerin

des Göttlichen Kindes. (Wassermann?) *Imbolc* bis zur Frühlings-Tagundnachtgleiche.

* *Drittes Gilgal:* DER RABE VON CUCHULAINN, bringt das Schicksal in die Welt. Keltisches Vogelfest. *Ogham:* Weißdorn. Schicksal des Göttlichen Kindes. (Widder?) *Frühlings-Tagundnacht-gleiche* bis *Beltane.*

* *Viertes Gilgal:* DIE BLUMEN VON MATH, bringt die Schönheit in die Welt. Eine, wenn auch angenehme, Täuschung. Keltisches Blumenfest. *Ogham:* Wildapfel. Einprägung von Schönheit in das Göttliche Kind. (Zwillinge?) *Beltane* bis zur Sommersonnwende.

* *Fünftes Gilgal:* DER ROTE DRACHE VON ARTHUR, bringt Sieg und materielle Vervollkommnung in die Welt. Keltisches Fest des Eichenkönigs. *Ogham:* Eiche. Verleiher von Würde und Tapferkeit im Göttlichen Kind. (Krebs?) Sommersonnwende bis *Lugnassad.*

* *Sechstes Gilgal:* DER ADLER VON LLEU, Symbol für die Früchte der eigenen Mühen. Keltisches Kornfest. Korndreschen, Wettkämpfe, Festlichkeiten. *Ogham:* Weinstock. Verleiht Belohnungen an das Göttliche Kind. (Löwe?) *Lugnassad* bis zur Herbst-Tagundnachtgleiche.

* *Siebtes Gilgal:* DER KESSEL VON TALIESIN, bringt Selbstver-änderung in die Welt. Keltisches Erntefest. Wachstum innerhalb der Lebensspirale. *Ogham:* Efeu. Lehrer der Selbstvervollkommnung für das Göttliche Kind. (Waage?) Herbst-Tagundnachtgleiche bis *Samhain.*

* *Achtes Gilgal:* DAS HAUPT VON BRÂN, bringt eine sichere Überfahrt aus der irdischen Welt. Die Seele und das Selbst gehen weiter, die göttliche Flamme im Innern brennt noch. Keltisches Fest der Toten, wenn sich die Flammende Tür zwischen den Welten von der Abend- bis zur Morgendämmerung öffnet. Der Rehbock schlüpft durch das Dickicht-Eingangstor mit dem alten Jahr zurück, wird jedoch von den Hunden von *Annwn* verfolgt. Einweihung des Gött-lichen Kindes jenseits der Reiche des Todes. *Ogham:* Schwarzdorn. (Skorpion?) Jahresende, Winteranfang. *Samhain,* dann 45 Tage dunklen Wachstums bis *Cwn Annwn,* der Zeit der Geister.

* *Neuntes Gilgal:* DIE HUNDE VON ANNWN *(Cwn Annwn),* Lenker des Schicksals vor der Menschheit. Diese Hunde gelangen zum Zeitpunkt der Wintersonnwende nach einer wilden fünftägigen Jagd, auf der sie den Rehbock verfolgt haben, durch das Dickicht-Eingangstor zwischen den Welten in die diesseitige Welt zurück.

Dieser Hirsch aus der Anderwelt trägt das Heilige Kind des neuen Jahres auf seinem Rücken. Manche Sagen berichten, Gwynn ap Nudd, der König der Anderwelt, führe die Hunde an. Wenn die Sonne an diesem Wendepunkt aufgeht, wird sie wiedergeboren. Die Wilde Jagd setzt sich auch während der übrigen sieben Gestirnsphasen des Jahres fort und taucht an *Samhain*, wenn die Flammende Tür halb offensteht, wieder in das Reich von *Annwn* zurück. Das »alte Jahr« wird damit zurückgebracht, um sich in *Annwn* zu erneuern, und der Zyklus ist vollendet.

* Die fünf namenlosen Tage, der *dunkle Hain der fünf Ältesten* (in dem sich die Dreifache Göttin und der Doppelgott von Licht und Dunkel verbergen), fallen in diesem Kalendersystem mit kleinen Abweichungen auf den 15. bis 20. Dezember, doch es sind genau die fünf Tage vor dem Sonnenwendepunkt. Dies war die gefürchtete »Zeit außerhalb der Zeit«, die größte Dunkelheit des Winters vor der triumphierenden Wiedergeburt der Sonne.

Kennen Sie die alte Redensart: »Kurz vor Sonnenaufgang ist die Nacht am dunkelsten?« Ihre Kernaussage paßt sicher auf den so dunklen Zeitraum vor der eigentlichen Geburt – die angsterfüllte Phase der Wehen. *Ogham*: Holunder. (Schütze?)

Als ich dieses übersichtliche Schema einmal in seinem Gehalt begriffen hatte, war ich von seiner Schönheit und klaren Einfachheit tief beeindruckt. Hier war das rituelle keltische Jahr so dargestellt, wie es sein sollte – nämlich als Sonnenjahr und zudem nicht auf der Mythologie einer anderen Kultur basierend. Da die Druiden in erster Linie eine religiöse Priesterschaft waren, machte es wenig Sinn, ihr Jahr am 31. eines Monats zu beenden oder am 21. eines anderen Monats anfangen zu lassen; damit wurde das keltische System lediglich in etwas Fremdes hineingepreßt, wie beispielsweise beim Versuch, die 8 druidischen Kalenderphasen in die 12 römischen Abschnitte einzupassen. Die mythologische Geburt des Jahres sollte wirklich zu Mittwinter sein und der darauf folgende reguläre Abschnitt bis zum nächsten Tag im Jahreszeitenkreis daher tatsächlich 45 Tage betragen! Außerdem besteht bei diesem Kalender, der auf nichts anderem als dem rituellen keltischen Jahr beruht, eine große Übereinstimmung in den Symbolen des druidischen Zodiaks und der acht Hain-Feste, die ihrem Gehalt nach fast identisch sind. Daraus ergeben sich interessante Querverbindungen.

Verwoben in die Überreste der druidischen Astronomie, findet sich in den *Pheryllt*-Texten eine Versdichtung mit dem Titel »*Der Rehbock im Dickicht*«, die den gesamten astro-epischen Zyklus nacherzählt. Dieser Text beginnt mit den Worten:

Ich bin ein Hirsch mit sieben Geweihenden,
Ich bin ein Rehbock im Dickicht,
Ich bin der verfolgte Bote des Lebens …
Fünf Tage am Jahresende laufe ich,
Fünf Tage steht das Tor im Dickicht offen,
Fünf Tage sind mir die Hunde von Annwn auf den Fersen …

Die Fünf Namenlosen Tage
(Die Hunde von Annwn)
15.–20. Dezember

21. Dezember

1. November

1. Februar

21. September

21. März

1. August

1. Mai

21. Juni

Damit hatte sich unsere seit langem gehegte Vermutung schließlich bewahrheitet: Hinter allem stand wirklich ein Geschichtenzyklus und lieferte den poetischen Schlüssel für das gesamte Zodiak-System. Nachfolgend werden die bardischen Verse für den Leser in einfachen und verständlichen Worten nacherzählt:

»Es war einmal, in der Zeit der Sagen, da verlief das Leben der Menschen im Einklang mit den Zyklen von Sonne und Erde. Jedes Jahr im Mittwinter bahnte sich ein Hirsch mit sieben Geweihenden, ein magischer Rehbock aus der Anderwelt, durch das dunkle Dickicht von fünf Tagen seinen Weg krachend in unsere Welt hinein. Auf seinem Rücken trug er den Geist des neuen Jahres. Warum vollbrachte der Rehbock etwas derart Wunderbares? Er hatte keine andere Wahl, denn er wurde von den furchterregenden Hunden des Schicksals gejagt.

Er machte einen mächtigen Satz und sprang sicher durch das Dickicht-Eingangstor. Es war gerade rechtzeitig im Augenblick der Wintersonnwende. Die lichtbringende Sonne, der Heilige Sohn, war geboren! Doch die Jagd war bei weitem noch nicht vorbei … Fünfundvierzig Tage lang liefen sie, die Hunde und der Rehbock, fünfundvierzig Sonnen zogen über den kalten Himmel, während sich die Birkenbäume tief unter dem Eis beugten. Wo aber war das Kind?

Sicher hinter Feuer und Herd. Mabon, der überaus schöne Geist der Jugend, ruhte still in den Armen der Mutter, tief in einem Weidengehölz, das in Mondlicht getaucht war. Dann war er verschwunden. Vorwärts ging die Jagd … fünfundvierzig weitere Monde, bevor er sich wieder ausruhen konnte.

Wie der Sohn gewachsen war! Von Weißdornblüten umrahmt, stand der mutige Cuchulainn inmitten der Frühlingszeit und beobachtete, wie die Vögel in Schwärmen aus dem Himmel zurückkehrten. Dann wartete er voller Abenteuergeist, bis ein einzelner Rabe kreisend herabflog, um sich auf seinem rechten Arm niederzulassen. Der Rabe brachte eine Botschaft: Das Leben drängt weiter!

Und so liefen sie voran, fünfundvierzig Tage weit, bis der Junge ein Mann war. Wie nannten sie ihn? Math, Sohn von Mathonwy, pflückte Maiblumen und schuf daraus die schönste Jungfrau, die jemals vor Bels Feuern wandelte. Mitten aus diesen magischen Flammen erhob sich dann der große Rote Drache: Geht weiter … fünfundvierzig Tage, bis die Eichen blühen! Und fünfundvierzig weitere Tage jagten die Hunde um die Wette, und der Rehbock rannte keuchend die nächste Runde.

Arthur? Sommerherr, König der Eiche und des Drachen, bist du es, der dort feiert? Wie du dich verändert hast! Doch auch im goldenen Mittsommer konnten sie nicht bleiben. Schon waren die nächsten fünfundvierzig Tage zu fangen, durch die Flammen zu treiben.

Fang ... schnell ... schneller fliegt der Speer von Lugh vor ihnen durch die Luft. Die Frucht des Weinstocks färbt sich tiefdunkel im Sonnenschein, reifes Korn fällt sanft auf die Sichel des Dreschers. Die Erntezeit ist gekommen ... Getreide und Dank vereint in dreißig Tagen der Feste und Lieder. Doch ganz dicht ist das Knurren der Hunde zu hören, denn die noch kommende Zeit konnte nicht warten.

Tag und Nacht treffen sich zu gleichem Maße in seinen Augen, denn die Tagundnachtgleiche des Herbstes legte sich auf sie. Taliesin der Barde, Weiser des Herbstes, hebt eine Hand, als die schicksalhafte Jagd nicht anhalten kann ... in ihrem Sog treiben Blätter der Zeit und leuchtende Farben in Schatten, die zurückbleiben.

Vom Tag zur Nacht, vom Sommer zum Winter ... die letzte Jahreszeit legt sich auf alles. Geister erzittern und wenden sich ab, während frisch in die Frucht geschnittene Augen, orangefarben und warm, aus kalten, ausgehöhlten Hülsen von Rübe und Kürbis blicken. Samhain! Halloween ist gekommen. Der Riese Brân schlägt einen Pfad durch das Gewirr des Schwarzdorns und zeigt den Weg.

Und dann die Vollendung – das Dickicht, der Eingang zur Anderwelt, taucht drohend, schwarzrot wie Holunder, auf. Von der Geburt zum Jungen zum Mannesalter zum Weisen! Auf dem Rücken des Rehbocks muß das alte Jahr zum Jungbrunnen zurückkehren ... und wird sicher kommen, wieder erneuert, mit den ersten Strahlen der Wintersonnwende.«

So lautet die Sage. In chronologischer Reihenfolge sind darin viele wunderbare alte keltische Geschichten aus der Sammlung verborgen, die später die *Vier Zweige des Mabinogi* (»Abenteuer junger Männer«) genannt wurde. Schlagen Sie nach und lesen Sie selbst! Als älteste noch erhaltene europäische Literatur bleiben sie als fabelhafte Beispiele für lebendige Bildersprache und magischen Zauber bestehen – wovon jeder Geschichtenerzähler träumt! Frank Delaney sagt dazu in seinem hervorragenden Buch *Legends of the Celts*:*

---

* Sterling 1992

Im Mabinogi bedeutet das Erzählen alles. Die Geschichten besitzen Rhythmus, Bildersprache und Handlung. Die Charaktere und Episoden verstärken – ähnlich wie bei einem Pfauenrad – die prunkvolle Entfaltung, die intellektuellen Spiele, die stilistische Kühnheit, den berühmten keltischen Glanz, der ihnen eine solch leuchtende, wenn auch unstete Farbe auf der Landkarte des frühen Europas verlieh.

Ich möchte Ihnen diese Geschichten schmackhaft machen – Sie sollten sie unbedingt selbst lesen!* Um Ihnen das Nachschlagen zu erleichtern, werden hier die speziell in diesem Kapitel erwähnten Beispiele genannt:

* DIE HUNDE UND DER HIRSCH VON ANNWN, aus dem Ersten Zweig des Mabinogi: *Der Herr von Dyfed.*

* MABON, *der wunderbare göttliche Sohn* (aus dessen Namen sich der Begriff *Mabinogi* herleitet), aus der Geschichte *Wie Kulhwch Olwen gewann.*

* CUCHULAINN, der größte Krieger, der jemals lebte, aus *Der Rinderraub von Cooley* (Tain Bo Cuailgne aus dem Ulster-Zyklus) und anderen Geschichten, besonders die *Jugendtaten von Cuchulainn.*

* MATH, SOHN VON MATHONWY, Fürst von Gwynedd und Meister der Magie, aus dem Vierten Zweig des Mabinogi.

* DIE GESCHICHTEN UM KÖNIG ARTHUR stellen fast einen eigenen Zweig dar. Arthur tritt in allen späten keltischen Erzählungen auf, darunter auch: »Kulhwch und Olwen«, »Der Traum von Rhonabwy«, »Die Dame vom Brunnen« und die großartige Sage von Tristan und Isolde.

* LUGH LANGARM, aus dem irischen Roten Zweig, Geschichten von den *Tuatha de Danann.* Auch in »Der Rinderraub von Cooley« und in der walisischen Form, »Llew Geschickthand«, aus dem Vierten Zweig des Mabinogi.

* TALIESIN, der große Barde und Dichter, taucht in der gesamten spätkeltischen Literatur auf; ihm selbst werden sogar viele noch erhaltene Beispiele aus der Dichtung des 6. Jh. zugeschrieben. Sein *Hanes Taliesin, Book of Taliesin* und *Spoils of Annwn* zählen zu

---

* z. B. in *Die vier Zweige des Mabinogi*, Hrsg. Evangeline Walton, 2. Aufl. Stuttgart 1983

den kostbaren Klassikern. Als handelnde Person taucht er in den Geschichten von Brân und Branwen und im gesamten Arthur-Sagenkreis auf.

* BRÂN DER GESEGNETE, Sohn von Llyr (Lir), aus dem Zweiten Zweig des Mabinogi: *Branwen, Tochter von Llyr*. Die sich um ihn rankenden Geschichten gehören zu den lebendigsten und ungewöhnlichsten des gesamten Genres. Aus seinen Abenteuern ist der als Schutz dienende Brauch entstanden, an Halloween/*Samhain* aus Kürbissen (oder ursprünglich Rüben) Köpfe zu schnitzen, in die man Kerzen stellt.

Nun zurück zu den Gestirnseinteilungen und damit den Anfangsgründen, aus denen sich alles dies entwickelt hat. Wie bereits erklärt, besitze ich auf diesem Gebiet keine besondere Sachkenntnis, doch andere haben mir den Weg gewiesen. Das nachfolgende Material ist daher das Ergebnis aus ihrer Arbeit, und ich bin ihnen zu Dank verpflichtet, es hier einbeziehen zu können. (Zum Teil weicht die Schreibweise von der heute üblichen ab. Anm. d. L.)

Die Neun-Sterne-Häuser sind hauptsächlich während des Zeitraums der Jahreszeitenfeste sichtbar, mit denen sie in Verbindung stehen. In der Nacht des Hain-Festes selbst befinden sie sich auf ihrem »Höhepunkt«. Die folgenden astronomischen Darstellungen bestimmen das Datum der Sichtbarkeit, die Himmelsrichtung und das Sternbild für diejenigen, die sie am Himmel lokalisieren möchten.

1. DER REHBOCK MIT SIEBEN GEWEIHENDEN

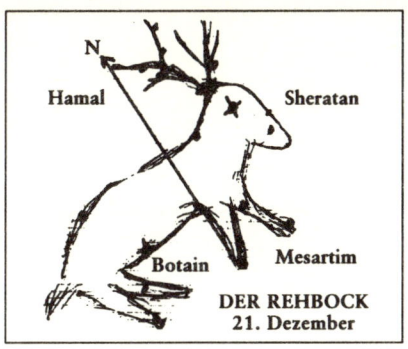

Hamal
N
Sheratan
Botain
Mesartim
DER REHBOCK
21. Dezember

2. DIE KERZE VON MABON

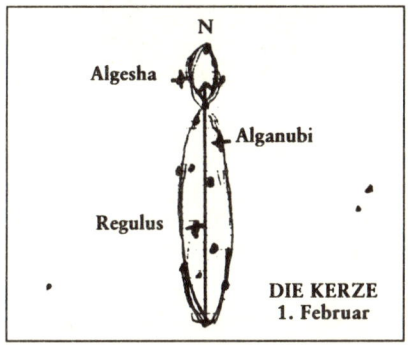

N
Algesha
Alganubi
Regulus
DIE KERZE
1. Februar

3. DER RABE VON CUCHULAINN

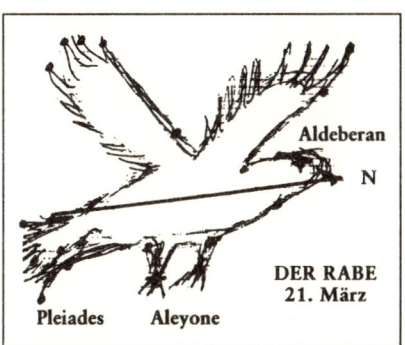

Aldeberan
N
DER RABE
21. März
Pleiades   Aleyone

4. DIE BLUMEN VON MATH

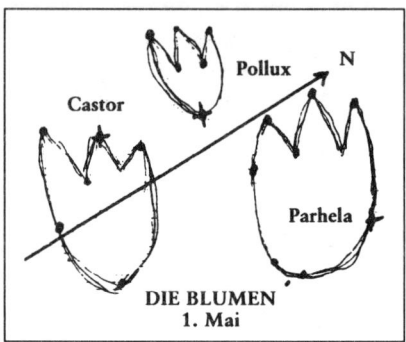

5. DER ROTE DRACHE VON ARTHUR

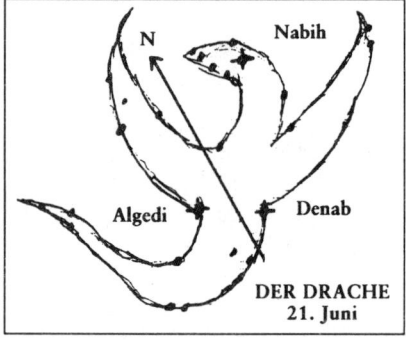

6. DER ADLER VON LUGH

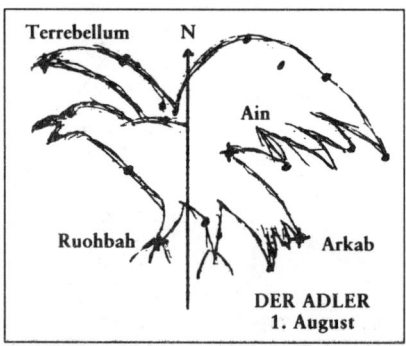

7. DER KESSEL VON TALIESIN

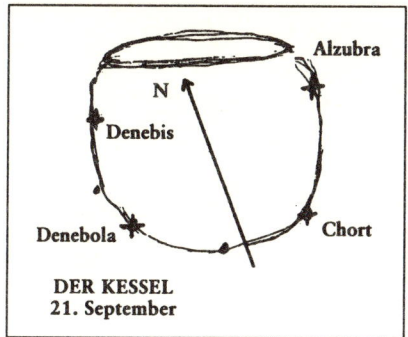

DER KESSEL
21. September

8. DAS HAUPT VON BRÂN

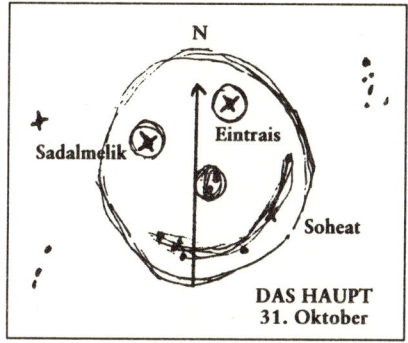

DAS HAUPT
31. Oktober

9. DIE HUNDE VON ANNWN

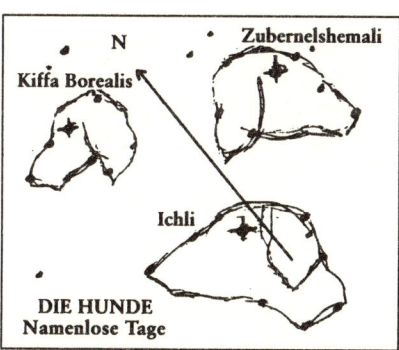

DIE HUNDE
Namenlose Tage

19. Lektion: Tambour

»Die keltische Ritualtrommel«

... die hypnotische Wirkung der Trommeln setzte die Fähigkeit frei, allein durch geistige Energie Botschaften zu übermitteln und zu empfangen.

R. Baker, *African Drums*

Trommeln als Mittel der Magie wurde in der ganzen keltischen Welt dazu benutzt, um Geister aus der Anderwelt anzuziehen sowie den Bewußtseinszustand zu verändern. Der *menschliche Herzschlag*, der den Puls des Lebens festsetzt, war der normale Rhythmus, auf dem sich das gesamte Ritualtrommeln aufbaute. Die Trommel ist tatsächlich ein maßgebliches Werkzeug für Schamanismus und Magie durch alle Zeiten und in allen Gebieten der Erde; auch ihre Anfertigung und Verwendung stimmen in höchstem Maße überein. Als ich eine Zeitlang an einer Schule der Dakota-Indianer in North Dakota unterrichtete, erfuhr ich eine Menge über die rituelle Stellung, welche die Trommel innerhalb der schamanischen Erdmagie einnimmt ... und über die Wichtigkeit, sich eine eigene herzustellen, wenn sie zu mystischen Zwecken benutzt werden soll.

Verwendungszwecke, die in unseren keltischen Quellen erwähnt werden, sind »Trommeln, um sich zwischen den Feuern zu bewegen« zur Sommersonnwende und »Trommeln, um die neugeborene Sonne feierlich anzukündigen« zur Wintersonnwende. Dabei handelte es sich um *öffentliche* Versammlungsrituale. Zweifellos wurden Trommeln auch bei den geheimen druidischen Zusammenkünften benutzt, denn »Gesang und Trance« waren Zustände, die ständig angerufen und herbeigeführt wurden. Die Barden sollen geschulte Trommler gewesen sein und diese Kunst viele Jahre lang in den druidischen *Cors* (Kollegien) ernsthaft studiert haben. Als eine der vier Gruppen von Musikinstrumenten

* Saiteninstrumente/*Harfe*
* Blechblasinstrumente/*Hörner*
* Holzblasinstrumente/*Flöten*
* Schlaginstrumente/*Trommeln*

wurde die Trommel mit dem Erdelement verbunden. In den alten Quellen der keltischen Kultur werden zwei Arten von Trommeln erwähnt: das walisische *Tambour* und die irische *Bodhran*. Sie unterscheiden sich weder in der Ausführung noch im Gebrauch; beide sind aus Holz und auf einer Seite mit Tierhaut, Fell oder Leder bespannt.

Es ist einfach, selbst eine Trommel zu bauen. Gehen Sie in den Wald und suchen sich einen Baum, der durch Gewitter oder Sturm umgestürzt ist (Magier und Schamanen halten Holz von einem Baum, den der Blitz gefällt hat, für außerordentlich kraftvoll). Das von Ihnen ausgewählte Holzstück sollte in Durchmesser und Höhe dem Umfang Ihres Brustkastens entsprechen und möglichst glatt und sauber sein, also keine Äste oder Astknorren haben. Sägen Sie das Stück heraus. Manchmal hat man das Glück, einen gut erhaltenen Stamm zu finden, der schon ausgehöhlt ist – sonst müssen Sie dies selbst tun. Die Indianer brennen ihre Stämme langsam aus, indem sie am oberen Ende ein schwaches Feuer entzünden, das sie über einen längeren Zeitraum mit Zweigen und Stöcken regulieren. Das Holz im Innern kann aber auch mit Holzmeißeln oder einer Säge ausgehöhlt werden. Lassen Sie etwa 5 cm Holz an den Seiten stehen. Dann ist es wichtig, das Holzstück richtig trocknen zu lassen; sonst wird es Risse bekommen und nutzlos sein. Die Ältesten haben es zu diesem Zweck im Freien auf den blanken Boden gestellt, wo es jedoch vor Regen geschützt war. Dadurch konnte die natürliche Feuchtigkeit der Erde (aber kein stehendes Wasser!) auf das Holz einwirken und verhindern, daß es zu schnell austrocknete.

Besorgen Sie sich als nächstes ein etwa 5 mm dickes rundes Stück Lederhaut, das groß genug ist, um die Oberfläche zu bedecken und an den Seiten etwa 8 bis 10 cm überzustehen. Wenn Sie das Trommelfell verzieren möchten (*siehe weiter unten*), so tun Sie das jetzt, z. B. mit wasserfester Tinte, und weichen es dann gründlich in Wasser ein. Legen Sie es oben über das Holzstück und befestigen es an den Seiten in einem Kreis etwa 7 cm vom oberen Rand entfernt mit Nagelstiften; achten Sie darauf, daß Sie genügend Nägel (am besten kräftige Polsternägel) im Abstand von etwa 2 cm verwenden. Beim Trocknen wird das Trommelfell aus Leder langsam straff werden und einen guten Klang ergeben.

Der letzte Teil beschäftigt sich mit Verzierung, mit Sprechgesängen und Rhythmen. Wie bei allen magischen Werkzeugen, für deren Anfertigung Sie sich entschieden haben, liegt der Schlüssel für ihre magische Kraft auch hier darin, daß Sie *die Arbeit selbst ausführen* und das Gerät *mit persönlichen Symbolen machtvoll machen*. Symbole stellen den Schlüssel zu den geheimen magischen Wissenschaften dar. Es liegt bei Ihnen, ob Sie das Trommelfell verzieren oder das Holz an den Seiten ausschnitzen, aber tun Sie es nicht wegen des Aussehens, sondern um der *Bedeutung* willen (die keltischen Kunsthandwerker hatten den legendären Ruf, beides zu können). Verwenden Sie Ihr persönliches Sigill, Ihre Totem/Krafttiere oder jedes Zeichen, das für Ihr Leben von tiefer Bedeutung ist.

Sprechgesänge (*Chants*) und Trommeln wurden bzw. werden häufig gleichzeitig eingesetzt. Damit Sie eine Vorstellung bekommen, nachfolgend zwei Lieder der Lakota-Indianer, die vor regelmäßigen Trommelschlägen im Rhythmus 1-2-3-4, 1-2-3-4 gesungen werden.

Lied für das Große Fest der Toten

Für unsere Kinder, die gegangen sind,
andere sind geblieben.
Ai-ya-ya-yai
Ai-ya-ya-yai

Komm zurück, Enkel, komm zu uns,
Komm zurück, Enkel, wir vermissen dich.
Ai-ya-ya-yai
Ai-ya-ya-yai

Kommt zurück, Verlorene, zu den Gaben,
Kommt zurück, Brüder, einsam bin ich.
Ai-ya-ya-yai
Ai-ya-ya-yai

O meine Kinder, einsam sind wir,
Kommt zurück, wo seid ihr, Kinder?
Ai-ya-ya-yai
Ai-ya-ya-yai

Lied der Geistertrommel

Trommelschlag, Schlag der Trommel!
Kiesel in der Kürbisrassel,
Trommelschlag, Schlag der Trommel!
Macht und Donner, tot bin ich ...
(wird mehrfach wiederholt)

Beachten Sie bei diesen Beispielen, daß die Schlüsselworte für Erfolg und Wirkung solcher Sprechgesänge *Regelmäßigkeit* und *Wiederholung* sind. Was die rhythmischen Muster betrifft, so werden Sie im Laufe der Zeit und mit größerer Vertrautheit viele ganz eigene Muster und Trommelstile entwickeln – und diese sind weitaus wichtiger als die hier wiedergegebenen. Für den Anfang werden nachfolgend jedoch sechs der am häufigsten verwendeten Möglichkeiten angeführt. Es ist wichtig, daß Tempo und Schlag gleichmäßig bleiben. Verändern Sie nicht allzuviel, wenn Sie einmal einen guten Rhythmus gefunden haben.

Symbolschlüssel:

Jedes »X« entspricht einem Trommelschlag, jedes »O« Stille für die Dauer eines Herzschlags. Diese rhythmischen Muster sind in Vierergruppen angeordnet, die als »Takte« bezeichnet werden. Kräf-

tige Schläge sind gegenüber schwächeren durch **Fettdruck** hervor-
gehoben.

1) **XXXX** **XXXX** **XXXX** **XXXX** usw.
2) **XXX**O **XXX**O **XXX**O **XXX**O usw.
3) **X**O**XX** **X**O**XX** **X**O**XX** **X**O**XX** usw.
4) **X**O**X**O **X**O**X**O **X**O**X**O **X**O**X**O usw.
5) **XX**O**X** **XX**O**X** **XX**O**X** **XX**O**X** usw.
6) **X**OO**X** **X**OO**X** **X**OO**X** **X**OO**X** usw.

20. Lektion: Pantheon

»Die druidischen Gottheiten entdecken«

Am Ende war die Kirche zu der Taktik gezwungen: »Wenn du sie nicht schlagen kannst, dann tu dich mit ihnen zusammen.« Eichenhaine mit deutlich druidischen Anklängen wurden wieder der Jungfrau Maria geweiht, die nun eine Reihe von auffallend fremden Beinamen erhielt: nicht nur Unsere Liebe Frau von den Dornensträuchern, von den Tannen und selbst von den Nesseln, sondern auch Unsere Liebe Frau von den Quellen und, am stärksten druidisch geprägt, Unsere Liebe Frau von den Erdhügeln und von den Menhiren. Die großen Jahreszeitenfeste durften weiterbestehen, nun aber unter der Schutzherrschaft eines passenden Heiligen, der oftmals selbst das Überbleibsel einer alten heidnischen Gottheit war.

Ward Rutherford, *Celtic Lore*

Dieser Leitfaden zu den keltischen Göttern ist zur Ergänzung von Lektion 16, »Evokation der Gottheit«, im Zweiten Magischen Zauberbuch (*Grimoire*) bestimmt. Als ich die *Pheryllt*-Schriften studierte, hielt ich die Form und die Einschränkungen, mit denen die Gottheiten dargestellt wurden, anfangs aus mehreren Gründen für recht merkwürdig. Erstens: Es waren nur Götter, in den Aufzählungen tauchten keinerlei Göttinnen auf; das war seltsam, denn weibliche Gottheiten waren sogar noch weiter verbreitet als männliche. Zweitens: Das Verzeichnis hielt sich an das *Bethluisnion*-Alphabet aus 18 Buchstaben, die *Ogham*-Leiter der Ältesten. Dies alles war außerordentlich verwirrend, bis wir uns an die Lektion erinnerten, die wir bei der Erforschung des druidischen Sternenzyklus gelernt hatten. Damit ergab sich ein Sinnzusammenhang.

Es handelte sich um eine *druidische* Götterwelt ... nicht um eine keltische! Auch hier also wieder der Unterschied zwischen den Begriffen »keltisch« und »druidisch«: *Keltisch* bezieht sich auf eine stark matriarchalisch geprägte Stammeskultur, *druidisch* auf eine patriarchalisch ausgerichtete Priesterschaft auf der Grundlage der Sonnensymbolik. Nicht immer überschneiden sich beide – vergleichbar der Trennung zwischen Politik und Religion in einem Staat. Politiker brauchen keiner Staatsreligion anzugehören, ebensowenig wie Priester sich in einer politischen Partei engagieren müssen. Oft werden die Begriffe zu Unrecht austauschbar verwendet.

Nach diesen Erklärungen gebe ich Ihnen die nachfolgende Aufzählung der Gottheiten. Beachten Sie, daß jede Buchstabengruppe *drei* Götter aufweist. Vielleicht wurden diese, wie bei der Dreifachen Göttin, als verschiedene Aspekte oder Phasen desselben Urbildes angesehen? Vielleicht sind sie aber auch auf irgendeine Weise mit dem Baum-*Ogham* verbunden, worunter sie angeführt sind?

B: *Brân* – »Rabe«, gesegneter König, Gott des Schutzes und der Macht
Belenus – Sonnengott des Feuers, der Heilung und Inspiration
Barinthus – der »Fährmann«, Gott der Lehre und der Mysterien

L: *Llew* – der »Vielseitige«, Gott des Handwerks und Handels
Llyr – Gott des Meeres, des Regens und aller großen Gewässer
Laighinos – Lehrer in den Kampfesfertigkeiten

N: *Nudd* – der »Wolkenmacher«, Gott des Wetters, der Stürme und Jahreszeiten
Nuada – Anführer / Gott des Reichtums, des Wassers, der Macht und der Hoheitsgebiete
Nwyvre – Gott der Sterne und Planeten

F: *Fionn* – »Großer Führer«, Gott der Architektur und Kriegskunst
Ffagus – »Buche«, Gott der vergessenen Weisheit und Überlieferung
Formorix – Gott der Erfindung und der Reisen unter Wasser und in der Luft

S: *Samhain* – Gott des Todes, Hüter der Schwelle zur Anderwelt
Sucellus – der »Gute Schläger«, Gott des Kampfes und Tötens
Silvanus – Gott der Pflanzen, der Kräuterkunde und Heilkunst

H: *Haefgan* – Gott der Perlen, Edelsteine und Goldschmiede
Hesus – Gott der Prophezeiung, der Quellen und Höhlen
Heremonix – Gott der Brunnen und unterirdischen Flüsse

D: *Dagda* – der »Gute Gott und Allvater«, Gott des Druidentums
   Dian Cecht – Arzt-Magier der Tuatha, Gott der Heilkunst
   Dis Pater – »der Gott Pluto«, ältester Ahnengott

T: *Taranis* – »der Donnerer«, Herr über das Himmelsreich
   Tigernonos – Gott der Hügel, Berge und Täler
   Toutorix – »Herrscher des Volkes«, ältester Gott des Krieges und der Macht

C: *Cernunnos* – der Gehörnte, Herr der Tiere und des tiefen Waldes
   Cromm Cruaich – Gott der Finsternis, des Todes und des verborgenen Goldes
   Camulos – der »rote« Gott Mars, Gott des Krieges, des Blutes und der Eroberung

M: *Mabon* – der »göttliche Jüngling«, Gott der Musik, Dichtung und Schönheit
   Math – Gott der Magie und Veränderung der Gestalt
   Myrddin – Sonnengott, Hüter von Stonehenge: *Clas Myrddin*

G: *Gofannon* – der »Göttliche Schmied«, Gott des Metallhandwerks
   Gwynn ap Nudd – König des Anderwelt-Hügels, Gott der Wilden Jagd
   Grannos – Sonnengott des Kornverbrennens, der Heilung und Ernte

P: *Pwyll* – Gott des Gesetzes, der Gerechtigkeit und der Schlauheit
   Partholonus – Gott der Steinmetze, Baumeister für die Feen
   Pryderi – Fürst von Dyfed, Gott des Abenteuers und der Landstraßen

R: *Ronanorix* – der »Zweifach Tote«, Gott des Todes und Alters
   Rhonabwy – Gott der Träume, des Unbewußten und der Prophezeiung
   Ruadanos – Gott der Reisen, der Wegkreuzungen und des Galgens

A: *Amaethon* – Gott der Landwirtschaft und der männlichen Liebe
   Arawn – König der Anderwelt, Gott der Jagd, der Hundemeute und der Verfolgung
   Albiorix – Gott der Dichtkunst, der Obstgärten und Gewässer
   Alisanos – gallischer Gott der Steine

O: *Ogma* – »Sonnengesicht«, Gott der Beredsamkeit, der Literatur und der Schriftzeichen

Ossian – »schöner Jüngling«, Gott der Geschicklichkeit und Fechtkunst
Owein ap Urien – Gott der Führerschaft, des Krieges und der Wiedergeburt

U: *Uath Mac Inoman* – »Sohn des Schreckens«, Gott der alten Magie
Urias – Gott der alten Weisheiten und des höchsten Wissens
Uaithne Umai – Gott der Flöten, Harfen und der Musik

E: *Eochaid Ollathair* – »großer Pferdevater«, Gott der Tiere
Esus – Gott der Holzfäller und Waffenschmiede
Ethniu – Gott der Sprachen und der Rede

I: *Ith* – Gott der Türme und Bauwerke
Ialonus – gallischer Gott des Ackerbaus
Iorix – Gott der Astronomie, der Meteore und des Weltalls

21. Lektion: Druidische Omen

»Die heiligen Vorzeichen deuten«

Solltest du einen Schwan erblicken am Freitag in der frohen Morgendämmerung, dann werden sich dein Besitz und deine Sippe mehren, und auch deine Herden wird nicht immer der Tod holen.

Altes schottisches Omen

Alle Quellen, Berichte und Autoren stimmen ohne Bedenken darin überein, daß die Druiden sehr stark auf Omen und Vorzeichen vertrauten, wenn es um ihre keltische Bruderschaft oder eigene Angelegenheiten ging. Ein mittelalterliches Manuskript mit dem Titel *Das Buch von Ballymote* verzeichnet über 30 Arten der Zukunftsschau, die vermutlich von der Priesterschaft angewendet wurden. Dazu gehören: Omen in Verbindung mit Vögeln, dem Wind, Bäumen, Wolken, Tieren, Regen, Flüssen, Steinen, Insekten, Gewittern und der Ernte.

In den 40er Jahren verfaßte der bedeutende Schweizer Psychologe und Gnostiker C. G. Jung eine umfangreiche Studie unter dem Titel »*Synchronizität als ein Prinzip akausaler Zusammenhänge*«. Darin erforscht er die offenkundigen Zusammenhänge zwischen Dingen, die eigentlich in keinem Zusammenhang stehen, wie beispielsweise Vorzeichen und zukünftige Ereignisse.

Man kann sagen, daß alle Formen der schamanischen Magie auf der Welt anerkennen oder zumindest annehmen, daß derartige Zusammenhänge existieren, und dazu haben mit Sicherheit auch die Druiden gehört. In den *Pheryllt*-Schriften wird eine faszinierende Form der Zukunftsschau ausführlicher behandelt; sie beruht auf der Beziehung zwischen Wolken und dem Menschen.

Im Rahmen dieses kurzen *Grimoire* wollen wir uns auf die »synchronistische« Beziehung konzentrieren, die wir zwischen uns und den Wolken am Himmel herstellen lernen können. Der *Pheryllt*-Text behandelt *Neladoracht*, was sich als »Wolken-Verkündung« oder »Zukunftsvoraussage durch Deutung von Wolkenformen« übersetzen läßt. Das Interessante daran ist jedoch, daß der *menschliche Wille* der entscheidende Faktor innerhalb des Rituals ist: Die Wolken werden einfach als Fläche für das Kristallsehen benutzt – gewissermaßen eine Tafel, auf die der unbewußte/überbewußte Geist seine Botschaft schreibt. Als ich die Beschreibung dieses Rituals zum erstenmal las, wurde mir sofort klar, daß es in einen modernen Kurs des Geistestrainings zur Willensschulung eingefügt werden könnte, und so ist es seitdem von meiner Schule erfolgreich angewendet worden.

Der *Pheryllt*-Text beschreibt die Nutzung dieses Rituals als Omen wie folgt: Eine Gruppe von drei Priestern, die Einblick in eine bestimmte Angelegenheit gewinnen möchten, versammeln sich auf einem freien Feld. Sie rufen den Wind an und richten ihre Frage an den Himmel, wodurch sie die Wolken dazu auffordern, in Form eines Omens zu antworten. Die eigenartige Anrufung ist in folgender Übersetzung erhalten:

Ich trete dich mit Füßen, Wind aus dem Westen!
Ich zerdrücke dich auf der Erde, Wind aus dem Osten!
Ich schütze mich vor dir, Wind aus dem Norden!
Ich verwirre deine Segel, Wind aus dem Süden!

Blast, weht, wirbelt! Ro Hu Ill O Ho!
Macht für mich ein Zeichen! Ro Hu Ill O Ho!
Reiht für mich die Wolken auf! Ro Hu Ill O Ho!
Dann will ich euch nicht länger fluchen!

Dies könnten wir fürwahr als eine feindselige Aufforderung an den Elementargeist bezeichnen! Nach dieser Beschwörung blieben die Priester stehen und deuteten die Bilder, die in den Wolkenformationen auftauchten. Es wurde klar gesagt, daß alle drei in der Deutung der Symbole, die sie sahen, übereinstimmen mußten, damit die Frage als beantwortet galt.

Nun zu unserer Abwandlung. Beginnen Sie zunächst mit der Übung, Wolken aufzulösen. Diese Aufgabe ist weitaus einfacher als

Neladoracht. Gehen Sie an einem Tag mit vielen weißen Haufenwolken nach draußen und wählen sich eine Wolke aus, die Sie leicht im Auge behalten können, weil sie entweder deutlich zu unterscheiden oder ganz isoliert ist. Stellen Sie sich dann im Geiste bildlich vor, daß sich die Wolke auflöst. Haben Sie Geduld und starren darauf, lenken Sie Ihre ganze Willenskraft dorthin – und etwas Magisches wird geschehen: Es funktioniert tatsächlich! Alle übrigen Wolken werden an ihrer ursprünglichen Stelle bleiben ... aber Ihre nicht! Dies ist ein sehr altes und erprobtes Spiel.

Beziehen Sie als nächstes einen Freund in einen Willenstest ein. Sie beide wählen sich Wolken aus und stellen fest, wer als erster das Auflösen geschafft hat. Noch mehr Spaß macht es, wenn Sie beide mit derselben Wolke arbeiten: Der eine dehnt sie aus, der andere zieht sie zusammen. Auch die Gestalt von Wolken kann leicht durch Willenskraft beeinflußt werden. Wenn Sie einmal in der Auflösung von Wolken geübt sind, verwenden Sie die oben wiedergegebene Anrufung, richten Ihre Frage an den Wind und warten darauf, daß Ihr überbewußter Geist eine Antwort bildet. Dies ist nicht nur ein tiefsinniger Spaß, sondern auch eine wunderbare Übung zur Willenslenkung. (Sollten Sie Zweifel haben: Ich selbst zählte zu den allergrößten Skeptikern, als ich zuerst davon hörte – bis ich es selbst ausprobierte ...)

Zum Abschluß folgt noch ein letzter Gedanke zu Omen, eingekleidet in eine Art Parabel, die unter »Heiden« viel erzählt wird. Wie es heißt, forderte St. Patrick einst die Druiden dazu heraus, eine Feuerprobe nach einem ihrer eigenen Omen zu bestehen. Die Druiden sollten einige ihrer allerheiligsten Bücher ins Meer werfen und die Christen dasselbe mit ihren heiligen Schriften tun. Was oben auf dem Wasser schwamm, sollte als rechtmäßig angesehen werden. Die Bücher der Druiden sanken nach unten (was nur den Beweis erbringt, daß sie mehr Substanz hatten!).

/I\\\\/

V GWIR YN ERBYN BYD

Teil II

PHERYLLT

Das Buch der Pheryllt

FIRST SYSTEMATIZERS

OF THE ANCIENT CYMRY;

The Pre-Druidic Religion

(From the Blue Book)

by

Llywelyn Sion

Bard of the Glamorgan chair

Imprinted at London 1582.

Talhaiarn's Prayer.

God, thy protection ;
And in protection, strength :
And in strength, reason ;
And in reason, knowledge ;
And in knowledge, truth :
And in truth, justice ;
And in justice, love ;
And in love, the love of God ;
And in the love of God, the love of
every animation.

ANNWN.—BYWYD.—MARWOLAETH.

Ymha le y mae Annwn?
A. Yn y man y bo 'r lleiaf
a ddichoner or byw a'r bywyd.
A mwyaf o'r mawr heb gyllur
anmryw.
Beth yw bannogion bywyd?
Ysgatnder goleuni gwres
ag asrygredd, sef a. t.
Beth yw bannogion nodau 'e marw?

THE GORCHAN OF MAELDREW , THE BARD OF PRYDAIN.

A elfyntod dyr synddin duw
cerrig yr fferllurie nwyn ;
ospriaeth ech saesser tu
lewyr echlyn mor necrombor llan.

Die Vorbereitung

Ich wachte inmitten einer erstickenden Dunkelheit auf. Das Lagerfeuer war vollständig erloschen, und mein Körper war glühend heiß. Viele Minuten lang hatte ich keine Ahnung, wo ich mich befand, wer ich war oder wo ich mich aufgehalten hatte. Doch meine Hände und meine Kleider rochen stark nach Wald, nach Tannenharz und Erde. Dann kamen alle Erinnerungen zurück.

»*Merlyn* ...« mehr brachte ich nicht hervor. Ich sank wieder auf meinen Schlafsack zurück und rang nach Luft, denn ich hielt alles nur für einen Traum.

»Ja, ich bin hier, an dem Ort, wo ich hingehöre ...« erklang seine Stimme wieder aus der Höhle und ließ mich mit einem Ruck zusammenfahren. So etwas war wirklich kein Pappenstiel!

»Merlyn ... die Schlacht der Bäume!« Mir war schwindlig. »Wir sind tatsächlich dort gewesen! Wir sind in vielen Gestalten gewesen, bevor wir das geworden sind, was wir heute sind, oder?« Ich fühlte mich wie ein kleiner Junge am Morgen vor Heiligabend.

»*Gut* ...«, seine Stimme klang wie die eines Vaters, der das Zeugnis seines Sohnes überprüft, »das ist richtig! Damit kennst du einen Teil des Puzzles. Erinnerst du dich daran, was ich dir einmal gesagt habe? Um die Gegenwart zu verstehen und die Zukunft zu planen, mußt du zuerst deine Vergangenheit, deine *ferne* Vergangenheit, voll und ganz erkennen. Was alles hat dich zu dem gemacht, der du heute bist?« *Ich nickte in der Dunkelheit, spürte aber, daß er mich beobachtete.* »Nun, diesmal besteht meine besondere Lektion aus drei Teilen, und davon hast du soeben den ersten durchlebt. Sammle auf dem Weg alles, was dir möglich ist, setze die Puzzleteile zusammen, und dein unerfüllter Traum, der etwa zwei Jahrtausende zurückliegt, kann Wirklichkeit werden. Das Leben kann nur *rückwärts*, in die Vergangenheit gerichtet, verstanden werden, muß jedoch immer *vorwärts*, in die Zukunft gerichtet, *gelebt* werden!«

Mein Geist war immer noch umnebelt und versuchte wie ein Computer, ein Programm vom anderen zu unterscheiden. Da ich das Bedürfnis nach einem objektiven Bezugspunkt verspürte, warf ich einen raschen Blick auf meine Uhr: Es war halb zwei – und nur ein paar Minuten waren vergangen, seitdem ich mich zuerst hingelegt hatte! Nach dieser Entdeckung setzte mein Verstand aus, und ich sagte etwas völlig Lächerliches:

»Merlyn? Das ganze Durcheinander tut mir leid, aber irgend etwas stimmt mit meiner Uhr nicht.«

Der Druide brach in lautes Gelächter aus. »Die Zeit, schon wieder die Zeit ... hat dich *das* durcheinandergebracht? Hast du vergessen, daß der Verlauf der Zeit nicht wirklich unterteilt werden kann? Der Anfang eines neuen Monats oder Jahres wird nie von einem Gewitter angekündigt. Niemals!«

»Ja ... vermutlich hatte ich das vergessen«, war alles, was mir als Antwort einfiel. Unser Gespräch wurde von einem plötzlichen Windstoß unterbrochen, der die Stimme des Drachen hin und herschwingen ließ und mit ihrem unheimlichen Klang zum Leben erweckte.

»Oh, Zeit zum Aufbruch«, meinte Merlyn fast scherzhaft, »die Götter sprechen zu uns! Doch behalte noch eine entscheidende Sache über die ›Zeit‹ im Gedächtnis: Die Gegenwart ist nur *ein gerade vergangener Augenblick.*«

Und in meinem Kopf wirbelte es in noch weitere Fernen.

1

Zuflucht aus Feuer und Blut

An den Küsten stand das gegnerische Heer mit einem starken Aufgebot bewaffneter Krieger, während zwischen den Kampfesreihen schwarzgekleidete Frauen wie die Furien, mit aufgelöstem Haar und Fackeln schwenkend, umherliefen. Ringsumher versetzten die Druiden, die ihre Hände zum Himmel erhoben hatten und fürchterliche Verwünschungen ausstießen, unsere Soldaten durch den ungewohnten Anblick in Schrecken, so daß sie, als wären ihre Glieder gelähmt, regungslos und Verwundungen ausgesetzt dastanden. Dann, angespornt durch den Appell ihres Feldherrn und durch gegenseitige Ermutigungen, nicht vor einer Schar wahnsinniger Frauen zurückzuweichen, trugen die Römer die Standarten vorwärts, schlugen jeglichen Widerstand nieder und hüllten den Feind in die Flammen seiner eigenen Fackeln ein. Über die Besiegten wurde eine Kriegsmacht eingesetzt, und die heiligen Haine, die dunklen abergläubischen Bräuchen geweiht waren, wurden zerstört.

Tacitus, *Annalen XIV, 30*

Plötzlich stellte ich mit Grausen fest, daß ich von römischen Legionären umringt war – ich schien in der Tat einer von ihnen zu sein. Mein Name war Tacitus, und ich war als kaiserlicher Chronist für den Statthalter Gaius Suetonius Paulinus nach Britannien gesandt worden, um über die »triumphale Eroberung« zu berichten, die dort gerade stattfand. Zu diesem Zeitpunkt hatte unser Befehlshaber alles inspiziert und tauglich für den Kampf befunden. Eilig ausgesandte Truppen hatten damit begonnen, auf hölzernen

Flachschiffen die Meeresenge von Menai zu überqueren mit dem
Ziel: die *Insel Anglesey,* die letzte Hochburg der dort heimischen
Druiden-Priester. Die kaiserliche Anordnung von Caesar lautete wie
folgt:

*Für alle Zeiten und zum Ruhme von Rom die druidische Plage
vollständig von den Küsten Albions vertreiben; die Feinde in die
Flammen ihrer eigenen Feuer einhüllen.*

So ungefähr hieß es in dem Erlaß. Was mich betraf, kümmerten
mich Krieg oder Eroberung nicht sonderlich. Ich war ein einfacher
Gelehrter, der sich immer noch wunderte, warum das mächtige
Römische Reich plötzlich seine überzeugte Politik der kaiserlichen
Toleranz zugunsten einer solchen Massenvernichtung aufgegeben
hatte. Was befürchteten sie in *Wirklichkeit* von diesen weißgekleide-
ten Priestern?

* * *

Wir schrieben das Jahr 59 n. Chr., und dies waren nur ein paar
der Fragen, auf die mein Geist eine Antwort suchte in jenen
kalten Stunden vor Tagesanbruch, während wir darauf warteten,
über die Meeresstraße übergesetzt zu werden. Die Legion, der ich
zugewiesen worden war, stand unbeweglich, die Augen gläsern
erstarrt auf die Druideninsel gerichtet, denn siehe, dort drüben
trug sich Gottloses zu. Das ganze Ufer entlang waren riesige Feuer
errichtet worden, die wie eine imposante Flammenwand wirkten. Doch am seltsamsten, am allerschrecklichsten waren die
schwarzgekleideten Gestalten, die zwischen den Feuern umherstürz-
ten, kreischend und wimmernd wie Gespenster aus dem Hades,
mit wild schwenkenden Armen und wehenden Haaren. Wie läh-
mend wirkten ihre Zauberflüche, legten einen Bann auf die Ohren
aller.
   Als unsere Gruppe die Insel erreicht hatte, bot sich uns zur Begrüßung ein äußerst bizarrer Anblick: Unsere Truppen, unsere großartigen kaiserlichen Legionen standen wie angewurzelt da, stumm,
gelähmt vor Furcht und Aberglauben wie Kinder bei einem Taschen-
spielertrick ... Und da standen die druidischen Priester in ihren
weißen Gewändern, mit erhobenen Armen vor den weißglühenden

Feuern, und riefen ihre Götter um Schutz an: um *ihren* Schutz und *unsere* Vernichtung. Ihr einstimmiger Sprechgesang war beeindruk-kend, machtvoll, wirksam in seiner Magie – das heißt, bis zur ver-späteten Ankunft von Suetonius.

»Will Caesars große kaiserliche Armee vor einem wahnsinnig gewordenen Haufen von Weibern und ihren Großvätern verzagen?« schrie er voller Abscheu in die Kampfesreihen hinein. »Nun? Män-ner von Rom! Erwacht aus diesem Alptraum! Zerschmettert diese falschen Propheten, damit für das, was wir heute tun, unser Gott in ruhmvollem Gedächtnis bleibt. Vorrücken!«

Mit bluttriefenden Bronzeschwertern hieben die Legionen sich ihren Weg vom Ufer landeinwärts und verschonten keinen – Frauen, Kinder, alte Leute, mit allen verfuhren sie gleich. Die bis zur Un-kenntlichkeit entstellten Körper wurden dann übereinander in den Flammen aufgetürmt. Kurz bevor ihn der Tod ereilte, erkletterte der letzte der druidischen Ältesten eine hohe Klippe und rief in Rich-tung der dunklen Linie des Waldes: »Brüder ... zu den Hainen! Warnt die anderen!« und dann stürzte er, von einem Speer getrof-fen, in die schon rot gefärbten Wogen.

Nach dem ersten Angriff formierten sich unsere Mannen vor den erlöschenden Feuern mit den hoch aufgetürmten menschlichen Ge-beinen wieder in geordneten Reihen. Nicht ein einziger römischer Soldat hatte den Tod gefunden! Die Heeresführer besprachen sich kurz und verkündeten dann, daß es zu dem zweiten Vernichtungs-schlag gehören würde, »die Druiden aus ihren von Opfern blutigen Eichenhainen herauszuscheuchen und dann die Bäume selbst zu fäl-len, nichts sollte stehenbleiben« – so lautete der Befehl.

Die Truppen reinigten und schärften ihre Schwerter, Klingen und Äxte und gruppierten sich dann wieder zu ihren Kampfeinhei-ten, von denen eine nach der anderen in unterschiedlicher Rich-tung in den Wald hineinzog. Da mir von dem starken Geruch nach verkohltem Fleisch übel geworden war und mich außerdem das imperialistische römische Gehabe abstieß, sonderte ich mich rasch von meinen Kameraden ab und schlug unauffällig eine eigene Rich-tung ein.

Für das römische Heer war diese Art von Verfolgungsjagd mit Sicherheit ein sportliches Vergnügen. Überall ringsumher schallten Rufe und Gelächter, dummes und vulgäres Geschrei durchzog die raucherfüllte Luft. Doch diese Geräusche, so widerwärtig sie auch waren, dienten mir zu einem Zweck: Ich benutzte sie, um mich vom Hauptschauplatz zu entfernen und einem Pfad genau nach Westen, zur anderen Seite der Insel zu folgen. Nachdem ich so mehrere Stunden, stets dem lärmenden Geschehen ausweichend, gewandert war, näherte ich mich einer Lichtung, von der ein ziemlicher Tumult ausging.

Dort, zwischen fast kreisförmig angeordneten alten Eichen, stand eine Einheit von etwa zwanzig Soldaten, die eine Gruppe älterer Druiden bewachte und die schweigende und noch Würde bewahrende weißgekleidete Schar mit Schmähreden verspottete. Während ich, im Gebüsch versteckt, zuschaute, wandte sich plötzlich einer der Priester um und starrte minutenlang regungslos in meine Richtung hinüber, obwohl ich mir sicher war, daß er mich nicht gesehen haben konnte. Dann hob er, zu meinem Erstaunen, unvermittelt eine Hand und gab mir durch einen Wink zu verstehen, daß ich hervorkommen sollte. Unter dichten grauen Augenbrauen schien sich sein Gesicht einen Augenblick lang fast zu einem Lächeln zu verziehen.

»Wohin schaust du, alter Narr?« knurrte einer von der Truppe und trat hervor, während er mißtrauisch den Waldrand musterte. »Nun, heraus mit der Sprache, Dämonenanbeter! Gib mir Antwort!« und er schlug dem alten Mann mit dem Griff seines Kurzschwertes auf den Hinterkopf. Wie ein Blatt taumelte der Druide zu Boden.

»Vorwärts nun, ihr anderen, packt euch! Wir haben den Befehl, eure Gruppe lebendig nach Rom zu bringen. Der Große Caesar möchte unbedingt wissen, welche Art von Männern wir hier besiegen. Antonius … Valerian! Fesselt sie gut, und begleitet dann diese Dämonenbrut zum Anlegeplatz. Vergeudet keine Zeit, lauft weiter! Wir müssen noch viele andere Ratten in die Enge treiben, ehe diese Nacht zu Ende ist!« Dann lachte er und warf ein dickes aufgerolltes Seil in die Hände der anderen Soldaten.

»Was ist mit dem Alten?« ertönte die Stimme eines feisten Römers aus dem Hintergrund, der eifrig mit dem Fesseln beschäftigt war. »Sollen wir ihn tragen?« und er wies auf den Priester, der am Boden lag.

Der Truppenführer ging mit großen Schritten zu der Stelle hinüber und warf einen kurzen Blick auf die einstmals weißgekleidete Gestalt, die nun von immer größer werdenden roten Flecken be-

deckt war. »Naah ...« grunzte er, »machen wir, daß wir hier fort-
kommen. Diese üblen Bäume scheinen Augen zu haben.« Der Zen-
turio warf einen letzten beunruhigten Blick in die Baumkronen,
stieß den Körper mit dem Fuß auf die Seite und eilte aus dem Hain.
Rasch folgten ihm die anderen.

Ich blieb aufs äußerste entsetzt zurück. Ich griff nach den beiden
kaiserlichen goldenen Adlern, die meine Schultern zierten, riß sie
herunter und schleuderte sie in den Wald hinein. Dann erstarrte ich.
Ein Geräusch! Blätter raschelten im Unterholz, leise zwar, doch
deutlich zu hören. Der alte Mann bewegte sich!

Langsam, ganz langsam bahnte ich mir einen Weg über die Lichtung dorthin, wo er lag und kraftlos versuchte, sich umzudrehen. Er
schaffte es nicht, und daher kniete ich mit großer Behutsamkeit nieder, um ihm zu helfen. Dem Aussehen nach schien er Ende sech-
zig oder siebzig zu sein, das war schwer zu sagen; nur seine Augen,
von einem klaren Hellgrau, waren zeitlos. Der Mann lächelte, als er
mich erblickte – unter dem Eindruck von Gewalt, Blut und Schmerz
lächelte er tatsächlich.

»Danke, mein Sohn«, sagte er mit schwacher Stimme. »Wir dürften hier eine Zeitlang in Sicherheit sein, selten schlägt der Blitz
zweimal an derselben Stelle ein!« Dann stützte er sich mit großer
Anstrengung auf einem Ellbogen auf und sah mir mit einer merkwürdigen, angespannten Kraft in die Augen. »Du wirst mir doch
helfen? Du mußt ... wir *müssen* den heiligen Hain erreichen, solange ich noch lebe, du und ich.« Er lächelte wieder, ein fast *ver-
trautes* Lächeln. Eine Woge unheimlichen Wiedererkennens erfaßte
mich, mir wurde plötzlich kalt. »Wer seid Ihr?«

Der alte Mann sank wieder auf den Erdboden zurück und schloß
mit einem schweren Seufzer die Augen. »Wer ich bin, fragst du?
Wer bin ich?« und er holte nochmals tief Atem, so als würde er sich
auf etwas vorbereiten. »Ich bin in vielen Gestalten gewesen, ehe ich
in dieser gekommen bin ...

Ich bin Ratgeber für den Hochkönig,
durch den die Ordnung des Sternenhimmels existiert,
durch den das Meer und das Land, mit seinem freundlichen Grün,
ihre Nachkommenschaft hervorbringen und nähren
und mit ihrer überreichen Fruchtbarkeit
der Menschheit häufig Hilfe geben.

Ich wurde von mir selbst fortgetragen,
und wie ein Geist wußte ich um die Taten
vergangener Völker und sagte die Zukunft voraus.
Seitdem kannte ich die Geheimnisse der Dinge
und den Flug der Vögel
und den wandernden Lauf der Gestirne
und das Dahingleiten der Fische.

Alles dies quälte meinen höheren Geist
und versagte durch ein strenges Gesetz
meinem menschlichen Geist eine natürliche Ruhe.
Nun bin ich zu mir selbst gekommen ...«

Dann war der Druide eine Zeitlang still, und ich fragte mich, ob er vielleicht eingeschlafen sei oder tot. Doch bald fuhr er mit einem Ruck wieder hoch und schaute sich mit großer Besorgnis auf der Lichtung um.

»Unter welchem Namen seid Ihr bei den Druiden bekannt?« erkundigte ich mich, während der Mann versuchte, sich zu erheben.

»Ist das *wirklich* wichtig?« erwiderte er, hielt inne und blickte mich mit einem etwas gezierten Schmunzeln an. »Ich kann dir einen Namen nennen, wenn du das möchtest, aber wirklich erforderlich ist, daß wir diesen Ort sobald wie möglich verlassen. Ich bin sicher, daß die Götter mich allein aus diesem Grund verschont haben – und auch *dich* hierhergeführt haben.« Er lächelte.

»Eure Götter müssen in der Tat launisch sein«, entgegnete ich ungerührt, »wenn sie das Schicksal soweit zugelassen haben.«

Wieder seufzte der Mann. »*Immer geschieht das Unerwartete ...* und doch ist es einfach, die Götter zu begreifen, solange man nicht versucht, sie zu erklären. Und was das ›Schicksal‹ angeht, so ist dies nie eine Sache des Zufalls, sondern eine Sache der *Wahl*. Das Schicksal ist nicht etwas, worauf man wartet, sondern etwas, was erworben wird.« Gleichzeitig beeindruckt und verwirrt von der merkwürdigen Einsicht des Druiden angesichts der Zerstörung um uns herum, setzte ich mich neben ihn auf den Boden.

»Aber warum sagt Ihr diese Dinge zu mir?« fragte ich nach einigem Nachdenken. »Schließlich bin ich ein Römer ... einer von jenen Legionen, die mit der Auslöschung eurer Vergangenheit beauftragt sind.«

»Die Vergangenheit ... sie sieht immer besser aus, als sie gewesen ist. Sie ist nur deshalb erfreulich, weil sie nicht mehr hier ist. Wir selbst sind immer die Vergangenheit von morgen.« Endlich konnte er sich aufrecht hinsetzen und sah etwas gekräftigt aus.

»Aber nach Rom könnt Ihr keine ›Vergangenheit von morgen‹ mehr haben, seht Ihr das denn nicht? Macht Ihr Euch klar, welche feindlichen Kräfte sich gegen Eure Priesterschaft richten? Und wie viele?«

Der Druide lehnte sich gegen einen Baum; er sah gleichzeitig resigniert und entschlossen aus. »Es kann kein untrüglicheres Zeichen für den Verfall eines Volkes geben als zu sehen, wie religiöse Riten derart verachtet werden. Und so steht es mit den Römern! Ach, schon seit langem haben wir von ihrer Ankunft gewußt. Aber die Folge davon – *das* kann vielleicht noch etwas ganz anderes sein, wir werden sehen. Es stimmt, die Legionen sind in der Tat eine sehr wirkungsvoll funktionierende Kriegsmacht. Doch in dieser Perfektion gibt es einen Makel: *Wo alle gleich denken, denkt keiner sehr viel.*« Wieder schloß er die Augen, als würde er von dem alten Eichenbaum eine unsichtbare Kraft sammeln. »Aber du ... *du* bist anders.«

Einen Augenblick lang hingen seine Worte bedeutungsschwer in der Luft. Natürlich hatte er recht. »Und woher konntet *Ihr* das wissen?« erkundigte ich mich mit dem Anschein der Entrüstung, doch gleich kam mir eine weitaus bessere Frage in den Sinn: »Und was ist zu tun? Die römische Armee ist mächtig.«

»Macht ist trügerisch. Diese Lektion ist weitaus älter, als die Druiden es sind«, gab er zu bedenken. »Die Täuschung kommt daher: Wenn es sich um schicksalhafte Dinge handelt, liegt die größere Macht immer dort, wo sie am wenigsten vermutet wird. Dies ist unser Verbündeter.«

»Und wo könnte dieser Ort jetzt sein?« entfuhr es mir, denn ich wurde schon fast ungeduldig bei all dieser Philosophiererei. Doch da, wo ich lediglich eine unklare Antwort erwartet hatte, wies der alte Mann durch die Bäume genau nach Westen. »*Dort* ...« zeigte er, ohne zu zögern, »dort auf der heiligen Insel liegt unsere Hoffnung, wenn überhaupt noch eine zu finden ist. Und wir müssen uns beeilen, denn die anderen sammeln sich schon dort, während wir sprechen. Das heißt, wenn sie noch leben – *aber wir müssen es versuchen.*« Kraftlos war er aufgestanden und wischte sich das getrocknete Blut vom Kopf.

»Welche Insel?« erkundigte ich mich, verleitet durch diese geheimnisvolle Andeutung. »Sie haben uns nichts von einer anderen
Insel gesagt. Wo liegt sie denn?«

»*Holy Head*, die Insel des Heiligen Hauptes, liegt am Rande von
Anglesey fern im Westen«, gab er zur Antwort. »Wenn das Schicksal auf unserer Seite ist, wie ich es glaube, dann dürften die Legionen nicht so weit gekommen sein – und wenn dies der Fall ist, dann,
Kaiserlicher Chronist, wirst du Zeuge einer *echten* Geschichte werden, womit du deine Berichte füllen kannst. Doch zuerst mußt du
mir helfen ... *uns*, Albion!« Um sein Befinden zu prüfen, ging der
alte Mann, noch etwas unsicher, zum nächsten Baum, drehte sich
mit einem kurzen triumphierenden Blick um und wartete.

Bis zum heutigen Tag bin ich mir immer noch nicht sicher, welche
Mächte tatsächlich in jenen kurzen Augenblicken, bevor wir aufbrachen, zu meiner Entscheidung führten. Eines aber weiß ich:
Diese Mächte besaßen unleugbare Kraft, Überzeugungskraft, und
überall auf dem ganzen Weg war das Wirken des Schicksals zu spüren. Nicht ein einziges Mal habe ich meine Entscheidung bereut.

»Gehen wir also«, sagte ich, und der Druide blickte mit der Zärt-
lichkeit eines alternden Vaters für seinen Sohn vergangener Zeiten
zu mir herüber.

»Der Weg wird schwierig sein und die Aufgabe gefährlich«, entgegnete er dann mit einem Lächeln, »doch hier ist viel mehr wirksam als das für das Auge Sichtbare. Und wir sind nicht allein. Wenn
es uns gelingen wird, den zeitlosen Hüter Britanniens aus seinem
uralten Schlaf zu wecken, dann mag vielleicht noch Hoffnung sein.
Doch zuerst müssen wir dorthin gelangen.«

»*Wohin* gelangen?« fragte ich wieder, ging zu dem alten Priester
hinüber und bot ihm meine Hand als Stütze.

»Nun, zur Insel des Heiligen Hauptes, nach Elysium und noch
weiter zum Heiligen Brunnen, die alle im Bereich des *Nemeton*
liegen, des heiligsten Ortes auf all diesen Inseln. Heilig in der Tat,
denn dort ruht das Haupt aller Häupter, die letzte Wache von
Brân dem Gesegneten. Und *seinem* Urteil ist noch nie jemand entkommen ...«

2

Nemeton

Welch eine klare See jenseits der Wasserstraße,
So weit Brân seine Augen schweifen läßt ...
Für mich in meinem Streitwagen, von fern geschaut,
Ist's eine feurige Ebene, auf der Brâns Blicke ruh'n!
Die Reise von Brân

Endlich hörten die sintflutartigen Regenfälle auf, die Mensch und Tier während der ganzen Nacht durchweicht hatten. Die Bäume tropften, der Weg bestand nur noch aus Schlamm und Pfützen. Es war so, als würden die Elemente selbst versuchen, die stinkenden Feuer der römischen Heere zu ersticken.

Mit vorsichtiger Zielstrebigkeit waren wir in Richtung der Insel des *Holyhead*, des Heiligen Hauptes, gegangen, bis es fast dunkel geworden war. Die ständige Furcht, auf römische Soldaten zu treffen, die überall verstreut waren, hatte unsere Nerven ziemlich zermürbt. Dem alten Priester ging es nicht gut, obwohl er nicht klagte und seine Entschlossenheit beeindruckend war. Am allerschlimmsten aber war die Luft um uns herum: stickig und schwarz, schwer von dem fauligen Geruch nach versengtem Haar und Fleisch, schwer von den gequälten Todesschreien angstvoller, halb verbrannter Menschen ... erfüllt von römischem Spott und Gelächter.

Und doch hatten wir es fast geschafft, der Priester und ich, als wir erschöpft an der äußersten Westküste von Anglesey standen. Zwischen schweren Atemzügen überblickten wir das nahe Ufer der anderen Insel – das sandgeglättete Ufer von Holyhead, ein offen-

kundiger Zufluchtsort, der aus irgendeinem Grunde den Augen der
Legionen entgangen war. Zumindest bisher ...

»Die Götter müssen in der Tat mit uns sein«, sagte der Druide
mit schwacher Stimme und nickte langsam, »denn alles scheint ungestört ... alles außer dem Fischerboot, das dort drüben angelegt
hat.« Mit einem dünnen Finger wies er auf ein nahegelegenes Ufer-
stück zwischen zwei riesigen Felsblöcken – und dort lag es tatsächlich. So alt der Priester auch war, er hatte Augen so scharf wie ein
Nachtvogel.

Dann weiteten sich seine Augen mit einem Male vor Angst, und
er streckte seine Hand aus, um mir den Mund zuzuhalten.

»*Ich versichere dir, ich habe dort drüben Stimmen gehört!*« erklang ein tiefes Krächzen irgendwo ganz nahe im Zwielicht und
wurde dann plötzlich zu einem eindringlichen Flüstern. »Komm,
Aranon! Hilf mir nachzuschauen!« Und die Erde unter uns erzitterte
unter schweren Fußtritten.

»Aranon?« wiederholte der Druide leise murmelnd zu sich selbst,
»*Aranon!*« Unvermittelt schob er sich aus den nassen Zweigen hervor ins Freie. »Dem Hüter sei Dank, daß ihr uns gefunden habt!«

Rasch wurden wir von seltsamen Männern in langen, weißen
Gewändern umringt, die uns helfende Arme anboten und besorgte
Gesichter zeigten.

»Wir haben befürchtet, diese Barbaren hätten dich getötet«,
sagte ein Mann, dessen Stimme ich von dem Versteck im Gebüsch
wiedererkannte. »Doch wir haben nie die Hoffnung aufgegeben!
Im letzten Viertel der Nacht haben wir Überlebende mit dem Boot
über die Wasserstraße gebracht, hinüber in die Sicherheit des *Nemeton – insgesamt neunzehn*, du bist der zwanzigste. Oder vielleicht
einundzwanzigste?« fügte er hinzu und blickte mißtrauisch zu mir
hinüber.

»Das ist Tacitus«, sagte der alte Mann, während ein ungläubiges
Keuchen unter den anderen zu hören war, »... der sich trotz seines
römischen Namens als Freund erwiesen hat. Ohne ihn hätte auch
ich Caesars Feuer zu schmecken bekommen. Er darf uns begleiten.
Man kann ihm vertrauen.«

Die Männer murrten noch etwas argwöhnisch vor sich hin, dann
aber gingen wir zu dem wartenden Boot und stießen vom Ufer ab.
In einiger Entfernung ließ sich das, soweit das Auge sehen konnte,
schreckliche orangerote Glühen der Feuer, die Silhouette der Baum-

wipfel und der erstickende, schwarze Rauch erkennen, der den Himmel dicht über ihnen zu einem schmutzigen Schleier aus grauen Wolken machte. Doch die anderen Männer sahen dies nicht. Sie waren völlig von einer *eigenen* Wolke umfangen und hörten aufmerksam zu, während der alte Druide den Plan der Hoffnung beschrieb, den er früher an diesem Abend mir gegenüber erwähnt hatte. *»Doch wir müssen uns beeilen …«* hörte ich ihn zuletzt seufzen, und dann lehnte er sich an die Bordwand und schloß die Augen. Die anderen Druiden tauschten kurze besorgte Blicke miteinander und beschleunigten dann die Geschwindigkeit, mit der sie das Boot durch Wasser trieben.

Einmal an Land, war deutlich zu erkennen, daß diese Insel ganz anders als Anglesey war: Anstelle der dort vorherrschenden Eichen und Buchen gab es hier vor allem Fichtenwald und kleinere Bäume. Die Landschaft selbst war flacher; ich konnte keine Hügel sehen, alles wirkte sehr kahl, den Elementen ausgesetzt und vom Winde gepeitscht.

Wir versteckten das Boot in einer durch Gebüsch verborgenen, kleinen Bucht und schlugen mit nervösem Unbehagen den Weg in die nahegelegenen Wälder ein. Die einzigen Geräusche, die uns begleiteten, waren die aus dem Schlaf erwachenden Vögel – *die Insel schien voller Vögel zu sein* – und die ferne Meeresbrandung. Keiner sprach, bis wir im Schutz der Baumgrenze waren.

»Dort ist der Pfad!« brach einer der Priester das Schweigen und wies auf ein ausgetretenes Wegstück. »Dort in dieser Richtung liegt das *Nemeton*. Wenn wir Glück haben, werden die anderen dort sein, um uns zu treffen. Doch auf jeden Fall wird *er* gegenwärtig sein.« Die anderen nickten sich gegenseitig bestätigend zu.

»*Nemeton?*« flüsterte ich dem alten Druiden zu, dessen Hand noch immer auf meiner Schulter ruhte. »*Wohin* gehen wir?« Ich kannte dieses Wort nicht und fragte mich, ob es etwas ganz Keltisches wäre.

»Es handelt sich um einen Ort, unser Allerheiligstes«, antwortete er, so als sei bereits das bloße Sprechen schmerzvoll. Mit sehr ernstem Blick setzte sich der Druide langsam auf einen umgestürzten Baumstamm und holte zitternd Atem.

»Ich glaube, es ist am besten, wenn du alles weißt«, begann er, »denn du, mein Freund Tacitus, wirst deinen Bericht der Welt weitergeben, damit künftige Generationen davon erfahren können. Du mußt etwas über unsere Vergangenheit hören.« Schweigend lehnte er sich zurück.

»Vor langer Zeit, zur Zeit der Sagen, bevor die *Pheryllt* von dem versunkenen Atlantis an unsere Küsten gespült wurden, lebten Riesen in der Erde. Der größte Titan von allen war Brân der Gesegnete, Königlicher Beschützer dieser Insel des Mächtigen. Hier herrschte er lange und ruhmreich, und das Land blühte und gedieh unter seiner Herrschaft – bis ein Feldzug gegen die Rote Insel damit endete, daß sein großer Körper von einem vergifteten Speer durchbohrt wurde. Da Brân auch ein Meister der Magischen Künste war und nicht wollte, daß sein Volk verzweifelte, befahl er, sein Haupt vom Rumpf abzutrennen, denn er wußte, daß der Kopf der wahre Sitz der Seele ist. Daher trat das Heilige Haupt unversehrt den Weg von der Insel Erin zu den Küsten Britanniens an, wo es seine Untertanen wie zu seinen Lebzeiten führte und beschützte. Sieben verzauberte Jahre feierten sie glanzvoll an den Gestaden von *Tir nan Og*, dem ›Reich der Seligen‹, und noch weitere achtzig Jahre auf hoher See. Doch schließlich wurde der Zauber durch menschliche Torheit zerstört, und das Haupt mußte in den Schoß Albions zurückkehren, um begraben zu werden. Bevor die Augen Brâns sich jedoch ein letztes Mal schlossen, wurde verfügt, daß ein großer Schutzzauber über dem Land ruhen sollte, solange das Haupt mit dem Gesicht dem Meer zugewandt begraben blieb. Und so geschah es – das Haupt wurde zur letzten Ruhe hierher an diesen Ort gebracht, hier auf diese Insel, die seitdem *Holyhead* genannt wird.

Doch es gibt noch etwas anderes. Ein großes Geheimnis blieb bei den Priestern und wurde einmal in jeder Generation an einen sorgfältig ausgewählten Nachfolger weitergegeben: *der geheime Ritus, durch den das Haupt von Brân in einer Zeit größter Not wieder aufgeweckt werden darf.* Und der«, fügte er hinzu, während er sich schwerfällig wieder erhob, »bis zum heutigen Tage niemals ausgeführt worden ist. Jetzt aber, jetzt ist unsere Lage in der Tat ernst!« Langsam lenkte er seine Schritte wieder auf den Pfad zurück, und die anderen folgten ihm schweigend.

Ich hatte den alten Druiden gerade aus den Augen verloren, als sich vor uns im Wald etwas Bemerkenswertes zu ereignen begann. Vögel, Dutzende großer schwarzer Raben, ließen sich einer nach dem anderen in den Bäumen über uns nieder! Der tiefe Klang ihrer krächzenden Stimmen erfüllte die Luft. *»Die Raben von Brân!«* schrie einer der von Ehrfurcht ergriffenen Priester den anderen zu. »Sie sind gekommen! Also weiß der Mächtige König zweifellos um unsere mißliche Lage ... vielleicht kann alles noch gerettet werden. Vorwärts, Brüder, zum *Nemeton*!« Und wir gelangten zu einer Lichtung, die ebenso ehrfurchtgebietend war wie die großen Raben selbst.

Es war ein Hain, eine grasbewachsene Lichtung inmitten vieler bejahrter Erlen, die auf allen Seiten von den wachsamen Augen der Raben umgeben war. In ihrer Mitte stand eine bemerkenswerte Statue aus Stein – ich verwende das Wort »Statue« in Ermangelung einer besseren Beschreibung. Ein riesiger, doppelgesichtiger Kopf überragte alles und wirkte so beherrschend, als könnte der restliche Körper vielleicht unter ihm begraben liegen. An der westlichen Seite des Steindenkmals stand etwas, was ebenfalls ein alter Stein zu sein schien, zerbröckelnd und auseinanderfallend. Es war ein alter Brunnenrand. Vor dieses seltsame Paar kniete sich der alte Druide, den Kopf in Verehrung gesenkt – oder vielleicht auch in erschöpftem Gebet.

»Wir sind gekommen, Großer Beschützer ...« rief er plötzlich nach langem Schweigen aus, »wir, die wir seit Generationen deine treuen Hüter gewesen sind ... wir, die wir vielleicht bald nicht mehr sein werden.« Bei diesen Worten glitten drei einzelne Raben herab und ließen sich oben auf dem Standbild nieder. Die Männer um mich herum atmeten schwer.

»Ein Zeichen!« flüsterten sie untereinander, und das schien es in der Tat, ohne allen Zweifel, zu sein. Langsam verneigte der alte Priester sich tief, wandte sich um und schloß sich wieder den anderen an.

»Brân wird kommen«, sagte er, wobei er bleich und erschöpft aussah, »denn seine drei Boten haben es vorhergesagt. Doch zuerst müssen die heiligen Feuer errichtet werden. Kommt, Brüder, wir müssen unsere eigene Glut schaffen, um die der Römer zu bekämpfen – ein Feuer gegen das andere! Jeder Augenblick, den wir verlieren, bedeutet ein Opfer für das Leben vieler.«

* * *

Gemeinsam arbeiteten wir wie ein Bienenvolk und sammelten alles, was wir an trockenem Holz finden konnten, zu einem hohen Stapel zwischen der Statue und dem alten Brunnen zusammen. Als alles bereit war, bildeten wir, so wenige wir auch waren, einen weiten Kreis um die Stätte und richteten unsere Augen auf den Ältesten Priester in Erwartung eines Zeichens. Hoch hob der Druide seine Arme in die Luft und rief von dieser in die andere Welt die alten Worte der Manifestation:

A Elfyntodd Dwyr Sindynn Duw
Cerrig Yr Fferllurig Nwyn
Os Syriaeth Ech Saffaer Tu
Fewr Echlyn Mor Necrombor Llun.

Und das Feuer ging mit einemmal in heftig lodernden Flammen auf und vertrieb die drei Raben in das Blätterdach des Waldes. Innerhalb einiger Herzschläge, so schien es, hatte sich der Holzstoß in einen Kreis aus glühender Asche verwandelt. Da ich nicht wußte, was zu erwarten war, wagte ich kaum, Atem zu holen.

»*Tacitus, in Rom geboren, tritt beiseite*!« ordnete der Priester unvermittelt an, »denn was jetzt folgt, ist geheim – und dir fremd.« Da ich nicht genau wußte, was ich tun sollte, zog ich mich vorsichtig soweit zurück, bis ich hinter einer Stelle mit Erlen gut außer Sichtweite war. Der alte Druide hatte recht gehabt: Es dauerte manche Jahre, bis ich voll und ganz die seltsame Aufeinanderfolge von Ereignissen begriffen hatte, die sich jetzt anschlossen.

Die frühe Morgensonne wirkte blaß und kraftlos gegenüber der schweren Decke aus Wolken und Rauch. Es war schwierig, Dinge aus der Entfernung zu erkennen; alles erschien verschwommen und weit fort. Doch die Raben waren immer noch da und schauten, selbst wie Statuen aus Stein, von jedem Baumwipfel herab – sie, *die Boten von Brân!* Bald stellte ich fest, daß die Priester mit einem Lied begonnen hatten, eine Art langsamen Sprechgesang, der in unhörbaren Tonstufen anstieg, bis er sich zu einem machtvollen Klang erhob. Die erwachenden Vögel gaben Antwort von den Bäumen, das heißt, alle mit Ausnahme der Raben, die sich überhaupt nicht zu rühren schienen. Dann klatschte der Hohe Priester dreimal in die Hände, und alles verstummte – auch die Vögel.

»Brân der Gesegnete: einst König und immer noch König«, hallte die Stimme durch das Tal. »Wir fragen dich um Rat, wie uns in dieser Stunde größter Not versprochen. Da du seit Anbeginn der Zeit unser stiller Beschützer bist, höre nun unseren stummen Ruf ... jene heiligen Worte, die niemals von dem Ohr eines Sterblichen gehört werden dürfen!«

Nun trug sich etwas höchst Seltsames zu: Der Druiden-Älteste fing damit an, und dann hielt jeder der Männer seine Hände vor sich hin und berührte langsam verschiedene Teile seiner Handflächen nach einem sich wiederholenden Muster, das ich schließlich als solches erkannte. *Offensichtlich handelte es sich dabei um einen magischen Schlüssel.* Ein Priester machte einem anderen auf der gegenüberliegenden Seite des Kreises Zeichen, bis der andere die Abfolge aufgefangen hatte, die dann durch Zeichen an sein Gegenüber weitergegeben wurde – wie bei einem Kinderspiel, bis sich der Kreis wieder geschlossen hatte. Dann hob die ganze Gruppe gleichzeitig ihre Hände über den Kopf.

> *» Wenn du den machtvollen Namen nicht kennst,*
> *So schweige, Heinin!*
> *Was den erhabenen Namen angeht*
> *Und den machtvollen Namen ...«*

rief der Hohe Priester, »Komm, höchster Geist des Großen Brân!« Darauf antworteten die Männer gemeinsam »IAO«, immer wieder, bis die Erde unter unseren Füßen von dem Laut zu beben schien. Dann wurde dieselbe Abfolge, häufiger als ich zählen konnte, wiederholt, während gleichzeitig ein anderes Geräusch von oben hinzukam. Es ließ mein Blut erstarren, als mich fröstelnd die Erkenntnis durchlief: Die still beobachtenden Wachposten der Raben hatten plötzlich das Schweigen gebrochen; sie krächzten und riefen und stürzten sich in wildem Aufruhr über den Bereich des *Nemeton.*

Als schließlich die Luft ein Sturm aus schwarzen Federn und Flügeln zu sein schien, senkte sich aus ihrer Mitte ein großer dichter Schatten herab und hüllte das massive steinerne Haupt ein. Ich kauerte mich in blankem Entsetzen nieder, als die Männer, das riesige Standbild, alles von diesem Schleier aus Grau verschlungen wurde. Alle waren verschwunden, alle außer den Raben; *sie* kreisten weiter wie toll über uns, bis erneut drei einzelne Vögel ausscherten

und hinabschossen, um sich auf dem Rand des alten Brunnens zu
setzen. Kaum hatten sie sich dort niedergelassen, als ein Laut wie
ein heftiger Wind aus dem Mund hervorwogte – und sprach.

»Sterbliche, was wünscht ihr von mir?« ertönte eine dunkle,
schwere Stimme, die geradewegs aus den Tiefen der Erde hervor-
hallte. Der Wind legte sich, die Vögel verstummten, eine Wolke aus
Staub und Blättern senkte sich zu Boden. Dann war alles wieder still
… alles außer den Raben.

3

Das Haupt

*Wartet das Land auf den Schlafenden Herrn, oder ist das öde Land
selbst der Herr, welcher schläft?*

Celtic Wonder Tales

Als schließlich die heftigen Winde Brâns verstummt waren, ließen
sich seine Raben wieder beifällig krächzend in den Bäumen nieder:
»Unser alterwürdiger Herr ist von neuem mit dem Land der Lebenden vereint!«

Äußerst vorsichtig erhob ich mich vom Boden und wischte mir
Staub und Laub aus dem Gesicht. Niemand sprach. Nichts rührte
sich. Keiner wagte das angespannte Schweigen zu stören, das wie
eine schwere Decke über dem *Nemeton* hing. Doch dann, so als
spüre er, was von ihm – und von ihm allein – erwartet wurde, strich
der Druiden-Älteste seine Gewänder glatt, nahm unter Schmerzen
eine würdevolle Haltung an und ging mit bedächtigen Schritten über
die Wiese auf die Statue zu. Er, dieser alte Priester, wußte genau um
die schwere Last des Schicksals, die in diesem Augenblick auf seinen
Schultern lag: Fürsprecher für die Druiden, Stimme des keltischen
Volkes zu sein – er allein konnte diese Bitte überbringen. Das wußte
er ebenso wie alle Anwesenden – selbst das Haupt von Brân wußte
es, während es mit kalten, unbeweglichen Augen verfolgte, wie der
Druide näherkam. Doch alles blieb still, bis der Priester zwei Schrittlängen vor dem Stein stehenblieb und eine Hand hob, um einige geheimnisvolle Zeichen in die Luft zu ziehen. Da ging eine gespannte
Bewegung durch alle, so als wären sie nun bereit.

»Ubh ubhanaich! Oich oicheanaich!« rezitierte er laut und voll-
zog gleichzeitig eine tiefe, ehrfurchtsvolle Verneigung. »Brân der
Gesegnete: Das Gelöbnis des Schutzes, das du einmal vor so langer
Zeit diesem Land gegeben hast, kehrt nun zu dir zurück. Halte deinen Eid ... heile dein Land ... erwecke die tiefe Magie zum Leben.
Die Zeit ist gekommen!« Die Worte des alten Mannes verloren sich
in den Bäumen und hinterließen eine vibrierende Stille, die wie ein
Blasrohr in unseren Ohren sirrte. Dann, ganz allmählich, begann
eine dumpfe Schwingung aus dem Boden zu unseren Füßen aufzusteigen und den Steinbrunnen auszufüllen, bis ich glaubte, er würde
zusammenstürzen.

»Fünfzig Generationen meines Volkes ...«, ertönte die Stimme
dunkel und tief aus dem Erdschacht, »... fünfzig Generationen
haben gelebt und sind gestorben, seitdem ich zuletzt in eure Mitte
gerufen wurde. Die tiefe Magie bestimmt, daß mein alter Eid *nur*
in Zeiten allergrößten Unheils einzulösen ist, Druiden-Priester, das
wissen alle Magier! Welche Nachrichten gibt es also aus der Menschenwelt?«

»Meine Nachrichten sind in der Tat schwerwiegend, o Unterirdischer König«, entgegnete der Priester mit fester Stimme. »Denn
über uns alle ist aus dem Osten Schrecken gekommen ... ein Schrek-
ken, der für *dein* Volk das Ende bedeuten könnte! Du, mit deinen
allsehenden Augen, schau um dich: Kannst du uns deine Hilfe ver-
sagen, selbst bei den Todesschreien deiner eigenen Priester? Gewähre
sie uns – wenn nicht ihretwegen, dann wofür? Sag es uns ... hilf
uns.« Seine Worte hingen zerbrechlich und klar in der Luft.

Fast augenblicklich flog einer der größten, in den Baumwipfeln
sitzenden Raben mit einem lauten Krächzen herab und landete auf
dem steinernen Haupt. So als würde der Geist des Vogels mit dem
alten Stein verschmelzen, senkte sich eine dunstig-graue Wolke wie
ein Fetzen Nebel herab und hüllte das Haupt ein. Dann flog der
Rabe wieder davon, und zurück blieb etwas Ungeheuerliches – ein
Gesicht, schattengleich, mit geschlossenen Augen und dunklem Bart,
ein edles Antlitz, wie ein Geist aus einer anderen Welt. Und das war
es auch, schien es tatsächlich zu sein, als sich die Augen unvermittelt
öffneten, als wären sie von einem Alptraum erschreckt worden. Sie
blickten unverwandt um sich, studierten die Landschaft und die
Menschen mit großer Aufmerksamkeit. Man konnte die Kraft in
diesem Blick, in Brâns Blick spüren. Der alte Druide ließ sich auf ein

Knie nieder und neigte demutsvoll den Kopf, bevor er zu sprechen begann. »Seit dieser Nacht gibt es deine Priesterschaft nicht mehr«, sprach er mit düsterer Autorität, den Blick der Statue erwidernd. »Wir haben uns den Weg hierher erkämpft – alle, die von uns übriggeblieben sind, um zu hören, welchen Rat du uns in dieser schweren Stunde zu geben vermagst. Wenn du uns jetzt nicht helfen kannst, dann kann es wahrlich auch kein anderer.«

Allmählich, als hätte man sie aufgerufen, traten die letzten der druidischen Priesterschaft hervor, und die müde Gruppe sammelte sich vor dem Haupt. Niemand sprach, doch jeder von ihnen wurde von den Augen gründlich erforscht, von den Augen, welche nach den Seelen der vor ihnen Stehenden zu suchen schienen ... und sich dann schlossen.

»Männer der Eichen«, sprach die Stimme Brâns, tief und ruhig, »Priester des Alten Ordens: Die Gezeiten der Welt wechseln, und ich bin machtlos, mich ihnen entgegenzustellen. Selbst die größten Könige müssen vor solchen Kräften, welche dem Universum gebieten, das Knie beugen. Selbst wir sind nur eine Widerspiegelung der Göttlichen Ordnung, vor der Riese und Mensch gleich sind. Doch es gibt Möglichkeiten ... Mittel und Wege, um die spirituelle Entwicklung der Menschheit vor solch hereinflutenden Gezeiten zu schützen. Mittel und Wege: *Vervollkommnung!*« Und einen kurzen, bedeutungsvollen Augenblick lang schien der Widerhall des Wortes unter den Druiden von Geist zu Geist weitergegeben zu werden, ehe der Hohe Priester das Schweigen unerwartet durch ein Husten unterbrach.

»Sag uns, Großer Brân ...«, stieß er zwischen mühsamen Atemzügen hervor, »sag uns, wie diese Mittel und Wege beschaffen sind ...«, und wieder wurde er von einem solchen Hustenanfall unterbrochen, daß sich alle fragten, ob der alte Druide würde weitersprechen können. »Sag uns, wie wir die römische Pestilenz überleben können!« Endlich kam er wieder zu Atem.

Plötzlich öffneten sich die steinernen Augen erneut und starrten auf seltsame Art und Weise zu Boden, so als würden sie über eine unerwartete Antwort nachsinnen. »Für *euch* ...«, verkündete das Haupt mit Gewißheit, »für euch kann es keine Hoffnung geben – noch vor Tagesanbruch wird der Adler den Sieg erringen. Doch mit dem *Alten* Orden, mit dem Wissensschatz der *Ältesten* verhält es sich anders. Geht jetzt und sammelt fünfzig makellose Rinden aus den Erlenhainen, die uns umgeben – fünfzig Pergamente, auf denen die letzten Orakelsprüche von Brân dem Gesegneten verzeichnet sein werden. Denn wißt, daß nach dem heutigen Tag meine Stimme niemals wieder gehört wird in der Menschenwelt, in diesem Land, das einst das meine war.

Das ist die Hoffnung, von der ich gesprochen habe. Diese Worte, zum richtigen Zeitpunkt beachtet, werden es der Priesterschaft möglich machen, wieder in Erscheinung zu treten und jene Irrtümer zu berichtigen, die euch zu erstarrtem Schlaf verdammen. Sammelt euer Holz, Eichenmänner. Hoher Priester des Ordens: Bereite deine Feder für ihre letzte und größte Aufgabe vor! Verwende die Zeichen von Ogma, die Schrift von Pythagoras. Und beeilt euch, damit nicht das Morgengrauen uns überrascht und euch zu ewigem Vergessen verdammt!« Und damit löste sich das geisterhafte Gesicht wieder auf in die Kälte des Steines.

Ohne auch nur einen Augenblick zu zögern, drehte sich der Druiden-Älteste um und entließ die versammelte Gruppe mit einer Handbewegung in den Wald. Dann beschäftigte er sich mit dem Inhalt eines waidblauen Lederbeutels, der an einem Gürtel an seiner Taille hing.

»Welches ist das Metall des Drachen?« sagte er dabei sich selbst. »Die Stimme des Drachen muß wieder gehört werden ... die Stimme des *Eisens*!« Er hielt inne, seine Augen suchten die Männer, die sich bereits eilfertig ins Gebüsch des Waldes aufgemacht hatten, und jenen, die ihm noch am nächsten waren, rief er zu: »Bringt mir die Stimme des Drachen! Schnell, das *Ddraglais*! Wo ist es versteckt worden?«

Eine Schar Männer, die seine Worte hören konnte, schien sofort zu begreifen, was der alte Druide wollte, denn sie sprachen kurz miteinander, bevor sie schnell in der Tiefe des Waldes verschwanden ... begleitet von einem Dutzend Raben, die ihnen nachfolgten. Und bald kam er zum Vorschein, sorgfältig in weißes Leinen eingeschlagen: *der große dreieckige Eisengong*, der in feierlichem Zeremoniell an einen tiefen Ast der größten Erle des Haines gehängt wurde.

Bald darauf fanden sich die Männer einer nach dem anderen wieder vor dem Haupte ein und warteten auf ein von Gott gesandtes Zeichen. Die Aufgabe war erfüllt: *Dem Priester waren fünfzig sorgfältig geschnittene Stücke Pergament aus Erlenrinde übergeben worden.* Ein kleines Feuer war neben dem Brunnen entzündet worden, und der Hohe Druide warf immer wieder eine Handvoll eines geheimnisvollen Stoffes aus seinem Leinenbeutel in die Glut. Dunkler Rauch stieg auf und verdunkelte das Standbild fast gänzlich. Der alte Mann atmete tief mit geschlossenen Augen ein.

Der Rauch stieg höher und höher in den Himmel und schien die Sonne selbst auszulöschen; der Himmel über dem *Nemeton* zog zu und verdunkelte den heiligen Bezirk. Die Erde unter unseren Füßen war wie mit Energie aufgeladen und bebte. Hoch über uns hatten Brâns Raben sich zu einem dichten, schwarzen Rund verbunden und flogen immer im Kreis herum, ohne aber die Flügel zu bewegen. Und inmitten von alledem überschattete das geisterhafte Gesicht Brâns wieder den Stein, und wieder erklang die tiefe Stimme aus dem Brunnen:

»Hört nun, Hüter des Eichenhains, das letzte Vermächtnis von Brân. Hört und erinnert euch an den Alten Wissensschatz. Laßt alle, die sehen können, daran teilhaben. Bis zu den letzten Tagen des großen Jahrtausends soll meine Leiter aus fünfzig Stufen diejenigen führen, die wirklich folgen können, die wirklich sehen können. Verpaßt nicht ein einziges Wort, ihr geliebten Getreuen des Königs!«

Die allsehenden Augen schlossen sich schwer, während sich ein erwartungsvolles Schweigen auf den Hain und alle darin Anwesenden senkte. Die Raben ließen sich nieder, der Wind legte sich. Der alte Druide, seinen Schreibgriffel in der Hand, schloß, völlig eingestimmt auf das Kommende, die Augen. Dann, aus der Ewigkeit des Jenseits, verströmte das riesenhafte Steinwesen seine rätselhaften Botschaften in die wartende Luft:

Die Vierzeiler Brâns

I.

Im Jahre 462 werden neue Sterne über Albion leuchten
Draco wird die Welt betreten
Eine große Stadt wird aufsteigen und fallen
Feuerväter unterworfen durch die Hand der Königin.

II.

Der Adler wird seinen Tag erleben
Zwanzig und einer entkommen der Tyrannei
In der Dämmerung ein Sonnenpakt aus Blut
Eine Stimme aus Eisen ruft sie hervor.

III.

Ein Junge, zur Magie bestimmt, wird geboren
Inselsohn und Abtsfluch
Sieben Jahre Erbe des Höhlenmannes
Letzte Hoffnung gegen die Belagerung.

IV.

Die altehrwürdigen keltischen Väter
Auf ihrer tiefsten Stufe
Zurückgerufen von einer sterbenden Welt
Ein verborgenes Heer für künftige Träume.

V.

Riesen werden sich in der Erde niederlassen
Eine Grabstätte am Meeresufer wird ihre Weisheiten lehren
Ein versunkenes Schiff wird übersetzen
Ein neues Land wird blühen und gedeihen.

VI.

Vom Himmel bricht sich eine neue Woge Bahn
Eine andere Ordnung unter den Bäumen
Einer wird zurückgebracht, um die Worte zu lehren
Sein Name steht über drei Büchern geschrieben.

VII.
Der Schrein aus Holz wird gehört werden
Über einem Feld das Lied von Salomon
Zwei große Geister unter einer Eiche
Ihr Schicksal getrennt.

VIII.
Die weiße Eiche vom schwarzen Kreuz geplündert
Gefangene ziehen vom tiefstem Kerker zum höchsten Turm
Die mittleren Jahre sind die schlimmsten
2005 aus dem Schmutze aufsteigt, 21 Sieger beschließen das Zeitalter.

IX.
Der neue Staat gewährt den neuen Wald
Ein Riese wird ein Heer von Elfen führen
Gefesselt in eisernem Verlies
Das Blut von dreien danach alles bedeckend.

X.
Von Wind, Meer, Feuer und Stein
Soll Feuer der höchste Herrscher sein
Die dreimal Verlorenen werden wieder erscheinen
Sohn der Sonne, um den Drachen zu heilen.

XI.
Nach einer dritten Mondfinsternis
Wird der Sonnengott schwanken
Ein großer Drache wird aufsteigen
Von einer Stadt, die das Hufeisen trägt.

XII.
Doch das Meer soll sie, die ein großes Volk führen werden,
nicht haben
Die Plage geht vorüber
Ungewisser Sieg erwartet die Jüngeren.

XIII.
Der größte der Seher
Wird die Tiefe des Waldes zu seinem Reich machen
Und in seinen letzten Tagen verstört umherwandern
Nur die Apfelinsel ein Trost.

XIV.
Ein Heer von Gelehrten verdammt
Den Bewohner vom Flusse Roe
99 wird zu 2000
21 werden von neuem ausgerüstet.

XV.
Der verwunschene Berg wird wieder lebendig
Neues Gesetz in einem neuen Land
Nicht weit von der Wende zum neuen Jahrtausend entfernt
Werden sich die Verbrannten aus ihrer Asche erheben.

XVI.
Neumond ruft alte Freunde zusammen
Eine zaudernde Sonne für eine Zeitlang entzündet
Heere von Eiferern im Nebel verirrt
Unter dem Apfelhügel, ein altes Buch in alten Händen.

XVII.
Auf diesem geweihten Grund
Wird ein einstmals großer Geist erweckt werden
Newhill bringt einen großen Fürsprecher hervor
Die Welt wird wieder zu seiner Bühne.

XVIII.
Wenn ein Sohn des Drachen herrscht
Werden Knochen des künftigen Königs gefunden
Ein Grabmal unter einem Stein
Beendet die Herrschaft einer gefürchteten Königin.

XIX.

Der Garten, unglücklich und verlassen
Schreit auf, als die Sonne aufgeht
Die Erde erbebt, alle warten
Auf die Tagundnachtgleiche des Herbstes.

XX.

Nach langen Jahren der Hoffnung
Nicht in Albion wird er erscheinen
Wiedergeboren in den Ländern Kolumbus'
Die neue Provinz bringt den Neuen Wald hervor.

XXI.

Heilige Nacht besiegt wieder das hölzerne Kreuz
Ein Zeitalter rituellen Opfers endet
Neue Geistlichkeit kleidet sich in die alten weißen Gewänder
Die Ordnung wird nicht mehr von dem Schwarzen Buch gestützt.

XXII.

Zur Rettung von Gaia wird ein mächtiger Aufruf erlassen
Eines ungewöhnlichen Liedes Stimme wird gehört
Aufgegriffen und gesungen inmitten von Grün
Die Welt dazu gezwungen, von heiligen Wassern zu trinken.

XXIII

Nicht alles, was glänzt, ist Gold
Zwanzig und einer von Hunger erlöst
Wieder herrschen David und Salomon
Legenden, aus drei vergoldeten Flammen geboren.

XXIV.

Vergangenheit und Gegenwart in Tränen vereint
Ein Steinkreis auf dem Drachenhügel
Geplündert bis auf Fundamente Marias
Insel verloren an den Sommersee.

XXV.

Große Logenhäuser aus Stein und Holz
Alte Namen, bis zu 20 wiederhergestellt
Vergessene Orakel werden zwischen den Bäumen flüstern
Brâns Worte werden von neuem lebendig.

XXVI.

Eine Zeit der Verwirrung über das Sein wird kommen
Frauen, die teilhaben möchten am Mannsein
Männer, auf das Mondenmeer eingestimmt
Einer dazu bestimmt, zwischen beiden zu gehen.

XXVII.

Von einem alten Verzeichnis, drei als eines gezählt
Vom Drachen gesucht im Land des süßen Todes
Drei Worte, in einer Seele verborgen
Ausgegraben von jemand, der fremd und arbeitet mit Holz.

XXVIII.

Dann wird ein Römer hervortreten
Geliebter Beschützer des Bären
Sternschnuppe aus dem Norden
Sein Licht wird eine große Finsternis aufhalten.

XXIX.

Sieben, sechs und elf
Die Zahlen der Buchstaben des Namens
Drei Rote werden drei Pergamente beflecken
Nachdem es gefügt, wird ein großes Wunder gesehen.

XXX.

Jenseits von Wort und Tat
Wird ein Buch von einundzwanzig den Weg bereiten
Drei verlorene Schriftrollen, zu einer verbunden
Dann vier neue Hände erwählt, sich zu kreuzen.

XXXI.
Spät in der dunkelsten Nacht
Silberbaum schlägt Silberjungen
Vergessene Worte rufen die plötzliche Flut hervor
Lange erstorbene Stimmen aus Gobannium.

XXXII.
Liedzauber ertönt wieder von einem vergessenen See
Mit so herrlichem Echo, daß einer erwachen wird
Zur Wintersonnwende ein unnatürliches Tauwetter
Der alte Barde spielt auf seiner Harfe, auf daß es 20 werden.

XXXIII.
Langsam fällt der große blaue Tempel zusammen
Himmelssteine geben ihre Macht auf
Jene, welche die Steine zu tragen versuchen
Finden Obdach im Neuen Wald.

XXXIV.
Tödlichste ihrer Gattung
Eine strahlende Königin, Wunden ohne Waffe
Regt sich im Schlaf, kirchliche Geistlichkeit lächelt
Gelübde, vom König nicht länger gehalten.

XXXV.
Der Gesalbte zwischen zwei Welten gefangen
Ein vollkommenes Kind als Nachfolger auserwählt
Wenn das Jahrhundert sich seiner Wiedergeburt nähert
Wundersames großes Aufsehen durch die Gestalt von Christos.

XXXVI.
Widerhall von altem Gestein tönt hervor
Ein gigantisches Werk fällt langsam in sich zusammen
Kirche und Staat von Geistern geplündert
Waldwinde führen dazu, daß die Belagerung endet.

XXXVII.
Die Dracheninsel wird ihr Eigentum wiedererlangen
Der Nadeln drei, von einem gefunden
Gebunden durch Schlangenblut, in Eisen gebrannt
Nach 91 ein seltsames Zeitalter unter zwanzig.

XXXVIII.
Alle Götter werden wie einer
Ein Komet, allein am Herbsthimmel erschienen
Holz und Stein bilden einen Turm
Ein neuer Tempel, abgelehnt von der Kirche.

XXXIX.
Während Jägers Mond geboren
Die Schlacht von Marcus wieder entbrannt
Die dritte Heimstätte wird als die richtige sich erweisen
Ein alter Priester kommt aus dem frostigen Norden herab.

XL.
Die Macht eines Wortes läßt den Adler zurückweichen
Rechtmäßige Erbin nimmt wieder das Apfelhaus in Besitz
Zwei Hörner desselben Ziegenbocks
Schwert und Kelch wieder unter den Eichen vereint.

XLI.
Übergangsriten von der Hand des Zauberers
Zwei werden geboren
Warten auf ein letztes Gespräch zwischen den Ländern
Nord und Süd begegnen sich in einem dritten.

XLII.
Die Welt weilt zwischen den Welten
Die breite Masse klagt um die alten Lehren
Im Kopf des Königs wird das Feuer von neuem entfacht
Zwanzig alte Bäume neu versammelt.

XLIII.
Die Rose des Nordens ist blauer als je zuvor
Langsam erwachen die Auserwählten aus ihren Träumen
Laufen wie Kinder unter grünem Waldgezweig
Von hoch oben steigt ein König in Weiß herab.

XLIV.
Jenseits von Wort und Tat
Jenseits von Vergangenheit und Gegenwart
Erklärt das geschriebene Wort vergessene Lehren
Tote Männer aus drei Geschichten wiedergeboren.

XLV.
Der Mund von Pharon spricht noch einmal
Zwanzig und einer werden zum Land der Verheißung berufen
Logenhäuser aus Holz und Stein errichtet
Wie ein Schatten erhebt sich der Turm aus dem Schlummer.

XLVI.
Wildes Notfeuer wird über die Wälder hereinbrechen
Holunderbüsche sich das Herz aus dem Leibe singen
Ogma kehrt mit einer Heerschar von Dichtern zurück
Lange verschwundene Stimmen hallen durch die Welt.

XLVII.
Das Lied der Waldbäume
Ruft den allergrößten Seher auf den Plan
Viele verdammen seinen Geist als verwirrt
Doch sein Genius befreit einen großen Stamm.

XLVIII.
Und die Bäume gingen dort, wo er ging
Die Priester sangen der neuen Zeit ein neues Lied
Der Wolf heulte die ganze Nacht
Stein von einem Baum hängend, seine Stimme kehrt zurück.

XLIX.

Zuflucht aus Feuer und Blut
Todesschreie werden gehört von den Zwanzig
Ein schrecklicher Aufruhr auf den Inseln
Verborgenes Gold in mystischer Tat.

L.

Erinnerung an das Nemeton
Die Hohe Suche in Träumen begonnen
Ein großes Feuer wird inmitten von Grün gesehen
Rosen erfüllen die Nachtluft mit Gift.

LI.

Das Haupt verstummt für immer
Bis zur letzten Finsternis des Mondes
Dann werden Adler und Sonne beide Sieger sein
Wahre Flamme verzehrt eine Herrin des Wassers.

LII.

Ddraglais, das fliehende Feuer
Flammenzungen, das Lied des Sehers
Gemeißelte Gesichter überstrahlen das Dunkel
Alter Kreis, in einem Stein verborgen Botschaften.

LIII.

Der silberne Zweig wird der Schlüssel sein
Der goldene Ast trägt
Weiß anstatt Schwarz, Altes anstatt Neues
Die Neugesalbten bringen langen Frieden.

LIV.

Ein Kriegsengel wird erwählt
Kein Wort aus seinem Munde
Engel über der Erde, Krieger hienieden
Seine Flügel werden den Größten Verderben bringen.

LV.
Zu guter Letzt die Berufung
Seine Familie fast auseinandergerissen
Das Donnern alter Götter von der Höhe
Liebe zu einem Auserwählten stützt den neuen Staat.

LVI.
Siehe: das Fleisch wird wiedergeboren
Römer und Kelten wirken Seite an Seite
Der Herzog von Camel errichtet neu seinen Thron
Shunamitismus* der Schlüssel für alles.

LVII.
Die Nebel von Calen, herabbeschworen
Zeit wird eins durch einen
Einheit, Frieden und Wandel: die neue Triade
Vier aus Alba unter den Zwanzig erhoben.

LVIII.
Von nichts kommt nichts
Anfang und Ende müssen das Rad widerhallen lassen
Wer gegen das Jahrtausend antritt
Braucht nur zu beachten den Schlüssel von Brân.

---

* Unübersetzbares Schlüsselwort aus dem Arabischen für eine lange und enge Beziehung zwischen Meister und Schüler/Lehrling.

Und dann schien die Zeit plötzlich wieder einzusetzen. Männer bewegten sich im Gras hin und her, große schwarze Vögel flatterten in
die Bäume zurück, grauer Stein war wieder nur bloßer Stein. Doch
wie lebendig die Welt auch in jenem Augenblick erschien, zwei
große Leben waren für immer aus ihr verschwunden: Nie mehr
würde die Stimme Brâns in Albion zu hören sein – und nie mehr die
Stimme seines Hohen Priesters. Leblos lag der alte Mann da, den
Schreibgriffel noch in der Hand, Pergamente überall um ihn her im
Gras verstreut. Fast sofort trat eine Gruppe von Brüdern vor und
trug den Toten an den Rand des Brunnens, wo er in feierlicher
Ehrerbietung aufgebahrt wurde. Alle arbeiteten gemeinsam daran,
bis langsam eine große Totenbahre aus Holz genau in der Mitte
des *Nemeton* Gestalt annahm und die sterblichen Überreste des
Druiden-Ältesten darauf gelegt wurden.

Bis lange in die Stunden der Dämmerung hinein brannte die
Totenbahre, bis schließlich nur ein großer Haufen goldener Asche
übriggeblieben war – und nichts von dem Hohen Priester außer
dem Schädel, außer dem Kopf. *Aus irgendeinem seltsamen Grund,
den niemand außer mir in Frage zu stellen schien, blieb ein weißer
Schädel unversehrt in der Glut zurück.* Sobald der späte Nachttau
das Gold fast zu Grau abgekühlt hatte, holte der Druide, den ich als
Justinnius kennengelernt hatte, den Schädel heraus und trug ihn
zum Rand des Steinbrunnens.

»*Nun ist es vollbracht*«, rief er laut, und es wirkte unnatürlich,
an diesem Ort eine menschliche Stimme zu hören. »Nun müssen
wir auf die Zukunft warten«, und er warf den Schädel, der einstmals der Kopf des Druiden gewesen war, den Brunnenschacht hinab,
während er das Zeichen der Drei Strahlen ausführte.

Doch der Brunnen begnügte sich nicht mit Schweigen! Kaum
hallte das Echo des auf Wasser auftreffenden Schädels zurück, als
auch schon ein starker Windstoß aus der Brunnenöffnung her-
vorbrach und in allen Richtungen wie suchend über die Wiese
fegte. Die Raben Brâns flogen mit rauhem Krächzen davon, um
nie mehr zurückzukehren. Die Blätter bewegten sich heftig im
Wind, die Äste ächzten und bogen sich. Schließlich erreichte der
Windstoß in wilden Sprüngen das andere Ende des *Nemeton*, wo
der dreieckige Eisengong schwer von seinem Erlenast herabhing.
Augenblicklich erfüllte sich die Stimme des Drachen mit Zorn, sie
erhob sich über die Wälder, das Wasser, bis hin zum verdorrten

Festland, wo römisches Feuer und druidisches Gebein immer noch schwelten.

»Mörder!« schrie sie, »rohe Barbaren!« schallte sie immer wieder in das Nichts hinein. Doch die Rufe stießen nicht auf taube Ohren – nein, sie wurden gehört! Inmitten von Wehklagen, Schmerz und Rauch drüben in Anglesey hob sich aus seltsamem Grunde manch ein Kopf und Menschen schöpften Hoffnung.

»Ich muß leben ... irgendwie muß ich überleben!« sagten sie bei sich, jene ganz wenigen, und kämpften sich vorwärts. Sie erkannten, daß etwas sie drüben, auf der Insel des Heiligen Hauptes, erwartete, was nicht warten konnte. Das Ende eines Zeitalters war mit Gewißheit gekommen; doch als die letzten römischen Schiffe nach gut verrichteter Arbeit ablegten, blieb etwas unerledigt zurück – etwas Unbekanntes, das kaiserliches Gold in bloßen Glitzerkram hätte verwandeln können. Doch was von jener schwärzesten aller Nächte blieb, wußte niemand. Niemand ahnte etwas von dem geheimen Feuer, das fast in Reichweite war! Niemand – außer vielleicht dem Geist des neuen Tages, der bald alles mit den leuchtenden Hoffnungsstrahlen seines Morgens berühren würde.

4

Ddraglais

Schaut, das strahlende Kind der Zwei!
Der unvergleichlich glänzende Ruhm,
Heller Raum, Sohn des dunklen Raumes,
Der aus den Tiefen der großen dunklen Wasser aufsteigt.
Er leuchtet auf wie die Sonne – Er ist die flammende Stimme,
Drache der Weisheit!

H. P. Blavatsky, *Stanzas of Dyzan*

Die Dunkelheit wich allmählich aus der Dunkelheit, und schließlich graute der Morgen. Das ganze Land schien unter seiner schweren, blutigen Last zu stöhnen.

»Endlich ... sie sind fort«, sagte Justinnius, der im Kreis der Männer saß, mit flüsternder Stimme. »Hört nur!« Er hatte recht. Langsam, als würden sie aus einem schmerzlichen Traum erwachen, wagten es die übriggebliebenen Druiden, sich umzuschauen, wagten es, einer neuen Welt voll fremdartiger, dunkler Winkel, welche die gerade aufgehende Sonne mit wechselnden Tönen von blassem Gelb beleuchtete, ins Auge zu sehen. Über uns, genau über der Lichtung, trieben übelriechende, tiefschwarze Rauchwolken: nächtliche Dämonen, die immer noch herumspukten. Doch der Kreis der Männer war still – still wie der Wind und die Wogen und die Stimme des Drachen. Alle warteten gemeinsam in angespannter, erschöpfter Einigkeit darauf, daß die Zeitgeschichte »Genug!« rufen und weitergehen würde.

Von den elf Brüdern, elf Überlebenden, die dort saßen, sprach keiner. Kein Tier, weder Insekt noch Vogel rührte sich bei diesem Tagesanbruch im *Nemeton*. Das Schicksal war anderen, die noch

kommen würden, vorbehalten: Dies war für alle in ihrem Schweigen
unleugbar zu spüren. Was mich selbst betraf, so fühlte ich mich einsam und verlassen. Der alte Druide, bisher mein Freund und Führer,
war tot; die Legionäre, meine Landsleute und mordlustigen Gefährten, waren fort ... und ich war sehr allein in dieser verbrannten Welt
zurückgeblieben. In mir tobten heftige Gefühle, meine Gedanken
waren widerstreitend und wirr wie ein Wirbelsturm, doch auch ich
wartete schweigend – und wir brauchten nicht lange zu warten.

Sie kamen nacheinander, Männer von unterschiedlicher Gestalt
und Herkunft. Einige waren geschwommen, andere auf einem
Baumstamm oder in einem Boot über das Wasser getrieben. Als die
Sonne über die dunklen Wolken heraufgestiegen war und hoch am
Himmel stand, hatten sich neun weitere berufene Gäste dem Kreis
angeschlossen ... und auch sie warteten schweigend mit den anderen, als würden auch sie etwas Geheimes unausgesprochen begreifen. So erschien es mir in der Tat, als ich dort saß, am Rande
verborgen unter jener alten Erle, und beobachtete, wie die Zeitgeschichte ihren Neubeginn vorbereite. Mein einziger Gefährte, die
eiserne Stille des *Ddraglais*, schwebte über mir.

Gäle ... Römer ... Druide ... Stammesangehöriger. Jedesmal, wenn
ein weiterer Mann eintraf, begrüßte er die anderen mit demselben
langsamen, halb verlegenen Kopfnicken, und der Kreis rückte auseinander, um ihn ohne Frage aufzunehmen. Jeder schien sich seines
Platzes sicher und schien zu *verstehen* – alle außer mir. Am späten Nachmittag saßen dann schließlich zwanzig Männer in jenem
schweigenden Kreis beieinander.

»Ich bin Justinnius Dalan, Druide aus dem Volk der Nantlleu«,
sagte der Priester, der am weitesten östlich saß, »einer von euch, von
der Stimme des Drachen hierhergerufen!« Seine Worte waren klar
und deutlich, während er sich erhob. »Wer sonst hat noch Krieg
und Tod getrotzt, um nun hier unter uns zu sitzen?« Seine Worte
sprühten wie Funken durch vierzig Augen, schossen hin und her in
der versammelten Gruppe.

»Auch ich habe sie gehört!« rief ein anderer. *»Und ich! Und
ich!«* bis schließlich alle, die sich zusammengefunden hatten, in
unterschiedlicher Haltung tapfer, fast triumphierend sich erhoben
hatten; in diesem Augenblick waren die Schmerzen der Vernichtung
nahezu vergessen. Manche der Krieger erfüllte etwas wie Jubel, und
Worte wie »Aber ich habe euch für tot gehalten!« und »Ich kenne

euer Volk!« oder »Was kommt nun?« wurden überall mit großer Anteilnahme ausgetauscht. Ja, selbst dort, wo ich zusammengekauert am Rande des *Nemeton* hockte, war das Gewicht jenes Kreises versammelter Männer zu spüren: Außerordentlich große Kraft lag darin, Autorität, wie sie im Verlauf der Geschichte nur wenigen gewährt war. An jenem Tag, auf der Wiese der Insel, war sie da!

Alles in allem hatte Justinnius vom Weißen Clan aus Gwynedd aus irgendeinem Grund eine natürliche, unbestrittene Führerrolle übernommen. Drei Männer von der Roten Insel Irland standen nebeneinander: Macc Umaill aus Dun Da Bhenn, Mongan aus Cruachain und der braunhaarige Riese Demne Mac Cerbhaill aus Tir Inna m'Beo. Der Bretone Bareaton aus Morbihan, mit Fellen und scharlachfarbenen Umhängen bekleidet, stand bei den Galliern: Vercingetorix von den Taurisci, Perigueux von den Lugoves und Vergotorix von den Brannovices.

In zufälliger Anordnung verstreut waren die anderen: drei Römer und neun von den keltischen Stämmen der Genii Cucullati. Damit die Geschichte diese tapferen Herzen nicht dem Vergessen preisgibt, werden ihre Namen hier für künftige Generationen aufgezeichnet: Maglaunus, Henuinus und Caratacus; Brian von den Gododdin, Aranon von den Dalriada, Fennius von den Lothian, Avallach von den Arfderydd; Amathaon von den Caer Dathal, Maelduin von den Mochdref, Cian von den Aberffraw, Carbonek von den Nantlleu und Pelleas von den Cerniu. Da standen sie, diese Vielfalt großer Seelen, und fragten sich, warum sie hier waren. In dem Schweigen, das sich anschloß, erfaßten sie Wellen von Unsicherheit, Erschöpfung und Blut, und einer nach dem anderen mußte sich setzten. Nur Justinnius blieb stehen.

»Nechtan, der Hohe Priester, ist tot ... seine sterbliche Hülle haben wir mit eigenen Händen verbrannt«, begann er mit leiser, aber fester Stimme zu sprechen. »Er allein könnte gewußt haben, in welcher Richtung die Winde von *Awen* von heute an wehen. Aber ich bin nicht er, und doch spreche ich: *Männer, vor uns liegt ein Schicksal, das wir meistern müssen.* Wenn es nicht so wäre, dann würden auch wir entweder tot oder ohne Hoffnung verstreut sein.

Doch wir sind hier ... hier, um ein zerbrochenes Gefäß wieder zusammenzusetzen, um zu entscheiden, *warum* und *wie.* Die Weisen haben gesagt, daß die wahre Prüfung des Lebens nicht darin besteht, etwas zu tun, was wir *wissen*, sondern vielmehr darin, wie wir handeln, wenn wir *nicht* wissen, was zu tun ist.« Mit diesen Worten setzte auch Justinnius sich nieder.

»Vielleicht sind wir von den Göttern bestraft worden«, meinte einer der Iren nach einer langen Pause.

»Dem stimme ich zu«, pflichtete ihm der Pikte Aranon bei, »doch in unserem Glauben ist Bestrafung unvorstellbar ohne eine Möglichkeit, es besser zu machen. Wie könnten die Götter sonst von uns erwarten, daß wir aus unseren Fehlern lernen? Tatsache ist: *Unsere Welt liegt um uns in Trümmern.* Tatsache ist: *Wir sind übriggeblieben.* Wenn man annimmt, daß es hinter allem einen besonderen Grund gibt, was kann sich dann daraus ergeben? Was sollen *wir* damit anfangen? Vielleicht ist das die vor uns stehende Frage.«

Wieder herrschte langes Schweigen. Justinnius schien Aranons Worte nicht aufgreifen zu wollen; er hatte die Augen geschlossen, und sein Kopf war nach vorn bis fast auf die Brust gesunken. Ich fragte mich, ob er vielleicht krank sei.

»Ja ... es muß etwas Wahres sein an dem, was er sagt«, meinte Caratacus laut. »Die Götter handeln niemals ohne Grund, wessen Götter es auch immer sein mögen. Wir müssen gemeinsam beraten, um herauszufinden, was dahinter verborgen liegt.«

»Keine überragende Idee ist jemals bei einer Beratung in die Welt gesetzt worden«, warf Pelleas spöttisch ein, »doch manch eine törichte Idee ist dabei gestorben! Also reden wir, würde ich sagen!«

»Nehmen wir uns in acht, würde *ich* sagen«, warnte einer der Römer. »Es gibt gut verkleidete törichte Ideen, ebenso wie es gut verkleidete Toren gibt! Wir müssen aufpassen, uns nicht auf Ideen zu stürzen, bevor ihre Zeit gekommen ist.« Bei diesen Worten warf er einen finsteren Blick in die Runde.

»Für meine Denkweise sind Ideen wie Sterne«, fügte der Waliser Cian hinzu. »Es wird euch nicht gelingen, sie mit euren Händen zu greifen, doch wenn ihr sie als eure Führer wählt und ihnen folgt, werdet ihr euer vom Schicksal bestimmtes Ziel erreichen.«

Wieder waren die Männer still; viele schienen in Gedanken verloren in diesem Meer aus Worten. Doch dann geschah etwas Entscheidendes: Auf einmal öffnete Justinnius die Augen, erhob sich rasch und zeigte ein strahlendes Lächeln.

»Brüder«, sagte er mit neuer Zuversicht, »ich glaube, daß wir tatsächlich einem Stern folgen müssen, wir zwanzig besiegten Männer! Denn eure Worte haben mich daran erinnert, daß es etwas Stärkeres gibt als alle siegreichen Heere der Welt: *und das ist eine Idee, deren Zeit gekommen ist!* Ungezählte Generationen lang hat das Gras dieser Insel den größten Ratgeber seit alters verborgen bewahrt: das Haupt von Brân dem Gesegneten. Obwohl die Stunde Brâns jetzt gekommen und er von der Erde gegangen ist, spricht doch sein Geist zu mir ... durch die Erde an diesem Ort! Es spricht zu mir von einer Idee – einer Idee, die zu einem Meisterstück der Gedankenverbindung werden muß. Hört alle gut zu!« Er setzte sich wieder hin und machte den anderen ein Zeichen, ihren Kreis zur Mitte hin enger zu schließen.

Da ich in diesem Stadium nur ein ferner Beobachter der Geschehnisse war, habe ich vergessen, welche Worte sie als nächstes während ihrer Beratung sprachen. Mit Gewißheit kann ich nur sagen, daß sie die meiste Zeit des restlichen Tages da blieben, wo sie saßen. Als endlich die letzten Strahlen der untergehenden Sonne die Landschaft in immer dunkler werdendes Rot tauchten, löste sich die Versammlung in kleine Gruppen auf, die quer über die Wiese in verschiedenen Richtungen verschwanden.

Es schien wie eine Ewigkeit, ehe mir endlich bewußt wurde, was sie taten. In jeder Ecke des *Nemeton* waren vier riesige Feuerstellen errichtet worden, um Licht zu spenden, und zur Mitte hin ... Steine, wahre Steinhaufen. Es erstaunte mich, daß gequälte und vom Kampf erschöpfte Männer derart arbeiten konnten, doch sie schienen alle von etwas Höherem angetrieben zu werden – *vielleicht von einer Idee?* Meine Aufmerksamkeit war ganz davon in Anspruch genommen, eine Gruppe von Männern dabei zu beobachten, wie sie in der Mitte des Heiligen Ortes ein kreisförmiges Loch aushoben, als plötzlich ein trockener Zweig auf dem Boden hinter mir knackte. Rasch drehte ich mich um und stellte fest, daß der junge Druide Justinnius vollkommen still nur ein paar Schrittlängen entfernt von mir im Dunkeln stand. Keiner sprach. Wir starrten uns in einem langen, spannungsgeladenen Schweigen an, bevor er sich schließlich unvermittelt ins Gebüsch zurückzog. Doch ungeachtet dessen und des Rätsels, das alles umgab, begann etwas schnell Gestalt anzunehmen: die Form eines Erdwalls, welcher der offensichtliche Mittelpunkt der Aufmerksamkeit war.

Ich hatte schon vorher bei meinen Reisen durch Britannien viele von ihnen gesehen – jene riesigen, hohlen Hügel aus Stein und Erde, wußte jedoch nichts über ihren Gebrauch oder Zweck. Der Durchmesser des Gewölbes schien etwa vier bis fünf Schrittlängen von einer zur anderen Seite zu betragen, und es waren einfache Baumaterialien verwendet worden: Erde, Stein und lange Pfähle aus jungen Erlenstämmen, die, von der Kreislinie nach oben gebogen, das Gerüst bildeten. Während ich vorsichtig durch das Unterholz kroch, um näher heranzukommen, fragte ich mich, ob die Männer wohl einen *Cairn* errichteten – einen Grabhügel für den toten Druiden, den sie vorhin verbrannt hatten? Von meinem neuen Versteck aus konnte ich deutlich einen rechteckigen Eingang erkennen, von drei Schwellenbalken gestützt. Justinnius, der nun eine lange weiße Robe trug, ging mehrmals hinein und heraus und schien kleine, in den Feuern rotglühend erhitzte Steine zu tragen. Doch niemand außer ihm betrat den Erdhügel. Dann hatte sich schließlich der ursprüngliche Kreis der Männer wieder um das Bauwerk gebildet; Justinnius kam hervor und hob die Hände triumphierend in die Höhe.

»Brüder, das Geist-Haus ist bereitet! Geht nun alle in die Nacht hinaus und bringt den Silbernen Zweig zurück, mit dem wir eine Brücke zwischen den Welten bauen werden!« Dann verschwand er wieder mit einer raschen Geste des Segens in das dunkle Innere des Erdhügels, während die Männer in alle Richtungen aufbrachen.

»Brian – Aranon, hier drüben!« ertönte eine laute Stimme ganz in meiner Nähe, gefolgt von Krachen und Brechen im Unterholz. »Kommt, drüben beim *Ddraglais*! Beeilt euch!«

Und schaudernd wich ich zurück in einen dichten Bestand von Erlen, als mir plötzlich ein Gedanke durch den Kopf schoß, der mich frösteln ließ: Was wäre denn, wenn die Berichte stimmten, die ich in Rom gehört hatte? Was wäre, wenn die Gruppe ein Opfer brauchte – ein *Menschenopfer*, um ihr Ziel zu erreichen? Was wäre, wenn jener dunkle Erdhügel in Wirklichkeit für *mich* vorbereitet worden war?

5

Der Silberne Zweig

O Gott, warum bedeckt das Meer nicht das Land?
Weshalb sind wir übrig, um noch hier zu bleiben?
Gruffydd ab yr Ynad Coch

Spät in jener mondlosen Nacht kehrte schließlich der Wind zurück, und diesmal brachte er etwas Fremdes und Geheimnisvolles mit sich – eine frische, neue Energie und Stimmung und Botschaft. »Kommt herein ...«, kam ein Wink aus dem dunklen Erdhügel, »tragt eure Silbernen Zweige zusammen, eure Steine, Wasser und euren Willen, und tretet ein – es ist Zeit, weiterzugehen.«

Dann kamen sie, quer über das *Nemeton* von jeder Stelle, jedem Hain, beladen mit den silberblauen Zweigen der Nadelbäume kehrten sie zurück. Nacheinander erreichten sie die dunkle Öffnung des Erdhügels und wurden einzeln hineingeleitet von dem jungen Druiden, der weitaus mehr wußte, als er sagte. Innerhalb kurzer Zeit hatte der Hügel alle zwanzig verschluckt, und nichts drang durch die feuchte Nachtluft nach außen außer dem schwachen Schimmer einer einzelnen Kerze, die irgendwo tief im Inneren brannte.

Und ich lebte immer noch! Ich kletterte aus meinem Zufluchtsort hinter den Bäumen hervor und mußte fast bei dem Gedanken lachen, daß ich geglaubt hatte, von diesen Männern geopfert zu werden; ohne Zweifel hatten wir alle Blutvergießen und Tod zur Genüge erlebt. Langsam betrat ich die Lichtung. Niemand war zu sehen. Als ich noch näher an den Erdhügel heranging, konnte ich die Klänge eines Sprechgesangs oder Liedes oder einer Melodie wahrnehmen, die aus seinem Inneren kamen. Die Gruppe dort drinnen sang dieses die Geister rufende *Englyn* immer wieder, bis der Erdboden selbst davon widerzuhallen schien:

Lied des Visionengebers

Erd-Magier formt die Welt,
Seht, was er zu tun vermag!
Rund und glatt gestaltet er alles,
Visionengeber, schenke uns eine Vision!

Erd-Magier erschafft die Berge,
Weit unten formt er die Meere!
Von ihm werden die Täler geteilt,
Visionengeber, schenke uns eine Vision!

Ich steige allein durch den Wald hinab,
Sammle Wacholderzweige in der Nacht!
Heilige Vision, Atem des Feuers,
Blendende Macht, Lichtbringer!

Ich habe die Sonne geschaffen!
Ich habe den Mond geschaffen!
Hoch in vier Richtungen geworfen
Habe ich sie, um von dort Licht zu schenken!

Erd-Magier formt die Welt,
Seht, was er zu tun vermag!
Rasch kommen wir jetzt zusammen,
Visionengeber, wahre Vision!

Immer wieder rezitierten und sangen die Männer dies, wiederholten die Verse und steigerten sich allmählich, wurden jedesmal lauter und schneller. Hinten aus dem Dunkel kam eine Trommel hinzu ... dann eine Kürbisrassel, während die anderen mit ihren Händen gleichtönend einen Schlußrefrain auf den blanken Boden schlugen! Als das Ganze schließlich wie ein starker Herzschlag in die Nacht

hinaus erklang, rief Justinnius plötzlich: »*Dewch! Der Geistertanz!*«
Die Musik hörte auf, nur der Trommelschlag nicht. Schritt für Schritt
bewegte ich mich auf den Eingang zu.

Gemeinsam, ihre Silbernen Zweige in der Hand und von ge-
spannter, gemeinsamer Entrückung getragen, standen die Männer
mit einem Mal still und begannen sich dann, in vollkommener
Übereinstimmung mit dem Rhythmus, mit dem Lauf der Sonne um
die Mitte zu bewegen: linker Schritt, warten ... rechter Schritt, warten ... langsam im Kreise ... und immer wieder, etwas schneller,
etwas lauter: »Visionengeber, schenke uns eine Vision!«

»*Imbas Forosnai!*« schrie der Druide, als der Tanz seinen ekstati-
schen Höhepunkt erreicht hatte und hob beide Hände nach oben
zum Gewölbe. Die Gruppe verstand dies als Zeichen, hob ebenfalls
die Hände, und jeder warf den Zweig, den er hielt, auf den rotglühenden Steinhaufen in der Mitte des Erdhügels.

Augenblicklich verglimmten die grünen Zweige knackend und
zischend zu grauen Dampffontänen, die den Raum rasch mit einer
wilden Versammlung sich windender Geisterbilder erfüllte.

»*Imbas Forosnai!*« rief Justinnius wieder in den Rauch hinein,
während jeder der Männer sich plötzlich kerzengerade aufrichtete
und alle zusammen langsam und tief einatmeten. Es war fast unmöglich zu erkennen, was zwischen den Rauchschwaden in der
Dunkelheit vor sich ging, doch meine Aufmerksamkeit galt dem
Geräusch von Körpern, die leise zu Boden glitten. Flüsternd zählte
ich: *insgesamt waren es neunzehn.* Als die Luft in dem Raum endlich wieder so klar war, daß man etwas erkennen konnte, stand niemand mehr auf den Füßen ... niemand außer einem: Justinnius! Er
allein stand aufrecht unter seinen Gefährten – *er und ich*, die einzigen Zeugen dessen, was nun kommen würde! Mit starrem Blick
löste der junge Priester den blauen Lederbeutel, der an seinem Gürtel befestigt war, und holte daraus eine Handvoll graues Pulver hervor – möglicherweise Asche –, das er mit ausgestreckter Hand in
Richtung des Steinhaufens hielt, während er halb sprechend, halb
singend rezitierte:

A Elfyntodd dwyr sinddyn duw
Cerrig yr Fferllurig nwyn,
Os Syriaeth ech saffaer tu
Fewr echlyn mor, necrombor llun.

Dann warf er den Aschenstaub auf die glimmenden Steine. Augenblicklich ließen heiße Luftströme das Pulver explosionsartig aufstieben zur Decke, und aus einem Funkenregen bildete sich der glitzernde Umriß eines menschlichen Kopfes! Ich beobachtete höchst ungläubig, wie er nach und nach Gestalt annahm, bis schließlich unleugbar feststand, um wessen Kopf es sich handelte. Ohne jeden Zweifel schaute das Abbild des toten Druiden, *des Mannes, der mich auf diese Insel geführt hatte*, mit düsterem Blick von oben auf die seltsame Szenerie hinab. Zum erstenmal an jenem Tag schien ein Anflug von Furcht über Justinnius' Gesicht zu huschen.

»Ich sehe, daß ich eine kluge Wahl getroffen habe«, sprach das Schattenbild Nechtans, »denn du hast mit Erfolg die Teile zusammengefügt für das, was zu tun ist und wie es zu tun ist! Auch Brân war tot, doch wir haben uns im Tod an ihn gewandt, um ihn um Rat zu fragen – und nun wendet ihr euch an mich. Ja, auch *ich* habe gut gewählt. Deine Schulung hat dir genützt, Justinnius, deine Leute können dir anvertraut werden.« Und damit begann das Bild langsam zu verblassen.

»Nein, wartet! Meister ... bleibt da, ich bitte Euch!« flehte der junge Priester und machte ein oder zwei Schritte vorwärts. »Vieles ist zwischen uns ungesagt geblieben, und es gibt niemand anderen, der um Rat zu fragen ist – selbst der Große König ist in das Reich von *Annwn* gegangen.«

»Ach ja«, entgegnete die Erscheinung ernst, »dies ist wahrlich ein Zeichen, daß du nun mündig wirst. Es ist deine Einweihung, deine erste wirkliche Prüfung, und mit Gewißheit wird es viele Leben mit weiteren Prüfungen für dich geben. Nun gut, wir werden nach den edlen Traditionen der alten Zeit fortfahren: *mit drei festgesetzten Fragen.* Du kannst mich dreimal um Rat fragen, aber nicht mehr. Sei achtsam, Novize, denn die Bedingungen sind nun genannt worden!«

Langsam, als würde er angestrengt nachdenken, trat der junge Druide zurück, lehnte sich an die Wand und verschränkte die Arme.

»Selbst soweit zurück wie zur Zeit von Brân und zu den Tagen der großen Schlacht der Bäume hat es nach traditioneller Überlieferung immer drei Fragen an jedes Orakel gegeben, und auch jetzt wird dies uns gute Dienste tun.«

Justinnius nahm eine ganz aufrechte, würdevolle Körperhaltung an. »Nechtan, Gelehrter in der Welt der Menschen und jetzt im Jenseits, gebt mir dreifach Antwort über die große Vernichtung, von der wir umgeben sind: *Wer? Warum? Was?*« und seine Haltung entspannte sich etwas.

Viele lange Augenblicke zeigte die Erscheinung Nechtans keine Regung, bis sich endlich die Augen schlossen und er von einer sich herabsenkenden eisigen Blässe überschattet wurde.

»Justinnius«, sprach das in andere entrückte Wesen fast flüsternd, »ihr seid zwanzig ... zwanzig und einer. Diese dafür bestimmte Gruppe, die jetzt hier versammelt ist, stellt einen gewissen ›Plan der Hoffnung‹ für die Zukunft dar. Jedesmal, wenn die Welt durch menschliche Torheit eines ihrer Schätze beraubt wird, ist vom Schicksal eine Zeit der Wiedergutmachung vorgesehen. Ebenso fordert das Schicksal jedesmal, wenn ein einzelner oder eine Gruppe die Menschheit eines für die geistige Entwicklung der Welt benötigten Fundaments beraubt, eine Möglichkeit zur Vergeltung und schafft die Umstände dafür – ungeachtet der Ursache für diese Torheit. Durch deine Studien hast du zweifellos gelernt, daß alle universellen Lektionen in drei Schritten stattfinden – und eure Bruderschaft bildet da keine Ausnahme.

Ihr werdet drei Gelegenheiten haben, das Schicksal zu berichtigen und jene kollektiven Fehler wieder gutzumachen, die zu der Zerstörung von Anglesey geführt haben – *drei in Szene gesetzte Ereignisse* vor der letzten Prüfung im zweiten Jahrtausend. Doch wisse zuerst, daß zwei dieser Gelegenheiten, von denen wir sprechen, bereits vertan sind und der Vergangenheit angehören; nach der großen Schlacht der Bäume und dem Untergang der Druiden bleibt jetzt nur noch eine dritte übrig.« Der Geist Nechtans öffnete die Augen und blickte um sich. Irgendwo in der Dunkelheit stöhnte einer der Gefährten leise und veränderte seine Lage auf dem Erdboden.

»Wenn das, was Ihr sagt, wahr ist«, wagte Justinnius in das Schweigen hinein zu bemerken, »und zwei Versuche zur Aussöhnung bereits verspielt und fehlgeschlagen sind, wo liegt dann unser Vorteil? Was kann uns dereinst in zukünftiger Zeit vor Irrtum bewahren? Welche Hoffnung bietet sich uns, wenn wir es wieder wagen?«

»Voller Hoffnung zu reisen ist oft besser als anzukommen«, lautete die ruhige Antwort. »Doch ich stimme dir zu, daß ihr, um Erfolg zu haben, mit Sorgfalt alle Hilfsmittel nutzen müßt, die euch zur Verfügung stehen – und diese sind zum Glück in der Tat zahlreich. Deckt eure früheren Fehler auf und lernt daraus; baut auf

ihnen auf, denn die Philosophie des einen Zeitalters entspricht mit größter Gewißheit dem Verstand des nächsten!«

»Aber was könnten diese Hilfsmittel, diese Wegweiser sein, von denen Ihr sprecht? Wie können wir aufdecken, was vergangen ist?«

»Als erstes habt ihr *die Vierzeiler Brâns*. Nimmst du wirklich an, der Große Gott habe sie zu einem solchen Zeitpunkt sozusagen als letzten Akt, einfach für die Nachwelt, diktiert? Zu keinem praktischen Nutzen? Glaubst du nicht, daß er von eurer mißlichen Lage wußte und welche Belastung sie mit sich brachte? Jene Verse sind geheime Sprossen einer Leiter, die in eine Richtung weisen, der ihr folgen müßt. Studiere sie, schütze sie, verwende sie, um zu planen ... und zu verstehen!

Als zweites, *das Wächteramt der Höhle*. Von dieser Insel aus mußt du deine Gefährten weit nach Osten zu dem höchsten Gipfel von Snowdonia führen, wo du den Eingang zu einer großen Höhle entdecken wirst, in deren Inneren sich der größte Schatz der Druiden befindet: *Das Buch der Pheryllt*. Der Eingang wird durch drei uralte Eiben markiert, von denen eine jede aus der anderen herauswächst; du wirst das Zeichen erkennen, wenn du darauf stößt. Nimm die Pergamente Brâns mit dorthin, füge sie zu dem heiligen Buch hinzu, und studiere alles im geheimen, bis sich genügend enthüllt hat, um deine Pläne deutlich darzulegen. Errichtet dort auch einen weiteren *Cairllen*, einen weiteren Visionshügel ähnlich diesem hier, und sucht ihn auf, um in vergessene Geschichten vorzudringen. Die Gegenwart und die Zukunft können nur durch die Gesetzmäßigkeiten der Vergangenheit wirklich verstanden werden.

Als drittes und letztes, *das rätselhafte Orakel*. Merke dir gut, was ich sage, Justinnius: Binnen weniger Tage werden die römischen Heere nach Anglesey zurückkehren, und diesmal werden sie die Wasser nach Holyhead überqueren. Sobald sie hier sind, werden sie ihre Herrschaft der Zerstörung fortsetzen, die Bäume in den heiligen Hainen fällen und alle Überbleibsel unserer Priesterschaft in Stücke schlagen, auch das steinerne Haupt von Brân in diesem *Nemeton*. Doch du und deine Männer, *ihr* müßt den ersten Schritt tun! Das riesige Haupt muß umgedreht und gestürzt werden, denn auf der Unterseite seines Sockels befindet sich eine Inschrift aus den alten Zeiten, eingehauen in den unbearbeiteten Stein. Niemand kann sagen, wie sie lautet, doch es geht die Sage, daß es sich dabei um eine Botschaft für ein künftiges Volk in einer künftigen Sprache handelt, die in der vergessenen Schrift des versunkenen Atlantis verschlüsselt ist: *Vergangenheit und Zukunft, geheimnisvoll miteinander verwoben.* Auch dieses rätselhafte Orakel muß für kommende Jahre bewahrt werden, in irgendeiner Weise paßt es gewiß in Pläne innerhalb von Plänen, die noch zu verwirklichen sind – in dem großen Entwicklungsplan von Göttern und Menschen. Schreibe es sorgfältig ab, verwende dafür eure ältere Schrift, und bewahre es mit den Büchern der *Pheryllt* als Ganzes auf. Nur wenn all dies getan und miteinander verbunden ist, wird es Hoffnung für uns geben. Doch ohne Hüter, ohne diese dafür eingesetzte Versammlung, wird nichts von dem, worüber wir gesprochen haben, jemals zur Reife kommen. Merke es dir gut, Justinnius Dalan – laß es geschehen.«

Wie eine Rauchfahne, die ihre Zeit im Raum überschritten hat, begann das Abbild des alten Mannes dann allmählich zu verblassen, sich aufzulösen in winzige Funken aus trübem Licht, die zu entweichen suchten. Justinnius wurde davon überrascht und merkte es schlagartig.

»Wartet ... bitte!« rief er, diesmal mit lauter Stimme. »*Es gibt noch etwas, was ich wissen muß!*« Doch die Gestalt löste sich weiter auf und erlosch, nun war sie schon fast verschwunden. »Wer ist der andere, der einundzwanzigste? Wer?« Aber die Erscheinung war nicht mehr da.

∗ ∗ ∗

Ich erinnere mich daran, daß ich über diese Frage nachgedacht habe, obwohl es den Anschein hatte, als sei die Zeit für Fragen längst vorüber. Viele Antworten waren gegeben worden – Antworten, die ihre Zeit erfordern würden, um sie sorgfältig zu ergründen.

Zu diesem Zeitpunkt hatte sich der Rauch aus dem Inneren des Erdhügels vollständig verzogen, und der Haufen von mit Nadeln bedeckten Steinen lag erkaltet und grau in seiner Mitte. Nacheinander, so als hätten sie im Traum einen Befehl erhalten, erwachten die Männer, die in unterschiedlichen Haltungen verstreut um den Kreis herum lagen, bewegten ihre steifen Gliedmaßen und standen einzeln auf, um ihre alten Plätze wieder einzunehmen. Binnen weniger Augenblicke war die ganze Gruppe, von dem Zauber der Silbernen Zweige befreit, wieder versammelt.

»Willkommen, Gefährten des NETZES«, sagte Justinnius betont ernst. »Viel hat sich ereignet, während ihr auf den Meeren der Anderwelt getrieben seid ... vieles, wovon berichtet werden muß.«

»Auch ich habe Neuigkeiten zu erzählen!« sagte Carbonek von Glanum laut.

»Ja ... ich auch!«

»*Ich* auch!« erklärten sie alle nach einem Augenblick, so als würden sie an unterschiedlichen Stellen aus dem gleichen Traum erwachen. Scheinbar hatte jeder Mann etwas zu sagen. Zum allerersten Mal war der dunkle Innenraum von lärmenden Stimmen erfüllt, die sich Gehör verschaffen wollten.

»*Also haben wir einen Traum geträumt* ...«, sagte einer der Männer lauter als die übrigen, und unvermittelt schwiegen alle. »Und in diesem Traum ist der Hohe Priester Nechtan erschienen und hat gesprochen.« Es gab ein allgemeines Kopfnicken, und manch ein zustimmender Blick wurde getauscht, ehe wieder ein anderer das Wort ergriff.

»Ja, es ist tatsächlich so gewesen, wie er sagt! Justinnius, der alte Priester befahl, daß wir dir unverzüglich eine Botschaft überbringen. Du sollst daran erinnert werden, daß unsere Zahl *zwanzig und einer* ist und daß ›der eine‹ gerade draußen vor unserer Tür um Einlaß bittet. ›*Der eine ist der Schlüssel*‹, sagte er am Ende.«

»Damit hat er *nicht* aufgehört«, unterbrach ihn der Bretone fast entrüstet, »sondern mit dem Auftrag, daß wir uns als nächstes am Schlangen-Hügel treffen, wo Äpfel auf silbernen Ästen wachsen und der Tod die Lebenden nicht erreichen kann. *Das* hat er gesagt!«

Schlagartig nahm das Gesicht von Justinnius einen Ausdruck vollkommenen Begreifens an, und er lächelte. Es sah so aus, als sei tatsächlich die Sonne in ihm aufgegangen.

»*Jetzt* verstehe ich«, sagte er strahlend. »Der Schlüssel befindet sich genau hier, vor uns allen! Tacitus, bitte tritt ein und nimm deinen rechtmäßigen Platz ein!«

Es wäre eine Untertreibung, wenn ich sage, daß ich darauf ganz und gar nicht vorbereitet war. Dieselben Männer hatte ich vor kurzer Zeit noch voller Furcht zu einem Blutopfer fähig gehalten, und nun schienen die Ereignisse eine Art von Zusammenarbeit zu verlangen! Götter ... Geister ... Prophezeiungen! Ich war verwirrt, wußte aber nicht, was ich sonst tun sollte, und unterstellte mein Wollen dem Universum, das mir die Antwort gab: »*Oft schreiten*

die Geister von großen Ereignissen den Ereignissen voran ... im
Schatten des Heute geht schon das Morgen« – und dann schritt auch
ich voran.

Viele Worte wurden gesagt, viele Gedanken ausgetauscht, ohne
irgend etwas zu verdammen – am allerwenigsten mich. Es schien,
als habe die Gruppe instinktiv ihren Platz und das, was vor ihr
lag, erkannt: zumindest bis zum Berg Snowdonia. Was jenseits des
hohen Gipfels kam, würde teilweise davon abhängen, was unter
dem steinernen Haupt Brâns gefunden wurde. Daher machten wir
uns an die Arbeit. Wir gruben wie wahnsinnig, mit der Sonne um
die Wette gegen die Wiederkehr der Römer.

Als schließlich die riesige Skulptur umgestürzt auf der Seite lag,
fiel das erste blasse Licht der Morgendämmerung auf uns. Da ich als
römischer Chronist mit Schriften und Sprachen vertraut war, war
ich zum Schreiber auserwählt worden, und so lagen die nächsten
Schritte, das Retten der Inschrift, in meinen Händen. Langsam, mit
größter Sorgfalt, kratzte ich Schicht um Schicht aus verfestigtem,
schmutzigem Lehm vom Boden der Statue ab, bis schließlich eine aus
mehreren Teilen zusammengesetzte Reihe von runenartigen Schriftzeichen sichtbar wurde, die tief in den Stein gemeißelt war. Ein
Keuchen des Erstaunens durchlief die Männer, als eine Fackel an die
Oberfläche gehalten wurde: Der Geist des alten Priesters hatte recht
gehabt – die Inschrift war tatsächlich da! Im ganzen Lager lebte die
Hoffnung wieder auf, als ich mich an die mühsame Aufgabe machte,
die Schriftzeichen auf die Rückseite einer Mappe mit kaiserlichen Erlassen, die ich bei mir getragen hatte, abzuschreiben.

Kaum hatte ich die Abschrift einer eigenartigen Zeile in *Ogham*-
Buchstaben beendet, die kaum noch erkennbar neben der Haupt-
inschrift stand, als ein plötzlicher Tumult am anderen Ende des
Lagers ausbrach.

»Wir müssen aufbrechen ... *sofort!* Die Flachboote! Zwei römische Legionen sind ausgesandt worden! Sie werden vor Einbruch
der Nacht hier eintreffen und den Befehl haben, alle Überlebenden
zu töten und die heiligen Haine anzuzünden! *Die Haine!*«

Die drei als Beobachter auf dem Festland postierten Gallier
waren zurückgekehrt und riefen diese Nachricht mit gellenden
Schreien jedem in Hörweite zu. Ihre Panik ließ einen neuen Schatten
blanken Entsetzens auf die Herzen aller Männer fallen, die wie von
Sinnen auf die Mitte der Lichtung zurannten.

»Freunde ... Gefährten, wir haben noch Zeit«, ertönte die ruhige
Stimme von Justinnius, während er in scheinbarer Zuversicht auf den
Brunnenrand hinaufstieg. »Die Römer sind ebenso schwerfällig und
langsam, wie sie dumm sind!« Er lächelte, als dieser leichte Anflug
von Humor die Spannung in den Gesichtern der Männer löste. »Wir
haben noch Zeit, mindestens einen viertel Sonnenlauf, ehe sie uns
erreichen können, und wahrscheinlich länger. Zu diesem Zeitpunkt
werden wir schon auf dem Meer und lange fort sein. *Sorgt euch
nicht*. Bestimmt sind wir nicht so weit gekommen, damit uns nun das
Schicksal vorzeitig auflauert. Doch bevor irgend einer der Unseren
aufbricht, müssen wir sicherstellen, daß wir keinerlei Zeichen und
Spuren zurücklassen – schließlich hat selbst die Dummheit der Römer
ihre Grenzen! Beeilt euch, Männer, macht als erstes den Visionshügel
dem Erdboden gleich, spurlos. Tragt dann das *Ddraglais* und alle Pergamente zusammen, und trefft euch dort hinten unter der großen Erle
wieder. Schon jetzt, während wir miteinander sprechen, warten zwei
Boote am gegenüberliegenden Ufer auf uns. Caesar kommt von Südwesten, *wir* fahren nach Nordosten! Geht nun!«

Das taten sie und machten sich über den Erdhügel her, als wären
die Erde und die Steine selbst römische Zenturien. Wie besessen
stießen sie um und vergruben sie, bis rein gar nichts mehr von dem
Hügel übrig war.

Die Zeit verging rasch, und wie Justinnius es vorausgesagt hatte,
trieben wir in Sicherheit auf dem offenen Meer, ehe noch die Sonne
über dem Horizont stand. Viele der Gefährten schliefen sofort
erschöpft ein, während andere besorgt darüber murrten, was nun,
als Flüchtlinge vor Rom, wohl aus uns werden würde.

»Sollen wir den Rest unseres Lebens in ständiger Angst vor
Gefangenschaft verbringen, wo wir nun eine besiegte Priesterschaft
sind?« rief Vergotorix zornig zu Justinnius im nächsten Boot hinüber. »Was soll nun werden?«

Anstatt ebenfalls zornig zu werden, wartete der junge Druide
einen Augenblick, während sich sein Mund langsam zu einem
feinen Lächeln verzog. »*Besiegt zu werden und sich doch nicht zu
ergeben*«, antwortete er überlegen, »*das*, mein Freund, ist wahrer
Sieg!« und er wandte sich um, um seine Schiffswache nach Norden
wieder aufzunehmen.

Was mich betrifft, so saß ich im Heck des Bootes und stellte mir
ebenfalls viele Fragen. Insgeheim wußte ich, daß die Zeit kommen

würde, wo eine Rückkehr zu den Kaiserlichen Offizien in Rom unumgänglich wäre – doch nicht eher, so schwor ich mir, bis ich Einsicht erlangt hatte, was mein Platz im Plan der Ereignisse, der Vergangenheit wie der Zukunft, war. Bis dahin würde ich ein Flüchtling sein, und später könnte ich den Belangen der Gruppe sicher genausogut von einem römischen Palast aus dienen.

Und so hing ich weiter meinen Gedanken nach und starrte in das trübe Wasser hinein, bis meine Augen wie zufällig auf die Inschrift des Steins auf meiner Mappe fielen., die ich immer noch in meinen Händen hielt. Wie als Antwort auf meine unausgesprochenen Fragen wurde meine Aufmerksamkeit auf die fremde *Ogham*-Zeile gelenkt, während ich lautlos flüsternd die griechischen Worte übersetzte.

Dann lächelte auch ich, zuversichtlich wie Justinnius, und wendete meine Aufmerksamkeit erneut dem Meer zu, wobei ich den Vers – wie eine geheime Belohnung für mich – immer wieder vor mich hinsprach. Stärker als die Gefahren des Meeres oder das Schicksal der Gefangenschaft schwebten die Worte über allem und schienen jubelnd zu rufen:

»Für immer gesegnet sei die Verbindung, die zusammenfügt ...«

GRIMOIRE II –
ZWEITES MAGISCHES ZAUBERBUCH

21 Textauszüge aus DAS BUCH DER PHERYLLT

1. DER SILBERNE ZWEIG: »Den Zauber des Barden erschaffen«
2. DDRAGLAIS: »Die Drachenstimme zum Leben erwecken«
3. NECHTANS BRUNNEN: »Das keltische Schädelorakel«
4. SONNENWÄSCHE & MONDWÄSCHE: »Keltische Reinigungsriten«
5. IMBAS FOROSNAI: »Der Ritus des Feueratems«
6. HÄNGENDER STEIN: »Das Orakel von Fal«
7. VISIONSHÜGEL: »Einen Tempel des Sehens erbauen«
8. FLUG DES GEISTES: »Ritual der Schrittsteine«
9. CAER SIDI: »Der Kreis der Götter«
10. TOTEMS: »Keltische Führer und Erdbilder«
11. DER RITUS DES DRACHENRUFS: »Die Stimme aus Eisen befreien«
12. DER LICHTSCHILD: »Drei innere Sterne der druidischen Lehre«
13. GOGMAGOG: »Die keltischen Riesen aufsuchen«
14. SIGILLS ALS INSCHRIFTEN: »Verschollene keltische Kraftzeichen«
15. GESTALTWECHSEL: »Die keltische Kunst der Verwandlung«
16. EVOKATION DER GOTTHEIT: »Keltische Geheimnisse zur sichtbaren Hervorrufung«
17. NEUNFALTIGKEIT: »Die neun druidischen Seinszustände«
18. DOAINE SIDHE: »Mit dem Feenvolk in Verbindung treten«
19. SPRACHGEBUNG: »Das bardische Wortgeheimnis«
20. DIE WASSER VON ANNWN: »Das Elixier des inneren Gesichtes bereiten«
21. KREIS VON OGMA: »Ritus der Flammenden Tür«

* * *

Diese Textauszüge sind wegen ihrer Bedeutung für die keltischen Mythen aufgenommen worden und nicht als Lehrsystem zur Selbst-Einweihung bestimmt – obwohl mancher sie vielleicht in solch einer Weise anwenden wird. Sie werden hier aber ausschließlich als einzigartige Beispiele für Praktiken der druidischen Tradition vorgestellt, soweit sie uns durch die Schriften von Llewellyn Sion aus dem 16. Jh. erhalten sind. Für einen Schüler des Druidentums, der *Merlyns Vermächtnis* und *Merlyns Lehren* oder einen vergleichbaren Übungskurs ernsthaft *durchgearbeitet* und nicht nur *durchgelesen* hat, sollten diese Texte anregendes Material sein, mit dem er sein Wissen ergänzen oder ein bereits bestehendes Lernprogramm erweitern kann.

1. Lektion: Der Silberne Zweig

»Den Zauber des Barden erschaffen«

Der *Silberne Zweig* ist ein Bild aus der frühesten keltischen Volksüberlieferung. Es handelt sich um einen versilberten Zweig von einem
Baum, an dem Silberglöckchen in Form von Äpfeln hingen.

> *Einen Zweig vom Apfelbaum aus Emain*
> *bring ich, so wie du sie kennst.*
> *Silbergeäst ist daran,*
> *Kristallaugen mit Blüten ...*

Diese Symbolik ist stimmig: An einem Zweig hängende Äpfel sehen
tatsächlich wie Glocken aus, und der Apfelbaum und seine Früchte
haben klare Assoziationen zu allem Weiblichen/Silber/Wasser, wie
beispielsweise der Insel der Apfelbäume usw. Die Geschichte der
Magie und des Schamanismus ist voller Bezüge zu Glocken, Glocken-
spielen und Schellen aus Metall, die zu rituellen Zwecken verwendet
werden. Fast immer sind sie mit dem Element *Luft* verbunden und
sind aus Silber. Eine Ausnahme bildet hier das *Ddraglais*, dem wir
in DIE SCHLACHT DER BÄUME begegnet sind: eine besondere, drei-
seitige Art von Gong, der aus Eisen besteht und dem *Feuer* zugeord-
net wird. Glocken werden in der Magie dazu benutzt, um vor einem
Ritual »die Luft zu klären«. Sie haben auch eine seit langem bestehende jahreszeitliche Verbindung mit dem Yulfest/Weihnachten, da
»Glockenläuten bei Tagesanbruch« ein alter keltischer, auf die Druiden zurückgehender Brauch ist, um der neuen Sonne auf den Weg
zu helfen. Weihnachtsglocken, die Schellen am Schlitten vom Niko-
laus, Silberglöckchen und vieles mehr sind alte, wieder-entdeckte
Hilfsmittel, um Neues einzuführen und Altes zu vertreiben.

Vor diesem geschichtlichen Hintergrund schlage ich nun vor, daß der Leser seine praktische Ausrüstung an magischen Werkzeugen durch einen *Silbernen Zweig* ergänzt. Die Barden verknüpften die Dinge auf mystische Weise miteinander: Sie benutzten den *Silbernen Zweig* als »Signal« dafür, daß sie gleich mit einem Lied oder einer Geschichte anfangen würden. (In unserer Kultur klingelt das Telefon...) Der *Silberne Zweig*, als einladendes und reinigendes Werkzeug, kann tatsächlich vor jeder Arbeit *die Luft klären!*

Zwei Aspekte müssen bei der Herstellung beachtet werden, damit ein Gerät entsteht, das symbolisch wirksam ist, d. h., an den früheren Archetyp heranreicht, damit Energie zwischen den zwei Welten fließt: *Das Holz muß von einem Apfelbaum sein, und die Glocken müssen silbern aussehen.* Weder Zweige aus irgendeinem Hinterhof noch etwa goldene Äpfel (wie die der Hesperiden) sind geeignet! Suchen Sie einen Apfelbaum oder, was noch besser ist, einen Obstgarten mit größerer Auswahl. Heben Sie keinen Zweig vom Boden auf, denn dadurch wird die »Luft-Symbolik«, wonach er nie die Erde berührt haben soll, zerstört. Wählen Sie statt dessen einen trockenen, toten Zweig; Apfelbäume haben gewöhnlich viele davon. Er soll drei- oder viermal die Länge Ihrer Hand haben, leicht sein und hübsche, feste Verästelungen besitzen. Nutzen Sie Ihr ästhetisches Urteilsvermögen für die beste Form und das Gefühl, das sich Ihnen vermittelt. Entfernen Sie zu Hause vorsichtig die Rinde und schmirgeln alles mit Sandpapier glatt. Überdecken Sie natürliches Holz niemals mit Farbe, da dies die psychischen Eigenschaften entstellt. Zählen Sie die Enden der Verästelungen, damit Sie wissen, wie viele Glocken Sie brauchen.

Schauen Sie wegen der Silberglocken in Hobbyläden oder dort, wo Glöckchen als Dekorations- und Nähzubehör verkauft werden. Wieder müssen Sie Ihre Wahl nach ästhetischen Gesichtspunkten treffen und nicht das erstbeste kaufen, weil es billig ist – sonst werden Sie am Ende nichts anderes als einen seltsam aussehenden Weihnachtsschmuck erhalten. Seien Sie wählerisch. Während jeder Phase des Gestaltungsprozesses führen Sie tatsächlich einen spirituellen Akt der Magie durch. Suchen Sie nach echten Glocken und nehmen die üblicherweise vorrätigen Klingelglöckchen nur dann, wenn Sie keine andere Wahl haben.

Die Glocken werden mit blauem oder weißem Band oder Garn an die Zweige gebunden, so daß sie lose herunterhängen und erklingen können. Schnitzen, malen oder zeichnen Sie dann Ihr persönliches Symbol/Sigill irgendwo in das Holz, um es zu Ihrem Kraftwerkzeug zu machen (siehe *Grimoire* 1, Lektion 19).

Heben Sie Ihren Silbernen Zweig bei Ihren anderen magischen Werkzeugen auf, und benutzen Sie ihn zu Beginn und Ende einer spirituellen Arbeit.

2. Lektion: Ddraglais

»Die Drachenstimme zum Leben erwecken«

An verschiedenen Stellen dieses Buches ist das *Ddraglais* bereits erwähnt worden, so daß eine detaillierte Darstellung hier überflüssig scheint. Doch etwas über den geschichtlichen Werdegang dieses einzigartigen und sehr alten Gerätes noch zu ergänzen ist sicher nützlich.

Die früheste, mir bekannte Behandlung des Themas stammt aus dem *Pheryllt*-Manuskript. Es handelt sich um Zitate aus zwei Quellen: aus dem *Magicus* des Aristoteles und aus der *Nachfolge der Philosophen* des Soton von Alexandria. Es taucht auch in dem frühen walisischen *Buch von Dwyfyddiaeth* auf. Außerdem läßt sich die »Eisenstimme des Drachen« in zwei frühen keltischen Erzählungen vernehmen: der irischen »Frenzy of the Phantom« (*Baile in Scail*) und der walisischen Saga »Quest for the Scarlet Rock« (*Englynion Cynghanedd*, Cynddylan von Powys, 7. Jh., zugeschrieben, aus den »Reliquiae Celticae«, III). Beschreibung und Verwendung sind auch in einem späteren Sammelwerk enthalten, den »Sentences of Bardism« (*Ieuan ab Hywel Swrdwal*, 1450).

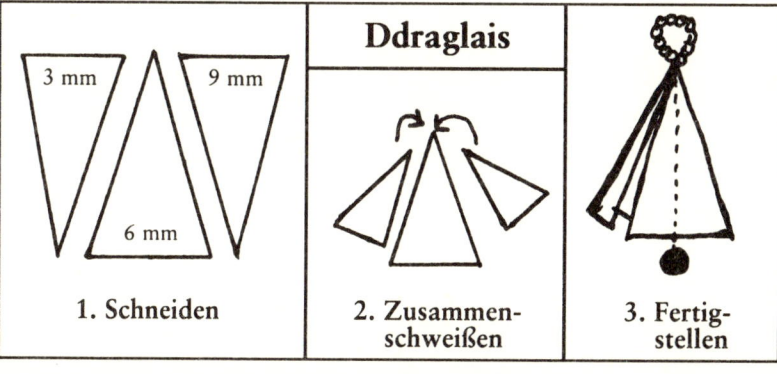

Ddraglais

3 mm   9 mm

6 mm

1. Schneiden

2. Zusammenschweißen

3. Fertigstellen

Der Bauplan selbst ist einfach, Schwierigkeiten bereitet das Zusammenfügen, denn dafür brauchen Sie jemanden, der sich darauf versteht, Eisen zusammenzuschweißen. In den letzten Jahren habe ich auch genaue Nachbildungen dieser »keltischen Gongs« (wie sie in den Geschäften genannt werden) gesehen. Sie tauchen regelmäßig in Läden auf, die Windspiele und ähnliche, vom Wind in Schwingungen versetzte Klangkörper führen. In der Regel sind sie tatsächlich aus Eisen und manchmal in drei Größen erhältlich. Bevor Sie die Mühe auf sich nehmen, in der heutigen Zeit einen Schmied ausfindig zu machen, sollten Sie einige Geschäfte anrufen, die dergleichen führen könnten.

Natürlich ist es immer vorzuziehen, ein selbstgemachtes *Ddraglais* zu haben! Wie auf der Zeichnung zu sehen ist, brauchen Sie dafür drei einzelne dreieckige Eisenstücke von jeweils unterschiedlicher Stärke. Diese Maße sind äußerst wichtig, denn die dadurch erzeugten Töne entsprechen symbolisch den drei Grundtönen der Schöpfung: dem »I-A-O« der Drei Strahlen. Die drei Eisenstücke müssen dann oben nach Art einer Pyramide zusammengeschweißt werden. An der Spitze wird innen eine Metallkette angeschweißt, woran der Schlegel aufgehängt wird. Ein solcher »Gong« muß immer aufgehängt werden, gewöhnlich an den Ast eines Baumes; daher sollte auch außen an der Spitze ein Eisenring angeschweißt werden.

In unserer Gemeinschaft hängt ein großes *Ddraglais* freischwebend vom tiefsten Ast einer sehr alten Eiche herab. Mit den Wind-Elementargeistern der Gegend (Sylphen = Bewußtseinsformen, die besonders zu bestimmten »Schwellenzeiten« die Luft erfüllen) ist so oft gearbeitet worden, daß gelegentlich *sie* es sind, die uns durch Läuten mit einer Botschaft oder Wetterwarnung nach draußen rufen! Manchmal sind es auch *andere* Wesen ...

3. Lektion: Nechtans Brunnen

»Das keltische Schädelorakel«

Häufig wurde ein Schädel mit einem Brunnen in Verbindung gebracht. In späteren Zeiten hieß es dann, er stamme von einem Heiligen, und er wurde als Reliquie in einer nahegelegenen Kirche aufbewahrt. Bei einigen Brunnen ist das Wort »Kopf« tatsächlich ein Teil ihres Namens, wie bei Tobar na Ceann, »Brunnen des Kopfes«, auf den Äußeren Hebriden. Das erinnert an andere heidnische Brunnen, wie den Brunnen von Mimir in der altnordischen Sage, der das magische Haupt des Riesen enthalten haben soll.   Ward Rutherford, *Celtic Lore*

Die Keltologin Dr. Ann Ross ist der Ansicht: »Was das Kreuz für das Christentum ist, das ist das abgetrennte Haupt für die alten Kelten – die Druiden.« Diese Aussage ist natürlich in vielerlei Hinsicht recht aufschlußreich. Unzählige andere Gelehrte haben die Grundlage des religiösen Mythos der Kelten als *Kult des abgetrennten Hauptes* beschrieben, da er eine Verbindung zu den Festlandskelten Galliens und Westeuropas darstellt. Diodorus Siculus hatte im Jahre 50 v. Chr. dazu folgendes zu sagen:

Sie (die keltischen Stammesangehörigen) schneiden die Köpfe ihrer Feinde ab, die sie im Kampf erschlagen haben, und befestigen sie am Hals ihrer Pferde. Die blutbefleckte Siegesbeute wird von ihren Gefolgsleuten fortgetragen, während sie einen Freudengesang über den Sieg anstimmen. Sie nageln ihre Trophäen an ihre Häuser – wie Jäger es tun mit Jagdtrophäen erlegter Tiere.

Hundert Jahre früher hatte der Geschichtsschreiber Livius die Faszination der Kelten für den Kopf sogar in noch eindeutigeren Begriffen ausgemalt:

Sie balsamieren die Köpfe ihrer vornehmsten Feinde mit Zedernöl ein und bewahren sie sorgfältig in einem Kasten auf. Voller Stolz stellen sie diese vor Fremden zur Schau und sagen, für diesen Kopf habe einer ihrer Vorfahren, der Vater oder der Mann selbst, eine große Geldsumme ausgeschlagen. Manche sollen sich sogar damit brüsten, das Gewicht des Kopfes in Gold abgelehnt zu haben. Auf diese Weise wird jedoch nur ein barbarischer Akt von »Großmut« zur Schau gestellt, denn es ist keineswegs ein Zeichen edler Gesinnung, wenn man die Beweise eigenen Heldenmuts nicht zum Verkauf anbietet.

Warum aber wurde das Haupt von den keltischen Stammesleuten als heilig angesehen? Die Antwort darauf ist tief in der druidischen Seelenlehre vergraben.

Zeugnisse für diese Verehrung sind überall dort zu finden, wo die Kelten anzutreffen sind. Kein in der heutigen Zeit lebender Mensch kann mit Gewißheit sagen, was der »Orakelkopf« bedeutet hat – die metaphysischen Vorstellungen einer Kultur, die zeitlich und erfahrungsmäßig weit zurückliegt, lassen sich im allgemeinen unmöglich ergründen. Gewisse alte Manuskripte, Geschichten und Textfragmente veranlassen jedoch zu der Annahme, daß der abgetrennte Kopf die Essenz der druidischen Lehre über Bewußtsein und Unsterblichkeit zusammenfaßte. Er wurde als Sitz der Seele, des Denkens und sogar des göttlichen Wesens gesehen. Auch wenn er abgetrennt war, behielt er weiter ein eigenes Leben mit der Macht, Wirkungen für seinen Besitzer zu erzielen.   G. Stanford, *Celtic Secrets*

Diejenigen unter den Lesern, die in der keltischen Mythologie bewandert sind, werden an dieser Stelle zweifellos lächeln, weil Sie ahnen, was nun kommt. Im Zweiten Zweig des Mabinogi, der den Titel *Branwen, Tochter von Llyr* trägt, gibt es eine wundersame Geschichte, die als Hauptthema das Motiv des *abgetrennten Hauptes* aufgreift.

Brân der Gesegnete, Riese und König über die Insel der Mächtigen, war einer der edelsten Beschützer, die Albion jemals hatte. Dann aber kam es zum Krieg, und er wollte seine Schwester Branwen aus Irland befreien. Als Brân, gefolgt von seinen Flotten, durch das Meer watete, wurde sein Heer in einen furchtbaren Kampf verstrickt, denn der Feind war im Besitz des Kessels der Wiedergeburt (ursprünglich ein Geschenk von Brân selbst), so daß seine Krieger niemals wirklich getötet werden konnten. Am Ende ging Albion siegreich aus dem Kampf hervor, doch Brân wurde von einer vergifteten Speerspitze verwundet und lag im Sterben. Der König, durch eine Eingebung aus der Anderwelt, gab seinen Gefolgsleuten den Befehl, ihm das Haupt abzuschlagen und nur dieses auf der Rückreise mitzunehmen. Es lebte, redete, lachte und aß weiter wie zuvor, und daraus folgte eine phantastische Reihe von Abenteuern, bevor sie schließlich nach Hause zurückkehrten und das Haupt im »Weißen Hügel von London« (Tower Hill) begruben.

All diese Zitate und Geschichten lassen sich kurz zusammenfassen: Das abgetrennte Haupt war heilig, weil es der Sitz der menschlichen Seele und als solcher unabhängig vom Körper war. Es galt als das höchste Symbol für Vollendung und *Schutz*, und der Brauch, für Halloween furchterregende Gesichter in Kürbisse oder Rüben zu schnitzen, leitet sich aus diesen keltischen Glaubensvorstellungen ab. Der ursprüngliche Gedanke dahinter war, daß an Halloween böswillige Geister und Gespenster über die Erde schweiften und die Menschen, vor allem die Kinder, somit verstärkten Schutz brauchten. Daher wurde für jedes Kind im Haushalt ein Gesicht/Kopf ausgeschnitzt und draußen auf die Türschwelle gestellt, um diese Wesen zu verscheuchen. Erkennen Sie die unmittelbare Verbindung mit dem abgetrennten heiligen Haupt? Das Haupt von Brân, dem Großen König, beschützt an Halloween (dem Abend vor Allerheiligen) noch immer unsere Häuser! Das *Buch der Pheryllt* erwähnt im besonderen den druidischen Brauch eines *Schutzkreises aus neun Kürbissen*, der seit langem in magischen Riten verwendet wird (siehe auch Lektion 4 in *Merlyns Lehren*).

Nun wollen wir aber zu dem eigentlichen Mittelpunkt dieser Lektion, nämlich Nechtans Brunnen, zurückkehren. Nechtan ist ein sehr alter irischer Gott der Brunnen und Prophezeiungen, der später in vielen keltischen Sagen auftaucht. Eine Geschichte aus *The Bardic Tales of Tadhg Dall O hUiginn* (ca. 1580) berichtet, wie Nechtan eines Nachts in ein Scharmützel mit dem Krieger Mac Cecht ver

wickelt wurde. Am Ende wurde er getötet, sein Kopf (nach echter
keltischer Art) abgeschlagen und in den Brunnenschacht, sein Körper aber in einen nahegelegenen Fluß geworfen. Nach einer Zeit
entstand die Sage, daß Nechtans Körper bei jedem Vollmond aus dem
Fluß kletterte und nach seinem Kopf suchte, der laut vom Grunde
des Brunnens rief. Der Ort soll der St. Senan's Well in Dunass in der
irischen Grafschaft Clare sein. Noch bis vor wenigen Jahren kamen
die Leute dorthin, um dem Haupt zu lauschen und Fragen zu stellen. Eine andere Version derselben Geschichte findet sich in der
walisischen Erzählung *Ny bo teu dy benn*, doch hier sind es drei
Krieger, und der Ort ist auf *Holyhead* bei Anglesey. (Aus dieser Sage
erklärt sich der Name dieser Insel.)

Auf die Frage, was vom Standpunkt der praktischen keltischen
Magie aus mit alldem begonnen werden kann, liefert das *Pheryllt*-
Manuskript eine interessante Antwort. Es beschreibt einen Ritus,
bei dem ein kleiner Schädel aus frischem Eichenholz mit der Hand
geschnitzt wird; etwa wie weiter oben dargestellt. Das Haupt wird
dann bei Vollmond zu einem alten Brunnen – gar nicht so einfach zu
finden heutzutage! – getragen und hineingeworfen. Im Anschluß
wird die folgende Beschwörung gesprochen:

Guilyth I! Guilyth O!
Guilyth I! Guilyth O!
Guilyth I! Guilyth O!
Stimme von Nechtan, Stimme des Hauptes!
Stimme von Nechtan, ich rufe dich aus der Sorge,
Stimme von Nechtan, ich rufe dich aus der Kälte,
Stimme von Nechtan, ich rufe dich aus den Wassern,
Von dort tief unten rufe ich dich!

Stimme von Nechtan, Stimme des Hauptes!
Guilyth I! Guilyth O!
Guilyth I! Guilyth O!
Guilyth I! Guilyth O!

Wenn alles richtig ausgeführt worden ist, sollten Sie eine leise
flüsternde Antwort aus dem Brunnen hören. Drei Fragen dürfen
gestellt werden. Wenn sie gut beantwortet werden, werden danach
traditionell ein paar Tropfen Rotwein als Trankopfer in den Brunnen geschüttet.

4. Lektion: Sonnenwäsche & Mondwäsche

»Die keltischen Reinigungsriten«

Nach den neun mystischen Atemzügen füllte ich meinen Körper mit
Mondlicht in Vorbereitung auf die Jagd, die, wie ich fühlen konnte,
bald anfangen würde; denn ich wußte, daß solche Gaben (wie die
des Mondes) sehr benötigt würden, wenn ich die Nacht überleben
wollte. Nach einigen Minuten, die ich in diesem zeitlosen Versen-
kungszustand verbrachte, pulsierte in meinen Armen und Beinen der
magnetische Fluß, der meine Bereitschaft anzeigte, daß die Jagd be-
ginnen konnte.

Merlyns Vermächtnis, Kap. 16, »Jägers Mond«

Dieses kurze Kapitel ist für den Leser eigentlich so etwas wie eine
Neuformulierung des universellen Prinzips der *Polarität*. Dieses Prinzip ist in der Tat *mehr* als ein Gesetz – wie das Gravitations- oder das
Trägheitsgesetz –, denn es bildet die wirkliche Grundlage aller physischen und geistigen Existenz. Auf den einfachsten Nenner gebracht,
lassen sich alle Strukturen von Form und Energie auf zwei grundlegende Polaritäten reduzieren, die viele Namen haben können.

Solare Qualität	*Lunare Qualität*
ausdehnend	zusammenziehend
Wärme	Kälte
körperlich	geistig
hell	dunkel
Sommer	Winter
Form	Energie
aktiv	passiv

Solare Qualität	Lunare Qualität
Proton	Elektron
Inspiration	Meditation
sichtbar	unsichtbar
weiß	schwarz
äußere Welt	innere Welt
Gold	Silber
elektrisch	magnetisch
Eiche	Apfel
Infrarot	Ultraviolett
Land	Meer
Feuer	Wasser
männlich	weiblich

Unser Prinzip ist damit hoffentlich klar – die Liste könnte noch viele Seiten weitergehen! Ja, unsere menschliche Struktur ist ein Ergebnis aus der Wechselwirkung zwischen diesen beiden Polaritäten des Lebens. Die Druiden und andere Magier überall auf der Welt haben diese Gruppe weiter unterteilt, so daß sich die Zahl Vier ergibt: daher unsere *vier* Jahreszeiten statt nur zwei, die *vier* Elemente usw. Für unsere Absichten hier genügt jedoch die grundlegende Unterteilung und ihre älteste, höchst magische Ausdrucksform: *Sonne* und *Mond*.

Während wir alle zu unterschiedlichen Anteilen aus beiden Prinzipien bestehen, gilt es als erwiesene Tatsache, daß Männer physisch und psychologisch weitaus mehr auf die Sonne und ihre Zyklen, Frauen dagegen auf den 28tägigen Mondzyklus eingestimmt sind. (Das Wort »Menstruation« hat mit dem Mondmonat zu tun und müßte eigentlich »Monduration« lauten.) Jeder von uns ist – wie immer man dazu steht – mit diesen geschlechtsspezifischen Prägungen geboren. Warum? Um verstehen zu lernen, welche Kräfte uns beherrschen und wie sie als Werkzeug für persönliches Wachstum zu nutzen sind. Bei den nachfolgenden alten Riten der Sonnenwäsche und der Mondwäsche ist zu sagen, daß jeder, ob Mann oder Frau, mit *beiden* arbeiten kann, der auf das eigene Geschlecht abgestimmte Ritus jedoch besonders wirksam ist. Männer und Frauen sind eben nicht gleich! Und wir haben es hier mit der physischen Aufnahme von physischen Kräften zu tun, die wir dann gezielt auf magische Zwecke lenken.

Als erstes müssen Sie verstehen, daß wir nicht lediglich von einem Sonnen- oder Mondbad sprechen: Ohne die passende Tageszeit, geistige Verfassung und Vorbereitung wird es höchstens darauf hinauslaufen, daß Ihnen dabei entweder zu warm oder zu kalt geworden ist, Sie aber auf jeden Fall schlichtweg abgeschreckt sind. Die Sonnenenergie schließt alle Elemente auf der linken Seite, der Mond diejenigen auf der rechten Seite der obigen Tabelle ein. Beginnen Sie Ihr Ritual mit dem Wissen, welche Energie Sie aufnehmen wollen – wenden Sie sich also nicht an den Mond, wenn Sie die »Wärme« der Inspiration, und nicht an die Sonne, wenn Sie die »Kälte« der Meditation brauchen. Sie sollten die Kräfte, mit denen Sie arbeiten, und die persönlichen Ziele Ihres Rituals kennen. Führen Sie diese Waschungen nicht im Umkreis von Personen des anderen Geschlechts aus, denn die Energien ihrer Aura würden das Resultat verändern, beeinträchtigen oder zunichte machen. Magie wird am besten als »einsame Kunst« ausgeübt! Die Übung besteht aus sieben Schritten:

Ritus der Mondwäsche

1. Arbeiten Sie, wenn die Mondenergien an einem Höhepunkt sind, am besten während der Vollmondphase. Besorgen Sie sich einen genauen Kalender, um die beste Zeit planen zu können. Die physische Energie, das Mondlicht, muß tatsächlich vorhanden und sichtbar sein, denn es handelt sich nicht um einen symbolischen Ritus. Arbeiten Sie draußen, an einem freien Ort, der so natürlich und geschützt wie möglich ist (auch ein Dachgarten ist erlaubt).
2. Essen Sie mindestens sechs Stunden vorher nichts. Getränke (auch mit Koffein und Zucker) sind erlaubt.
3. Bleiben Sie während des gesamten Ritus aufrecht stehen: Setzen oder legen Sie sich nicht hin.
4. Arbeiten Sie für sich allein und unbekleidet.
5. Das »Wasser« für die Mondwäsche muß *im voraus* zubereitet werden. Füllen Sie 1 l alkoholische Tinktur zusammen mit den folgenden Kräutern (die dann abgeseiht werden) eine Woche lang in ein bernsteinfarbenes Glasgefäß:
15 g Jasminblüten, 15 g Eukalyptusrinde und 15 g Beifußkraut.

6. Tragen Sie dieses Kräuterwasser langsam, Stück für Stück, auf Ihren Körper auf. Bei Waschungen mit Flüssigkeit sollen Sie stets von den Füßen aufwärts, niemals von oben nach unten arbeiten! Am allerwichtigsten ist, *an nichts zu denken*; Gedanken würden nur störende Energie einbeziehen, da es sich hierbei um Riten der einfachen *Waschung und Energieaufnahme* handelt. (Sie müssen sich ja auch unter der Dusche nicht darauf konzentrieren, daß Sie sauber werden, oder?)

7. Wenn Sie »gewaschen« sind, bleiben Sie stehen und üben sich darin, nichts zu denken. Manche Leute wiederholen diese Wäsche dreimal hintereinander. Aber hören Sie damit auf, wenn Sie selbst das Gefühl haben, fertig zu sein. Für eine bessere Wirkung sollte die »Wäsche« während des Tages oder der Nacht auf dem Körper gelassen werden.

Die sieben Schritte für den *RITUS DER SONNENWÄSCHE* sind identisch mit den oben angegebenen, ausgenommen die Zutaten für das Kräuterwasser:

15 g Kamillenblüten, 15 g Zimtrinde und 15 g Eichenblätter oder Eichenrinde.

Arbeiten Sie wieder im Adams- oder Evakostüm und möglichst genau um die Mittagszeit, nicht zusammen mit dem anderen Geschlecht, und setzen oder legen Sie sich nicht hin. Denken Sie an nichts ... lassen Sie einfach die Energie aus sich heraus wirken.

* * *

Werden diese alten Riten richtig durchgeführt, dann werden Sie über ihre Wirksamkeit erstaunt sein. Sie werden eine deutlich wahrnehmbare Aufladung entweder mit Sonnen- oder mit Mondenergie erfahren. Vergewissern Sie sich daher, bevor Sie anfangen, ob Sie dies auch möchten. Vor allem dann, wenn Sie mit der Ihrem Geschlecht entgegengesetzten Waschung arbeiten – was in Ordnung ist –, Sie sollten aber aufpassen: Sie überfluten Ihren Organismus in unnatürlichem Ausmaß mit einer Energie, die ebenso real wie Magnetismus oder Elektrizität ist. Sie könnten am Ende geradezu »trunken vor Energie« sein!

5. Lektion: Imbas Forosnai

»Der Ritus des Feueratems«

Das *Buch der Pheryllt* spricht lobend von diesem Ritus, der zu der Priesterschaft »aus den versunkenen Ländern«, was sich immer auf die Insel Atlantis bezieht, gelangte. Er wurde als kostbares Vermächtnis angesehen und offensichtlich häufig vollzogen, übertrug er doch Stärke, Reinigung und Inspiration. Seiner Form nach ähnelt er einer Yoga-Übung, die als *Yuddha*, »Begegnung«, bezeichnet wird.

Die oben abgebildeten Darstellungen zeigen die *Ritual-* oder *Magierstellung*. Studieren Sie diese sorgfältig, um dann zu entscheiden, welche für Sie geeignet ist. Achten Sie sowohl auf die Beinhaltung als auch die erhobene Faust: Bei beiden handelt es sich um magische keltische Stellungen, die aus den Abbildungen des berühmten *Kessels von Gundestrup* entnommen sind. Die »erhobenen Fäuste« werden in den *Pheryllt*-Manuskripten als *Inspirationshaltung* bezeichnet, die für jeden Akt der Konzentration oder inneren Stärkung verwendet wird.

Verbrennen Sie Räucherwerk, wenn Sie diesen Ritus ausführen und noch ein weiterer folgen soll. *Drachenblut* allein ist am besten, oder aber kombinieren Sie es mit Mistel und Eichenrinde oder -blättern. Dadurch wird sich die Energieebene des Raumes beträchtlich erhöhen.

Der Ritus des Feueratems

1. Setzen Sie sich (in Ihren persönlichen Kreis?), und nehmen Sie die *Magierstellung* ein: Dabei sind die Fäuste geballt und erhoben, die Augen geschlossen.
2. Atmen Sie kräftig und schnell durch die Nase gleichmäßig ein und aus, so als würden Sie die Luft einziehen und ausstoßen.
3. Nach ungefähr drei Minuten (oder besser: 200 Herzschlägen) schöpfen Sie plötzlich einmal tief Atem und halten ihn solange wie möglich an, wobei Sie völlig bewegungslos dasitzen.
4. Wenn Sie den Feueratem nicht mehr halten können, blasen Sie ihn schließlich kräftig durch den Mund heraus und atmen wieder normal. Im *Pheryllt* heißt es, dies sollte insgesamt dreimal wiederholt werden, wobei zwischen jedem Zyklus drei Minuten liegen.

6. Lektion: Hängender Stein

»Das keltische Orakel von Fal«

Kinder entwickeln aus Spaß und improvisierten Spielen heraus Ritualspiele, die eine direkte Verbindung zu alten religiösen und magischen Formen darstellen. Offensichtlich sind solche Ritualspiele, vor allem in der heutigen Zeit, nicht aus uralter Vergangenheit überliefert, sondern kommen ganz von selbst innerhalb des Gruppenspiels vor.

Bob Stewart, Where is Saint George?

In der Überschrift zu diesem Abschnitt wird bewußt der Begriff »*keltisches Orakel*« anstelle von »druidisch« verwendet, denn trotz seines offensichtlich druidischen Ursprungs gibt es eine Geschichte, die von seinem Gebrauch bei gewöhnlichen Stammesmitgliedern erzählt. Dieser Bericht, der in Joseph Walkers *Historical Memoirs of the Irish Bards* (1786) enthalten ist, liest sich fast wie das alte Kinderspiel *Hang-the-Stone* der englischen Landbevölkerung. In allen Berichten bleibt das Orakel selbst ohne Namen. Es hat etwa den folgenden Ablauf:

Die Männer des Stammes haben sich versammelt, um ein Urteil über einen Stammesangehörigen zu fällen, der des Diebstahls angeklagt ist. Es sind auch Druiden anwesend. Das Ganze findet unter einer riesigen, knorrigen Eiche tief im Wald auf einer Lichtung statt. Von einem dicken Ast in etwa 15 Meter Höhe hängt ein Seil herab, an dem ein Stein mit einem großen Loch in der Mitte befestigt ist, der freischwebend ungefähr einen Meter über dem Boden hängt. Der Stein hat etwa die Größe eines Stierkopfes und ein auf natürliche Weise ausgehöhltes, durch den Stein gehendes Loch (daher der Name *Holeystone*). Direkt unter dem hängenden Stein ist eine Feuerschale mit rotglühenden Kohlen aufgestellt. Daraus quillt eine Rauchwolke hervor, die von den umstehenden Druiden genau beobachtet wird. Es wird nicht gesagt, welches Räucherwerk verbrannt wird. Wir wissen aber, daß die rituellen Worte die Gottheit *Fal* anrufen, und so handelt es sich wahrscheinlich um eine Mischung aus Eiche, Mistel und *Besenginster*, der dem Falius geweiht ist. Auf drei Baumabschnitten, die als Sockel dienen, liegt jeweils ein Stein von der Größe eines Männerkopfes: ein *goldener*, ein *silberner* und ein *schwarzer* Stein. Die drei Baumsockel sind in gleichen Abständen in Form eines Dreiecks angeordnet, dessen Mittelpunkt etwa zwei Meter von der Position des hängenden Steins entfernt ist. Die Männer stellen sich in einem Kreis um das Dreieck herum auf und beginnen auf ein Zeichen der Druiden mit dem folgenden Sprechgesang:

Stein von Fal, Stein von Fal!
Falius! Falius!

Stein von Fal, Stein von Fal!
Falius! Falius!

und sie wiederholen diesen Text immer wieder. Drei Druiden ergreifen den hängenden *Holeystone* und stoßen ihn zu dem Kreis der Männer hinüber, die damit beginnen, ihn herumzuschicken – immer schneller und schneller, bis er sich schließlich von selbst dreht und, von Händen nachgeholfen, im Kreise weiterfliegt. Wenn er sich nicht mehr schneller drehen kann, tritt die Gruppe zurück, den Sprechgesang fortsetzend, überläßt aber den Stein sich selbst. Langsam wird die Bahn seiner kreisenden Bewegungen kleiner – und dann ist binnen einer Minute alles vorbei: Der Stein schickt die innere Einprägung, die er auf dem Weg erfahren hat, in Richtung von einem der Holzsockel. Wenn es sich um denjenigen handelt, auf dem der goldene Stein liegt, gilt die Angelegenheit als erledigt. Die Druiden heben die Hand, jubelnd umarmen die Männer den Angeklagten.

Das alte Orakel von Fal hat ihn für *unschuldig* erklärt (die zwei anderen Möglichkeiten siehe unten).

Zum Abschluß wollen wir die Orakelmethode kurz untersuchen. Man versammelt sich um eine Eiche, den Baumkönig und traditionellen druidischen Orakelbaum. Ein Kreis wird gebildet; der geschlossene Kreis, der für alle Riten gebräuchlich ist, versinnbildlicht in diesem Falle die Wahrheit. Räucherwerk wird verbrannt, ein »Markenzeichen« druidischer Praxis. Der Gott Falius, eine irische Gottheit der Steine und Orakel, wird durch Sprechgesang angerufen; ein solcher Kreis-Sprechgesang ist eine kraftvolle Methode, um ein Energiefeld entstehen zu lassen, das einen Durchgang zwischen den Welten erschaffen kann. Dann wird der *Holeystone*, von dem Willen der Gottheit gelenkt, fliegen gelassen, bis er auf einen der drei Steine auf den Holzsockeln trifft. Dies zeigt im allgemeinen die Antwort auf das Problem an. Die Lösung ist einfach und gleichzeitig ihrer Natur nach von keltischer Symbolik geprägt:

* *Goldener Stein*: Sonnenstein, steht für ein positives Ergebnis
* *Silberner Stein*: Mondstein, steht für ein negatives Ergebnis
* *Schwarzer Stein*: Stein von *Annwn*, bezeichnet das Unbekannte.

Wir haben dieses Orakel in unserem Wald geschaffen und benutzen es häufig, natürlich auch an jedem der acht Hain-Feste. Es war bisher immer genau und hat es auch stets geschafft, unsere Gruppe durch den Funken der Phantasie, durch die Lebendigkeit und Magie zu erfreuen, wofür die Kelten in der gesamten Entwicklungsgeschichte Europas bekannt waren.

7. Lekτion: Visionshügel

»Einen Tempel des Sehens erbauen«

*Pomponius Mela hat erklärt, daß die druidische Schulung in »ent-
legenen Höhlen und Heiligtümern im Wald« stattfand. Das irische
Wort* UAMH, *das gewöhnlich als »Höhle« übersetzt wird, wurde auch
als Bezeichnung für das innere Gewölbe eines Erdhügels (»*SIDH*«)
mit seinen Anklängen an die Anderwelt benutzt. Es kann durchaus
so gewesen sein, daß der druidische Lehrling sich einer Meditations-
phase in einem* SIDH *unterziehen mußte, deren Höhepunkt seine
ritualisierte Wiedergeburt war. Wie es hieß, schloß er sich dazu drei
Tage und drei Nächte im Innern des* SIDH *ein und fastete während
der ganzen Zeit.*

Ward Rutherford, *Celtic Lore*

Auf dem Höhepunkt von Teil II des vorliegenden Buches (*Das Buch
der Pheryllt*) erhalten die überlebenden Druiden, nachdem sie einen
Visionshügel oder *sidh* errichtet haben, die geistige Führung, die sie
so verzweifelt brauchen. Für die alten Kelten (und in der Tat für
viele magische Kulturen auf der ganzen Welt) war der Erdhügel ein
übernatürliches Bauwerk, so etwas wie eine künstliche Höhle, wo
ein Kontakt zur Anderwelt und ein direkter Zugang zu ihr hergestellt werden konnte. Eine enge Verbindung gab es auch zu den
Vorfahren, was zweifellos auf die Verwendung solcher Erdhügel als
Grabstätten zurückzuführen ist:

> *Dunkles Haus, dunkles einsames Grab,*
> *In deinen Wänden unter Eibenzweigen*
> *Ist der Schlaf ruhig,*
> *Und keine Spur von Sorge, vielmehr tiefes Vergessen*
> *Senkt sich auf des Menschen Sein ...*

Da ist nichts, nicht ein Geschöpf ruft,
Wenn nicht jene zarten Lüfte,
Welche die kleinen Blätter bewegen,
dem verborgenen Hügel
Vieler Begräbnisse etwas zuflüstern ...

Dunkles Haus, deine Stunden haben niemals
Die Hast und die Begierde unserer Tage gekannt.
In jenem Herz aus Stein
Schlägt nie die Liebe, noch könnte Haß darin leben.
Nichts ist geblieben,
Doch träumt vielleicht der Tote in jener dumpf'gen Kammer
einen Traum, von dem er nicht erzählen kann ...

Was uns hier interessiert, sind jedoch die mit diesen Erdhügeln verbundenen spirituellen Vorstellungen. Zu der Zeit, als die Kelten sich auf den Britischen Inseln angesiedelt hatten, gab es bereits seit Tausenden von Jahren Erdhügel, die in großer Fülle überall in der Landschaft verstreut lagen. Sie wurden auch Hügelgräber oder *Tumuli*, Durchgangsgräber, *sidh* oder *cairns* genannt; ihr Ursprung ist unklar oder unbekannt. Folglich nahmen sie eine Aura des Rätselhaften und Übernatürlichen an. Das herausragende Beispiel dafür ist *New Grange* in der irischen Provinz Meath. Im Jahre 2500 v. Chr. mit großer astronomischer Genauigkeit errichtet, wurde es zur Wohnstätte der *Tuatha De Danann*, einer mythischen Rasse früher Eroberer, die sich zu Göttern wandelten, deren Ursprung ebenfalls in Vergessenheit geraten ist. Die Druiden nannten diese Erdhügel *Caerllen* oder »Geisterhäuser«. Andere großartige Beispiele dafür sind Maes Howe, Knowth (das einzige unversehrte Durchgangsgrab, das jemals geöffnet wurde), Gavrinis, West Kennet Long Barrow und der ungewöhnliche *Silbury Hill* im englischen Wiltshire. Silbury ist deshalb interessant, weil es mit Sicherheit aus religiösen Gründen errichtet worden sein muß, denn trotz vieler offizieller Ausgrabungen sind keine Anzeichen dafür gefunden worden, die seine Existenz als Grabhügel oder ähnliches bestätigen. Mit einer Höhe von über 40 Metern und einer Gesamtfläche von mehr als 2 Hektar ist dies der größte prähistorische, von Menschen errichtete Erdhügel, der uns bekannt ist und etwa aus dem Jahre 2750 v. Chr. datiert. Das *Buch der Pheryllt* erwähnt ihn und nennt ihn »Hügel von Sulis«. Was er überdeckte, waren die Überreste des größten, jemals bekannten Ritualsteinkreises, der auf Befehl eines gewissen Königs Sul, der dort begraben sein wollte, in einen Grabhügel umgewandelt worden war. Welche Ursprünge sie auch immer hatten oder was die Kelten von den unzähligen höhlenartigen Räumen dachten, die ihr neues Land überzogen – es steht fest, daß sie zu Mittelpunkten der Anbetung und des Aberglaubens wurden. Im gesamten keltischen Sagenschatz sind viele druidische Rituale aufgezeichnet, die mit ihnen in Verbindung gebracht worden sind. Später wurden sie außerdem zu Wohnstätten der Y *Tylwyth Teg*, des keltischen Feenvolkes – zu allen Zeiten sind sie jedoch die unbestrittenen Eingangstore zur Anderwelt geblieben.

Welche praktischen Auswirkungen für die magische Arbeit ergeben sich nun aus der Geschichte dieser Erdhügel? Als ich vor einiger Zeit mit Lakota-Indianern im amerikanischen Bundesstaat North Dakota arbeitete, wurde ich mit einem benachbarten Zweig des Stammes bekannt gemacht, der zu den »*Mound-Dwellers*« gehörte, den »Erdhügel-Bewohnern«. Die Ähnlichkeiten zwischen den Überresten dieser und der prä-keltischen Kultur auf den Britischen Inseln waren frappierend. Die »Mound-Dwellers« verwendeten für ihre unterirdischen Bauten jedoch Holz anstelle von Stein, und ihre Erdhügel wurden als Wohnhäuser für die Lebenden errichtet. Wie fast alle anderen Kulturformen der amerikanischen Urbevölkerung hatten sie noch eine weitere Art von *Mound* oder Erdhütte, ausschließlich der religiösen Nutzung vorbehalten: den Visionshügel oder, mit ihrem Namen, die *Schwitzhütte*.

Ich wurde dazu eingeladen, an einem »Männerschwitzen« teilzunehmen (Frauen hatten ihre eigenen »Schwitzzeremonien«). Dadurch erhielt ich viele unschätzbare Informationen über den immer nur provisorischen Bau und die magische Verwendung dieser Erdhütten. Die Indianer benutzten heilige Steine, um das Wasser zu erhitzen, und räucherten Salbei, ihr heiliges Kraut der Reinigung. Es gibt übrigens eine männliche und eine weibliche Salbeipflanze, und die Indianer wußten um die rechte Nutzung! Eine weitere Parallele: Sowohl die keltische als auch die indianische Stammeskultur ist als matriarchalisch anzusehen. Als Gegenstand symbolischer Verehrung gab es auch bei ihnen Steinsäulen, die Gemeinschaft hieß sogar »Standing Rock«!

Es geht uns hier darum, im Rahmen einer druidisch-keltischen

Studie den Vergleich mit einem schamanisch-indianischen »Werkzeug« zu ziehen: Die Druiden benutzten alte Erdhügel, um eine Verbindung zur Anderwelt herzustellen, die Indianer erbauten sie – die Wirkungsweise, die Ziele und die Symbole sind jedoch dieselben: Mutter Erde ... Vater Himmel ... Visionshügel ... Heutzutage sind nur wenige *Sidhs* für die Benutzung erhalten, die Erfahrung ist aber nicht weniger wertvoll als in früheren Zeiten – warum sollten wir daher nicht die Möglichkeit erforschen, unseren eigenen *Visionstempel* zu errichten, wie die Indianer?

* Suchen Sie als erstes eine malerische Stelle in der Nähe von fließendem Wasser (einem Bach oder kleinen Fluß) aus, wo es genügend junge Baumtriebe gibt, die für das Rahmengerüst einer Hütte im Zeltstil geeignet sind. (Fragen Sie ggf. jedoch den Eigentümer oder Förster um Erlaubnis!) Traditionell üblich und geeignet ist 2 bis 3 cm dickes Weidenholz.

* Wählen Sie den Mittelpunkt Ihrer kreisförmigen Hütte, säubern dann sorgfältig den Erdboden im Umkreis von 2 1/2 m und kratzen die Kreislinie leicht mit den Füßen beim Gehen aus.

* Gehen Sie zum Bach und sammeln acht kopfgroße Steine, die Sie in einem Kreis um den Mittelpunkt legen. Kehren Sie dann zum Wasser zurück und wählen drei weitere Steine aus, die später im Feuer erhitzt werden. Hierbei sollte es sich um *harten Granit* handeln, nicht um Kalkstein oder andere weichere Arten, die innen sehr feucht und porös sind und bei Hitze platzen. Notfalls müssen Sie sich diese drei Steine woanders besorgen.

* Schneiden Sie nun mit einer Handsäge vier mindestens 4,5 m lange, biegsame Schößlinge (oder besser Weidenzweige) ab und spitzen die beiden Enden mit einem Messer an.

* Markieren Sie auf Ihrer Kreislinie das Muster eines »Zifferblattes« wie bei einer Uhr: 12 Uhr, 6 ... 3 ... 9 Uhr, so daß der Kreis in vier Teile geteilt ist und Sie deutlich erkennen können, wohin die angespitzten Stangenenden reichen werden. Halbieren Sie zum Abschluß noch jedes Viertel, so daß der Kreis nun fein säuberlich in acht Segmente unterteilt ist.

* Beim nächsten Teil lassen Sie sich am besten von einem Freund helfen. Beginnen Sie beim Uhrzeigerstand von 12 Uhr, treiben ein angespitztes Stangenende in den Boden und das andere in die entsprechende 6 Uhr-Stelle genau gegenüber, so als würden Sie

ein selbstgebautes Zelt aufstellen. Wiederholen Sie dann dasselbe mit der Stange für den 3 Uhr- und 9 Uhr-Punkt und binden die Stangen oben in der Mitte, wo sie sich in einem Winkel von 90° schneiden, mit Schnur zusammen. Vollenden Sie dann das Gerüst mit den restlichen beiden Stangen und binden sie ebenfalls am höchsten Punkt in der Mitte zusammen, der nun genau über dem Kreis aus acht Steinen liegen sollte.

* Als letztes brauchen Sie eine Dachbedeckung, die über dem Zeltgerüst des »Erdhügels« angebracht wird. Traditionell werden dafür belaubte Äste oder Weidenzweige verwendet, doch viele Erneuerer greifen heute auch zu Leintüchern oder Decken. Beides ist möglich, auch wenn Zweige natürlich vorzuziehen sind, da sie »atmen« und besser »grüne Energie« beisteuern. Vergessen Sie nicht, einen Eingang an der Seite zu lassen, der nach *Osten* weist. Nun ist der Visionstempel fertig.

Der *Ritus der Vision und Reinigung* kann entweder allein, aber auch in einer Männer- oder Frauengruppe durchgeführt werden. Denken Sie daran, daß es sich hier um einen Akt magischer Energie handelt, der bestimmten Gesetzmäßigkeiten folgt und eine spezifische Wirkung hat. Vertrauen Sie also den Einsichten der Indianer, wenn Sie den größtmöglichen Nutzen daraus ziehen wollen, und heben sich die »gemischte Sauna« für andere Gelegenheiten auf. Der Ritus wird wie folgt durchgeführt:

* Wählen Sie eine *Schwellenzeit* für Ihre Reise: Morgendämmerung, Abenddämmerung oder Mitternacht; Vollmond, Neumond oder 6. Nacht nach Neumond; Sonnwende, Tagundnachtgleiche oder 12 Uhr mittags.

* Machen Sie ein kräftiges Feuer vor der Hütte und erhitzen die drei Granitsteine darin. Wenn alles bereit ist, so daß Sie anfangen können, schaffen Sie diese ins Innere der Hütte und legen sie ins Zentrum des Kreises. Verschließen Sie den Eingang.

* Gewöhnlich wird ein Schwitzritual ohne Bekleidung durchgeführt, denn alles Negative soll durch die bloße Haut ausgeschwitzt werden. Wenn Sie jedoch etwas anbehalten möchten, dann so wenig wie möglich – einen Badeanzug oder -hose, vielleicht nur ein umgelegtes Tuch –, denn Ihnen wird dort drinnen sehr bald heiß werden!

Alle sitzen im Kreis. Ein Leiter spricht zuvor eine Anrufung oder liest etwas vor. Danach gießt er aus dem Kessel oder Kelch (traditionell wurde eine Schildkröten- oder Austernschale verwendet) auf die heißen Steine Wasser, dem die folgenden Kräuter hinzugefügt worden sind:

für Männer	für Frauen
Blütenblätter von Sonnenblumen	Blütenblätter von Rosen
Männer-Salbei (breitblättrig)	Frauen-Salbei (schmalblättrig)
Wacholderbeeren	Zedernbeeren

Der Vorgang des Gießens wird dreimal wiederholt, wobei manchmal die Steine nach draußen zurückgebracht werden, um sie wieder zu erhitzen, oder neue heiße Steine nach innen geholt werden. Die Erfahrung kann sehr intensiv sein. Schließen Sie die Augen und schauen nach innen. Verlassen Sie die Hütte nur, wenn es absolut notwendig ist. Bleiben Sie auch deshalb darin, weil der Kontakt zur Anderwelt häufig die Orientierung verlieren läßt. Doch wie bei aller wahrhaft spiritueller Arbeit übertreffen auch hier die Vorteile bei weitem die »Unannehmlichkeiten«.

Anrufung des Sidh

Seht den Sidh vor euren Augen,
als Palast eines Königs sichtbar für euch,
erbaut von dem starken Dagda ...
Ein Wunder ist er, ein Elfenort,
ein ganz vortrefflicher Hügel!
The Book of Ballymote

8. Lektion: Flug des Geistes

»Ritual der Schrittsteine«

... doch keine dieser Sagen hätte ohne das tiefe und starke Gefühl entstehen können, daß der Geist des Menschen nur Gast in einem physischen Körper ist und aus der materiellen Welt davonfliegen konnte, wobei er den Körper wie entrückt und regungslos zurückließ.

E. C. Merry

Das Phänomen der Trennung des Geistkörpers vom physischen Körper ist vielleicht von allen übersinnlichen Erfahrungen am weitesten erforscht, Spuk- und Geistererscheinungen ausgenommen, die oft in Verbindung damit stehen. Normalerweise tritt dieser außergewöhnliche Zustand nur im Augenblick des Todes, bei schwerer Krankheit oder traumatischem Schock auf, doch er kann auch von Magiern, Schamanen oder Yogis willentlich hervorgerufen werden. Von den Druiden als *»Flug des Geistes«* bezeichnet, heißt es dazu im *Pheryllt*-Text:

> *Weißt du, was du bist*
> *in der Stunde des Schlafes?*
> *Nichts als Körper, nichts als Geist –*
> *oder an einen geheimen Ort geflogen?*

In den letzten Jahren hat das Phänomen der *Astralprojektion* große Beachtung erlangt; weltweit gibt es mehr als 3000 lieferbare Buchtitel, die sich nur mit diesem Thema beschäftigen. Man nimmt an, daß mindestens 10 % der Bevölkerung ziemlich regelmäßig außerkörperliche Erfahrungen machen und daß viele andere eine solche Erfahrung unter unerwarteten Umständen erleben. Zu den Erscheinungen der Astralprojektion, von denen am häufigsten berichtet wird, gehören: *innerhalb eines Traums aufwachen* (»Wahrträumen«), *auf den eigenen Körper von oben herabblicken* sowie *den Geist einer lebenden Person sehen.* Die meisten außerkörperlichen Erfahrungen treten im Schlaf auf. Häufig ist darin enthalten, sich rückwärts oder vorwärts zu bewegen in der Zeit – ein Element, das von den Mystikern seit langem als »nicht-linear« gesehen wurde. Auch Samadhi-Tanks, unzählige Kassetten, Kräutermischungen und weitere Hilfsmittel des »New Age«, die solche Erfahrungen auslösen sollen, sind in großer Zahl aufgetaucht. So betrachtet, ist der Tod (als das vom Menschen am meisten Gefürchtete) bloß eine Projektion, aus der wir nicht aufwachen. Wäre es nicht sinnvoll, uns für einen leichteren Umgang mit dieser angstbesetzten Vorstellung mit dafür hilfreichen Techniken vertraut zu machen und so dieses Phänomen beherrschen zu lernen, um damit die Macht des Todes über uns zu mindern? Zum Glück existiert dieses Wissen schon seit langem.

Hier werden die SCHRITTSTEINE als diejenige Methode beschrieben, die früher in den druidischen Kollegien benutzt wurde, um den Lehrlingen die Fähigkeit zur *Projektion* beizubringen. Wir haben darin seit vielen Jahren ein äußerst wirksames Hilfsmittel gefunden. Es ist einfach, SCHRITTSTEINE herzustellen:

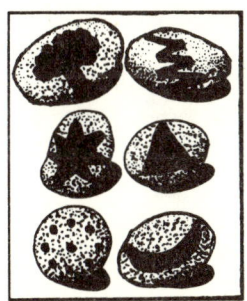

* Gehen Sie an einen Strand oder zu einem Bach und suchen neun dünne flache Steine (wie man sie zum »Steinehüpfen« verwendet), etwa so groß wie ein Keks.
* Malen Sie eine *Sequenz* von Symbolen, Zahlen, Buchstaben, Namen usw. auf die Steine – pro Stein jeweils ein Motiv. Verwenden Sie für jedes eine andere Farbe. Wir arbeiten in unserer Gemeinschaft mit der Baumordnung der *Ogham*-Schrift. Sie können

jede zusammenhängende Folge wählen, solange sie Ihnen sehr gut vertraut ist. Für manche ist beispielsweise eine Geld-Sequenz ein echter Ansporn!

* Verstecken Sie die Steine einzeln an verschiedenen Stellen, die Sie gut kennen und oft aufsuchen, nicht allzuweit voneinander entfernt. Wählen Sie diese Plätze, wenn möglich, in einer festen Abfolge, wie beispielsweise den Weg, den Sie routinemäßig jeden Morgen gehen usw.

* Jeden Abend, bevor Sie einschlafen, gehen Sie in Ihrer geistigen Vorstellung deutlich den Weg der Steine nach. Probieren Sie, Ihren Astral-, Geist- oder Anderwelt-Körper dazu zu »programmieren«, sie als *Schrittsteine* zu benutzen. Allmählich und im Laufe der Zeit (bisweilen auch ganz unvermittelt, was von der Person abhängt) werden Sie sich auf eine *außerkörperliche Erfahrung* programmiert haben. Sie werden feststellen, daß Sie am Morgen immer häufiger mit einer bruchstückhaften Erinnerung an eine »Reise« zu einem oder mehreren Ihrer versteckten Steine aufwachen. Je nachdem, wieviel Mühe Sie in dieses Programmieren vor dem Einschlafen stecken, werden Sie sich schon bald tatsächlich zwischen den Steinen bewegen – ohne daß sich Ihr Körper bewegt.

Ich hatte in meiner Jugend einen Lehrer, der mir Astralprojektion beibrachte und darauf bestand, daß ich abends durstig zu Bett ging, dabei aber genau wußte, wo ein Glas mit leuchtendrotem Fruchtsaft versteckt war! Das funktionierte ... ebenso wie die Schrittsteine.

9. Lektion: Caer Sidi

»Der Kreis der Götter«

Ohne Zweifel gehören Druiden, keltische Magie und Steinkreise seit sehr, sehr langer Zeit zusammen. Ein magischer Kreis, ob aus Stein oder einem anderen Material, sollte einen Mikrokosmos darstellen – eine Miniaturform des Universums, in dem der Magier selbst der Mittelpunkt war. Der Kreis ist sicher das machtvollste Symbol der Menschheit, und auch die Natur kennt es. Alles dreht sich in einem Kreis, vom Universum selbst, den großen Sonnen und Planeten bis hin zu den Elektronen um den Atomkern. Alles existiert in der Kreisform – Unendlichkeit.

Durch die neodruidische Bewegung der letzten 200 Jahre ist die Meinung entstanden, alle Steinkreise und Monumente in den keltischen Ländern seien von den Druiden errichtet worden. Diese Vorstellung besteht noch heute über die Entstehung von Stonehenge, dem größten aller Steinkreise, obwohl er bereits zu der Zeit, als die Druiden erstmals in Britannien auftauchten, älter als Menschengedenken war! Die Priesterschaft besaß jedoch tiefes Wissen über die astronomischen Bezüge, für welche solche Monumente erbaut waren. Sie selbst haben auch eine deutlich erkennbare *eigene* Gruppe von Steinkreisen errichtet. Diese Steinkreise, die tatsächlich so etwas wie ein »druidisches Markenzeichen« trugen, unterschieden sich durch ein gemeinsames Element: Anstelle der gebräuchlichen zwölf oder mehr Steine hatten sie alle acht Steine. Acht war die Zahl des rituellen druidischen Zodiaks sowie die wichtigste Schlüsselzahl hinter den Elementarwelten; die Zahl der stets wiederkehrenden Jahreszeiten, wenn die Anderwelt der Menschenwelt ihre Tore öffnete. Es wurde als Geheimnis gehütet, daß jedes der vier Elemente (Erde, Wasser, Luft und Feuer) *zwei Aspekte* besaß, in denen es sich in der physischen Welt manifestierte: einen *aktiven* und einen *passiven*. Diese standen in der folgenden Beziehung:

aktiv	passiv
Erde	Stein
Meer	Wasser
Wind	Luft
Flamme	Feuer

Das Neunte war das größte Geheimnis, denn es blieb verborgen. Dies war der Mittelpunkt, das unsichtbare »A und O« – Anfang und Ende, um die sich alle Existenz dreht. Wenn wir diesen Punkt in der Mitte einnehmen, erkennen wir unsere persönliche Kraft an und werden zu einem echten Magier. Die Elemente umgeben uns, wir aber sind das geheime Zentrum – die mystische »Neunte Welle des Meeres«, von Taliesin, dem größten aller Barden, besungen:

Druide ... Weiser ... Weissagung für Arthur!
Aus den Neun Formen der Elemente wurde ich geschaffen ...
Cad Goddeu

Der Sinn dieser *Neun Formen* wird dann verständlich, wenn man bedenkt, daß die druidische Zahl der Manifestation die Drei war ... und die Neun damit dreifach heilig. Die Druiden waren berühmt für ihre *Drei Kreise der Existenz*, wie im *Barddas* berichtet wird: der Erste Kreis von *Abred* – die physische Welt, in der wir leben; der Zweite Kreis von *Gwynydd* – das glückselige Reich der Anderwelt; der Dritte Kreis von *Ceugant* – das Große Jenseits, wo nichts außer Gott existiert.

Die Drei Kreise sind in der folgenden Darstellung wiedergegeben.

Diese Begriffe sind für uns wichtig, denn wenn wir einen persönlichen heiligen Kreis errichten, einen eigenen *Caer Sidi*, so muß uns

seine ganze Symbolik bekannt sein, damit er magisch wirksam ist.
Es verhält sich damit ähnlich wie ein Wassertropfen, der auf die unbewegte Oberfläche eines Weltenmeeres fällt:

> *Wir (die Magier) stehen auf der Erde im Zentrum von allem – dem
> Ersten Kreis; der CAER SIDI, der heilige Steinkreis, existiert überall um
> uns herum als Grenze zur Anderwelt – dem Zweiten Kreis; und jenseits
> davon liegt der Ewige Ozean des Unbekannten – der Dritte Kreis der
> Unendlichkeit.*

Wußten Sie, daß es eine wissenschaftlich nachgewiesene Tatsache
ist, daß Steinsäulen (Menhire) und Steinkreise magnetische Energie
erzeugen und Steinkreise diese Erdenergie zur Mitte hin konzentrieren – zur Unendlichkeit? Nach den Forschungsarbeiten der Physiker
Dr. Alan Raliegh und Gary R. Jacobson von der Harvard Univer-
sity, die zu Anfang der 70er Jahre umfassende Untersuchungen in
Stonehenge und an anderen megalithischen Stätten durchführten,
bleibt den Skeptikern nicht mehr viel zu sagen. Diese alten Stein-
monumente sind tatsächlich wirksam!

Wie können ihre Energien nun nutzbar gemacht werden, um für
Sie, den motivierten Leser, wirksam zu werden? Die einfache Antwort lautet: Suchen Sie sich eine geeignete Stelle in der unberührten
Natur aus und errichten dort Ihren eigenen Ritual-*Caer Sidi* nach
den folgenden Richtlinien:

* Wählen Sie einen guten Ort, der frei oder im Wald gelegen sein
  kann, aber geschützt und nicht öffentlich zugänglich ist, damit
  Sie dort ungestört sind. Das Tor zur Anderwelt, das Sie errichten,
  gehört Ihnen allein.
* Bestimmen Sie sorgfältig, wo der Mittelpunkt Ihres Kreises sein
  wird und markieren ihn mit einem Holzpflock, den Sie tief in den
  Boden treiben.
* Mit einer 2,5 m langen Schnur, die an dem Pflock festgebunden
  wird, schlagen Sie einen Kreisbogen von 360° und ritzen Ihren
  Kreis mit einem Stock, einem Messer oder einer Handsichel leicht
  in den Boden.
* Mit der Hilfe eines mitgebrachten Kompasses markieren Sie die
  vier Himmelsrichtungen mit kleinen Steinen oder Pflöcken (wir
  verwenden lange Eisennägel) etwas außerhalb des Kreises.

* Suchen Sie nun Ihre acht Steine aus. (Ein kleiner Flußlauf, ein Hügel oder ein Acker sind häufig gute Stellen, um fündig zu werden.) Sie sollten die Größe eines Kopfes haben oder womöglich größer sein – je größer, um so besser. Sie werden gereinigt und auf der Kreislinie entlang ausgelegt. Probieren Sie verschiedene Positionen aus, bis Sie eine Anordnung gefunden haben, die Ihrem Gefühl nach zu passen scheint. Die ersten vier Steine sollten direkt auf die vier Kardinalpunkte (Norden, Süden, Osten und Westen) gelegt werden, die übrigen vier dann im gleichmäßigen Abstand dazwischen. Damit ist der Steinkreis gebrauchsfertig.

Wenn Sie keinen dauerhaften Kreis errichten können, weil Sie entweder in einem geschlossenen Raum oder auf Land arbeiten müssen, das Ihnen nicht gehört, hatten die Druiden auch eine dafür passende Praxis: den »tragbaren Steinkreis«!

Kaufen Sie sich einen kleinen blauen Lederbeutel, der sich oben mit einer Schnur zusammenziehen ließt. Wenn Sie ein Geschäft finden, das solche Beutel führt oder herstellt, so erwerben Sie gleich mehrere davon; sowohl blaues Leder (ursprünglich mit Waid gefärbt) als auch der Gedanke, magische Gegenstände am Gürtel bei sich zu tragen, ist ausgesprochen »bardisch«.

Suchen Sie sich acht kleine Steine in Größe einer Münze, die Ihnen gefallen; an einem Strand oder Bachufer sind sie am besten zu finden. Nehmen Sie sich Zeit für die Suche, oder stellen Sie diese Sammlung nach und nach zusammen. Da ich viel umherreiste und andere Kulturen besuchte, wandele ich meinen achtteiligen »tragbaren Kreis« im Beutel immer wieder ab und ersetze Steine durch bessere Stücke mit größerer Symbolkraft – eine gute Praxis!

Mit dem ersten Set aus acht Steinen haben Sie Ihren tragbaren *Caer Sidi* und können anfangen. Legen Sie die Steine immer in der Richtung des Sonnenlaufs/im Uhrzeigersinn (von Ihnen aus nach rechts) aus und sammeln sie in umgekehrter Richtung wieder ein. Verwenden Sie sie drinnen oder draußen. Im Laufe der Zeit werden sie an Symbolkraft gewinnen!

10. Lektion: Totems

»Keltische Führer und Erdbilder«

Von allen Magiern auf der ganzen Welt geteilt wird auch die Praxis der »Führer zur Anderwelt«. Diese haben meistens nicht die Gestalt von Menschen, sondern von Bäumen oder Tieren, die in einer besonderen Beziehung zur Mythologie der betreffenden Kultur stehen. Es gibt Theorien, wonach wir alle mit »spirituellen Vorlieben« geboren sind, d.h. angezogen werden von einer bestimmten Art von Weg, von Stein, Farbe, Nahrung, Menschentypus, Pflanze, Tier usw. Diese müssen wir entdecken und nutzen, wenn wir im Leben unser volles Potential verwirklichen möchten. Der moderne Begriff dafür lautet: »das wahre Selbst finden«. Erinnern wir uns an die Inschrift, die in alter Zeit den Eingang zum griechischen Orakel von Delphi schmückte: *Erkenne dich selbst.* Die wichtige magische Lektion, die wir hieraus lernen, heißt, daß wir mit gewissen Affinitäten (zu bestimmten Dingen, Stein oder Tier) geboren sind bzw. diese in zahllosen Leben angesammelt haben. Kinder sind oft in tiefem Einklang mit solchen »unsichtbaren Spielgefährten«, bis die Pubertät und moderne Sozialisation diese Prägungen meistens verwischen. Als Erwachsene haben wir für uns die Aufgabe, diesen Einklang erneut herzustellen und dieses innere Wissen wieder zurückzugewinnen.

Das *Buch der Pheryllt* nennt drei Kategorien oder Gruppen von uns »angeborenen« Totem-Gefährten:

* ein Totem-*Ahne*, ein Totem-*Baum* und ein Totem-*Tier*.

Nach druidischer Lehre gehören diese drei Totems bereits als Teil zu jedem von uns – wir müssen uns nur daran erinnern. Dies erfordert zielgerichtete Meditation. Verfolgen Sie Ihr Leben von der Gegenwart zurück, soweit Sie sich erinnern können, und zwar jeweils unter dem Gesichtspunkt der drei Kategorien *Bäume, Tiere und Ahnen.* Welche von diesen haben Sie am meisten angezogen, Ihre Aufmerksamkeit gewonnen und gefesselt? Viele von uns vollziehen diesen Vorgang fast unbewußt, denn die Antwort liegt oft sehr nahe an der Oberfläche, und so haben Sie bald nicht nur ein Lieblingstier – sondern vielleicht eine ganze Sammlung von ihnen! Ich habe viele Freunde, die solche Tierminiaturen, wie Pferde, Elefanten, Enten, Bären, Einhörner, Eulen und Schwäne sammeln. Ihre Wahl sagt sehr viel über den Menschen aus. Haben Sie auch einen solchen Freund, oder sammeln Sie selbst? Und warum?

Fühlen Sie eine besonders liebevolle Verbindung zu einem Verwandten, der schon gestorben ist? Wissen Sie, daß besondere Verbindungen zu Vorfahren fast immer über den Tod hinaus weiterleben? Die gebräuchliche Redensart »Ich muß einen Schutzengel haben« kommt wahrscheinlich daher und bezieht sich oft auf einen Totem-Ahnen.

Wie steht es mit Bäumen? Hat jemals einer von ihnen die Zweige nach Ihnen ausgestreckt und Sie gerufen – die Eiche, in der Sie vielleicht Ihr erstes Baumhaus bauten, oder der Birnbaum vor dem Wohnzimmerfenster Ihrer Großmutter? Überlegen Sie, suchen Sie nach Verbindungen ... dies führt zu magischem Denken. Analysieren Sie und entscheiden sich. Mein persönliches Beispiel, dessen Wurzeln tief in meine eigene Geschichte reichen:

* Lieblingsbaum: Espe.
* Lieblingstier: *Rabe*
* Lieblingsahne: *mein Großvater väterlicherseits, der mir stets nahe ist.*

Weiter unten sind die einzigartigen, jahrtausendealten Totem-Darstellungen von drei keltischen Stämmen abgebildet. Sie werden als »Turf Totems« bezeichnet, sind Clan-Symbole und in die Erde geschnitten; manche von ihnen haben eine Länge von über 100 m. Das *Pferdevolk* ... der *Riesenclan* ... der *Drachenstamm* – wo könnten Sie sich gut hineindenken?

Integrieren Sie diese Informationen, sobald sie aufgedeckt sind, in Ihr Leben. Sammeln Sie Blätter oder Früchte ... Steine oder Käfer ... kehren Sie in Ihre Kindheit zurück ... gehen Sie in die nächste Tierhandlung oder fangen damit an, Miniaturen zu sammeln ...

rahmen Sie das alte Foto aus dem Familienalbum. Damit führen Sie jedesmal eine magische Handlung von persönlichem Wert aus, die Sie in Verbindung mit Ihrem inneren Selbst bringen wird.

Diese drei Totems können auch ganz direkt in Ihre Ritualarbeit aufgenommen werden. Holz für Ihren Stab oder Ihre Rute ... Blätter, Rinde und Nüsse als Räucherwerk ... der Name des Vorfahren zu symbolischen Initialen oder Ritualzeichen abgekürzt. Es bleibt Ihnen überlassen, wie Sie die Totems verwenden. Sie haben die Aufgabe, ihr Dasein anzuerkennen ... als tiefe Quellen der Kraft, die darauf warten, daß sie geweckt werden.

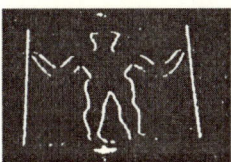

11. Lektion: Der Ritus des Drachenrufs

»Die Stimme aus Eisen befreien«

Gründliche Leser werden sich an die früheren Darstellungen erinnern, die in Teil II dieses Buches über den Gebrauch des *Ddraglais*
oder der »Drachenstimme« in der Alten Welt erwähnt sind, und die
2. Lektion des vorliegenden *Grimoire* enthält eine detaillierte Beschreibung für seine Anfertigung.

Das *Buch der Pheryllt* gibt einen kurzen Ritus, der früher dazu
verwendet wurde, die Energie des Drachens – und gelegentlich sogar
seine Gegenwart – herbeizurufen. Mit der folgenden Symbolik sollte
der Leser vertraut sein, bevor er den *Drachenruf* ausprobiert:

* Name: Draco
* Element: Feuer/Flamme
* Ausrichtung: solar
* Planet: Mars
* Geheimer Name: Vermithrax
* Metall: Gold/Eisen
* Schwellenzeit: Mittag
* Farbe: blutrot

* Räucherwerk: Drachenblut
* Zahl: 2
* Symbol: Drachenauge
* Geschlecht: weiblich
* Waffe: Schwert
* Ort: Berghöhle
* Fest: Mittsommer
* Opfergabe: rohes Fleisch

Wenn Sie den *Ritus des Drachenrufs* ausführen möchten, sollten Sie
als erstes so viele dieser symbolischen Elemente wie möglich einbeziehen. Tragen Sie rote Kleidung ... gehen Sie um die Mittagszeit an
eine hoch und offen gelegene, sonnige Stelle ... entzünden Sie (mit
Vorsicht) ein Feuer, verbrennen Räucherwerk und bringen ein Opfer
... heben Sie Ihr Ritualschwert hoch in die Luft, zum Auge der
Sonne hin, atmen tief ein und sprechen laut die folgende Beschwörung aus dem *Pheryllt*-Text:

Beschwörung des Drachen

Draco! Fraoch! Vermithrax!
Drache! Höre nun die alten Worte:

Cum saxum saxorum, in duersum montum
oparum da – In aetibulum – In quinnatum
DRACONIS!

Ziehen Sie beide Arme rasch nach unten zur Seite und atmen kraftvoll ein. Wiederholen Sie dies insgesamt dreimal hintereinander.
Dieser Ritus ist äußerst wirksam und hervorragend dafür geeignet,
wenn Sie mehr Vertrauen, Mut, Ausdauer oder spirituelle Stärke in
Ihrem Leben brauchen.

12. Lektion: Der Lichtschild

»Drei innere Sterne der druidischen Lehre«

Wie alle Lebewesen besitzen auch wir in unserer physischen Anatomie ein umfassendes Versorgungssystem, das uns am Leben erhält; dazu gehören Blutgefäße, Nervenbahnen, Drüsensysteme usw. Damit vergleichbar haben wir in unserer spirituellen oder feinstofflichen Anatomie Netzwerke anderer Art, die ebenso entscheidend zur Erhaltung des Lebens sind: die *Chi*-Bahnen, die Vitalenergie aus den drei sie erzeugenden Hauptzentren durch den Ätherleib nach außen fließen lassen. In magische Druidensprache übertragen: Die drei Sternenzentren im materiellen Körper erzeugen *Calen* (»Prana« oder Lebenskraft), das dann entlang der Drachenlinien im Körperinnern zirkuliert. In östlichen Begriffen sprechen wir natürlich von *Chi*-Bahnen oder Akupunktur-Meridianen und den Energiezentren der sieben *Chakras*; beide bilden die Grundlage für die gesamten östlichen Heilmethoden. Auch die Druiden bezogen sich auf die magnetischen Kraftlinien oder »ley lines«, die mit der fließenden Wasserenergie tief unter der Erdoberfläche verlaufen, und nannten sie *Drachenlinien*: Wie oben, so unten – oder, was in der physischen Welt sichtbar ist, spiegelt sich in der Anderwelt. Das innere System der »Energiegefäße« mit den drei deutlich markierten Sternenpunkten ist nebenstehend abgebildet.

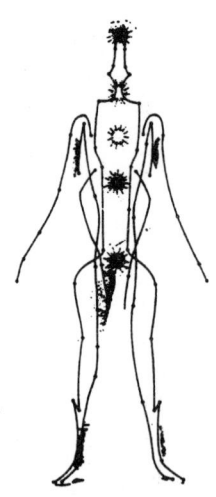

Die drei Sternenpunkte erzeugen nicht nur die Vitalenergie, die uns am Leben erhält, sondern außerdem ein bio-elektrisches Feld, das den Körper umgibt und im allgemeinen als *Aura* bezeichnet wird. Jedes Jahr erscheinen Hunderte von Büchern über dieses Thema, und gegenwärtig untersucht die Wissenschaft viele Aspekte dieses Phänomens. Doch die Aura oder der *Lichtschild*, wie die Druiden sie bezeichneten, ist keine neue Entdeckung, sondern war schon im Alten Ägypten und lange zuvor bekannt; Magier, Schamanen und Medien haben schon immer von ihrer Existenz gewußt. Viele daran interessierte Menschen verwenden viel Energie darauf, um die Fähigkeit des Aurasehens zu entwickeln. (Als ein Hilfsmittel wurde auch eine »Aura-Brille« auf der Grundlage der Kirlian-Fotografie entwickelt.)

Nachfolgend eine für den Leser ebenso interessante wie nützliche Übung, die wir dazu verwenden, um in die Welt der Energie einzuführen:

Halten Sie beide Hände gegen einen dunklen Hintergrund, wobei sich die Finger gegenseitig fast berühren. Bewegen Sie dann die Hände langsam auseinander. Dabei sollten Sie etwas wahrnehmen, was wie Bänder aus gräulichem Licht erscheint, die von den Fingern der einen zu denen der anderen Hand verlaufen.

Um sich davon zu überzeugen, daß es sich nicht um eine optische Täuschung handelt, machen Sie einen Test und senken eine Hand etwa 15 cm tiefer als die andere. Beachten Sie, daß die Strahlen immer noch die Finger miteinander verbinden, jetzt aber in diagonaler Richtung zwischen ihnen verlaufen.

Eine gute Übung besteht darin, das graue Licht von einem zum anderen Finger zu projizieren. Probieren Sie es mit einem Partner – auch mit einem Partner des anderen Geschlechts, was sehr aufschlußreich ist. Sie werden dabei einige interessante und eindrucksvolle »Polaritätseffekte« feststellen.

Nach den *Pheryllt*-Darstellungen ist jedes der drei Sternenzentren auf eines der drei beherrschenden Prinzipien des Universums ausgerichtet:

* Calas – die »erdhafte« Natur, die sich dem Wachstum widersetzt. Der Stern liegt im Bereich der Sexualorgane. Bedeutet *hart* oder *gefroren*.

* FLUID – die »wäßrige« Natur, die sich auch auf das Element Luft (d. h. einen Luftstrom oder -zug) bezieht; herrscht über die Emotionen und alles Fließende. Der Stern liegt im Bereich des Solarplexus, in dessen *Nähe* sich das Herz (Organ des Blutstroms) und die Lungen (Luftstrom) befinden.

* NWYVRE – die Natur des »feurigen Raums«, die Denken, Intellekt und Inspiration verleiht. Hier liegt das Gehirn und auch das Zentrum des Dritten Auges, die Stelle der Zirbeldrüse, die von vielen für den Sitz des höheren Bewußtseins und magischer Gaben gehalten wird. Das *Nwyvre*-Prinzip beherrscht alle Dinge, die ausdehnend und offen für das Universum sind.

Außer den vielen Sternenlinien der Energie, die in uns fließt, gibt es auch drei Hauptkanäle, von denen aus sich die anderen verzweigen: auf der rechten Körperseite, auf der linken Körperseite und in der Mitte des Rumpfes. Im östlichen Yoga werden diese als *Ida*, *Pingala* und *Sushumna* bezeichnet; in der druidischen Lehre werden sie die *Drei Strahlen* oder die »Drei Erleuchtungen von *Awen*« genannt:

* rechter Strahl – solar, männlich, NWYVRE
* linker Strahl – lunar, weiblich, FLUID
* mittlerer Strahl – kristallen, Gleichgewicht, Trennung, CALAS.

Abschließend muß noch etwas über *Emotionen* und *Farben* gesagt werden, denn dabei handelt es sich um Grundmanifestationen der inneren Energien in der äußeren Welt. Wir leben und bewegen uns ständig in einem Meer aus Farben. Wenn Sie sich der Sie umgebenden Energie und Farben einfach *bewußt* sind, wird es Ihnen schließlich möglich, sie flüchtig oder auch deutlich zu sehen. Haben Sie Geduld! Die konkreten Beziehungen zwischen der Farbe, die der Lichtschild eines Menschen hat, und seinem emotionalen/mentalen Zustand können Sie aus der nachfolgenden Übersicht der Entsprechungen entnehmen, die altbewährt und fest in der menschlichen Psyche verankert sind:

* WURZELSTERN – *Fluid*, unteres Farbspektrum, Wasser.
VIOLETT – Spiritualität, klares Denken, innere Beherrschung.
INDIGO – Mystik, Ehrfurcht, verborgene Tiefen.
BLAU – Religiosität/Mitgefühl, Hingabe, Liebe, Schwermut.

* MITTLERER STERN – *Calas*, mittleres Farbspektrum, die grüne Trennungslinie.
  GRÜN – Gleichgewicht, Heilung, Lernen, Widerstand.

* HÖHERER STERN – *Nwyvre*, oberes Farbspektrum, feuriger Raum.
  GELB – Kreativität, Intellekt, Glück, Abneigung.
  ORANGE – Zufriedenheit, Neugier, Autorität, Kontrolle.
  ROT – Leidenschaft, Inspiration, Zorn, Macht.

Am Ende können Sie selbst die Farbe Ihres Lichtschildes und damit Ihren Gefühlszustand verändern … und dies auch für andere, wenn Sie mehr Erfahrung haben. Wenn Sie sich zornig (Rot) fühlen, so konzentrieren Sie sich darauf, Ihren Lichtschild mit der entgegengesetzten Farbe Blau auszufüllen. Brauchen Sie einen klaren Kopf zum Studieren? – Denken Sie an Gelb. Wollen Sie ein heiliges Zeremoniell ausführen? – Dafür ist Blau eine gute Farbe. Denken Sie daran, daß der Lichtschild auf zielgerichtetes Denken reagiert. Diese Tatsache können Sie nutzen, um Herrscher in Ihrem Leben zu werden!

13. Lektion: Gogmagog

»Die keltischen Riesen aufsuchen«

Obwohl heute nur noch wenig an diese äußerst alten und vielschichtigen Doppelgötter gedacht wird, haben sie in der Geschichte der keltischen Rassen eine fast unvergleichliche Bedeutung, und daher verdient ihr Vermächtnis wieder Beachtung.

Abgesehen von kurzen Erwähnungen in kleineren Sagen war mir unbekannt, wie wichtig sie waren – bis ich das kurze Ritualstück *Die Visitation von Gogmagog* im *Pheryllt*-Manuskript las. Laut dieser Quelle entspricht dieser Gott einer Umbenennung des prähistorischen Höhlengottes *Ushun G'Shik*, der vor über 30 000 Jahren auf den Britischen Inseln verehrt wurde. In einem keltischen Bezugsrahmen ist Gogmagog jedoch eigentlich zwei-Götter-in-einem: Gog *und* Magog, zwei, in Höhlen lebende Riesenbrüder, die mit »Brut, dem Trojaner« um 1130 v. Chr. nach Britannien einwanderten. Sie sollen größer als 12 Ellen (ca. 6 m) gewesen sein. Die keltische Sage ordnet ihre Identität zwei sehr bekannten riesigen Erdbildern (»Turfs«) zu: dem *Long Man of Wilmington* und dem *Cerne Abbas Giant*. Außerdem tritt T. C. Lethbridge in seinem faszinierenden Buch *Gogmagog: The Buried Gods* für die außerordentliche Bedeutung dieser Götter in der lange zurückliegenden Geschichte der britischen Mystik ein. Vor einem Festungslager aus der Eisenzeit in den Gogmagog Hills bei Wandlebury in der Nähe von Cambridge ist die in die Landschaft eingegrabene Gestalt des Gottes als »Totem Turf« in allerlei örtlichem Aberglauben und Sagen immer noch lebendig.

In der von Nennius 769 n. Chr. verfaßten *Historia Britonum* wird Magog als der zweite Sohn Japhets, dem Sohn Noahs, bezeichnet. Tatsächlich werden Gog und Magog in der Mythologie der Bibel als dunkle Kräfte erwähnt (Hesekiel 38 und 39; Offenbarung des Johannes, 20). Entscheidend für uns ist, daß diese Götter etwas Besonderes sind und mit ihrer uralten, tiefverwurzelten Gegenwart unsere Aufmerksamkeit verdienen, da sie etwas verkörpern, was die Druiden mit Sicherheit als machtvollen magischen Verbündeten betrachteten.

Etymologisch betrachtet, ist der Name *Gogmagog* in der Tat aufschlußreich. Zweifellos besteht eine direkte Verbindung zu dem keltischen Gott der Gelehrsamkeit, der Dichtkunst und der Buchstaben: *Ogma Sonnengesicht*. Die eindrucksvolle Wurzel »og« ist in beiden Worthälften enthalten und bezeichnet wahrscheinlich den Doppelaspekt von Hell/Dunkel, der für Sonnengottheiten so charakteristisch ist.

Diese Verbindung wird hier deshalb angesprochen, weil das *Pheryllt*-Manuskript eine Reihe von Buchstaben unter der Bezeichnung *Gogmagog-Alphabet* wiedergibt, deren Herkunft nicht erwähnt wird. Aber erinnern Sie sich an das berühmte *Ogham-Baumalphabet*, das von der Sonnengottheit Ogma erdacht worden sein soll? Dies ist eine interessante Verbindung, zumal das Gogmagog-Alphabet zwölf Buchstaben hat – und Zwölf seit alters die Sonnenzahl ist.

Wie Sie an der nebenstehenden Darstellung sehen, sind hier zwei Lesarten enthalten: Eine hat darüber ein Sonnenzeichen, die andere ein Mondzeichen stehen. Dies ist ein deutlicher Hinweis auf eine Sonnenversion für den Tag und eine, für den nächtlichen Gebrauch bestimmte Mondversion. Möglicherweise kommt auch die Verwendung zur Orakelbefragung an bestimmten Hain-Festen der dunklen und der lichten Jahreshälfte hinzu. Der Text drückt sich zwar nicht allzu klar über den spezifischen Gebrauch dieser Buchstaben aus, doch werden »Steininschriften« erwähnt, die auf eine Orakelfunktion hinweisen. Wenn wir die einzelnen Teile zusammenfügen, kann daraus folgendes gestaltet werden:

* Sammeln Sie am Strand oder an einem Flußufer 12 flache Steine von der Art, wie man sie beim »Steinehüpfen« verwendet, etwa so groß wie Kekse.

* Entscheiden Sie, ob Sie die Sonnen- oder Mondfassung der Buchstaben verwenden möchten. Schreiben Sie mit einem Griffel, einer Stahl- oder Eisenfeder die 12 Zeichen auf die 12 Steine; jeder Stein bekommt ein Symbol, die andere Seite bleibt leer.

* Bewahren Sie die Steine zusammen in einem Beutel auf. Wenn Sie eine Frage haben, sprechen Sie diese aus, greifen in den Beutel hinein, nehmen alle Steine heraus und legen sie im Kreismuster wie das Zifferblatt einer Uhr vor sich aus: Beginnen Sie immer bei 12 und gehen bei der Sonnenversion im Uhrzeigersinn nach rechts, bei der Mondversion gegen den Uhrzeigersinn nach links. Achten Sie darauf, daß Sie die Steine genauso hinlegen, wie sie aus dem Beutel herausgeholt werden; drehen Sie sie nicht um, denn die »Leerstellen« sind wichtig.

* Kennen Sie Spiele wie *Scrabble*, bei denen es um Wortassoziationen geht? Auch dies ist eine authentische Methode für die Befragung von Runen. Achten Sie auf das erste Wort oder die Wortfolge, die Ihnen einfällt, während Ihre Augen über den Kreis gleiten. Lassen Sie Ihre intuitive Einsicht, Ihren überbewußten Geist an dem Problem arbeiten – vielleicht mit Unterstützung der *Gogmagog*-Riesen!

* In einer alten britischen Sammlung von »Nonsense-Liedern« für Kinder aus dem Jahr 1830 ist ein Lied enthalten, das unser Thema in wunderbarer Unschuld und Einfachheit anklingen läßt. Es könnte ohne weiteres als Anrufung vor dem Gebrauch der *Gogmagog*-Steine verwendet werden – zumindest verwende ich es so:

Waulking Song
Two tall giants went a-hunting,
Ho a Ho ma Gog ma Gog!
From a cave they took two sacks
Ho a Ho ma Gog ma Gog!
Two great clubs upon their back,
Ho a Ho ma Gog ma Gog!

Lied vom Spaziergang
Zwei Riesen gingen auf die Jagd,
Ho a Ho ma Gog ma Gog!
Zwei Säck' aus einer Höhle,
Ho a Ho ma Gog ma Gog!
Zwei Keulen auf dem Rücken,
Ho a Ho ma Gog ma Gog!

14. Lektion: Sigills als Inschriften

»Verschollene keltische Kraftzeichen«

Neun Tage und neun Nächte hing ich, von einem Speer durchbohrt und mir selbst preisgegeben, an einem windgepeitschten Baum – einem Baum, von dem niemand weiß, aus welchen Wurzeln er sich erhebt. Sie gaben mir weder Brot noch das Trinkhorn. Dann nahm ich den Zauber der Runen in mir auf ...

Die Ältere Edda

Dieses Kapitel soll zum einen die außerordentliche Bedeutung von Symbolen, Schrift und Sprache im keltischen Bezugsrahmen des Druidentums besonders hervorheben und zum anderen den Leser mit vier alten und vergessenen Runensystemen aus der bardischen Tradition bekanntmachen, die dann auf kreative Weise in die praktische Arbeit einfließen können.

In Ermangelung eines besseren Namens haben wir uns dazu entschlossen, diese Schrift die *Lugh-Buchstaben* zu nennen. Sehen Sie sich genau die *Ogham*-Inschrift an, die im oberen Teil des Schaubildes erscheint. Sie stammt aus einer Geschichte, die tief in der keltischen Mythologie verwurzelt ist; darin wird dem Krieger-Gott Lugh von einem Zauberer namens Ogmios eine geheimnisvolle *Ogham*-Botschaft gesandt. Daraus läßt sich nicht viel mehr ersehen als der Gedanke, daß die Schrift auf irgendeine Weise mit Lugh und daher vielleicht auch mit seinem Hain-Fest *Lugnassad* verknüpft ist, das um den 1. August herum 30 Tage gefeiert wird. Das Runenalphabet hat 13 Schriftzeichen – und damit eine *Mond*signatur. Bemerkenswert in diesem Zusammenhang ist auch, daß Lughs August-Fest ursprünglich zu Ehren der Weißen Göttin des Mondes *Lunasad* genannt wurde.

Lugh	Latein
A	A
Ǝ	E
Ⅎ	F
⊟	H
I	J
)	K
Ⅴ	L
M	M
И	N
𐌙	P
𐌒	R
2	S
†	T

In dieser rätselhaften Gruppe von vier Schriften sind wenige Anhaltspunkte zu finden. Die Entsprechungen für die Buchstaben werden in ihrer altwalisischen Übertragung wiedergegeben. Vielleicht
zeigt diese Zusammenstellung unterschiedliche Versionen der *Baum-
schrift*, die von verschiedenen druidischen *Cors* (Kollegien) im Land
üblicherweise benutzt wurden?

	Ailim
	Beth
	Gort
	Duir
	Eactha
	Fearan
	Iodha
	Coll
	Luis
	Muin
	Nuin
	On
	Poth
	Ruis
	Suil
	Tinne
	Uath

Die folgenden beiden Schriften werden einfach als »frühe bardische Alphabete, von den *Ogham* und Runen abgeleitet«, bezeichnet.

B-L-F-S-N-D-T-C-Q-M-G
Ng-Ss/Z-R-A-O-U-E-I

A-B-C-D-E-F-G-H-I-K-L-P
M-N-O-Q-R-S-T-U-X-A'-Z

Zum Abschluß folgt noch die direkte Wiedergabe eines *Zahlensystems*, das für jeden, der vorhat, das hier dargebotene alte Wissen anzuwenden, von großem Nutzen sein kann.

1 2 3 4 5 6 7 8 9 10

Arall

NODAU RHIFYDDIAETH YR HEN GYMRY,
SEF YR AWGRYMIAID.

J	Un	6	Chwech
7	dau	∧	Saith
3	tri	8	wyth
∂	pedwar	9	naw
ς	pump	∅	deg

J 7 3 ∂ ς Ь ∧ 8 9 ∅

J 7 3 ∂ ς Ь ∧ 8 9 ∅

Ac o fodd arall

1 7 ϟ ʆ ς 6 ∧ 8 9 ∅   neu 10

1 7 3 ℓ ς 5 ∧ 8 9 ∅

1 7 ϟ ʃ ς 6 ∧ 8 9 ∅

1 2 ϟ ∂ ς ς ∧ 8 9 ∅   cant

✦ cant. neu ✦c. hef. C. hefyd 100

⊝ʊ mil—hefyd . ˙7 hefyd ⟅ hefyd 1000

15. Lektion: Gestaltwechsel

»Die keltische Kunst der Verwandlung«

Dann wuchs auf meinem Kopfe ein Geweih mit Sprossen, groß an Zahl, rauh und grau nun bin ich von Gestalt. Gewachsen bin ich aus der Schwäche.

Tuahn MacCaerel

Eines der interessantesten Elemente, das sich durch die gesamte keltische Mythologie zieht, ist die Praxis der Verwandlung in einen Gegenstand oder ein Tier – oder, was noch gebräuchlicher ist, eine ganze Reihe solcher Metamorphosen. Die Druiden verwendeten dafür den Begriff der *Transmigration* (»Seelenwanderung«), doch ist ein derart phantastisches Element keinesfalls nur für die Kelten charakteristisch, sondern allen Kulturen mit einer magischen Grundlage gemeinsam. Sehr verbreitet ist dafür vor allem der anschauliche Begriff *Gestaltwechsel*, und Psychologen haben für dieses Phänomen den Ausdruck *Metempsychose* geprägt. Ist es nicht wunderbar, zu welcher geachteten Wissenschaft die Magie wird?

Zur Freude des Lesers und als Einführung in dieses Thema möchte ich gern das berühmteste Beispiel für diese Praxis aus den alten keltischen Erzählzweigen nacherzählen: *Die Verwandlungen von Taliesin* (nach der Fassung von Moira Caldecott).

Die Herrin Cerridwen sucht den Rat von Priestern und Gelehrten, befragt die Bücher von Fferyllt und beschließt, in einem Kessel einen »Trunk der höheren Eingebung und Weisheit« für ihren Sohn zu brauen, damit er eines Tages alle Männer an Wissen und Weissagekunst übertreffen wird und keiner seine Häßlichkeit mehr bemerkt. Sorgfältig sammelt sie Kräuter und folgt dabei den klugen Ratschlägen der Astrologen und Zauberer, die sie befragt hat: Jedes Kraut wird seiner Natur entsprechend beim Aufgang, im Zenit oder beim Untergang des jeweiligen Planeten oder Mondes gepflückt, jedes trägt den Einfluß dieses besonderen Augenblicks in sich und ist damit ein unsichtbarer Faden im Gewebe des Universums. Sie sammelt sie nacheinander, gibt eines nach dem anderen in den Kessel hinein, um dem Gebräu einen neuen Einfluß, eine neue Eigenschaft hinzuzufügen. Sie spricht ihre Namen und die geheimen Verbindungen zwischen ihnen aus, von denen nur die großen Weisen wissen. Alle Weisheit der Alten füllt sie in den Kessel und alle Weisheit, die noch kommen wird ... die drei Namen Gottes ... die Namen der Geister des Lichtes und die Namen der Geister des Dunkels ... der geheime Schlüssel, wodurch sich Kristalle bilden oder der Same in den Frauen wächst. Die Essenz der ganzen Schöpfung gibt sie hinein, auch wenn sie selbst den Großen Plan nicht kennt ...

Auf die eine Seite des Kessels setzt sie einen Blinden namens Morda, der Holz hackt und das Feuer darunter nicht ausgehen lassen darf; auf die andere Seite setzt sie den Jungen Gwion Bach, der ständig in dem Kessel rühren muß. Ein Jahr und ein Tag müssen vergehen, bevor das Gebräu fertig sein wird, und in all dieser Zeit darf das Kochen und Brodeln durch nichts unterbrochen werden. Ein Jahr aus Sommer und Herbst, Winter und Frühling, und dann noch ein Tag außerhalb der Zeit. Am Ende dieser Zeit dürfen dann nur drei Tropfen der Flüssigkeit geschluckt werden – drei Tropfen, die Inspiration und alle Weisheit schenken, die ein Mensch aufnehmen kann; ein weiterer Tropfen würde ihn vernichten.

Ungeduldig wartet die Große Herrin ... ihr Sohn Avagddu ist ein Scheusal in den Augen der Menschen.

Und Gwion rührt ... Müde ist er vom Rühren: Seine Gefährten spielen, das Vieh seines Vaters wird nicht gehütet. Tag für Tag rührt er, und der Schöpflöffel wird immer schwerer, der Kessel immer voller, das Gebräu immer dicker. Am letzten Tag, als ihm der Arm schmerzt, das Rückgrat zu brechen scheint und die Augen vor Mangel an Schlaf nur noch verschwommen sehen, zerplatzt eine Blase auf der Oberfläche: Drei Tropfen spritzen heraus und verbrühen ihm den Finger. Unwillkürlich steckt er ihn in den Mund und saugt daran.

Augenblicklich kommt die Zeit zum Stillstand, der Baum des Lebens treibt Blüten aus Feuer: Vom Anfang bis zum Ende sieht Gwion alles, was war, was ist und was sein wird. Einen Augenblick lang duckt er sich, wie betäubt, erkennt nicht, was geschieht ... Weiter als das Universum ist sein Geist ausgedehnt, um zu sehen, was niemals zuvor gesehen wurde ... um zu träumen, was noch nie geträumt worden ist. Worte, die kostbarer sind als ein wertvoller Schatz, doch selbst sie können die Schönheit und Herrlichkeit dessen nicht ausdrücken, was er in diesem Augenblick sieht: den Großen Plan ... den Sinn hinter dem Sinn.

Aber die Schönheit der Welt ist nicht alles, was er sieht ... er sieht den Schmerz, bevor dieser sich wandelt – und er sieht die unmittelbare Gefahr, in der er sich befindet und die ihm von der Herrin Cerridwen droht! Was ein Geschenk für ihren Sohn sein sollte, hat ein gewöhnlicher Dorfjunge bekommen. Ihr Zorn wird größer als Donner in den Bergen, Blitz auf den hohen Gipfeln, Wasserflut in den Tälern sein.

Da läßt er den Schöpflöffel fallen und flieht ...

Der Kessel rumpelt, während der Sud überkocht ... die gerundeten Seiten zerspringen, der jetzt giftige Trank schießt tosend den Berghang hinab, versengt und zerstört alles auf seinem Weg.

Die Herrin Cerridwen, die wußte, daß das Gebräu bald fertig ist, war fortgegangen, um ihren mißgestalteten Sohn zu holen. Als sie zurückkommt, sieht sie, welch ein Schaden, welch eine Verschwendung angerichtet worden ist ... Sie sieht die Scherben des zerborstenen Kessels, das verbrannte und verdorrte Gras. Sie sieht den Blinden, der hinter dem Holzstapel kauert. Sie ergreift einen Baumstamm und schlägt ihm auf den Kopf, kreischend beschimpft sie ihn. Schluchzend sagt er, daß er unschuldig ist.

So hält sie Ausschau nach Gwion, seine Abwesenheit ist für sie ein Beweis seiner Schuld. Sie stößt Verwünschungen gegen ihn aus und macht sich zu seiner Verfolgung auf: wie Feuerpeitschen ihr wehendes Haar, ihre Augen wie glühende Kohlen ...

Gwion, der sie kommen sieht, verwandelt sich in einen Hasen und setzt quer über die Wiese, entfernt sich mit jedem Sprung.

»Ay-e-e-e-e!« heult sie, den Wind in der Nase, die Ohren so scharf wie ein Jagdhund. Gwion, mit heftig pochendem Herzen, weiß, daß er verfolgt wird, weiß auch, daß der Tod grausam und blutig ist.

Er weiß alles, was ein Hase weiß ... aber als ein Mensch, der aus dem Kessel der Cerridwen getrunken hat, weiß er mehr.

Vor ihm liegt das Flußufer mit den Weiden, tief und breit fließt das Wasser. Er verwandelt sich in einen Fisch und springt über den weißen Schaum der Stromschnellen, schießt funkelnd davon und schwimmt ...

Doch hinter ihm kommt Cerridwen, nun als Otter, der durch das Was-

ser gleitet, sich den Windungen des Wassers anpaßt, schattengrau unter
der Oberfläche, die Augen unbarmherzig und starr.

Er weiß alles, was ein Fisch weiß ... aber als ein Mensch, der aus dem
Kessel der Cerridwen getrunken hat, weiß er mehr.

Er springt, und als die Luft seine silbernen Schuppen berührt, seine Lungen erfüllt, verwandelt sich sein Körper zum Vogel und schwingt sich
davon, Wassertropfen fallen aus seinen Federn.

Von Luft und Licht erfüllt, schwebt und gleitet er voller Freude an der
Küste entlang, sieht weit unten das Land ... zerklüftete Klippen und
Bergspitzen, grüne Hänge und bewaldete Täler, winzige Dörfer mit
Rauchfahnen aus den Herdfeuern ...

Auf seinen hellen Blick fällt ein Schatten. Mit leuchtenden Augen wendet er den Kopf und sieht Cerridwen ... als Falken, der sich gerade auf
ihn herabstürzen will. Angsterfüllt windet und dreht er sich im Spiral-
flug nach unten, ihr Schnabel und ihre Klauen strecken sich nach ihm
aus, das dumpfe Schlagen ihrer Schwingen ist dicht über ihm.

Er weiß alles, was ein Vogel weiß ... aber als ein Mensch, der aus dem
Kessel der Cerridwen getrunken hat, weiß er mehr.

Er erspäht einen Haufen von geworfeltem Weizen auf einer Tenne und
läßt sich darauf fallen, verwandelt sich im Nu zu einem der Getreide-
körner. Schwarze schlagende Schatten der Falkenschwingen verstreuen
das Getreide weit und breit, doch sie kann ihn nicht finden. Endlich hält
er sich für sicher, bis ... der mächtige Falke zur Henne auf dem Bauern-
hof wird, die sich von den Körnern nährt ... Pick, pick, mit dem Schnabel pickt sie, kommt immer näher, scharrt mit den Füßen, schleudert die
Weizenkörner hin und her ...

Er weiß alles, was ein Korn weiß, aber als ein Mensch ...

Diesmal aber ist er zu langsam, und sie verschlingt ihn, bevor er sich
verwandeln kann. Neun Monate liegt er in ihrem dunklen Körper. Die
Erde dreht sich, der Mond nimmt zu und ab, die Sonne wird schwach
und wieder stark. Neun Monate wartet sie voller Haß auf seine Wiedergeburt.

An einem Tag im Frühling ist er bereit und gleitet aus ihrem Körper,
ebenso wie ihr Sohn Avagddu. Doch als sie ihn anschaut, das Messer erhoben, um ihn zu töten, bringt sie es nicht über sich, weil er schöner als
jeder andere ist, begabt mit dem Wissen von allem, was in der Erde und
darüber ist, seine Augen die eines Sehers, seine Zunge die eines Dichters.
Weinend wickelt sie ihn in einen Ledersack und wirft ihn ins Meer. Der
Tag, an dem sie dies tut, ist der 29. April ...

Ich habe diese Geschichte nicht nur wegen ihrer Bedeutung für das vorliegende Thema, sondern für die keltische Literatur überhaupt so ausführlich wiedergegeben. Es handelt sich um einen Urmythos, der in allem von keltischem Geist durchdrungen ist. Er ist nicht das einzige Beispiel für *Gestaltwechsel* in diesem Genre; es gibt noch viele weitere: die Verwandlung der schönen Etain in eine Wasserlache, einen Wurm und ein Insekt ... Gwydion und Gilfaethwy, die zur Strafe in einen ganzen Reigen von Tieren verwandelt werden ... Blodeuwedd, die aus Blumen gezaubert wird ... Lleu, der zum Adler wird. Die Liste ließe sich noch lange fortsetzen: Suchen und lesen Sie selbst!

Aber was ist mit dem Hauptzweck der *Grimoires*, der praktischen Anwendung? Wie läßt sich ein »Gestaltwechsel« mit der Ritualarbeit verbinden? Hier werde ich Sie enttäuschen müssen. Die einzigen Praktiken, die in unseren Quellen zu finden sind, beziehen sich auf die Verwandlung mittels Kräutern und chemischen Substanzen, die jedoch zu gefährlich sind, um in ein für die breite Öffentlichkeit bestimmtes Buch wie dieses aufgenommen zu werden.

Begnügen Sie sich also damit, die herrlichen Geschichten über Verwandlungen zu lesen, immer wieder, sie in ihrem Kern zu leben, davon zu träumen und sie als Affirmationen zu verwenden, um sich besser auf die Welt der Totems und Steinsäulen einzustimmen. Und wenn Sie diese Geschichten Ihren Kindern oder Enkelkindern erzählen, werden Sie auf den jungen Gesichtern tatsächlich wundersame Verwandlungen wahrnehmen!

16. Lektion: Die Evokation der Gottheit

»Keltische Geheimnisse zur sichtbaren Hervorrufung«

In den alten Mysterienschulen wurde gelehrt, daß der Magier, um Herrscher über die Elementarreiche zu werden, ohne Angst vor den Elementen selbst sein mußte. Wer das Feuer fürchtete, konnte niemals die Salamander-Gottheiten beherrschen, die darin lebten. Wer das Wasser fürchtete, konnte niemals darauf hoffen, Macht über die Undine-Gottheiten zu erlangen. Daher enthielten viele der heidnischen Mysterienrituale schwere Initiationsprüfungen, in düsteren Höhlen, auf dem offenen Meer oder in Flüssen voller Strudel und Wasserwirbel oder in Rauch- und Flammenringen, freischwebend über einem Abgrund hängend ...

A. E. Waite, *The Occult Sciences*

Zwischen *Invokation* und *Evokation* gibt es im magischen Gebrauch einen deutlichen Unterschied. Invokation (*in vocatis*) bedeutet *Anrufung* im Sinne von »einladen und hereinbitten«; Evokation (*e vocatis*) bedeutet *Hervorrufung* im Sinne von »auffordern und herbeiholen«. Das vorliegende Buch ist voller Invokationen oder Anrufungen jeder Art: Einladungen des Magiers an eine Gottheit, hereinzukommen, sich mit ihm zu verbinden und ihn zu segnen. »Vom Heiligen Geist erfüllt sein« ist ein gutes Beispiel dafür aus dem christlichen Mythos. Das vorliegende Kapitel beschäftigt sich jedoch mit etwas völlig anderem und folgt dabei der guten mittelalterlichen Tradition der Geisterbeschwörer. Die druidische Philosophie vertritt nicht die Ansicht, daß Gottheiten uns überlegen sind; sie besitzen nur mehr Macht und in bestimmten Erfahrungsbereichen vielleicht ein größeres Wissen. Jeder Gott hat seinen ihm zugewiesenen Platz, sein Einflußgebiet. Deshalb gab und gibt es so viele keltische Gottheiten: Jede ist eine Personifizierung von *einem Aspekt* des Einen Gottes. Auch die Elementarkönige, die Geister von Wind, Meer, Feuer und Stein, gehören dazu – als Wesenheiten, die dienstbar gemacht werden können.

Mit aller Evokationsmagie ist ein gewisser Grad an Risiko verbunden, was bei Invokationsübungen nicht der Fall ist. Dies macht sie zu einer äußerst herausfordernden Kunst, einer Art »sportlichem Wettkampf« für den Magier. Deshalb auch findet Evokation stets innerhalb der Begrenzungen eines Kreises (dem höchsten Schutzsymbol) statt, und die bezwungenen Kräfte erscheinen außerhalb davon. Wovon bezwungen? könnte man fragen. Die Antwort darauf ist ein Wort voller magischer Bedeutung: *Autorität*. Ohne Autorität über die Anderwelt aufzubauen, bleiben Worte nur Worte! Das diese Lektion einleitende Zitat wird Ihnen eine Vorstellung davon vermitteln, was dieser Begriff bedeutet, auf den die Druiden ihr gesamtes Erziehungssystem in den Kollegien aufgebaut haben (siehe dazu auch die Einführung zu *Merlyns Lehren*).

Bei der Evokation geht es um einen Willenskampf und um Autorität, die angestrebt oder aus Lebenserfahrung (auch der Erfahrung aus früheren Leben) resultiert. Man weiß nie, ob natürliche Eignung für diese Kunst besteht, bevor man es nicht selbst versucht. Gehen Sie dazu nach den folgenden Regeln vor:

* Wie immer, wählen Sie eine gute Stelle, wo Sie allein und ungestört sind. Wenn Sie die Gelegenheit haben, Ihren Platz in einem Steinkreis zu finden, fein – wenn nicht, bringen Sie Ihren tragbaren im Beutel mit und stellen ihn auf. Mindestens eine Körperlänge außerhalb des Kreises nach Norden sorgen Sie für ein kleines Feuer, um Räucherwerk verbrennen zu können (wir selbst verwenden dafür einen mittelgroßen Eisenkessel).

* Entscheiden Sie sich für Ihre Gottheit oder einen Elementargeist. Der »Leitfaden der Gottheiten« in Lektion 20 von *Grimoire* I wurde vor allem für diesen Zweck zusammengestellt. Schreiben Sie den Namen der Wesenheit auf ein sauberes Stück Papier (die Druiden benutzten Birkenrinde dafür) und tragen ihn bei sich.

* Räucherwerk ist der Schlüssel für dieses Ritual. Im *Pheryllt*-Text ist eine Rezeptformel angegeben, welche die Arten von Räucherwerk genau beschreibt, die für eine druidische Evokation benötigt werden. Zwei von den drei Substanzen sind immer die gleichen, die dritte unterscheidet sich je nach Gottheit oder Elementargeist. Es sind:

1 Teil Mistel
2 Teile Eichenrinde (oder Eichenblätter)
3 Teile von dem der Gottheit geweihten Kraut

Woher weiß man nun, welches Kraut einer Gottheit geweiht ist? Ganz einfach: Indem Sie die Gottheit, die Sie herbeirufen möchten, genauer erforschen. Lesen Sie darüber, studieren Sie ihre Geschichten, die alle ihr zugeordneten Symbole enthalten. Gottheiten brauchen eine materielle Substanz, um sich darin zu manifestieren; daher ist der Gebrauch von Räucherwerk so entscheidend. Es werden noch ein paar weitere Rezeptformeln angegeben, wobei die Zutaten speziell dafür gemischt werden, um die richtige Art von Rauch für eine sichtbare Manifestation zu erzeugen. Dazu gehören:

1. Drachenblut
2. Wiesenknöterich
3. Mastixharz

1. Mastixharz
2. Kretischer Diptam
3. Balsamstrauch

1. Bilsenkrautwurzel
2. Frisches Eisenkraut
3. Eichenblätter

1. Akazienharz
2. Myrrhe
3. Wermut

* Wenn die Räucherkohlen rotglühend sind, werfen Sie das Papier mit dem Namen darauf und warten, bis es völlig verbrannt ist. Rufen Sie laut, ganz deutlich und voller Vertrauen, den Namen des Wesens aus, das Sie beschwören. Legen Sie eine ziemlich große Menge der Räuchermischung auf die Glutasche und kehren in Ihren Kreis zurück.

* Wenn eine kräftige Rauchsäule entstanden ist, schließen Sie die Augen und sprechen dreimal, fehlerlos und ohne zu zögern, den zweiten *Zauber des Wirkens*:

ANAIL NATHROCK
UTHVASS BETHUDD
DOCHIEL DIENDE

Öffnen Sie dann die Augen. Dem herbeigerufenen Wesen können drei Fragen gestellt werden, doch wird sich seine Präsenz natürlich mit dem Räucherwerk wieder verflüchtigen. *Verlassen Sie nicht Ihren Kreis*, um mehr davon nachzulegen! Verlassen Sie nie den Kreis, bevor das Räucherwerk vollkommen verbrannt ist.

17. Lektion: Neunfaltigkeit

»Die neun druidischen Seinszustände«

Druide ... Weiser ... Weissagung für Arthur!
Aus den Neun Formen der Elemente ward ich geschaffen,
Aus der Neunten Welle des Meeres ward ich geformt ...

Unbequem mein Stuhl über Caer Sidi,
Wirbelte herum ohne Bewegung
zwischen drei Prinzipien ...
Taliesin

Für die Druiden war Neun die Zahl, in der alle Zahlen endeten. Jede Manifestation war für sie ein Ergebnis aus der Drei und der Wechselwirkungen zwischen Dreier-Gruppen. Zu Recht galten Zeiten mit solch einer heiligen Zahl als etwas Besonderes. Im gesamten *Pheryllt*-Text ist deutlich erkennbar, daß eine Neigung zu Dreigliedrigem besteht: Drei Kreise, die Trinität der Götter, die walisischen Triaden, die Drei Grundprinzipien der Materie, die Drei Strahlen ... diese Aufzählung ließe sich endlos fortsetzen. Aus dieser Menge an Informationen haben wir »drei Kategorien des Wissens« ausgewählt, die im Rahmen des vorliegenden Textes geeignet erscheinen. Alle drei sind auf vielfältige Weise praktisch verwendbar – vorausgesetzt, daß ein begeisterungsfähiger und kreativer Geist vorhanden ist, wie es bei unseren Lesern zweifellos der Fall ist.

Die Neun Tränke von Eleusis

Bei den Druiden Britanniens gab es einen faszinierenden Brauch, der aus dem Kontakt zwischen der Priesterschaft und griechischen Philosophen, die sie besuchten, entstanden sein mag. Der Brauch des *Kernos* (klingt da nicht der keltische Name *Kernunnos* an?) läßt sich bis zu den allerfrühesten Jahren der keltischen Besiedlung zurückverfolgen – um 400 v. Chr., dem Zeitpunkt des *Câd Goddeu*.

Sehen Sie nachfolgend ein Bild, das mehr als tausend Worte sagt: das Ergebnis einer Ausgrabung auf Anglesey während der 30er Jahre unseres Jahrhunderts – ein griechisches Ritualgefäß aus Terrakotta, das aus dem 4. Jh. v. Chr. datiert ist.

Mehrere alte Quellen erwähnen die *Neun Tränke*, manchmal auch bezeichnet als die *Neun funkelnden Weine* oder die *Neun Tränke des Vergessens*, die rituell aus einem *Kernos* getrunken wurden. Wie Sie an der Abbildung sehen können, ist das Grundmuster sehr druidisch-solar; es beruht auf dem alten achtspeichigen Sonnenrad und hat die neunte Amphore im Mittelpunkt. Klingt doch bekannt, oder? Wenn nicht, dann lesen Sie nochmals die Lektion 18 über den »Keltischen Tierkreis« im 1. *Grimoire* und die Lektion 9 über »Caer Sidi« im 2. Grimoire – das Muster stimmt völlig damit überein. Die rituelle Anordnung, die dem *Kernos* zugrunde liegt, wird folgendermaßen gedeutet:

Das Opferthema wird übertroffen durch das Erlangen spiritueller Fähigkeiten, ob dies nun durch Blut oder den heiligen Trank von Eleusis aus dem Kernos geschieht. Jede der acht Schalen enthielt eines der Elemente des göttlichen Trankes, die, wenn sie in dem mittleren Kelch – dem Kessel oder Gral – miteinander vermischt wurden, den Weg zu höheren Seinsebenen öffneten.

Doch natürlich dreht sich das Geheimnis um die Identität der acht heiligen Kräuter, die, wenn sie zusammengemischt wurden, die Flammende Tür zur Anderwelt aufstießen. Das *Pheryllt*-Manuskript äußert sich nicht spezifisch zu den *Acht Kräutern von Elysium*, die wahrscheinlich für denselben Zweck verwendet werden können. Sie sind jedoch in den Kräuterbüchern erwähnt, wo sie wie folgt verzeichnet sind:

1. Artemisia (Beifuß, Gwyons Silber)
2. Quercus (Eiche)
3. Anthemis nobilis (Römische Kamille)
4. Holunderblüten
5. Kretischer Diptam
6. Lorbeerblätter
7. Rose
8. Mistel

Die Kräuter wurden mit Wasser aufgegossen. Als Räucherwerk wurde eine Mischung aus Wacholder, Zeder und Eibe verbrannt. Die acht Teilnehmer an dem Ritual saßen im Kreis. Einer von ihnen machte den Anfang, hob ein beliebiges der *Kernos*-Gefäße hoch und goß seinen Inhalt in die mittlere Schale, während er sagte: *Nuadh-Uile-Iceadh* (was in Gälisch »neues All-Heil« bedeutet). Dann war der nächste Mann an der Reihe, usw., worauf jeder einen Mundvoll aus der mittleren Schale trank. Man glaubte, daß diese Mischung ein Elixier für die spirituelle Erleuchtung ergab.

Es wurde eine andere Rezeptformel genannt, wenn besonders Heilung im Mittelpunkt dieses Rituals stand. Diese Rezeptformel für *Heilwirkung* lautet:

Kraut	medizinische Verwendung
Echte Katzenminze	Fieber, Nerven, Schlaf
Ingwerwurzel	Entspannung, Krämpfe, Erkältung
Kamille	Beruhigung, Mund, Ohren, Zähne
Lobelie	Nerven, Spasmen, Hysterie
Knoblauch	Antibiotikum, Herz und Blut
Wegerich	Entgiftung, Bisse, Hautausschläge
Huflattich	Husten, Asthma, Bronchitis
Beinwell	Allheilmittel, körperliches Trauma

Die Neun Seinszustände der Materie

Wenn Taliesin im Eingangszitat erklärt, er sei »aus Neun Elementen geschaffen«, spricht er damit von einem druidischen Geheimnis, das auch von den griechischen Schulen geteilt wurde. Da alles Existierende zwei Pole hat, besitzen auch die Elemente ihrer Natur nach eine *aktive* und eine *passive* Seite, woraus sich insgesamt acht Phasen ergeben. Das rätselhafte neunte Element, bei Taliesin »die Neunte Welle des Meeres« genannt, ist *Akasha* – das unbekannte Prinzip hinter allem, die Wasser von *Annwn*. Die nachfolgende

Tabelle stellt in vereinfachter Form die Begriffe und Symbole hinter den Neun Seinszuständen dar:

Element	Phase	Symbol	Prinzip	Farbe	Himmelsrichtung
Stein	passiv	⊓	Calas	Schwarz	Norden
Erde	aktiv	☐	Calas	Grün	Nordosten
Wasser	passiv	⌣	Fluid	Blau	Westen
Meer	aktiv	⌿	Fluid	Silber	Nordwesten
Luft	passiv	✛	Fluid	Gelb	Osten
Wind	aktiv	✳	Fluid	Gold	Südosten
Feuer	passiv	⋀	Nwyvre	Rot	Süden
Flamme	aktiv	△	Nwyvre	Weiß	Südwesten

Die Neun Eachtras der Weisen

Diese letzte Gruppe wird im Text als die *Neun Eachtras der Weisen* bezeichnet und ist aus verschiedenen Quellen der keltischen Geheimlehren entnommen. Ihre Auswahl zeigt, daß diese neun Fragmente offenbar eine besondere Gruppe von Lehrversen darstellen, mit denen in den druidischen *Cors* gearbeitet wurde. Der Begriff »*Eachtra*« bezieht sich auf eine sehr alte irische Literaturgattung, die ein *Abenteuer* bezeichnet, oder genauer, einen (gewöhnlich kurzen) Ausflug in die Anderwelt, von wo ein Held/Erzähler einen Wissensschatz mitbringt, den er unterwegs »errungen« hat.

1. Druiden-Eachtra

Gewähre, o Gott, deinen Schutz
Und im Schutz Stärke
Und in der Stärke Verständnis
Und im Verständnis Wissen
Und im Wissen Gerechtigkeit
Und in der Gerechtigkeit die Liebe dazu
Und in dieser Liebe die Liebe zu allem Leben
Und in dieser Liebe des Lebens
Die Liebe zu Gott und zu allem Guten.

2. Eachtra des Rückzugs

Wir, die Götter, werden dir das Land geben:
Doch da unsere Hände es geformt haben,
werden wir es nicht gänzlich verlassen.

Wir werden in dem weißen Nebel sein, der sich an die Berge heftet.
Wir werden die Stille sein, die über den Seen webt.
Wir werden das Jauchzen der Flüsse sein.
Wir werden das verborgene Wissen des Waldes sein.

Lange nachdem deine Kinder uns vergessen haben,
werden sie unsere Musik auf sonnenbeschienenen Hügeln hören,
werden sie unsere großen weißen Pferde die Köpfe von den Bergseen
erheben und den Nachttau aus ihren Mähnen schütteln sehen.

Am Ende werden sie erkennen,
daß alle Schönheit in der Welt zu uns zurückkehrt
und ihre Kämpfe nur Echo der unseren sind ...

3. Eachtra der Barden

Es gibt keinen Gott, außer dem, was nicht begreiflich ist.
Es gibt nichts, was nicht begreiflich ist,
außer dem, was nicht denkbar ist.
Es gibt nichts, was nicht denkbar ist, außer Gott.
Es gibt keinen Gott, außer dem, was nicht denkbar ist.

4. Das Eachtra von St. Columba

Heute rufe ich an die Stärke des Himmels ...
Licht der Sonne!
Glanz des Mondes!
Leuchten des Feuers!
Geschwindigkeit des Blitzes!
Schnelligkeit des Windes!
Tiefe des Meeres!
Beständigkeit der Erde!
Festigkeit des Steins!

5. Das Cachtra der Anrufung

Um in den Wassern des Lebens zu baden,
Um das, was nicht menschlich ist, abzuwaschen
Komme ich in Selbst-Auslöschung
Zur Größe von Inspiration!

6. Das Cachtra der Sieben Farben

Ich bin ein unter der Erde verborgener Stein!
Ich bin die purpurfarbenen Tiefen des Meeres!
Ich bin eine blau schäumende Woge unter dem Mond!
Ich bin ein alter smaragdgrüner Wald!
Ich bin ein gelber Tropfen aus der Sonne!
Ich bin ein orangefarbener Kürbis auf einem Feld!
Ich bin eine Flammende Tür!

7. Das Cachtra von Amergin

Ich bin ein Wind des Meeres
Ich bin eine Woge des Meeres
Ich bin ein Rauschen des Meeres …

Ich bin ein Hirsch mit sieben Geweihenden
Ich bin ein Falke auf einer Felsklippe
Ich bin ein Tropfen aus der Sonne …

Ich bin die Schönste unter den Blumen
Ich bin ein wilder Eber der Furchtlosigkeit
Ich bin ein Salm in einem Teich …

Ich bin ein See in einer Ebene
Ich bin ein Berg der Poesie
Ich bin eine Speerspitze im Kampf
Ich bin ein Gott, der Feuer im Kopf entfacht!

Wer außer mir kann die Geheimnisse des unbehauenen Dolmen enthüllen?
Wer außer mir kann die Zeitalter des Mondes verkünden?
Wer außer mir kann den verborgenen Ruheplatz der Sonne zeigen?

8. Eachtra des Lebens

Ich starb als Mineral und wurde Pflanze.
Als Pflanze starb ich und wurde Tier.
Ich starb als Tier und wurde Mensch.

Warum also fürchten, im Tod zu Nichts zu werden?

Noch einmal werde ich als Mensch sterben,
Um mich in das Reich der Seligen aufzuschwingen ...
Doch selbst von der Göttlichkeit muß ich weitergehen.

9. Eachtra des Sieges

Schwinge dich auf über die Täuschung!
Die unbedachte Seele, der es nicht gelingt,
Des spottenden Dämons der Täuschung Herr zu werden,
Wird als ihr Sklave zur Erde zurückkehren.

Um ein wahrer Meister des Schicksals zu werden,
Mußt du zuerst dein eigenes Selbst erkennen.
Wenn du zufrieden zwischen den Schwingen deines Drachen ruhen kannst,
Der durch ewige Zeitalter weder geboren wird noch stirbt,
Dann werden die Schatten für immer verschwinden
Und *das* in dir zurücklassen, was weiß ...

Denn es ist Wissen –
Nicht vom flüchtigen Leben der Täuschung,
Sondern das eines wirklichen Menschen, der war, der ist
Und der wieder sein wird –
Dem die Stunde niemals schlagen wird!

18. Lektion: Doaine Sidhe

»Mit dem Feenvolk in Verbindung treten«

Morgaine klammerte sich an die Zügel ihres Pferdes, denn plötzlich fürchtete sie, auf den einstmals vertrauten Pfaden vom Weg abzukommen. Und dann war es so, als würde kaltes Wasser ihren Rücken herunterströmen ... War sie etwa in jenes verzauberte Feenland geraten, das weder die Welt Britanniens noch die verborgene Welt war, wohin die Magie der Druiden Avalon versetzt hatte, sondern jenes ältere, dunklere Land, wo es weder Stern noch Sonne gab ...?
Marion Zimmer Bradley, *Die Nebel von Avalon*

Feen ... Elfen ... Zwerge ... Heinzelmännchen ... Gnome ... Kobolde ... Trolle ... Banshee ... Pucks ... Brownies ... Pixies ... Kelpies ... noch lange ließe sich diese Aufzählung fortsetzen, denn der Glaube an das »kleine Volk«, das verborgen mitten unter uns lebt, ist auf der ganzen Welt, in allen Kulturen und zu allen Zeiten, weit verbreitet gewesen. Auch in unserer Gemeinschaft gehört es zum normalen Alltag, daß wir das kleine Volk anerkennen und als Freunde sehen. Für uns sind es weder Fremde noch Produkte unserer Einbildung; sie existieren wie wir und werden häufig gesehen. Wo?

Wie das Eingangszitat andeutet, bewohnt das Feenvolk eine Art »Nische« zwischen den Welten, von wo aus es mühelos hin- und herschlüpfen kann. In unserer Zeit ist es oft sehr schwierig, irgendeinem von ihnen zu begegnen – ganz zu schweigen davon, ihr großes Mißtrauen gegenüber dem Menschengeschlecht zu überwinden. Es ist jedoch durchaus möglich! Sollten Sie daran interessiert sein, selbst herauszufinden, wie es ist, das Feenreich zu erleben (auch wenn es nur für einen Augenblick ist), befolgen Sie einige allgemeine

Richtlinien, die zu berücksichtigen sind – je mehr, desto besser stehen Ihre Chancen, daß es Ihnen gelingt!

* Elfen mögen keine städtische Umgebung. Suchen Sie also eine möglichst unberührte Stelle in der Natur.
* Elfen kommen nur zu bestimmten Jahreszeiten hervor. Während des Winters bleiben sie sozusagen »zu Hause«, dann brauchen Sie also nicht nach ihnen zu suchen.
* Elfen mögen keinen Lärm. Verhalten Sie sich so zurückhaltend wie möglich.
* Bewegen Sie sich langsam, und setzen Sie sich lange und geduldig neben Bäume.
* Eingänge zu ihren Verstecken sind fast immer hinter Holzklötzen, Bäumen, Felsen oder großen Büschen verborgen. Sollten Sie zufällig auf einen stoßen, dann stören Sie nicht, sondern halten sich so unauffällig wie möglich in der Nähe auf. Wie es heißt, kann man den Eingang zu einem Elfenhügel dadurch öffnen, daß man einfach dreimal im Uhrzeigersinn um ihn herumgeht. Probieren Sie es aus, aber rühren Sie nichts an.
* Elfenverstecke sind oft an fließenden Gewässern gelegen, etwa an einem malerischen, plätschernden Bach. Außerdem lieben Elfen Moos (die pelzige grüne Sorte, die auf Steinen und Bäumen wächst), Farn und alle blühenden Pflanzen.
* Lassen Sie kleine Opfergaben da, sobald Sie einmal eine gute Stelle für den Kontakt gefunden haben. Sie lieben Zucker, zum Beispiel in Form von einfachen Süßigkeiten oder Keksen mit Fruchtgeschmack (die aber keine *künstlichen Süßungsmittel* enthalten dürfen). Außerdem lieben sie: süßen Rotwein, kandierte Ingwerwurzel, Honigwaben, Brot (vor allem aus Sauerteig), Milch oder Sahne, gelben Käse.
* Elfen mögen es auch, wenn man ihnen Schmucksachen als Geschenk macht, zum Beispiel glänzende Glöckchen oder Knöpfe aus Metall, bunte Federn, Münzen, Perlen oder Modeschmuck. Denken Sie daran, daß nichts zu groß sein darf! Ihre eigene Größe beträgt im Durchschnitt nur 15 Zentimeter, manchmal sogar nur einen bis anderthalb Zentimeter, gelegentlich aber auch bis zu 45 Zentimeter.
* Außer Schmuck lieben Elfen leuchtende, heitere Farben: vor allem grün, aber auch rot, blau und gelb. Tragen Sie solche Farben,

wenn Sie ihre Aufmerksamkeit auf positive Weise auf sich lenken wollen. Auch buntkarierte Umhänge mögen sie.

* Sie haben es gerne, wenn ihnen etwas vorgelesen wird. Nehmen Sie ein Buch mit. Wie wäre es mit Märchen?

* Sie lieben Musik, besonders melodische Lieder aus der alten Zeit, gespielt auf Flöten, Harfen, Pfeifen und Trommeln. Ich habe eine walisische Schoßharfe, die ich oft zu meinen Besuchen bei den Elfen mitnnehme ... mit unglaublichen Ergebnissen, besonders dann, wenn ich dabei Pfeife rauche, denn auch das lieben sie! Viele der alten walisischen Melodien sollen ursprünglich Elfenlieder gewesen sein!

* Die »Elfenzeit« ist das Zwielicht, also die Zeit um die Morgen- oder Abenddämmerung.

* Lange hieß es, daß die normalerweise unsichtbaren Elfen durch einen *Holeystone* gesehen werden können, der ein auf natürliche Weise entstandenes Loch in der Mitte hat.

* Oft bleiben sie aufgrund ihrer magischen Kräfte oder ihres »Elfen-Blendwerks«, wie es genannt wird, unserem Auge verborgen. Sie können tatsächlich zaubern. Wenn Sie dem etwas entgegensetzen wollen, dann suchen Sie ein vierblättriges Kleeblatt und tragen es bei sich. Das löst ihre Zaubereien auf.

Diese Ratschläge sind für den Anfang sicher ausreichend. Elfen lassen sich allerdings nie auf einem Film festhalten; sie hassen sowohl Kameras als auch andere technische Spielereien. Außerdem sind sie in hohem Maße telepathisch veranlagt; achten Sie also darauf, was Sie in ihrer Gegenwart denken. Wenn es Ihnen einmal gelingt, sich mit ihnen anzufreunden, sind sie im Austausch oftmals sehr großzügig. Ich besitze ein Kästchen voller Gegenstände, die sie mir im Laufe der Jahre überlassen haben.

Schließlich ist es überall auf den Britischen Inseln bekannt, daß Sie, wenn Sie eine freundschaftliche Beziehung zu den Elfen herstellen wollen, darauf achten müssen, sie bei ihrem richtigen Namen anzurufen: »*Bendith Y Mamau*«, was soviel wie »Mutters Segen« bedeutet. Gute Reise!

19. Lektion: Sprachgebung

»Das bardische Wortgeheimnis«

Ruft an, Volk des Meeres, ruft den Dichter an,
damit er für euch einen Zauberspruch ersinnen kann.
Denn ich, der Druide, der die Ogham-Buchstaben auslegt,
ich, der ich mich zwischen hitzigen Heeren bewege,
werde mich der Hügelfestung der Sidhe nähern
und einen kundigen Dichter suchen,
damit wir zusammen Beschwörungsformeln ersinnen …
Ich bin der Wind des Meeres!

Lied von Tetra

Lange hieß es überall auf der Welt, daß drei Dinge einen Dichter befruchten: Mythos, poetische Kraft und ein Schatz an alten Versen. In der druidischen Tradition waren die Barden – ebenso wie ihre Zuhörer – im Besitz von allen dreien. Im Reich von Erzählung und Lied haben die Barden eine beispiellose Geschichte. Im Mittelalter hatten fast alle Königshöfe Barden ernannt, die sowohl hochgeachtet als auch gut bezahlt waren. Die Tatsache, daß ihre Wurzeln tief in die druidische Überlieferung reichten, bedeutet jedoch, daß heute nur recht wenig von ihrem einstmals glanzvollen Schaffen übriggeblieben ist, denn wie die Druiden gaben auch sie ihr Wissen ausschließlich mündlich weiter. Wir wollen hier dem Tribut zollen, was uns erhalten ist, und damit dem bekannten Wissensschatz vielleicht etwas »Neues« hinzufügen.

Aus dem Munde Taliesins stammt das bardische Geheimnis, vor den Barden verborgen.

Cyndellw, 12. Jh.

Stellen wir uns die Frage: Was könnte dieses bardische Geheimnis sein? Die Barden waren ursprünglich Vertreter der zweiten Schule des Druidentums, die für die Bewahrung von Geschichte und Sage im Rahmen von Dichtung und Lied (d. h. in Versen und Musik) verantwortlich war. Sie waren vollendete Künstler und in der Tradition der Geheimlehren geschult.

So wie die Mythologie der Schöpfungsgeschichte mit den Worten beginnt: »Am Anfang war das Wort ...«, so liegen auch Beginn und Grundlage des Bardentums in den Mysterien von Sprache und Stimme. Sprache ist demnach nicht einfach Sprache, sondern vielmehr eine Methode, durch Klang die eigene Macht und Autorität zu stärken, durch gründliche Schulung erlernbar. Die gnostische Mysterienschule nannte dies »*die formgebende Stimme*: der Donner von menschlicher Sprache, Lied und Musik des Himmels, der uns so tief bewegt«. Für die alten Schulen in Alexandria und Griechenland war das größte Geheimnis, das zu entdecken war, der verborgene Name Gottes – sein tatsächlicher Klang. »Die Stimme, die mit einem Wort heilen oder töten kann« (Dune). Gab es im christlichen Kultus ein größeres Wunder als das »fleischgewordene Wort, das mitten unter uns weilt«? Nein, wir sprechen hier von einer großen Wahrheit, und die formgebende Stimme besitzt eine fast universelle Macht. Sie läßt das Licht aus der Dunkelheit zutage treten. Das Wort ist tatsächlich *Erleuchtung*.

Die Druiden nannten dieses machtvolle Werkzeug der poetischen Äußerung tatsächlich DIE ERLEUCHTUNG DURCH REIME: *Teinm Laegdha*, das »Aufbrechen eines Gedichtes«. (Diese druidische Praxis wird in Kapitel 17, »Die Macht eines Wortes« von *Merlyns Vermächtnis* genauer untersucht.) Dies läßt sich kurz zusammenfassen als eine erlernte Methode des volltönenden Sprechens (oder Singens), die vom »Order of the Golden Dawn« auch als *vibrierende Sprache* bezeichnet worden ist.

Die Aussprache von Vokalen und Konsonanten ist mit der Atmung verbunden, und die Alten besaßen ein sehr tiefes Wissen darüber. Es war möglich, durch die Sprache wirklich magische Wirkungen zu erzeugen, die auch Elemente der Heilung einschlossen.
M. Arnold, *On the Study of Celtic Literature*, 1864

Doch diese Beschreibungen und Begriffe haben wenig Sinn, wenn nicht eine Methode offenbart wird, wie die verborgenen Kräfte der

Sprache zu nutzen sind. Zum Glück für uns verzeichnet das *Buch der Pheryllt* drei pädagogische Hilfsmittel, die einst von den Druiden in ihren bardischen Kollegien zur Schulung der formgebenden Stimme angewendet wurden. In authentischem Stil sind sie in die Form einer Triade gekleidet, der die folgende Erläuterung vorausgeht:

Fionn mac Cumhail besaß den Daumen des Wissens,
Einen Schatz von drei Kleinoden, aus der Unterwelt gestohlen!
Wissensdurstige Druiden, Hüter der Götter:
Wollt ihr von diesen Geheimnissen wissen?
Von der Macht, verliehen durch das gesprochene Wort?

Durch ...

die Augen	*die Stimme*	*den Körper*
weit geöffnet	im Rhythmus sprechen	langsame Bewegung
halb geschlossen	mit Zurückhaltung sprechen	überlegte Bewegung
fest geschlossen	in Reimform sprechen	dramatische Bewegung

Beachten Sie, daß es sich hierbei um verschlüsselte Geheimnisse des bardischen Charismas handelt, die in drei »Masken des Auftretens« weitergegeben wurden. Sie enthalten große Macht und Weisheit, wenn man nur darüber nachdenkt und sie dann in der Welt unter den Menschen wirken läßt.

20. Lektion: Die Wasser von Annwn

»Das Elixier des inneren Gesichtes bereiten«

Der Schamane weiß, daß es ein Meer des Bewußtseins gibt, das universell ist, selbst wenn jeder von uns es von seiner eigenen Küste aus wahrnimmt ... Er weiß von einem Welten-Gewahrsein, das wir alle teilen, das von jedem Wesen erfahren wird.

Antonio Morales, *Shaman*

Gegen Ende des *Pheryllt*-Manuskriptes gibt es einen kurzen Abschnitt, in dem der Baum *Pingwyddon* erwähnt wird, aus dem ein magisches Elixier mit drei Eigenschaften bereitet wird: Es »verlängert das Leben über die einem bestimmten Jahre hinaus, bringt das Gesicht der Anderwelt und verleiht eine Zeitlang die Gabe der Feinfühligkeit«. Diese Kombination von Vorteilen ist gewiß interessant genug, um eine genauere Erforschung zu rechtfertigen.

Dabei wurde der Baum, dessen Name ein zusammengesetztes Wort aus dem Altwalisischen ist, als (europäische) *Kiefer* identifiziert, bei der es sich um eine recht verbreitete Art mit langen Nadeln und den vom Weihnachtsschmuck bekannten Tannenzapfen handelt. Nach dem kleinen Textauszug aus dem *Pheryllt* zu urteilen, könnte es sich bei diesem Baum um den britischen *Ailim* handeln; darunter ist die *Edeltanne* des *Ogham*-Alphabets, der Buchstabe »A«, zu verstehen. Viele verschiedene und zum Teil voneinander abweichende Zuordnungen der *Ogham*-Buchstaben zu Bäumen sind erhalten; daher dürfte diese Hypothese nicht allzuweit hergeholt sein ... vor allem dann, wenn man die phantastischen mystischen Vorzüge in Betracht zieht, die diesem Baum zugeschrieben werden.

Es werden zwei Methoden erwähnt, wie dieser Baum genutzt werden kann:

* Aus den Nadeln, die in der sechsten Nacht nach Neumond gesammelt werden, wird ein Elixier bereitet, Sie werden dafür mit
  heißem Wasser aufgegossen – doch muß es ein Wasser sein, »das
  aus dem allertiefsten Brunnen geschöpft wird, der niemals das
  Tageslicht gesehen hat«. Von diesem Elixier soll jeden dritten Tag
  getrunken werden.

* Das Harz muß gesammelt werden »von einem alten Baum von
  großer Anmut, ohne Stahl oder Eisen zu verwenden«. Das Harz
  sammelt sich dort an, wo Äste durch Sturmschaden oder Blitz
  abgebrochen sind; auf keinen Fall sollte der Magier jedoch beim
  Sammeln den Baum einschneiden oder verletzen. Das Harz wird
  dann auf Holzkohle verbrannt und eingeatmet, und zwar ebenfalls jeden dritten Tag, bevor der Aufguß aus den Nadeln getrunken wird. Diese beiden Bestandteile des Rituals sollten am frühen
  Morgen, vor Sonnenaufgang, befolgt werden.

Das *Pheryllt*-Manuskript schreibt der geheimen Nutzung dieses Baumes den Ruf der Langlebigkeit und Weisheit zu, deren sich die Priesterschaft erfreute. Wer weiß?

21. Lektion: Kreis von Ogma

»Ritus der Flammenden Tür«

Jenseits des Nordwindes und der dreizehnten Nacht,
... des Geisterlandes und des Pfeilers der Zeit,
Jenseits der Flammenden Tür, scharlachrot leuchtend,
Ist ein Kreis – blau vor Licht!
»Quest for the Scarlet Rock«,
Danta Gradha, 15. Jh.

Die Bedeutung des Kreises im Symbolgebrauch der Welt ist bereits in Lektion 9 dieses *Grimoire* begründet worden. Sein Schutz, seine immerwährende Kraft und Konzentration stellen eine universelle Größe dar. Steinkreise, wie sie von den Druiden und anderen magischen Systemen benutzt wurden, sind dadurch wirksam, daß sie die Kraft des Makrokosmos herab in den Mikrokosmos des Magiers, in ihren Mittelpunkt ziehen. Ihre Funktion: Sie verleihen ihm Macht. Die *Pheryllt*-Schriften erwähnen jedoch eine andere Art von Kreis: einen nicht-materiellen Kreis, der mit den Blauen Flammen der Anderwelt vergeht. Ein solcher Kreis hat eine andere Funktion, nämlich die der *Reinigung*. Zweimal werden solche Kreise im Text erwähnt: der *Kreis der Blauen Flamme*, mit dem wir uns hier beschäftigen werden, und der *Kreis der Köpfe* (ein Hinweis auf die Kopfdarstellungen des Wächtergottes Brân).

Für die Druiden bedeutete der *Blaue Flammenkreis* die machtvollste ihnen bekannte Form der Schutz- und Reinigungsmagie. Sie wurde als Mittel eingesetzt, um einen Menschen von unerwünschten Energien zu befreien, beispielsweise von Angst, einem Trauma,

Haß oder einem psychischen Angriff äußeren Ursprungs. Man glaubte, dies werde »alles Übel in das Reich von *Cythraul* verbannen«. Um diesen kraftvollen Ritus auszuführen, müssen Sie folgendermaßen vorgehen:

* Besorgen Sie sich im voraus eine Kupferschale und eine leicht brennbare Flüssigkeit. Nehmen Sie *kein* Benzin, *keinen* Brennspiritus! *Feuerwasser* (der alte Name für Gärungsalkohol), gewöhnlicher Isopropylalkohol, wenn Sie wollen, auch Wodka oder Weinbrand ist geeignet. Wir verwenden 4 l Alkohol mit 1 Eßlöffel Kupfervitriol ($CuSO_4$) vermischt, das in den meisten Apotheken oder Hobbyläden verkauft wird. $CuSO_4$ besteht aus blauen Kristallen, die blau brennen; wenn man jedoch den Alkohol aus einer Kupferschale gießt, so hat dies denselben Effekt und ist die authentische Methode.

* Wählen Sie eine *reine* Stelle im Freien, mit unberührter Erde, wo keine Bilder und Geräusche Sie stören und Sie nicht gesehen werden. Gehen Sie zu einer Schwellenzeit dorthin, entweder bei Tagesanbruch, in der Abenddämmerung oder um Mitternacht. Nehmen Sie dieses Buch mit.

* Zeichnen Sie mit einem Messer, einem angespitzten Stock oder Ihrer Ritualsichel einen Kreis auf die unberührte Erde, dessen Durchmesser Ihrer eigenen Größe entspricht. Kratzen oder stechen Sie ihn dann bis zu einer Tiefe von fünf bis sieben Zentimeter aus.

* Wenn Sie ein bestimmtes Gewand anziehen oder sich entkleiden möchten, so ist jetzt der Zeitpunkt dafür gekommen. Legen Sie dieses Buch in die Mitte des Kreises und entspannen sich, bis Ihr Geist empfänglich ist.

* Wenn Sie sich dazu bereit fühlen, gießen Sie das vorbereitete Feuerwasser in den kreisförmigen Graben, den Sie rundum gezogen haben. Achten Sie im Herumgehen darauf, die Menge der Flüssigkeit richtig abzumessen, damit sie für den ganzen Kreis reicht. Sie wird in den Boden einsickern, doch braucht Sie das nicht zu kümmern. Stellen Sie den Behälter weit fort, und zünden Sie vorsichtig den Kreis mit einem Feuerzeug an, wobei Sie sagen:

NUNC HABAE EMOS LUCEM! ET CALOREM!

* Treten Sie nun in die Mitte des Kreises und schlagen in diesem
Buch das folgende *Eachtra* auf. Es ist sehr alt und wird Ihren
Geist automatisch auf den richtigen Zustand (die Ebene für die
Reinigung) fokussieren. Lesen Sie es, bis die Flammen völlig er-
loschen sind, dann dürfen Sie den Kreis verlassen. Sie werden die
Wirkung irgendwann eine bis sechs Stunden später merken: Sie
ist wunderbar und wird eine anhaltende Klarheit hinterlassen.

Eachtra der Inneren Schau

Wenn es fünf Sinne gibt, dann suche ich nach einem sechsten,
der für immer die wechselhafte Muse flieht,
die Fühlhörner um den Hals trägt und mir im Schlaf
nach all meinen Sinnen tastet.

Hinter geschlossenen Augen zischt eine Stimme
aus dem Dunkel hervor. Als ich herumwirble,
zerplatzt der Raum in einem Feuerwerk,
auf das selbst ein Zauberer stolz wäre.
Dann stürze ich plötzlich in eine Kälte –
wie in einen Schattenabgrund, der
nach Asche und Schwefel riecht ...

Schwarzgekleidet bewege ich mich weiter, falle langsam
durch staubige Schächte, regungslos mich
in einem dunklen Sturm drehend, der jenen Raum erfüllt,
in dem alle Dinge entstehen.
Zu wissen, daß dieser Raum wirklich existiert,
macht es nur schwerer zu leben,
da kein Eingeweihter
seinen Namen kennen darf.

Wie viele werden das Neue Zeitalter der Wasserträger verkünden?
Wir werden das mystische Eis erben; es wird unser Blut ersetzen,
wenn es zu Bächen ... zu Flüssen ... zu sich unaufhörlich
verändernden Meeren schmilzt, die durch Kristalladern strömen.
Wir alle werden auf dem Wasser gehen, ohne es uns zu wünschen,
doch dies wird nicht das Wunder sein.

Das Wunder wird echte Ausmaße haben ... nicht bloß besonders große,
besonders kleine, besonders wesentliche.
Alle neugeborenen Wassermänner sollen wieder das alte Gesetz lernen:
das Gesetz der Individualität.
Was gibt es schließlich anderes als unser eigenes Leben?

Vielleicht noch den Urschrei aus alten Zeiten,
der unser inneres Ohr erschreckt, der Lichtjahre zurücklegt,
um einen unentdeckten Stern zu umkreisen,
und in dem noch die Weisung nachklingt,
daß die nächste Zerstörung nicht durch Wasser,
sondern durch Feuer kommen wird ...

Teil III

CANTO VIII.

Das Gorchan von Maeldrew

HAIL ye mortals!
Dancing downward smiles the sun;
From tree to tree the Charm is whispered
By common wood:

"A Elfyntodd Dwyr Sinddyn Duw
Cerrig Yr Fferllurig Nwyn, Os
Syriaeth Ech Saffaer Tu
Fewr Echlyn Mor Necrombor Llun°

O ancient Code, the grove protected!
Now Earth's farthest bounds
As on we wander,
Art thou my home ——
I of the White Robes
Now a shapeshifter be!

the story itself. The feminine rhymes, occurring in fifteen of the twenty-VIII cantos, are so melodious that no one who had heard the original, even if he did not understand a word of it, could be quite satisfied with a version which does not reproduce them. The feminine rhymes, and the alliteration of Canto XXI, have presented obstacles which no single translation has hitherto overcome.

October, 1878.

NOTE BY THE TRANSLATOR.

CONTENTS.

Die Vorbereitung

… Insel-Tal von Avilion,
Wo es nicht hagelt, noch Schnee und Regen fällt,
wo nie ein starker Wind weht.
Nein, tief in Wiesen versunken liegt es, glücklich und schön,
vor Obstgärten und Laubengängen,
gekrönt mit dem Sommersee.

Tennyson, *Idyles of the King*

Als ich diesmal erwachte, liefen mir Tränen des Verlustes das Gesicht hinab, und ich schluchzte jämmerlich vor mich hin. Mein
Kopf hämmerte und tat mir weh. Von einer Tragödie zu wissen
ist eine Sache, doch zu merken, daß man selbst darin eine *ursäch-
liche Rolle* gespielt hat, ist etwas völlig anderes. Die Frage, wie
ein solcher Verlust wiedergutzumachen ist, schien sich als Thema
durch alles zu ziehen. Doch rasch wurde ich getröstet, als ich die
vertraute lebendige Stimme desjenigen hörte, um den ich getrauert
hatte!

»*So, ist das zweite Kapitel gelesen … und die zweite Schicht des
Bildes ans Tageslicht gekommen?*« flüsterte Merlyn aus dem Dunkel hervor. »Wir werden bald über das Ganze sprechen, aber weshalb die Tränen? Du wirst doch wohl nicht die vergängliche Natur
des Lebens vergessen haben? Du beklagtest meinen Verlust – und
doch sprechen wir jetzt miteinander –, sagt das nicht genug? Daß
nämlich die Früchte des Geistes niemals vergehen? Beurteile einen
Baum nach seinen Früchten, nicht nach seinen Blättern!«

»Nein, es ist nicht nur Euretwegen«, antwortete ich zögernd,
während der Druide einen Ausdruck spöttischer Überraschung annahm, »es ist mehr als nur *eines*. Der Traum – das große ganze Bild,

wovon Ihr immer sprecht. Warum mußte es überhaupt zerbrochen werden?«

»Denke nach, Bärenjunges, denke über die offensichtliche Antwort nach!« sagte der Druide. »Warum sollte der Schöpfer denn überhaupt ein Lebens-Puzzle erschaffen? Die Antwort ist: allein, damit wir es *wieder zusammenzusetzen lernen*, was sonst? Dein Geist ist ebenso beweglich und hell wie immer, doch du mußt ihn benutzen. Unterschätze niemals den Wert des Verstandes. Übrigens, je aufgeweckter du bist, desto mehr mußt du lernen!«

In diesem Augenblick ertönte ein fürchterliches Kreischen und Flügelschlagen in einer der hohen Kiefern über uns. Die Eule, mein stiller Schutzbegleiter, hatte offenbar eine Krähe attackiert, die auf der Suche nach einem Schlafplatz war – alte Feinde, die sie waren. Doch Merlyn lachte nur.

»Hier, mein Freund, hast du ein vollkommenes Beispiel für Intelligenz, das du Mutter Natur verdankst: perfektes, planmäßiges Denken.«

»Ihr meint ›Instinkt‹, nicht wahr?« ging ich ihm auf den Leim. Allerdings tat mir der Kopf viel zu weh, als daß ich an der Frage wirklich interessiert gewesen wäre.

»Hmm ...!« drohte mir der Druide entrüstet mit dem Finger. »Wenn ein *Tier* etwas tut, nennen wir Menschen es ›Instinkt‹; doch wenn *wir* das gleiche aus dem gleichen Grund tun, nennen wir es ›Intelligenz‹! Nur allzuoft beurteilt der Mensch den Intellekt danach, wie leicht einer lernt; doch der wirkliche Prüfstein ist, wie gut wir *verstehen*, was wir gelernt haben.«

Die Flügel der großen Eule verursachten einen kühlen Windhauch, der wie eine Geistererscheinung in der Nacht an uns vorbeistrich und der Stimme des Drachen ein letztes Mal Klang verlieh. Doch von derselben Brise wurden auch Merlyns leise Worte an mein Ohr getragen:

»*Nun liegt es also an dir* ...«, sagte er, und die aufgewirbelten Blätter senkten sich sacht um ihn zu Boden, »... zu verstehen, was schon gelebt worden ist und was daraus noch hervorgehen mag.«

Und sanft wehte der Wind weiter, trug meine Seele mit sich fort – dorthin zurück, wo alles wirklich begann.

1

Kriegsengel

Alle meine Hoffnungen und Träume drehten sich um den einen Wunsch, daß ich auf irgendeine Weise fort von diesem einsamen Ort und zurück in Merlyns Welt der Magie geführt werden könnte. Allein dieser Traum bedeutete mir alles ...

Merlyns Vermächtnis

Neun Tage lang hatte die letzte Schlacht, die Schlacht von Camlann, hitzig und blutrünstig wie ein hungriges Raubtier in meinem Land gewütet – und alles zerstört, wofür ich in den vergangenen zwanzig Jahren gelebt und gearbeitet hatte. Die »Pax Arturiana«, der *Große Frieden Arthurs*, war zu Ende gegangen, Camelot bis auf die Grundfesten abgebrannt, sein König tödlich verwundet. Zuletzt waren die Sachsen Sieger geblieben.

»Habt Ihr es bequem, Eure Majestät?« hatte mein alter Freund Cai gefragt, und ich hatte mit schwachem Lächeln genickt. »Der Rittmeister meint, daß wir ohne Aufschub weiterziehen müssen. Ein sächsisches Kriegskommando ist direkt jenseits der Grenze erspäht worden, und sie werden vermuten, daß Ihr hier seid.« Wieder nickte ich.

Jetzt, wo alles in Schutt und Asche lag, fühlte ich seltsamerweise plötzlich Ruhe und Frieden in mir. Jetzt, wo alles gesagt und getan war, fühlte ich mich in mir ruhend – mehr, als ich es gewesen war seit den längst vergangenen Tagen, die ich als Junge mit Merlyn auf Berg Newais verbracht hatte. Als ich jetzt zurückblickte, sah ich dies als die Zeiten, die *wirklich* von Bedeutung waren – jetzt, wo alles gesagt und getan war.

An einem grauen, bewölkten Morgen im Frühling des Jahres 516 brachen wir das Lager ab und wandten uns wieder der alten römischen Straße nach Avalon zu. Da eine Speerspitze mir eine Wunde in der Brust zugefügt hatte, war ich gezwungen, in einer geschlossenen Sänfte zu reisen, denn meine Ärzte befürchteten, daß ich Fieber bekommen könnte. Aber was machte das schon? Camelot, *meinen Traum*, gab es nicht mehr, bald würden Barbaren über das Land herrschen – und ich war machtlos, dem Einhalt zu gebieten. Wie quälte es mein Herz, im Vorbeiziehen die Klagen der Landleute zu hören, ihr Flehen, ihr einstmals ruhmreicher Herrscher möge sein Königreich zurückfordern. Wo war König Arthur jetzt? War er tot? Wo waren seine Gefährten, die Hüter Britanniens?

Die Gefährten. Sie waren entweder desertiert und hatten sich Mordreds Feldzug angeschlossen, waren getötet oder bei dem vergeblichen Versuch, die Ordnung wiederherzustellen, hoffnungslos im ganzen Land verstreut worden. Selbst Gwenhwyfar, meine schöne und einst treue Gemahlin, war verloren, an die Bischöfe, an die Kirche. Ihre einzige Sorge während der zwanzig Jahre unserer Herrschaft war das Wohlergehen der christlichen Kirche gewesen, und immer wieder hatte ich selbst meine wahre Natur verleugnet, um den Frieden mit ihr zu wahren – meine wahre Natur als Schüler Merlyns, *als Druide*. Jetzt aber war es zu spät.

Meine Königin hatte Zuflucht im Nonnenkloster von Amesbury gesucht und unterstützte meine Feinde; die Druiden waren aus dem Land vertrieben worden, und die römische Kirche nutzte jede Gelegenheit, ihre Stellung auszubauen. An Kirche wie Staat war ich gescheitert, und nun lastete die Sterblichkeit wie ein bleiernes Gewicht auf meiner Seele. Es war wirklich keine Zeit mehr übrig, um noch Träume zu retten.

Ich konnte hören, wie draußen vor der Sänfte Pferde schnaubten und die Wachtposten ständig auf- und abgingen. »*Was würde geschehen, sollte der König gefangengenommen werden?*« ... »*Dann wäre das Volk wirklich ohne jede Hoffnung!*« Durch ihre Angst erlitten sie mein Schicksal mit mir ...

Nein, die Legende *mußte* leben! Das gewöhnliche Volk durfte niemals wissen, daß die Rettung nicht hinter der nächsten Biegung des Weges wartete. Ich seufzte unter der Verantwortung, solange am Leben zu bleiben, bis wir Avalon erreichten. Ja, die Insel der Apfelbäume! Das einzig Beständige in all den Jahren, unerschütterlich in seiner Zielsetzung, niemals dem Druck von außen nachgebend, wie ich es getan hatte, sich niemals neuen Tyrannen beugend. Niemals in seinen Bemühungen nachlassend – und ich wurde rot vor Zorn, oder vielleicht war es auch das Fieber.

»*Wen die Götter vernichten möchten, den machen sie zuerst zornig!*« ertönte eine vertraute Stimme irgendwo ganz in der Nähe. »Laß dich nie von Zorn hinreißen! Dieser Rat ist weitaus wichtiger als alles andere, was du erwähnt hast. Laß uns die Dinge unter diesem Blickwinkel untersuchen, einverstanden?« Ein wohlbekanntes Lachen erfüllte die Sänfte.

Ich versuchte mich aufzusetzen, doch ein heftiger Schmerz in der Brust mahnte mich, mich nicht wieder zu bewegen. Ich wandte den Kopf und rief, doch da war nichts.

»Majestät, soll ich die Blutegel holen lassen?« erklang die besorgte Stimme von Cai, während er den Vorhang aufzog.

»Nein, nein … es ist alles in Ordnung, mein Freund. Kehre zu deinem Wachposten zurück. Eine Zeitlang wird alles noch gutgehen«, sagte ich mit aller königlichen Überzeugungskraft, die ich aufbringen konnte, doch wir wußten beide, daß es eine Lüge war – die Dinge standen nicht gut.

Dann aber hüpfte mir das Herz in freudiger Erinnerung: *die Stimme!* Verwirrt blickte ich in der Sänfte umher. Da endlich begriff ich.

»So ist es richtig …«, klang es ruhig zurück, »mach deine Augen zu. Jetzt ist wirklich kaum noch ein Unterschied zwischen meiner und deiner Welt!«

»Merlyn?« seufzte ich. »Ihr seid es tatsächlich, nach all der Zeit.« Aber sicher war ich mir immer noch nicht. Nebel wogte um mich, und ich konnte nichts sehen. Dann erinnerte ich mich plötzlich an etwas … etwas vom Ufer des Bala-Sees, vor langer, langer Zeit. Ich ließ mich zurücksinken und meinen Geist davonschweifen, bis die Worte wie Wasser zurückströmten:

Dreifaches Weben um diesen Ort
Dreifacher Segen in deinem Tanz
Dreifache Reinigung in deinem Feuer!

Insgeheim lächelte ich, als aus der Ferne ein Geräusch immer deutlicher wurde. Ich erhob mich langsam, wie um den Zauber nicht zu brechen, ging vertrauensvoll darauf zu und stand binnen weniger Augenblicke vor Merlyns Höhle unterhalb von Tintagel.

»Endlich also bist du zurückgekommen, Bärenjunges!« erklang die Stimme des Druiden aus dem Inneren der Höhle, gleich hinter dem Eingang hervor. »Braucht es ein ganzes Leben des Triumphs und dann den Schatten der Niederlage, um dich endlich nach Hause zu bringen?« Langsam trat er mit ausgestreckten Armen heraus, während ich – wieder wie ein kleiner Junge – auf ihn zulief.

»Warum die Tränen?« fragte er sanft, faßte mich bei den Schultern und blickte mir mitten ins Gesicht. *Das erschien mir seltsam in jenem Augenblick, denn tatsächlich hatten Merlyn und ich uns niemals zuvor Auge in Auge gegenüberstanden.*

»Ja … ich bin zurückgekommen«, war alles, was ich zu sagen imstande war, »auch wenn ich nicht weiß, wie und weshalb.«

»Kommt es darauf jetzt eigentlich noch an?« erwiderte er freundlich, so als würde er seine Worte an den kleinen Jungen richten. »Die Dinge geschehen immer aus gutem Grund, auch wenn wir anfangs selten wissen, warum. Hast du denn wirklich schon *so* viel vergessen?« Er lächelte.

»Oh ja, ich habe mehr vergessen, als Ihr Euch vielleicht vorstellen könnt«, murmelte ich. »So viel von dem, was im Leben tatsächlich wichtig ist. So viele Jahre, in denen ich Fehler gemacht habe – so viele Jahre, in denen ich die Fehler *anderer* beobachtet habe. Merlyn, gibt es nichts, was jetzt noch zu tun wäre?«

»Fehler, Fehler!« kicherte der Druide. »Die Menschheit und ihre Fehler – das alles gehört doch zum Menschsein, ist Teil des Lernens. Wirklich wichtig ist, Arthur, sich darauf zu besinnen, daß weise Männer aus den Fehlern anderer lernen, Toren aus ihren eigenen!«

»Dann bin ich in der Tat ein Tor gewesen, und dadurch ist Britannien jetzt in Gefahr … und die Druiden sind fort! Was wirklich schmerzt ist, in *beiden* Welten versagt zu haben, in denen im gleichem Maße zu leben Ihr mich einst beauftragt habt. Ich habe versagt, und ich bin im Stich gelassen worden.«

Bei diesen Worten warf mir Merlyn einen langen und strengen Blick zu, dann schüttelte er voller Besorgnis den Kopf. »Falle nicht so spät noch in diese Falle!« ermahnte er mich. »Schaden zu verursachen ist eine Sache, aber Schaden zugefügt zu bekommen eine andere; tatsächlich bedeutet eine solche Verletzung wenig, wenn du dich nicht ständig damit beschäftigst.«

»Aber, Merlyn«, überließ ich mich schließlich meiner Verwirrung, »was geht hier vor? Seid Ihr tot und ich lebendig, oder ist es
umgekehrt?«

Der Druide lachte. »Selbstverständlich bist du lebendig. Es gibt
noch unerledigte Dinge für dich ... Aufgaben, die noch zu lösen
sind. Aber was mich angeht – nun, wer weiß das schon? Ich halte
mich jetzt die meiste Zeit über hier auf. Es ist so friedlich, daß ich
nur selten auf den Gedanken komme, mich mit meinem Gesund-
heitszustand zu beschäftigen. Was ich aber weiß ist, daß auch meine
Arbeit fast vollendet ist. *Fast.*« Er setzte sich auf einen der Felsblöcke nieder und machte mir ein Zeichen, es ihm nachzutun.

»Einst, vor langer Zeit«, begann ich nachdenklich, »fand ich
mich hier mit Euch wieder, als ich zwischen den Welten weilte, verwirrt und richtungslos, und Ihr habt mir den Weg gezeigt. In die
Welt der Menschen zurückgekehrt, werde ich sterben, Merlyn.
Manche sind der Meinung, daß die Geschichte sich wiederholt.
Wenn dem so ist, so sagt mir bitte: Was bleibt noch zu tun, was
könnte jetzt vielleicht noch etwas ändern?«

Der Druide schüttelte bedächtig den Kopf. »Diesmal kann ich dir
wenig Rat anbieten, denn in der Tat ist das Ende eines Zeitalters gekommen. Ich kann dir nicht genau sagen, *was* noch zu tun bleibt,
aber vielleicht ... *wo.* Setze deinen gegenwärtigen Weg nach Avalon
fort, wohin dich das Schicksal führt, und habe Vertrauen. Mehr
kann ich dir nicht sagen.«

»Vertrauen erfordert die ganze Wahrheit, oder nicht? *Alle* Tatsachen?« parierte ich mit einer seiner Lieblingsaussagen, die er mir
einst beigebracht hatte.

»Kluger Junge!« gab er lachend zurück, »doch die Wahrheit ist
immer wichtiger als die Tatsachen. Ein Vertrauen, das dem Zusam-
menprall mit der Wahrheit nicht standhält, kann nicht viel wert
sein! Hab also Vertrauen und denke daran, wenn alles wie ein Weg
ohne klare Richtung aussieht: *Die Dame vom See lebt noch immer
auf der Insel der Apfelbäume.* Vergiß das nicht ... halte daran fest.«
Der Druide erhob sich.

»Aber was ist mit der Priesterschaft? Den Christen?« gab ich zu
bedenken. »Jene, die behaupten, daß die Tage der Druiden vorbei
sind und daß Christus nun der einzige König sein kann?«

»Wenn zehn Millionen Menschen etwas Törichtes behaupten, ist
es immer noch etwas Törichtes«, kicherte Merlyn.

»Doch vielleicht kennt die Dame vom See eine Möglichkeit, um es den Christen zu beweisen?« überlegte ich, »... um sie davon zu überzeugen, daß alle Menschen die Freiheit der Wahl haben müssen. Die Religion muß größer sein als jedes Dogma. Kann ein solcher Standpunkt erzwungen werden?«

»Nein, sicher kann er das nicht«, entgegnete er trocken. »Menschen, die gegen ihren Willen von etwas überzeugt werden sollen, *sind* nicht überzeugt. Doch ich weiß, daß die natürlichen Kräfte (die alten Götter, wenn du so willst) schließlich jene vernichten werden, die gegen sie verstoßen und sie entweihen, wie sie auch sich gegenseitig vernichten.«

Schweigend dachte ich eine Zeitlang darüber nach. »Ich habe den Eindruck, daß ich mein ganzes Leben damit verbracht habe, nach Frieden in der Form eines Kompromisses zu suchen – was mir richtig erschien. Doch die Erfahrung hat gelehrt, daß Bündnisse ohne Schwerter nichts als Worte sind. Und so habe ich jetzt, am Ende meines Lebens, immer noch keine Klarheit und fürchte mich vor vielen Dingen.« Ich verbarg das Gesicht in meinen Händen.

»Ja, laß uns über *dich* sprechen in diesen wenigen Augenblicken, die uns noch bleiben«, sagte Merlyn, der alles verstand. Er legte mir eine Hand auf die Schulter. »Nicht vor dem Tod sollte sich ein Mensch jemals fürchten, sondern nur davor, überhaupt nicht gelebt zu haben. Doch ob nun mit Erfolg oder Mißerfolg – *du*, Arthur, hast in der Tat so gelebt, wie nur wenige andere vor dir! Dein Name wird noch in einem Jahrtausend und länger berühmt sein und in Erinnerung bleiben. Doch jetzt – jetzt muß *ich* dich verlassen, da der Ruf zur Zusammenkunft ertönt. Hörst du es?«

Ich hörte tatsächlich etwas aus der Ferne, wie ein liebliches Glokkenspiel, das auch mich aus einer anderen Welt zurückholte. »Merlyn ...« rief ich ihm hinterher, »ich bin so müde ... so kraftlos. Kann ich nicht hier bei Euch bleiben ... eine Zeitlang die Welt vergessen und sie ihre eigenen Kämpfe kämpfen lassen? Ist meine Zeit noch nicht gekommen ... habe ich es noch nicht verdient?« Der Klang wurde lauter.

»Arthur, *Kind des Feuers*«, kam Merlyns Stimme zurück, so als würde sie mich aus weiter Ferne unterstützen, »denke an das eine: *Du bist eine helle Flamme*, die den Weg von vielen erleuchtet hat, die noch kommen werden. Und immer noch eine helle Flamme, ob du dich nun dem Schattenreich näherst oder nicht! Löse mir also dieses Rätsel, mein Kriegsengel: *Was ist eine Sonnenuhr im Schatten …?*« und sein Lachen verklang im Nichts, während ich plötzlich mit einem Ruck aufwachte.

Die Sänfte war unerwartet zum Stehen gekommen, und rings-umher waren wieder die Geräusche von Pferden und Männern zu hören. Mir war heiß, glühend heiß; mein Körper schmerzte und sträubte sich, als ich versuchte, mich aufzusetzen, doch es gelang mir schließlich. Tatsächlich, der tiefe Klang eines Gongs erfüllte die Luft.

Ich kannte ihn, diesen Klang aus meinem Traum – ich erinnerte mich an den großen silbernen Gong, der von einem Ast des alten Apfelbaums am Ufer des Sees herabhing, in der Nähe des in Stein gemeißelten Schutz-Wächters der Mutterschaft. Wir waren …

»Sire, wir haben die Barke gerufen«, unterbrach mich die Stimme von Cai, während er den Vorhang der Sänfte aufzog. »Sie müßte in Kürze hier sein. Soll Euer Diener Euch helfen?«

»Nein, laß gut sein – ich will das schon selbst machen«, antwortete ich mit einem mühsamen Lächeln, strich meinen Waffenrock glatt und rückte die dicke Schicht aus Verbänden zurecht, die um meine Brust gewickelt waren.

»*Wirklich* … Majestät?« erkundigte er sich zögernd ein zweites Mal und runzelte besorgt die Stirn.

»Ich habe gesagt, Wir schaffen es«, sagte ich, absichtlich etwas schroff. »Sorge dafür, daß mein Beutel gepackt wird, um an Bord gebracht zu werden. Benachrichtige mich, sobald das Boot kommt. Bis dahin werden Wir uns hier … *ausruhen*.«

»Ja, Sire«, sagte er und wollte den Vorhang wieder zuziehen.

»Und … Cai?« Ich senkte die Stimme, damit niemand anders zu-hören konnte, »Cai … hast du irgend etwas Ungewöhnliches aus dem Innern dieser Sänfte gehört, während wir unterwegs waren? Irgend etwas?«

Mein Freund antwortete mit einem seltsam beunruhigten Ge-sichtsausdruck und leichten Kopfschütteln. »Nein, Arthur. Oder vielleicht doch etwas. Einen Augenblick lang müßt Ihr im Schlaf ge-sprochen haben, denn ich hörte, wie eine Stimme etwas von einem *Ruf* sagte – einer *Zusammenkunft*, und dann etwas über eine *Son-nenuhr im Schatten*. Es klang überhaupt nicht wie Eure Stimme, und da ich in Sorge war, habe ich nachgeschaut. Gott sei Dank war aber niemand Fremdes da.«

»*Eine Sonnenuhr im Schatten* ...«, grübelte ich und lehnte meinen Kopf in die Kissen zurück. »Sag mir, Cai: Was könnte man denn mit einer Sonnenuhr im Schatten tun, wenn es sich so verhielte?«

Wieder zeigte sich ein Ausdruck der Besorgnis im Gesicht meines alten Freundes, als würde er tatsächlich um meinen Verstand fürchten.

»Nun, ich weiß es nicht so recht, Sire«, antwortete er mit leichtem Zögern. »Ich nehme an, man könnte sie an einen besseren Ort bringen und dann auf die Wiederkehr der Sonne warten.«

»Ich *danke* dir, Cai, du kannst jetzt gehen«, sagte ich und erkannte mit einem Schlag, wie passend seine einfache Antwort war.

»Ein letzter Ort ... die Wiederkehr der Sonne ...« Seine rätselhaften Worte erfüllten mich mit dem ruhigen Gefühl eines Zieles, dem Gefühl eines Meisterplans.

»Dann soll es so geschehen!« bestimmte ich für mich, teilte den schweren Vorhang der Sänfte und trat hinab auf das sumpfige Gras. Und als würden jene magischen Apfelgärten mir von der Erde her Stärkung geben, ging ich mit kräftigem Schritt in die blaßfarbene Stille des Morgengrauens hinein und erblickte ein letztes Mal den herrlichen Tor von Avalon, der sich wie ein schlummernder Drache über dem dunstigen See erhob.

»Kommt, Männer, laßt uns aufbrechen«, rief ich laut der erstaunten Heerschar zu. »Laßt uns mit der Morgendämmerung ausziehen – und die Wiederkehr der Sonne suchen!«

2

Die Berufung

At Newyn in Caermerthyn, a litel hille there is, wode he dwelles Merlyn tweyne. He tolde oute his prophecie ful sure under kyng Arthure alle ...

Merlyns Tweyne, *Polychronicon*, 14. Jh.

Unter demselben blassen Himmel saß, tief in Gedanken versunken, Vivianne, die Hohe Priesterin der Insel Avalon, und spürte das Gewicht der Welt auf ihren Schultern lasten. Dort, in ihrer kleinen Steinhütte, die sich verborgen in einen alten Obstgarten schmiegte, saß sie auf einem Holzschemel und träumte verzweifelte Träume in die orangerote Glut hinein. Sie konnte das Gewicht spüren, das Gewicht des Tor, der mit seinem großen Steinkreis oberhalb ihres Daches aufragte – wie ein ungezähmtes Ungeheuer, das nach all diesen Jahren erwacht war.

»Mylady?« ertönte eine schüchterne Stimme aus dem Dunkeln. »Seid Ihr wach? Es ist fast Zeit.« Der eiserne Riegel an der Holztür klapperte leise. Ein schwacher, kühler Luftzug wehte ein wenig der pastellfarbenen Morgendämmerung hinein.

»Nein ... Danke, Gwyar.« Vivianne fröstelte, ihre Seele war weit fort gewesen. »Ich komme allein zurecht. Aber trage Sorge dafür, daß der heilige Pfad frei ist. Ich möchte heute morgen allein arbeiten.«

»Ja, Mylady«, und leise schloß sich die Tür wieder.

Als wäre sie aus langem Schlaf erwacht, nahm die Priesterin einen dunklen Wollumhang vom Haken und legte ihn langsam um ihre Schultern, von neuem erschauerte sie. Obwohl sie alt und gebrechlich war, hatte sie mehr als nur eine Ahnung davon, was sich in den kommenden Tagen ereignen mußte – in diesen *letzten* Tagen, und der Gedanke daran ließ sie weitaus mehr frösteln als ein Windhauch am frühen Morgen. Doch sie ließ sich nicht aufhalten, wußte sie doch, ohne darüber nachzudenken, mit Sicherheit, was die Göttin von ihr erwartete.

Als Vivianne schließlich das Feuer mit Asche bedeckt hatte und hinaus auf den noch feuchten, gepflasterten Weg getreten war, sah sie am Himmel über dem östlichen Rand der Sümpfe feine Spinnwolken von der aufgehenden Sonne beschienen. Der steinerne Pfad wand sich unter dem dunklen Gewirr von Efeu, das die Hüttentür bedeckte, verschlungen hinab durch einen geheimniserfüllten Garten, der, noch feucht von kristallklarem Tau, in sanften Farben dalag. Vivianne liebte ihren Garten am allermeisten – liebte es, draußen vor der Hütte zu sitzen, deren Fenster golden im Feuerschein leuchteten, und sich selbst zu vergessen auf dem Felsen, über den moosbewachsene Ranken, Glockenblumen und alte Äste mit rosenfarbenen Apfelblüten herabhingen.

An diesem besonderen Morgen aber ging sie rasch an all dem vorbei, ohne einen Gedanken darauf zu verwenden, denn es drängte sie zu einem *anderen* Weg, der lange vor den frühesten Erinnerungen der Priester oder Bauern in den Bergabhang gehauen worden war. Dort vor ihr lag das tief ausgetretene Drachen-Labyrinth, das auf den Gipfel führte, wo schweigend steinerne Riesen standen und die Priesterin der Morgendämmerung erwarteten.

Der Aufstieg war immer wieder eigenartig und neu. Sie hatte sich nie daran gewöhnt, selbst nach all den Jahren nicht. Bedächtig schlängelte der Pfad sich am Abhang entlang, wurde zur magischen Spirale des Lebens – dem Weg des Geistes. Oben am Himmel schienen noch immer die großen, hellen Lichtpunkte der Sterne, die wie funkelnde Augen auf sie gerichtet waren und jede ihrer Bewegungen aufmerksam verfolgten. Als sie hinabblickte, sah sie in zahllosen Fenstern der Hütten, die noch unter der Decke des Schlafes lagen, unendlich viele winzige Sterne flackernden Kerzenlichtes sich widerspiegeln.

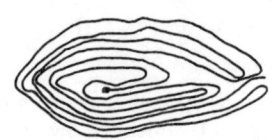

Als der Pfad sie oberhalb des sauber gedeckten Strohdaches entlang-
führte, das zu ihrer eigenen Hütte gehörte, wandte sie sich mit
einem Seufzer um und schaute hinab mit dem Wunsch, dort unten
zu sein und wieder vor ihrem Feuer zu schlafen. »*Aber zweifellos ist
die Zeit gekommen, das Schicksal zu erfüllen. Das Schicksal voll-
zieht sich in jedem Augenblick fort und fort*«, sagte sie leise zu sich
selbst und zwang sich mit einem heiligen Lied zum Weitergehen.
Das Lied von der Rückkehr des Lebens, das ihr auf ebendiesen
Berghängen gelehrt worden war, als sie noch ein Kind war. Und
dann, für den Rest des Weges, kehrte das Göttliche Kind zurück und
ging an Viviannes Seite, während sie sang:

Ich bin der Weg, ich bin die Erde.
Gwanwyn, Haffyn, Hydref, Gaeafyn!

Geh auf der MUTTER, *Schritt für Schritt,*
geh auf der weiten Rundung.
Gwanwyn, Haffyn, Hydref, Gaeafyn!

Marivonnik spinnt den Kreis,
Marivonnik kennt kein Ende.
Weg, Erde, Mutter, Rundung,
sich windender Pfad, vom Tod zur Geburt!

»*Sich windender Pfad ...*« sie blieb stehen und dachte nach, schreckte
unvermittelt zurück vor der kühlen Luft und dem feuchtem Gras.
Die ganze unbarmherzige Realität ihrer Aufgabe auf diesen heiligen
Hängen erfaßte sie wieder. Irgendwo, so erkannte sie, unter ihren
Füßen, lag *die Rettung* ... irgendwo entlang der Schlangenlinie verborgen lag der Eingang, das Tor von Gwynn ap Nudd! Dann, wie
schon so viele Male zuvor, fühlte sie sich plötzlich bei diesem Gedanken von Alter und Unwissenheit ergriffen. *Sie*, die Hohe Priesterin
und Dame von Avalon, hatte keine Ahnung, wo dieses Eingangstor
lag. *Sie*, die Prophetin und das Sprachrohr der Göttin!
   »Nein! ...« dachte Vivianne unwillig. »Wohl können wir zu den
Gestaltern unseres Schicksals werden, aber nur, wenn wir aufgehört
haben, als seine Propheten aufzutreten«, zitierte sie streng zu sich
selbst aus dem *Buch von Avalon* und eilte dann weiter in die Schatten hinein.

Bald enthüllte die letzte Windung des Labyrinths, was es in sich barg: zwölf große Steinsäulen, die einen Kreis bildeten, der sich schwarz wie Kohle gegen den Himmel abhob. Stets ließ ihr faszinierender Anblick Viviannes Herz höher schlagen. Sie blieb stehen und hob den Kopf, um zu schauen ... dann, um zu lauschen. Irgendwo ganz nahe in der Dunkelheit durchbrachen die leise perlenden Töne einer Harfe die Stille. Wieder spürte sie Unwillen. *Wer wagte es, hier zu sein? Wer wagte es, ihre Anweisungen nicht zu befolgen?* Lautlos bewegte sie sich an den Rand des steinernen Kreises.

»Morgainne!« war alles, was sie herausbringen konnte, »*Morgainne?*« Das Mädchen hörte zu spielen auf, legte ihre herrlich geschnitzte Harfe vorsichtig auf den Boden und ging auf Vivianne zu.

»Mutter von Avalon, wir befinden uns in großer Gefahr«, sagte das Mädchen mit ruhiger, bedacht fester Stimme. »Ich bin gekommen, um zu helfen, wo ich kann«, fügte sie hinzu und ließ sich in einer Geste der Ehrerbietung auf ein Knie sinken.

Nachdenklich sah die alte Priesterin die jüngere einen Augenblick lang prüfend an, ohne etwas zu sagen. Obwohl Morgainne nur das einfache dunkle Hemd einer Novizin trug, war sie seit nunmehr zwanzig Jahren Viviannes auserwählte Schülerin. Ihre einzige Schülerin. Ihre Lieblingsschülerin. Ihre Nachfolgerin. *Wenn eine andere sie hier erwartet hätte ...*

Doch nur Morgainne blickte zu ihr auf und lächelte, und an diesem Lächeln erkannte Vivianne sogleich, daß dieses Mädchen die Schwere des Augenblicks wie niemand sonst auf der Insel begriff. Ihre Haltung wurde nachgiebiger.

»Danke dafür, daß du hier bist ... daß du dich *entschieden* hast, hier heraufzukommen«, erwiderte sie mit einem kleinen, angespannten Lächeln und zog Morgainne wieder auf ihre Füße hoch. »Wie nur du weißt, bin ich viel zu alt für *das Gesicht.*« Sie ging zwischen den Steinen hindurch bis zur Mitte des Kreises, wo der *Darkenstone* in seiner ganzen düsteren Erhabenheit stand.

»Aber, Mylady, ich halte es in der Tat auch für mein Recht, hier zu sein«, sagte Morgainne mit fester Stimme, »mein ... *Geburtsrecht.* Arthur ist schließlich mein Bruder.« Sie trat zu der Dame auf der anderen Seite des großen Steines. »Laßt mich Euer Zweites Gesicht sein.«

Vivianne lächelte, diesmal ein milderes Lächeln, und senkte den Blick. Wie sooft in diesen letzten Tagen, schweifte ihr Geist

zurück zu schöneren Zeiten. Sie erinnerte sich an Morgainne als
kleines Mädchen, das mit ihr in der Gruppe von Avalon zur offi-
ziellen Bestätigung von Arthur im alten *Henge* von Salisbury gereist war ... Sie selbst, in Gewändern aus blauer Seide, eine viel
jüngere Frau, voller Hoffnung für Britannien und Avalon zugleich. Die Steine ... das flackernde Licht der Fackeln ... Arthur,
der hoch über allem stand, mit seinem goldenen Haar, selbst nur
ein Junge, und – *Merlyn*. Wie Vivianne Merlyn vermißte! Wie viele
Jahre waren vergangen, seitdem der Druide zuletzt gesehen worden
war? Zwanzig, dreißig Jahre vielleicht? Ihr Geist sank noch weiter
zurück ...

»Wir müssen dafür Sorge tragen, daß Arthur trotz aller Uneinigkeit ungefährdet auf den Thron gelangt«, sprach Merlyn aus ihrem
Traum heraus. »Wir sind viel zu nahe daran, um jetzt eine Niederlage zuzulassen.«

»Doch es gibt jene, die sich uns entgegenstellen würden, machtvolle Kräfte überall im Land – wie die Kirche«, warf Vivianne beunruhigt ein.

»*Die Kirche!*« sagte Merlyn ausweichend, und bedachte sich
einen Augenblick. »... Ja, vielleicht. Doch unsere Aufgabe ist nicht,
uns der christlichen Kirche in den Weg zu stellen, sondern nur zu
zeigen, daß ihr Weg nicht der *einzige* sein darf. In der Vielfältigkeit
liegt unsere Entwicklung, unser Schicksal – ihres und unseres.«

»Was immer uns einschränkt, nennen wir Schicksal!« gab die
Priesterin zornig zurück. »Die Christen sehen die Dinge nicht so
großzügig wie Ihr; sie blicken nie über die Grenzen ihrer Bibel hinaus! Erinnert Ihr Euch an Anglesey? Das Blut? Es waren *Eure* Vorfahren, die dort gestorben sind. Laßt uns dies nicht vergessen, wenn
wir über Arthurs Zukunft und die Kirche sprechen!«

Der Druide seufzte. »Die beste Art und Weise, uns zu rächen, besteht darin, es *nicht* jenen gleichzutun, die uns geschadet haben. Ich
will tun, was ich kann, um den Jungen im Einklang mit diesen
Grundsätzen zu unterstützen, aber ... *es muß noch mehr dahinter-
stehen. Wir brauchen einen Plan innerhalb des Planes.*«

»Dem stimme ich ohne jede Bedenken zu. Und da es Anglesey
nicht mehr gibt, muß Avalon der Ausgangspunkt dafür sein ...«

»Deshalb habe ich Euch aufgesucht, damit wir uns beraten«,
unterbrach Merlyn sie, um es es ganz klarzustellen. »Doch ehe wir
anfangen, noch ein Wort der Warnung. Es ist häufig ein Fehler, zu

weit nach vorn zu schauen. Man kann sich jeweils nur mit einem
einzigen Glied aus der Kette des Schicksals befassen.«
»Ja – und wir beide kennen den Namen dieses einen Gliedes!«
»Ihr sprecht wahr.« Wieder schwieg der Druide eine Weile und
schien seine nächsten Worte mit großer Sorgfalt abzuwägen. »Vivianne, gewiß ist Arthur unser stärkstes Verbindungsglied. Aber …
noch etwas anderes muß da sein, um ihn zu unterstützen und uns zu
unterstützen, falls die Pläne scheitern sollten. Tief im Inneren des
Tor von Avalon …
»*Das Gorchan? Das Gorchan von Maeldrew?*«Viviannes Augen
weiteten sich wie vor einem dunklen Geheimnis. »Sprecht Ihr
davon?« Merlyn nickte. »Aber das ist vielleicht nur ein Märchen!«
»Es ist kein Märchen, und Ihr wißt es», entgegnete Merlyn un-
beirrt. »Euer Unmut zeigt doch, daß niemand außer Euch es wagen
sollte, das Geheimnis zu kennen. Muß ich Euch daran erinnern, wer
zuerst den großen Steinkreis oben auf dem Tor errichtet hat? Und
wer hat zuerst die *heiligen Höhlen* unterhalb davon geplant und sie
mit den *dreizehn Schätzen* gefüllt? *Das ist mein Vermächtnis.*«
»Es ist ein *totes* Vermächtnis …«, wandte Vivianne ein. »Die
Pheryllt sind verschwunden, ihr Name ist nur noch Legende, und
nun hütet Avalon die heiligen Feuer!«
Ein langes Schweigen trat ein, ehe Merlyn sich mit einem leicht
resignierten Lächeln gegen einen Felsen lehnte. »Unterschiedliche
Meinungen fordern logische Stellungnahme heraus und sind deshalb gut. Jetzt aber müssen wir vereint planen, denn schließlich
schwebt unser *beider* Vermächtnis in Gefahr. Mylady von Avalon,
wenn wir jetzt unsere Meinungsverschiedenheiten nicht beenden
können, dann laßt uns wenigstens versuchen, eine sichere Welt für
unser Verschiedensein zu schaffen. Einverstanden?«
»Ja, einverstanden. Dieser Aufgabe müssen wir uns sicher stellen«, sagte sie und erwiderte sein Lächeln etwas gezwungen. »Wenn
nicht wir, wer dann? Außer uns ist niemand übriggeblieben, der die
Alten Lehren kennt.«
»Und Arthur, der gut geschult worden ist … *und Ihr habt Morgainne*, die nun, wie es den Anschein hat, eine wichtige Rolle im
letzten Akt spielen kann. Vertraut auf sie, Mylady, wenn Ihr Kraft
braucht, und außerdem auf Euren eigenen guten Rat, den Ihr
Arthur noch in dieser Nacht geben werdet. Was war das, Vivianne?«
Wie ein Echo verhallte seine Stimme im Nichts …

»Mylady ... was ist das?« fragte Morgainne mit besorgter Stimme, während sie eine Hand ausstreckte und sanft auf die Schulter der Frau legte. »Ist es *das Gesicht*?«

»Nein, Kind«, kam die zögernde Antwort, »es war nur ... ein Zurückdenken, ein Nachsinnen über die Dinge bis zu diesem Augenblick. Hat es lange gedauert?«

»Nein, Mutter, nicht lange ... aber einmal habt Ihr laut gerufen. Ich glaube, Ihr habt den Namen ›Merlyn‹ ausgesprochen. Es ging um Euren Rat für Arthur. Ist dies der alte Druide aus der Kindheit meines Bruders? Ist er nicht schon seit langem tot?«

»Ja doch, das nehmen wir an. Vor vielen Jahren gelangte aus dem fernen Norden von Kaledonien die Nachricht zur Insel, daß er nicht mehr lebe.« Vivianne lehnte sich schwer gegen den *Darkenstone*, sie wirkte hilflos und erschöpft. »Und daher ... bin jetzt nur noch ich da.«

»Nur noch *wir*, Mutter«, antwortete Morgainne zuversichtlich. »Ihr habt mich gut geschult, vertraut darauf!« Sie löste einen kleinen Lederbeutel von ihrem Gürtel und reichte ihn herüber. »Die Morgendämmerung ist fast gekommen.«

Sie gingen ans Werk. Jahre waren vergangen, seitdem Vivianne es gewagt hatte, den Darkenstone zu befragen – vielleicht aus Angst vor dem, was sie in seinen mitternächtlichen Tiefen sehen würde. Doch jetzt blieb ihr kaum etwas anderes übrig. Merlyn und die Ältesten beider Inseln waren entweder tot oder unterworfen worden, und sie fühlte sich auf einmal sehr allein. Leer. Ohne Antworten ...

»Mylady, seid Ihr bereit?« fragte Morgainne, eher aus Höflichkeit als aus Notwendigkeit.

Als Antwort neigte Vivianne leicht den Kopf und schloß die Augen, während sie bei sich dachte: »*Morgainne, ja, wir haben auch sie noch ... ihre Kraft und ihre Blutsbande mit Arthur. Merlyn hat es vorausgesehen, sogar das Mädchen selbst scheint es zu spüren. Vielleicht gibt es immer noch einen Ausweg ...*« Sie griff in den Beutel hinein, holte eine Handvoll des kristallklaren Pulvers hervor und verteilte es mit einer schwungvollen Bewegung auf der Oberfläche des Darkenstone.

Der Darkenstone, uralter Überrest aus Sage und Volksüberlieferung, hatte schon vor Menschengedenken im großen Steinkreis des Tor gelegen. Kein Mythos über seine Herkunft war erhalten geblieben, keine Sage berichtete von seinem Volk: eine Geschichte, die ebenso im dunkeln verborgen lag wie sein Name selbst. Vielleicht war er vor langer Zeit in einem Feuerschweif von den Sternen auf die Erde gefallen? Oder war er vielleicht ein einsamer Zeuge aus dem versunkenen Atlantis oder dem untergegangenen Lemuria? Dies waren die Ammenmärchen, die sich das gewöhnliche Volk erzählte. Hier aber lag er, ein rätselhaftes Steinmal, bei dem sich Könige und Priester seit dem Beginn aller Zeiten Rat geholt hatten.

Die ersten Strahlen der Morgensonne überzogen gerade die Steinhäupter mit ihrem Feuer, als Vivianne mit der Anrufung begann. Fast augenblicklich hörten die erwachenden Vögel zu singen auf, und eine betäubende Stille senkte sich über den Kreis. Es war so, als würde der Tor selbst wartend daliegen und lauschen.

AROS Y – Y AROS
GWAYR, LLAIS – CERRIG, GOLWYG
LLEUAD, TAWYLL – PRYDD, ARWYDD
AROS I – I AROS.

Immer wieder hallte das Echo des Zaubergesangs innerhalb des Kreises wider. Winzige Kristalle, auf der Oberfläche des Darkenstone verstreut, begannen zu glitzern und vor Leben zu sprühen: *der Staub der Alten*. Wirbel bildeten sich, Lichtpunkte verschmolzen, die Luft wurde immer dichter. Plötzlich holte Morgainne tief Luft, richtete sich dann ganz gerade auf. Ihre Hände preßten sich fest gegen die Kante des Darkenstone, die Fingerknöchel und ihr Gesicht waren weiß vor Anstrengung. Dann löste sich auf einmal die ganze Spannung. Der starre Ausdruck im Gesicht der jungen Priesterin schmolz wie Eis. Dann sprach sie mit tonloser Stimme, aus der jede menschliche Wärme gewichen war:

»*Jetzt* sehe ich ...«, begann sie langsam, »*verstehe* ... weiß, was zu tun ist. Das Kreuz kommt! Weiße Druiden, von schwarzen Priestern begraben ... rot, scharlachrot! Eine Schar bewegt sich durch die Zeit, ihr Streben zunichte gemacht. *Kämpfe* ... der goldene König fällt durch sein eigenes Blut. Gebrochene Gelübde, eine keusche Königin heiratet den Bischof. Dreizehn Schätze unter der Erde verborgen ... der Zugang von dem Alten gehütet. Dann kommt ein Heiliger, der sich im hohen Norden niederläßt. *Er haßt die Frauen*, die Mutterschaft zerfällt ... unsterbliche Steine erfahren den Geschmack der Sterblichkeit! Ein großer Rat trifft sich bei Neumond ... der Ruf geht ins Land. Noch einmal wird sich das Zugangstor öffnen, noch einmal wird das Buch gelesen ... alle werden verzehrt von den entfesselten Nebeln! Unter den verschwindenden Apfelzweigen stirbt der Goldene ... *der Goldene, berufen ins Jenseits* ...«

Morgainne fiel weich nach hinten gegen eine der Steinsäulen und glitt bewußtlos zu Boden. Vivianne nahm einen tiefen Atemzug, dann ging sie langsam zu ihr hinüber und stellte sich neben sie. Als Hohe Priesterin war sie sehr erfahren mit den Zuständen tiefer Versenkung und wußte, daß es am besten war, einen Menschen dann in Ruhe zu lassen, bis er von selbst erwachte. Oft dauerte dies Stunden ... aber sie hatte viel zu überlegen, viele Rätsel in kurzer Zeit zu entschlüsseln.

Als Morgainne sich wieder zu regen begann, stand die Sonne warm und voll am Morgenhimmel. Weit unten auf den Wiesenflächen erhob sich die Gemeinschaft von Avalon mit fröhlichen Stimmen von ihrem nächtlichen Schlummer. Türen wurden entriegelt, Fenster aufgestoßen, der Klang vom Geplauder der Frauen erfüllte die Luft. Vivianne konnte den Geruch von frischgebackenem Brot riechen, den die Morgenbrise herantrug.

»Morgainne, Tochter! Wie fühlst du dich?« fragte sie nach einem Augenblick und half dem Mädchen, sich zu erheben.

»Danke, recht gut, Mylady«, kam die schwache Antwort. »Aber sagt mir bitte, was ist übermittelt worden? Waren unsere Bemühungen erfolgreich?«

»*Das waren sie* ...«, antwortete Vivianne rasch mit einem unruhigen Lächeln, »und weitaus mehr, als du dir vorstellen kannst. Doch alles Geplauder ist jetzt ein Luxus, für den wir keine Zeit mehr haben! Morgainne, Kind, hör mir gut zu: Es gibt Dinge, die du tun mußt. Geh sogleich zum Haus der Jungfrauen und wähle eine kleine Schar deiner vertrauenswürdigsten Novizinnen aus, solche, die Buchstaben kennen und schreiben können. Bereite einen Aufruf vor, der unverzüglich zu allen Bollwerken der Druiden von Edeirnion, die noch bestehen, gebracht werden soll – Olwen kennt die Orte. Setze die Ältesten davon in Kenntnis, daß die Zeit für die letzte große Zusammenkunft von Avalon gekommen ist. Wir beraten uns nach dem morgigen Tag. Schärfe ihnen ein, daß sie um jeden Preis hier sein müssen. Reite als nächstes ins Dorf und entsende diejenigen Reiter, denen du das Überbringen der Botschaft anvertrauen kannst. Sag ihnen, daß die Dame von Avalon es so an-

ordnet. In der Zwischenzeit werde ich die anderen am Ufer treffen.«
Sie begann den Pfad wieder abwärts zu steigen.

»*Die anderen*, Mylady?« fragte Morgainne. »Sagt mir bitte, ist
mein Bruder darunter? Geht es ihm gut?«

Als hätte sie diese Frage schon halb erwartet, blieb Vivianne
stehen und wandte sich um. »Ja, Arthur ist da ... wie du vermutet
hast. Du bist eine gute Priesterin, mein Kind. Ich bin sehr dankbar
dafür, daß du jetzt für uns da bist. Und wenn *das Gesicht* mich nicht
ganz im Stich gelassen hat, dann nehme ich an, daß es noch etwas
gibt, wonach du mich fragen möchtest.«

Das Gesicht des Mädchens strahlte vor Erstaunen. »Ja doch,
Mutter, das gibt es tatsächlich!« Lächelnd ging sie zu ihr hinüber.
»Vorhin, als Ihr laut in Eurem Traum gerufen habt, spracht Ihr
davon, daß Ihr einst meinem Bruder bei seiner Krönung einen besonderen Rat erteilt habt. Dürfte ich fragen, was dies war?«

Die alte Priesterin schluckte und starrte hinab auf das Gras vor
ihren Füßen, als würde sie dort einen verlorenen Sonnenstrahl
suchen. »Ich erinnerte ihn daran ... ja, jetzt fällt es mir wieder ein:
›Wir werden in tiefe Wasser hineingeführt, nicht um zu ertrinken,
sondern um uns zu reinigen.‹ Und dann drängte ich ihn, seine Ankunft nicht zu lange aufzuschieben, denn das Land blute, und Avalon versinke in Blut. Ich habe ihn seitdem niemals wiedergesehen.«
Ihre Stimme verlor sich im Wind, und eine einzelne Träne lief ihre
Wange hinab.

»Und nun kommt er, nach all diesen Jahren ...«, hauchte Morgainne. »Ich bete zur Göttin, daß es nicht zu spät ist.«

Vivianne nickte fast unmerklich, sagte aber eine ganze Zeitlang
nichts mehr. Dann neigte sie sich vor und umarmte das Mädchen,
hielt sie auf Armlänge von sich und schaute ihr tief in die Augen.

»Wir müssen nun tapfer sein und uns bemühen, nach jenem
Rat zu leben, den ich vor so langer Zeit gab. Doch was die Zukunft
betrifft, nun, es scheint klar zu sein, daß unsere Aufgabe nicht mehr
darin besteht, sie vorauszusehen, sondern sie zu *ermöglichen*. Geh
nun, die Boten für die Zusammenkunft müssen vor Einbruch der
Nacht ausreiten.« Sie beobachtete, wie das Mädchen den grünen
Hügel hinab verschwand.

»*Daß dieser Einbruch der Nacht nicht unser letzter ist*«, dachte
Vivianne, und Sorgenfalten legten sich auf ihre Stirn, »daß dieser
Einbruch der Nacht nicht unser letzter ist ...«

3

Seht, die Menschen ...

Der du die Menschen lässest sterben und sprichst: Kommt wieder, Menschenkinder! Denn tausend Jahre sind vor dir wie ein Tag, der gestern vergangen ist, und wie eine Nachtwache. Du lässest sie dahinfahren wie einen Strom; sie sind wie ein Schlaf, gleichwie ein Gras, das doch bald welk wird, das da frühe blüht und bald welk wird und des Abends abgehauen wird und verdorrt.

Psalm 90, Vers 3–6

Drei Tage nachdem der Aufruf ergangen war, gab es einen vollkommenen Sonnenuntergang. Aus den umliegenden Hütten kamen sie hervor, jene sorgfältig Auserwählten, die aus allen Teilen des Königreiches eingetroffen waren, traten einer nach dem anderen feierlich ein und setzten sich an Viviannes großen Holztisch. Es war eine Zeit großer Gefahr und gleichzeitig ein Fest. Die alten Lehren, und Avalon mit ihnen, sahen ihrer Auslöschung entgegen – und doch waren wieder drei Tage vergangen, und Arthur, obwohl verwundet, lebte noch immer. Es war eine Zeit der Wunder.

Viviannes Steinhütte schmiegte sich behaglich in die verschlungenen Ausläufer des ältesten Apfelgartens von ganz Britannien. Dort, am Fuße des Tor, wuchs dickes Moos auf efeuumrankten Mauern, und die Zeit selbst schien hier unbemerkt von der Außenwelt zu verstreichen. »*Willkommen, Pilger*«, schien sie zu sagen, »*tritt ein und bleibe bei uns. Komm! Schlafe tief. Bleibe für immer hier ...*«

An jenem Abend des vollkommenen Sonnenuntergangs schlängelte sich grauer Rauch aus Viviannes Schornstein und mischte die kalte Herbstluft mit dem Geruch von Apfelholz und feuchtem Laub. Zwanzig saßen an jenem Abend schweigend vor dem Feuer ... zwanzig und einer, und dieser eine lag im Sterben.

»Freunde, Gefährten dieser vielen Jahre«, begann Arthur, denn es war an ihm, das Schweigen zu brechen. »Wir sind hier, um den Untergang eines Zeitalters, eines ruhmreichen Zeitalters, zu betrachten. Wie ihr alle nur zu gut wißt, ist große Unruhe am Hof von Camelot entstanden und hat überall in meinem Reich Gewalt und Blutvergießen verbreitet. Wir werden von innen und von außen angegriffen, das Fundament der alten Ordnung ist zerfallen. Die Königin beherrscht nun das Gewissen der Christlichen Kirche auf diesen Inseln und richtet es erbarmungslos gegen jeden Anhänger des alten Glaubens. Daher ist Avalon zur Zielscheibe der Zerstörung von ihren Händen geworden, und diese Bedrohung kommt jetzt, während wir hier beraten, auf uns zu.

Unter dem einfachen Volk hat sich auch das Gerücht verbreitet, daß ich, sein König, seit dem Zusammenbruch von Camelot tot sei. Als Folge davon haben sich die niederen Könige und Edelleute in ihre eigenen Hoheitsgebiete zurückgezogen und üben Gewalt gegen alle anderen aus, ob Britannier oder nicht. Selbst jetzt verfolgt mich ein riesiges Heer von christlichen Kelten und Sachsen gemeinsam mit früheren Gefährten, unter meinem eigenen Sohn. Wahrlich, Freunde: Sehr bald schon werden alle Straßen hier zusammenlaufen, und das Schicksal wird entschieden. Unsere Verantwortung liegt nur in unserer Wahl, wie das Schicksal auf edle Weise erfüllt werden kann.« Arthur, der auf einem Ruhelager am Ende des Tisches lehnte, sank nach Luft ringend zurück, während alle Augen in furchtsamer Verzweiflung auf ihn gerichtet waren. Rasch ging Morgainne, um nach ihm zu sehen.

Dem König gegenüber saß Vivianne. Wie das Schattenbild eines alten Weibes hob sich ihre Silhouette vor der Feuerstelle ab. Sie richtete sich auf ihrem Stuhl auf, denn sie spürte augenblicklich, daß es ihr zufiel, dort fortzufahren, wo Arthur es nicht mehr vermochte.

»Wie bereits gesagt wurde«, begann sie mit fester, durch ihr Amt als Priesterin geschulter Stimme, »bewegen sich große Mächte der Finsternis rasch auf uns zu. Diese Wahrheit ist uns durch den Darkenstone bestätigt worden. Ich habe daher diesen Rat zusammengerufen, damit wir beschließen, wie dieser Gefahr zu begegnen ist. Es heißt sehr weise, daß nur ein Bewußtsein der Gefahren, die das bedrohen, was wir lieben, uns die Zeit in ihrem Ablauf spüren läßt – und in allem, was wir sehen und berühren, die Gegenwart früherer Generationen. Daher, Freunde, sage ich euch offen: Das Blut unseres Erbes, der Generationen vor uns ruft mir zu und verlangt nach Rettung, Bewahrung und Gerechtigkeit! Ihr alle sollt wissen, daß ich, als Dame von Avalon, ihr Ohr und ihr Arm bin, bis ein Entschluß gefaßt ist.« Sie gab Sian, der neben ihr wartenden Dienerin, einen kurzen Wink, Speisen und Getränke hereinzubringen.

Wie die Insel Avalon selbst, war auch das Essen schlicht, aber von außergewöhnlicher Güte: kleine braune Brotlaibe, kräftiger gelber Käse, getrocknete Früchte und Honigmet. Bald war der lange Tisch aus dem Holz des Apfelbaums, das durch Jahre des Polierens mit Bienenwachs glatt wie Glas geworden war, mit Speisen bedeckt. Doch niemand sprach.

»Freunde, laßt uns danken, jeder auf seine Weise«, sagte Arthur, der sich aufzurichten versuchte, aber mit einer dicken Schicht von Verbänden rang. »Denn in der Zeit, die vor uns liegt, werden wir gewiß solche Nahrung brauchen.« Er nahm einen Brotlaib und brach ihn, legte die beiden Hälften sorgfältig auf seinen Holzteller, aß aber nichts davon – eine Tatsache, die mit besorgten Blicken um den Tisch herum weitergegeben wurde.

»Ihr müßt etwas essen, Majestät«, sagte Cai, der rechts von ihm saß, »denn mehr als jeder andere von uns braucht Ihr solche Kraft.« Er hob den Teller hoch und hielt ihn Arthur hin, der jedoch mit einem Seufzen abwinkte.

»Bitte, Bruder, mir zuliebe?« fügte Morgainne, die links vom König saß, mit einem bemühten Lächeln hinzu. »Nur ein wenig von irgend etwas?« Sie gab ihm einen Trinkbecher mit Honigwein in die Hand und umschloß sie mit ihrer eigenen. Arthur erwiderte ihr Lächeln, nahm den Becher und trank einen winzigen Schluck, um ihr den Gefallen zu tun. Als Morgainne die Augen senkte, bemerkte sie, daß Blut durch die sauberen Verbände gesickert war. Sie sah Cai an, der auf ihre Besorgnis mit einem bestürzten, hilflosen Blick antwortete.

»Wenigstens die Vergangenheit ist in Sicherheit«, sagte Arthur ruhig und lehnte seinen Kopf zurück. »Diesen Triumph kann uns keiner nehmen, was auch immer geschehen mag.«

»Brot ohne Hoffnung zu essen bedeutet immer noch, langsam zu verhungern«, warf Marcus Cunomorus von Dore mit leiser Stimme

ein und legte sein eigenes Brot mit einer symbolischen Geste auf den
Teller zurück.

»Ja ... Zeit und Worte können nicht zurückgerufen werden«,
sprach Gwalchmai ihm mit einem Achselzucken nach, »doch die
Frage ist, wie es weitergeht? Wir sind hier versammelt, um einen
Plan zu ersinnen, der über die Vergangenheit hinausgeht.«

»Und ich sage euch, die Vergangenheit ist ein Aschenkübel!« erhob Bedwyr seine Stimme, ungeduldig vor Zorn. »Dame von Avalon!«

»Über die Vergangenheit *hinaus?*« fügte der König schwach hinzu.
»Gibt es wirklich etwas darüber hinaus?« und alle schwiegen wieder, von derselben Hoffnungslosigkeit gelähmt.

»Arthur«, sagte Vivianne schließlich, »vergiß nie das eine: Auch
in einem großen Scheitern liegt Ruhm – Ruhm für die Vergangenheit und für die Zukunft. Das Scheitern ist weitaus mehr als
nur dein eigenes; es wird in unterschiedlichem Ausmaß von jedem
hier Anwesenden geteilt, auch von mir. Ich bin die Dame von Avalon, aber Herrin des Tor bin ich nicht. Nur das *Buch der Pheryllt*
kann beanspruchen, solche Geheimnisse zu verzeichnen, wie sie hier
verborgen liegen. Keiner der noch Lebenden hat jemals Zugang zu
diesem Buch gefordert. Und – wo bleiben *wir* dabei? Ich weiß
nicht.«

Mac Erca, einer der Druiden-Ältesten aus Iona, räusperte sich
laut. »In meinem Land erzählt man sich Geschichten von einem
anderen heiligen Buch: ein Buch, das hier in Avalon versteckt ist.
Vielleicht könnte es uns jetzt in kluger Weise den Weg zeigen? Man
sagt, es enthielte unermeßliche Macht aus ferner Vergangenheit, aus
der Zeit der Sagen! Mylady, wißt Ihr von dem *Gorchan?*«

Bei der Erwähnung dieses Wortes schauten alle auf und wech-
selten kurze Blicke, denn unter den Anwesenden gab es keinen, der
nicht von diesem legendären Buch gehört hatte. Nur Arthur blieb
ungerührt.

Vivianne bewegte sich unruhig auf ihrem Platz hin und her, denn
sie spürte, daß sie als nächste etwas sagen mußte. Einen spannungsgeladenen Moment später schob sie ihren Stuhl unerwartet zurück
und stand auf.

»*Nein* ...«, erklärte sie offen heraus, »es tut mir wirklich leid –
aber das *Gorchan* ist nicht in meinem Besitz! Wohl habe ich von
den Geschichten gehört und die Sagen weitergegeben, doch das Per-

gament habe ich nicht ein einziges Mal tatsächlich gesehen oder von seinem Versteck erfahren. Damit ist es ans Licht gekommen: mein Fehler, mein Grund zur Scham. Camelot ist tot, Avalon liegt im Sterben – und hier bin ich, machtlos, um dem Einhalt zu gebieten.« Auf diese Worte hin erfüllte ein leises, ungläubiges Gemurmel den Raum. In den Sagen von Maeldrew war immer angenommen worden, daß die Dame vom See dieses heilige Buch hüte und seine Magie nutze, um Unheil von Avalon abzuwenden. Vivianne, erfüllt von verzweifelter Scham und die Erwartungen der Männer spürend, setzte sich langsam nieder und begrub ihr Gesicht in den Händen. Sie war leer ... es schien, als gäbe es nichts mehr zu sagen.

Da richtete sich am anderen Ende des Tisches unerwartet Arthur auf und lächelte. In diesem Augenblick schien die Sonne aufzugehen und die Spannung in der Luft sich zu lösen.

»Dürfte ich nun etwas von Eurem ausgezeichneten Rat an Euch zurückgeben, Dame von Avalon? Denn unser Mangel an einer Lösung ist keinesfalls Euer Fehler! Ein Band zwischen König und Priester ist immer die Erkenntnis gewesen, daß ›derjenige, der seine Welt nicht mit Geistern erfüllt, allein bleibt‹. Euch trifft keine Schuld. Und was die Sage angeht, nun – wenn irgendein großes, erlösendes Geheimnis hier wartend unter grünem Rasen liegen *sollte* ...«

Die Worte des Königs wurden auf einmal durch Geräusche von draußen unterbrochen: Erregte Männerstimmen wurden laut und wieder leiser, Fackelschein leuchtete durch die Fenster hinein, Schritte hörte man auf die Hütte zukommen. Überrascht und mit gebannter Aufmerksamkeit blickten alle zur Tür, die plötzlich aufgestoßen wurde. Unangekündigt traten zwei ältere Männer ein, beide mit grobfaserigen Gewändern und Fellen bekleidet, die brennende Fackeln hochhielten. Vivianne, über die offenkundige Beleidigung bestürzt, sprang von ihrem Platz auf.

»Was geht hier vor?« stieß sie zornig hervor, »wer wagt es ...«, doch ihre Worte wurden von einer anderen Stimme unterbrochen, die wie ein dunkler Geist durch die geöffnete Tür hereindrang:

»Seht die Menschen, sie sind gleichwie Gras ...«

Als Arthur dies hörte, bemühte er sich trotz seiner Wunde heftig, auf die Beine zu kommen, so als wäre er plötzlich wachgerüttelt worden. Seine Hände zitterten, er klammerte sich an den Tisch, alles Blut war ihm aus dem Gesicht gewichen. Erschrocken standen Cai und Morgainne auf und stützten ihn auf beiden Seiten.

»... ach, das doch bald welk wird!«

Mit weitaufgerissenen Augen starrte Arthur unverwandt auf die Tür, als die beiden Fackelträger zur Seite traten, um Platz zu machen. Einige aus der Versammlung schauten einfach nur verwirrt zu, während sich bei anderen ein Gemurmel des ungläubigen Erstaunens erhob. Vivianne, die zornig aufgestanden war, glitt kraftlos wieder auf ihren Stuhlsitz zurück – von ehrfürchtiger Scheu ergriffen.

»Es ist nicht möglich ...«, war alles, was sie immer wieder flüstern konnte, während der König sichtlich vollkommen sprachlos war. Zwischen den beiden Männern war die gebeugte Gestalt eines noch älteren Mannes aufgetaucht. Er war mit einem dicken grauen Umhang bekleidet, und seine Hände hielten einen herrlich geschnitzten Stab aus dunklem gedrechseltem Holz, der oben an seinem Knauf das königliche Emblem des walisischen Drachen trug. Sein dünnes Haar und sein Bart waren ganz weiß, während seine Augen wie sein Gewand hellgrau waren ... alterslos und funkelnd.

»Dame von Avalon«, der größere der beiden Führer verneigte sich tief, »ich heiße Lailoken, und mein Gefährte ist Maeldinus. Wir sind von weither zu Eurer Zusammenkunft gereist und haben unseren Herrn Taliesin sicher aus den Wäldern Kaledoniens hierhergebracht. Es ist eine schwierige Reise für ihn gewesen, Mylady, doch er bestand darauf, sie ohne Aufschub zu machen. Wir vertrauen ihn nun Eurer Obhut an.« Wieder verneigten sich beide gleichzeitig und traten dann den Rückweg an.

»Finde du heraus, was dies ist!« sagte der Mann endlich, und seine Stimme, vom Alter ausgedörrt, aber fest, sandte Schauer fernen Erkennens aus, die den Raum wie ein eisiger Wind einhüllten.

Das starke Geschöpf aus der Zeit vor der Flut,
ohne Fleisch, ohne Knochen, ohne Ader, ohne Blut.
Oft entsteht es aus der Wärme der Sonne
oder der Kälte des Mondes ...
Ein Wesen hat es aus allen Geschöpfen
durch einen starken Lufthauch geformt ...

»Sag mir, wie lautet die Antwort?« Taliesin lachte in sich hinein und ging mit schwachen, doch sicheren Schritten bis zum Ende des Tisches, wo Arthur sich halb erhoben hatte.

»*Merlyn* ...«, ächzte der König, »Merlyn, seid Ihr es? *Ihr lebt?*« Cai ergriff ihn gerade noch rechtzeitig beim Arm und half ihm vorsichtig auf sein Ruhelager zurück. Wieder lachte der Alte.

»Merlyn? Hmmm, Merlyn! Nein ... nur dann, wenn ich denselben Namen wie der Wind habe! Bin ›ich‹ also deine Antwort?«

»Setzt Euch hierher, ehrwürdiger Druide! Wir sind hoch geehrt durch Eure Anwesenheit«, sagte Morgainne, während sie sich anmutig erhob. Ihre heitere Stimme verriet wenig Zweifel über die wahre Identität des Besuchers.

Der Alte gab ihre Geste mit einem Lächeln zurück. »Ehe ich mich zu euch geselle, laßt mich dieses Zeichen meines Alters beiseitestellen, damit keiner von euch anfängt, mich für gebrechlich zu halten!« Langsam ging er quer durch den Raum und lehnte seinen Stab an die Wand hinter der Tür. »Einundneunzig Jahre ist schließlich kein so hohes Alter, oder?« Kichernd kehrte er an den Tisch zurück und nahm Morgainnes Platz neben dem König ein. »Haben die Jahre mich denn derart unkenntlich gemacht?« Der Druide streckte Arthur seine Arme entgegen.

»Merlyn, Ihr seid es tatsächlich! Jenseits aller Hoffnung, Ihr ...«, und während ihm Tränen über das Gesicht strömten, beugte Arthur sich vor, bis sein verbundener Kopf Ruhe in der geliebten Vergangenheit gefunden hatte. Da war, für die nächsten Augenblicke wenigstens, die Welt wieder in Ordnung.

»Merlyn? Arthur vom Berg Newais? Das sind Namen, die ich seit langer, langer Zeit nicht mehr gehört habe«, sinnierte der Alte. »Ja – es ist wirklich ein ganzes Leben her, seitdem jemand mich bei diesem Namen genannt hat! Siehst du, mein Junge, nach deiner Vermählung bin ich nämlich mit einer großen Gruppe meiner Druidengefährten in das Land nördlich des Großen Walls von Alba gewandert, um dort eine Siedlung zu gründen, wo wir bis zum Ende unserer Tage in Frieden leben wollten. Hier wurde mir von den Bergbewohnern der Name ›Taliesin‹ gegeben; in ihrer Sprache bedeutet er ›Lichtgeber‹. Dort habe ich seitdem in geheimen Gärten gelebt – zumindest bis die Unruhe in Avalon mir zu Ohren gekommen ist.« *Eine dunkle Wolke schien einen kurzen Moment lang über sein Gesicht zu gleiten.* »Die Boten haben uns gesagt, daß unser

König zwar noch lebe, daß seine Tage aber weniger würden. So tauchte der Gedanke auf, daß ich vielleicht von Nutzen sein könnte.« Erneut blitzten seine Augen voller Schalk.

»Große Seele, ohne Euch wären wir wahrlich verloren«, sagte lächelnd Vivianne, die wieder etwas gefaßter war – *erleichtert* wäre ein besseres Wort. Sie füllte Speisen auf einen Teller und wollte ihm diesen reichen lassen.

»Nein, ich danke Euch herzlich«, sagte Merlyn und schüttelte mit schwachem Lächeln den Kopf, »aber ich kann nicht an Essen denken, während mein Bärenjunges hier so schwer verwundet liegt.«

Er beugte sich hinüber, um Arthur genauer zu untersuchen, und schüttelte dann wieder den Kopf. »Diese Jahre haben wahrlich ihren Tribut von dir gefordert, mein Junge. Morgainne, Kind, würdest du Maeldinus bitten, dir meinen Kräuterkasten aus dem Ranzen zu suchen? Wir werden sehen, was die sechzehn Heilkräuter von Diancécht für unseren König ausrichten können.«

»Sofort, mein Herr« ... das Mädchen eilte davon und verschwand durch die Tür, dicht gefolgt von Peredur und Gauvain.

»Und Vivianne ... liebe Schwester Vivianne, auch auf *Eurem* Gesicht sehe ich die Spuren von zahllosen Jahren mühevoller Pflicht. Doch Ihr seid immer noch so schön, wie Ihr es stets gewesen seid!« Der alte Druide schaute zum anderen Ende des Tisches hinüber, so als würde er wirklich in die Vergangenheit zurückblicken, und bemerkte eine Träne auf ihrer Wange.

Die Dame von Avalon wischte sie mit einer raschen Handbewegung fort. »Ihr wißt genausogut wie ich, mein Bruder, daß uns die Götter am Ende nicht auf unsere Orden, Auszeichnungen oder äußeren Würden, sondern auf unsere Narben hin prüfen. Wir alle haben sie!« Sie lächelte. »Nein ... nur wirkt das Schicksal oft auf die seltsamste Weise. Ihr werdet seit vielen Jahren für tot gehalten.«

»*Tot!*« schnaubte Merlyn belustigt. »Nun, die Kunst zu leben ist nur allzuoft die Kunst, zu wissen, wie man einer Lüge Glauben schenkt! Aber in diesem Falle sind die Augen verläßlichere Zeugen, als es die Ohren jemals sein könnten. Würdet Ihr das nicht auch sagen?«

Alle lächelten stillvergnügt, während Morgainne mit dem Kräuterkasten des Druiden zurückkehrte. Er öffnete ihn sogleich und suchte eine Reihe von Beuteln und kleinen Flaschen aus, die er auf verschiedene Häufchen legte.

»Dürfte ich darauf bestehen, daß alle Anwesenden sich für eine Weile in ihre Unterkünfte zurückziehen?« fragte er geschäftig. »Alle außer Cai und meinen Begleitern. Der König braucht meine volle Aufmerksamkeit.«

»Selbstverständlich«, entgegnete Vivianne förmlich und gab allen, die am Tisch saßen, durch ein Zeichen zu verstehen, daß sie aufstehen sollten. Als Vivianne aber beim Hinausgehen mit den anderen an Merlyn vorbeikam, hielt dieser sie am Ärmel fest und zog sie so nahe zu sich herunter, daß niemand anders etwas hören konnte.

»Schwester von Avalon ... vielleicht könnte ich auch ein Heilmittel für das haben, was *Euch* schmerzt!« Er lächelte auf eine seltsame Art. »Tragt Sorge dafür, daß Fackeln bereitgestellt werden und auch Spaten zum Graben. Sobald ich hier fertig bin, werden wir uns am Fuße des Tor treffen. Etwas wartet auf uns, das sich als unsere größte Hoffnung erweisen kann.«

Vivianne ließ die Männer ohne eine Entgegnung allein, denn sie wußte, daß es jetzt nichts mehr zu sagen gab.

* * *

Endlich schaute ich auf, mit dem Ausdruck eines kleinen Kindes, das sich das Knie aufgeschrammt hat. Merlyn beugte sich über mich und legte seine vom Alter gezeichnete Hand auf meine Schulter. Er begegnete meinem verstörten Blick mit ruhiger Sicherheit.

»Kein Grund zur Besorgnis, Bärenjunges. Wir werden eine Möglichkeit finden, die Dinge in Ordnung zu bringen. Aber trinke dies zuerst.« Er reichte mir eine winzige Phiole mit einer orangefarbenen Flüssigkeit. »Schließe jetzt die Augen ... sei ruhig und lausche.«

Flüsternd rezitierte der Druide:

CUM SINT DIFFICILIA ARTURUS TRIA
QUARUM BRENNIUS NESCIT PENITUS
QUOD EST VIRI VIA IN ADOLESCENTULUS

Obwohl die Worte keinen Sinn für mich enthielten, schien es darauf wenig, wenn überhaupt anzukommen. Merlyn hatte sie gesprochen, und das reichte. Ihre Wirkung – oder vielleicht war es auch die Wirkung des Kräutertrankes – stellte sich jedoch augenblicklich und machtvoll ein: Mir wurde schwindelig, und der Schmerz in meinem Körper verebbte. Aber da war noch mehr ...

Draußen am Fenster der Hütte war ein leises, doch anhaltendes Pochen zu hören. Irgendwie wußte ich, daß dort, wenn ich meine Augen öffnete und rasch hinüberschaute, auf dem Fensterbrett ein großer, schwarzer Rabe sitzen würde ... Und ich lauschte weiter auf die alten Stimmen, so als würde ich Schafe zählen, während mein Geist zurückglitt in einen Traum von Träumen, aus dem ich niemals wieder zu erwachen hoffte. Warum? Weil ich endlich zu Hause angekommen war und es wußte – wir hatten ein letztes Mal den tiefsten Grund berührt.

Jenseits aller Zweifel wußte ich, daß ich wieder einmal in Merlyns Plänen geborgen und in Sicherheit war ...

4

Die Nebel von Calen

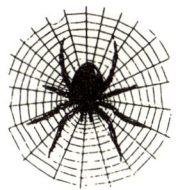

*Mysterien dieser Art können nicht enthüllt werden, es sei denn, daß
es ein dringendes Bedürfnis danach gibt! Würde ich solche Geheimnisse zum Zeitvertreib aussprechen oder würde dafür keinerlei Notwendigkeit bestehen, dann würden die Geister, die mich ermächtigen,
im Augenblick größter Gefahr wahrlich alles im Stich lassen.*
Geoffrey of Monmouth, *Historia Regum Britanniae*

Es war kurz nach Mitternacht, bei pechschwarzem Mond, als sich
unsere Schar nach und nach am Fuß des Tor versammelt hatte und
bereit zum Aufstieg war. Zehn meiner alten Gefährten trugen brennende Fackeln, welche die Dunkelheit erhellten und in den Schatten der Apfelbaumzweige spielten. In jener Nacht schien die Luft
kälter als gewöhnlich zu sein; sie bildete einen unheimlichen, grauen
Nebel, der kriechend über dem warmen Gras zu unseren Füßen
dahintrieb.

Merlyn stand allein auf einer Seite. Er stützte sich schwer auf
seinen Stab und war tief in Gedanken versunken. Für einen Mann
über neunzig wirkte er äußerst bemerkenswert, aber schließlich
hatte er stets voller Überraschungen gesteckt. Dann kam endlich
Vivianne, ihr zur Seite Morgainne und Sian – *schwarzgekleidet die
drei.* Ich selbst saß ruhig wartend auf einem Felsen; Merlyns Künste
hatten die Last des Schmerzes dankenswerterweise von mir genommen. Obschon es stimmte, daß mein gequälter Körper sich äußerst
erleichtert fühlte, war der Druide sorgsam bedacht, darauf hin-
zuweisen, daß er dem Schicksal nur zuvorkommen, es aber nicht

323

verändern könnte. Wie bedeutungsschwer solche Gedanken auch klangen – es war ein Segen, daß mein Geist sich endlich wieder klar fühlte und ein Fluch, daß ein Heer gewalttätiger Männer mit Sicherheit meinen derzeitigen Aufenthaltsort erraten hatte und bald wie ein Sturmwind auf die friedlichen Ufer von Avalon treffen würde. Es schauderte mich bei dieser Gewißheit, als Merlyn unvermittelt seinen Stab in die Luft hob. Innerhalb von Sekunden wurden alle still.

»Gefährten – alte Freunde, Auserwählte der Götter! Nur wenige sind jemals Zeuge dessen gewesen, was ihr bald erblicken werdet. Es liegt nun eine gewaltige Aufgabe vor uns: über die Begrenzungen dieser Welt hinauszugelangen und für alle Zeit die Essenz dessen zu bewahren, was wir sind und bestrebt waren zu sein. Dies ist nicht nur eine Sache des bloßen Schicksals, sondern auch der Weissagung. Vor langer Zeit haben die *Vierzeiler Brâns* diesen Augenblick in der Geschichte vorhergesehen, vor diesem Zeitpunkt gewarnt, aber auch eine Lösung vorausgesagt. Diese Lösung, meine Freunde, ist in den rätselhaften Worten bewahrt:

Neumond ruft alte Freunde zusammen
Eine zaudernde Sonne für eine Zeitlang entzündet
Heere von Eiferern im Nebel verirrt
Ein altes Buch unter altem Hügel geöffnet.

»Diese Worte sind meine Orientierung, mein Wegweiser über die Jahre hin gewesen. Nun müssen wir unter diesem Neumond gemeinsam aufbrechen, um für uns die Geheimnisse dieses alten Hügels herauszufinden. Arthur, wieder zum Leben erweckter Drachen-Sohn, willst du noch einmal an meiner Seite gehen?«

Merlyn streckte seine Hand aus, und ich ging mit ihm – zwei alte Männer, mühsam einen Pfad heraufwandernd! Doch tief in uns beiden herrschte eine große, strahlende, unausgesprochene Freude darüber, nichts anderes als *das* zu sein, was wir waren.

* * *

Der labyrinthische Weg wand sich in einer solchen Weise um den Berg, daß wir uns an einer Stelle genau vor dem eindrucksvollen Sternbild befanden, welches wir *Caer Arianrhod* nennen. Hier blie-

ben wir eine Weile stehen, während der Druide prüfend eine Reihe
großer Felsblöcke musterte, die in eigenartiger Anordnung am Hang
lagen. Immer wieder schritt er auf demselben Fleck hin und her und
schlug heftig mit seinem Stab auf den Grasboden, bis ihm endlich
ein dumpfes Geräusch von tief unten Antwort gab. Merlyn lachte
laut auf.

»Aha!« erklärte er triumphierend, fast klang es erleichtert. »Ich
wußte doch, daß ich es wiederzufinden vermag – und daß ich es
nicht vergessen hatte! Fergus, Budic, Cato ... ihr Männer dort drüben, hebt diese Decksteine hoch und legt sie beiseite! Beeilt euch!
Wir werden das, was wir suchen, genau hier unter dem Gras vergraben finden. Vorwärts!« Die Männer traten vor und boten ihre
Kraft in einer großen gemeinsamen Anstrengung gegen die riesigen
Steinblöcke auf, die sich seit so langer Zeit an diesem Platz befanden, daß sie fast zu einem Teil der Erde dort geworden waren.

Doch langsam bewegten sich die Steine ... einer nach dem anderen ... insgesamt fünf waren es. Die übrigen aus der Gruppe waren
schon zur Stelle, um zu graben und die oberste Erdschicht abzutra-
gen. Merlyn stand daneben und grinste; ohne Zweifel amüsierte er
sich sehr darüber, einen derart enthusiastischen Einsatz zu beobachten, für den niemand außer ihm den Grund kannte! *Warum grabt
ihr denn, meine Freunde? Wonach sucht ihr bloß unter all diesem
Staub?* Seine stille Freude konnte ich geradezu hören!

Doch niemand brauchte lange auf eine Antwort zu warten. Innerhalb von kurzer Zeit wurde ein dicker Brunnendeckel aus Eichenholz mit massiven Eisennieten und einem Ring daran ausgegraben.
Mit einem Ausruf des Erstaunens trat die Schar der Männer zurück
und wartete auf ein Wort Merlyns.

»Caius!« rief Merlyn ihm zu, »würdest du deinen Arm einmal
hieran erproben? Zieh ihn hoch!« Cai, bei weitem der größte unter
den Männern, wich zum erstenmal an diesem Abend von meiner
Seite und begab sich langsam zu dem Deckel hinüber. Eine ganze
Weile betrachtete er ihn prüfend, bevor er den Ring packte, seine
Füße in die richtige Stellung brachte und kräftig zog.

Da, als würde der Tor selbst ausatmen, glitt der Holzdeckel beiseite, und ein Schwall dumpfer Luft entströmte dem Inneren. Cai
verzog das Gesicht bei diesem muffigen Geruch und nahm seinen
Platz neben mir wieder ein. Merlyn ging hinüber zum Brunnenrand,
äugte in die Tiefe und schüttelte zufrieden den Kopf.

»Nun hört mir alle zu! Dieser Eingang und die unterirdischen Gänge sind seit dem frühesten Altertum bekannt und sogar im *Buch der Pheryllt* selbst als ›*Gwyns Eingangstor*‹ erwähnt. Für jene, denen in unserer Zeit diese Stelle bekannt gewesen ist, trägt sie den Namen DIE HEILIGEN HÖHLEN BRITANNIENS und genießt als Eingang zur Anderwelt höchste Verehrung. Als die römischen Barbaren vor langer Zeit unser geliebtes Anglesey plünderten, hatten ein paar mutige Männer den Gedanken, die *13 SCHÄTZE DER KYMREN* zu verstecken, damit sie in der sicheren Obhut von *Gwynn ap Nud*, dem mächtigsten König der Unterwelt, bis zum Ende der Welt bewahrt bleiben könnten. Oder hätte ich besser sagen sollen, ›*bis die größte Gefahr eintritt*‹ ... und hier, an unserem Eingangstor, sind wir nun, meine Freunde. Männer, bringt die Fackeln herbei!«

Die Fackeln wurden um den Schacht herum auf den Boden gestellt, so daß sein feuchtes Inneres, das jedoch nicht nur dumpfig war, sondern auch reiche Schätze bot, sich den Blicken enthüllte. An der einen Seite befanden sich zwei Steinblöcke, die aussahen, als wären sie mit den eingemeißelten Stufen dafür bestimmt, auf ihnen hinabzusteigen, und auf der anderen Seite war ein *Trilith*-Bogengang aus drei großen Steinen, der in die Dunkelheit des Bergabhangs hineinführte. Nur die Götter wußten, wie lange dieser Eingang schon verborgen unter dem Steinhaufen gelegen hatte, doch bald konnte man sein Alter an den dicken Staubschichten ablesen, die bei einem erneuten Luftzug wirbelnd aus dem unterirdischen Gang nach draußen stiegen.

»Drei von euch werden mich hineinbegleiten!« bestimmte Merlyn inmitten von wirbelndem Staub, »... nur drei, so gebieten es die alten Gesetze.« Einen Augenblick lang betrachtete er grübelnd die versammelte Schar. »Vivianne, Morgainne und – ja, und Prinz Arthur, wenn er sich einem solchen geheimnisvollen Unternehmen gewachsen fühlt.« Ich nickte, schloß mich der Dame von Avalon an und ging vor bis zum Rand des Schachtes. *Fast fühlte ich mich wie bei einer der alten Mutproben des Druiden in meiner Jugend – mein Bauch erkannte dies weitaus besser wieder als mein Kopf!*

Merlyn gab den Männern ein Zeichen, weiter zurückzutreten, bis sie mit dem Dunkel verschmolzen; dann wich auch er etwas beiseite. Gemeinsam starrten wir drei in den unterirdischen Gang und versuchten angestrengt, Einzelheiten zu unterscheiden, was der steile Winkel nicht so ohne weiteres zuließ. Der Druide trug keine

Fackel, sondern eine kleine schwarze Öllampe, wie sie auch die Römer benutzten. Langsam senkte er sie nach unten, und nur diese Flamme hielt den Bergwinden stand, welche die Fackeln von Zeit zu Zeit in einen von Flammen durchzuckten Rauchwirbel riß. Unvermittelt schloß Merlyn die Augen und atmete tief ein – eine Geste, an die ich mich gut erinnerte. Der Schleier der Versenkung fiel auf ihn herab, gleich würde ein Gott aus ihm sprechen:

Ipse nihilominus Terra Coelum Mare ...
Ipse quoniam Dominus serpens avis est et Navis!
Cuius non difficile sed impossibile vias investigare

»Er ist nichtsdestoweniger die Erde, der Himmel, das Meer ...« sprach Vivianne ihm wie ein geisterähnliches Echo mit gläserner Stimme nach. »Er als Er ist Herr; ist eine Schlange, ein Vogel, ein Schiff! Er, dessen Wege nicht schwierig, sondern unmöglich zu erforschen sind ...«

»Wessen Wege?« Ich beugte mich dicht zu ihr hinüber.

»Nun, Er, der König über diesen ganzen Hügel ist, wißt Ihr das nicht?« Ihre Stimme klang wie leise raunender Sand. »Herr der Jagd, Hüter der Länder unter dem Hügel, noch ehe die *Pheryllt* ihm seinen Namen gaben: *Gwynn ap Nudd!* Wir werden sein Omen brauchen, ehe wir wagen können, hineinzugehen. Horcht nur! Hört Ihr es nicht ... der Atem des Drachen!« Die Augen der Dame waren weit offen vor Ehrfurcht, während ich mich angestrengt bemühte, inmitten der wechselhaften und verwirrenden Winde ein Zeichen herauszuhören.

Und dann, ohne allen Zweifel, hörte ich es tatsächlich! Von irgendwo tief aus dem Inneren des Tor kam ein plötzlicher Luftstoß – anders als die anderen, denn mit sich trug er den Klang einer mächtigen und furchterregenden Stimme, die gerade aus tausendjährigem Schlaf erwacht war. Durch meinen Geist schossen Bilder von Blut und Glanz, von Schlachten und Steinkreisen und schließlich ein smaragdener Hügel über einem Binnensee ... Feuer und Schwert und am Ende das Bild eines finsteren Gottes auf einem dunklen Thron unter der Erde. Der Herrscher stand da, gerade als sich die Vision in dem Atem der Schlange verlor.

»Jetzt haben wir die Erlaubnis bekommen, hineinzugehen«, sagte Merlyn und zwang sich zu einem Lächeln, nahm eine aufrechte Haltung an und glättete seine Gewänder. Seine Fußtritte hinterließen einen dumpfen Klang auf den Steinblöcken, als er mühelos in den Gang hinabstieg und sich tief bückte, um durch den *Trilith*-Eingang zu gehen. »Arthur ...«

Einen Augenblick lang zögerte ich, dann folgte ich ihm, die beiden Priesterinnen dicht hinter mir. Die Luft war schwer und feucht auf meiner Haut, als wir die *Heiligen Höhlen* betraten. Ein kalter Schauer durchlief mich, während ich im Licht von Merlyns kleiner Laterne das gewaltige Innere betrachtete. Morgainne blickte sich ängstlich in der Dunkelheit um und faßte dann nach Viviannes Schulter. Der Druide hatte sich vor etwas, was wie ein runder Steintisch aussah, auf ein Knie niederfallen lassen und hielt den Kopf gesenkt.

Als meine Augen sich endlich auf die Dunkelheit eingestellt hatten, sah ich, daß wir am Rand eines mit Stein ausgekleideten Raumes von gigantischen Ausmaßen standen, in dessen Mitte ein großer Steinaltar aufragte, der einem niedergelegten Rad glich. Auf seiner Oberfläche verstreut, lagen eine Reihe von Gegenständen, die in ihrem eigenen Licht zu leuchten schienen. Ich konnte nur die Umrisse von Merlyn erkennen, der sich in der geheimnisvollen Düsternis noch immer nicht rührte ... vielleicht, weil er auf etwas wartete?

Dann wurde mein Blick auf eine plötzliche Bewegung gelenkt: Ein dunkler Schatten schien wie eine Geistererscheinung durch den Raum zu gleiten. Morgainne rang laut nach Luft und drückte sich gegen die Wand. Vivianne blieb wie versteinert stehen und hatte die Augen starr auf den Druiden gerichtet, der nun mit einer furchterregenden Stimme, die nicht seine eigene war, laut zu sprechen begann. Und da drängte es auch die Priesterin zurück.

Ich bin Er, der es liebt, allein zu sein
Und Einsamkeit ist mein Atem ...
Meine Füße stehen fest und sicher auf Gräbern
Und die Auferstehung der Toten ist meine Nahrung!

Denn ich bin ein König ...
Fürst über alle Dinge auf und unter der Erde
Und an allen bleichen Orten der Gestirne
Die auf den dunklen Mauern der Zeit
Über dem Abgrund errichtet sind!

»Wir respektieren Euren Ort und Eure Stellung, o König der Unterwelt«, entgegnete Vivianne mit fester Stimme, »das ist ohne Zweifel ... doch wir bitten darum, daß Ihr wiederum unsere verzweifelte Lage bedenkt. Denn das Land – *Euer* Land – blutet, versinkt unter dem Gewicht von vielen dunklen Bedrängnissen.« Sie wandte ihre Augen ab und schluckte schwer. »Wir befürchten, daß es bereits zu spät sein könnte. Das Buch – das *Gorchan* – von höchster Dringlichkeit ist, daß es wieder geöffnet wird, damit die *Heiligen Höhlen Britanniens*, das Buch und die dreizehn Schätze, geschützt und in Sicherheit gebracht werden vor dieser menschlichen Welt der Torheit, die sie nun bedroht. Als Dame von Avalon, die ich lange Zeit treue Hüterin der heiligen Mysterien war, flehe ich Euch an: Laßt es nicht zu, daß die Gegenstände unseres Glaubens in unrechte Hände fallen.«

Vivianne hob den Kopf – verwundert ihrer eigenen Stimme nachlauschend; überrascht davon, daß ihre Stimme und nicht die des Druiden das Ersuchen ausgesprochen haben sollte. Da, ebenso plötzlich wie er gekommen war, zog sich der geheimnisvolle Schatten wie das Flattern großer Fledermausflügel in verborgene Winkel zurück und verschwand. Das einzige, was übrigblieb, waren ein paar schwache Sonnenstrahlen, die durch den Staub in der Luft auf die runde Steinfläche fielen. Merlyn stöhnte leise und bewegte sich dann, zog seinen Stab näher zu sich, als wäre er aus einem langen eisigen Traum erwacht.

»Seid gesegnet, Dame vom See ...«, brachte er hervor, nachdem er wieder zu Atem gekommen war. »Eure Worte waren in der Tat von der GÖTTIN inspiriert ... und, glaube ich, haben uns vielleicht alle gerettet. Schaut nur!« Merlyn, der mühsam wieder auf die Beine kam, wies auf den Stein, und noch einmal hörte man aus dem Hintergrund, wie Morgainne schwer atmete.

Der leere Raum genau über dem Altar wurde von einem Ring aus purpurfarbenem Licht erfüllt. Es begann als schwacher Ton, wie ein fernes Summen zwischen den Augen, wuchs stetig an zu einer immer stärker werdenden Schwingung, bis die Luft praktisch vor Energie dröhnte. *Blaue Energie.* Dann konnte man sie sehen, eine Wolke aus azurblauem feinem Nebel, der sich von oben herabsenkte und zu rufen schien: »*Hier sind sie ... nehmt sie, bringt sie in Sicherheit. Hier ... kommt nur her!*« In dem Augenblick setzten Merlyn und Vivianne sich gleichzeitig in Bewegung.

Sie legten ihre Umhänge ab und breiteten sie auf dem Stein aus.
»Kommt her, Arthur, Morgainne«, flüsterten sie und machten uns
beiden im Dämmerlicht ein Zeichen. »Seid vorsichtig, und helft uns,
diese heiligen Schätze einzuhüllen, solange das *Licht von Achren*
noch leuchtet. Sie müssen nach oben auf den Tor in Sicherheit gebracht werden, bevor der Mond in dieser Nacht untergeht. Uns
bleibt wenig genug Zeit!« Und dann wurde mit großer Sorgfalt die
aus dreizehn Teilen bestehende heilige Sammlung in die Falten der
Umhänge gehüllt, um den Ort ihrer tausendjährigen Aufbewahrung
zu verlassen. Zuletzt erblickte Merlyn das Buch.

»Ah …« Sein Gesicht nahm einen Ausdruck größten Staunens
an, die Falten aus neunzig Jahren waren daraus plötzlich wie weg-
gewischt. »Hier ist es! Das Buch! Daß ich jemals erleben würde, das
Gorchan zu sehen …!« Mit frohlockender Miene machte er das
Kreuzzeichen der Drei Strahlen. Dann nahm er das Buch wie etwas
sehr Hochgeschätztes auf und schob es schnell unter den freien
Arm. »*Jetzt* sind wir wirklich bereit zu gehen«, fügte er triumphierend hinzu, »bereit, unseren eigenen Kampf zu führen. Niemand
kann jetzt sagen, daß wir in der Minderheit sind … niemand!«
Morgainne und ich machten kehrt und folgten dann dem Lord und
der Lady hinaus in die erwartungsvolle Nacht.

* * *

Wie eine Welle breitete sich jähes Gemurmel in der am Brunnenrand
wartenden Schar aus, als wir endlich wieder zum Vorschein kamen
und nicht nur den Schatz von *Annwn*, sondern auch die Hoffnung
von Avalon mitbrachten.

»Habt Ihr Schmerzen, Eure Majestät?« Der stets umsichtige Cai
hatte sich zu mir durchgedrängt.

»Nein, mein Freund«, antwortete ich wahrheitsgemäß, »irgendwie ist der Schmerz vorübergegangen, zumindest für den Augenblick.« Mit einem Lachen klopfte ich ihm beruhigend auf die Schulter und begann in der Menge nach Merlyn zu suchen, doch er war
nirgends zu sehen.

Dann endlich erblickte ich ihn: Dort, weit vor uns, hatte der
Druide dem Prozessionsweg folgend den Aufstieg zum Gipfel begonnen – ihm zur Seite Vivianne und das sagenumwobene Buch.

»*Ich sollte statt ihrer dort an seiner Seite sein*«, dachte ich bei mir in einem Anflug von eifersüchtiger Zerknirschung, »... *wie ich es sonst war*«, als Cai sanft meinen Arm ergriff und mich vorwärtsschob. »Wir müssen ihnen folgen, Sire, wenn Ihr könnt!« Mit einem Finger wies er auf die lange Reihe der Männer und Frauen hinüber, die sich auf den Weg nach oben begeben hatten. »Soll ich nach einer Sänfte schicken?«

Als Antwort schüttelte ich lächelnd den Kopf und machte mich auf, es den anderen gleichzutun. Als ich über die Schulter zurückblickte, überkam mich ein seltsames Frösteln: *Was war das?* Auf unseren Spuren, sich schlangengleich voranbewegend, hatte ein unheilvoll aussehender Nebel angefangen, sich aus der Ferne hinter uns her in die Höhe zu winden ...

Als wir den Gipfel erreichten, hatte Merlyn sich bereits in die Mitte des Steinkreises gestellt und war damit beschäftigt, das Bündel mit größter Sorgfalt niederzulegen und zu öffnen. Langsam schlug er das Tuch auseinander, gab den Blick auf das darin Liegende frei und hob dann seine magere Hand, um die im Umkreis Versammelten zum Schweigen zu bringen. Rasch senkte sich wie unter einem Zauberbann eine spannungsgeladene Stille herab.

»Meine lieben Freunde! In dieser Nacht ist unsere Welt voller Schmerz und Leiden«, begann der Druide, während der graue Nebel uns schließlich eingeholt hatte und nun umgab, »doch sie ist auch erfüllt von der Macht, es zu überwinden.« Er hielt das *Gorchan* in die Höhe, dessen bronzefarbenen Beschläge wie ein loderndes Feuer im Schein der Fackeln schimmerten. »Es ist gesagt worden, daß Religion aus dem Stoff besteht, aus dem auch Träume gemacht sind ... und Träume müssen immer vorwärtsschreiten. Doch in Träumen beginnt die Verantwortung. In dieser Nacht muß unsere Aufgabe darin bestehen, unsere Religion zu bewahren – unsere Träume für künftige Generationen – für die Erde selbst! Darin liegt unsere Verantwortung: die größten spirituellen Schätze, die wir besitzen, aus der Reichweite jener zu entfernen, denen der Geist des Menschen gleichgültig ist. Diese Schätze liegen hier vor uns, ebenso wie an den Ufern von Avalon spirituelle Wölfe lagern und auf das Morgengrauen warten. Was bleibt zu tun? Einzig, daß die Verfechter unserer Sache hervortreten und bereit dazu sind, die Schätze, die *Heiligen Höhlen* unserer Welt sicher in die *Nebel von Calen* zu geleiten. Wer also ist bereit zu gehen? Wer unter euch hat Hoffnung auf ein besseres Leben in den Nebeln der Anderwelt? Tretet vor, Hüter von Avalon!«

Es gab keinen unter den Anwesenden, der nicht hinübergehen wollte. Männer wie Frauen traten mutig vor; sie zeigten stoische Entschlossenheit und waren bereit, alles zu tun, was getan werden mußte. Merlyn aber hob noch einmal die Hand.

»Euch alle hier muß ich jedoch eine Mahnung geben«, sagte er und schaute sich mit warnendem Gesichtsausdruck um, »denn wenn ihr euch einmal in den *Nebeln von Calen* befindet, gibt es keine Rückkehr in die Welt der Lebenden mehr – *eure* Kämpfe werden dann gewonnen sein. Hört! Im *Gorchan von Maeldrew* wird die machtvollste Magie weitergegeben, die der Menschheit bekannt ist: DER RITUS DES EXILS, der die Fähigkeit besitzt, die gesammelten Schätze der keltischen Seele für alle Zeit in heilige Sicherheit zu bringen. Jede der *Heiligen Höhlen* muß aber einen Hüter haben, und einmal gewählt ist gewählt – einmal gesagt ist getan. Nachdem ihr dies vernommen habt, können die, welche nun aufbrechen möchten, dies mit meinem Segen tun.«

Merlyn wartete, doch niemand wandte sich zum Gehen. Weit entfernt im Osten spannten die ersten Strahlen des neuen Morgens ein blasses Rot über den Horizont. Verloren in meine Gedanken, fragte ich mich im stillen, ob nicht der Druide *mich* dafür bestimmen würde, die dreizehn Schätze in ihr Exil zu begleiten? Der Gedanke schien mir angebracht, da in der Welt der Menschen für einen König ohne Königreich wenig zu tun übrigblieb.

»Gut, dann laßt uns also die Vorbereitungen für unseren Plan treffen«, verkündete Merlyn zuversichtlich und nahm die erste der heiligen Reliquien in die Hand.

»Caius, erster im Dienste für deinen König, hüte gut das flammende Schwert CALIBURN – die Waffe von Arthur!« Caius hob mein Schwert zögernd auf und blickte zu mir hinüber, während ich ihm über die Steine hinweg bestätigend zunickte.

»Illian Emrys von Leinster«, fuhr Merlyn fort, während mein alter Freund vortrat, »hier ist das HORN VON BRÂN, dessen Magie jeden, der daraus trinken wird, von allem Leiden heilt.

Cador von Kelliwic, du wirst für alle Zeit den RING VON GORTIGERN bewahren. Die ganze Geschichte hindurch hat er seinem Träger die Gabe der Beredsamkeit verliehen.

Fergus von Dal Raida, nimm nun den ZAUBERSTAB VON MATH, der einst aus drei Blüten eine Jungfrau geschaffen hat.

Cato von Dumnonia, für dich die HARFE VON CERAUNNOS, dem guten Gott allen Wissens. Ihre heilsamen Klänge haben die Seele von Dichtern über die Meere von *Annwn* geschifft und Frieden, Erkenntnis und Schutz gewährt.

Budic von Quimper, das LEBENSBRETT VON GWENDDOLAU wird deiner Obhut anvertraut. Schon vor der Zeit der Sagen sind ungezählte Kämpfe auf seinen Feldern geführt worden.

Ewin aus Nordwales, der STEIN VON FAL, Lia Fal, der Stein des Schicksals – Jakobs Kissen, Albas Verderben, dessen Stimme den rechtmäßigen Herrn kennt; *Lapis Exillis*, bewahre ihn gut.

Agricola von Demetia, die SCHALE DES PRIESTERS, das Mwys von Gwyddno, dessen Speise selbst bei einem Heer niemals versiegt ist.

Gerontius von Glevum, der STAB DER JAHRESZEITEN, der Slatan Druideacht, der die Gezeiten von Sommer und Winter gewendet hat seit den Tagen der *Pheryllt*.

Catwallaun von Dyfedd, dies ist der SPIEGEL VON ATMU, dem Verborgenen, dessen Antlitz das Skelett des Schicksals bloßlegt.

Dyfnwal Dafydd von Clyde, der SPEER VON LUGH gehört dir für alle Zeit. Welches Heer aus alter Zeit hat es jemals gewagt, sich ihm entgegenzustellen? Wann hat er jemals sein Ziel verfehlt?

Und Euch, Vivianne, Hohe Priesterin der Göttin, wird der KESSEL DER CERRIDWEN verliehen. Darin wurde vor sehr langer Zeit an den Ufern des Bala-Sees das *Elixier der Inspiration* gebraut. Er wird niemals in besserer Obhut gewesen sein!« Hier machte Merlyn eine Pause und blickte mit einem leisen Lächeln in Viviannes Augen, wartete ab, bot ihr die Wahl, wie es ihrer hohen Stellung gebührte. Die Dame vom See erwiderte seine Geste mit einem tiefen Kopfnicken der Einwilligung.

»Gut«, sagte er, »dann zu Morgainne: Du wirst von heute an zur Dame von Avalon ernannt. Kehre bitte nach unten zu deinen Frauen zurück und laß sie Vorbereitungen treffen, im Laufe des Vormittags fortzureiten. Danach können wir uns nicht mehr für ihre Sicherheit verbürgen.«

Es war offenkundig, daß meine Schwester nicht auf diese Wendung der Ereignisse gefaßt war, denn sie blickte mit einem Ausdruck äußerster Verwirrung zu Vivianne hinüber. Dann aber schien es, als würde sich etwas Unausgesprochenes zwischen den Augen der beiden Priesterinnen abspielen, denn plötzlich richtete sich Morgainne auf, verneigte sich tief vor der versammelten Gruppe und verschwand in der bleichen Düsternis.

»Und schließlich Arthur, das ist für dich.« Merlyn hielt mir ein zusammengefaltetes Bündel hin. »Dies ist der legendäre UMHANG VON PADAEN, der seinem Träger Unsichtbarkeit verleiht ... ihn von der umgebenden Welt trennt und unbemerkbar macht. Doch für künftige Generationen ist dieses Gewand dazu ausersehen, einen neuen Namen zu tragen: Die Menschen werden es den *Mantel von Arthur* nennen, umbenannt wegen der Geschichte, die am heutigen Tag erfüllt wird! Aber das sollst du wissen, einstiger und künftiger König«, und an dieser Stelle erhob er die Stimme, damit alle es hören konnten, »... deine Aufgabe bleibt unbeendet, dein letzter Kampf ist nicht geführt! Deine Zeit, um in Frieden in die Nebel einzugehen, wird kommen, aber diese Stunde ist noch nicht da. Hier, Bärenjunges, lege den Umhang um und stelle dich an meine Seite!«

Der Druide wies uns einen Platz im Mittelpunkt des Steinrings zu und ging dann von Mann zu Mann, um die anderen zwölf Schatzträger in drei konzentrischen Kreisen außen herum aufzustellen, bis schließlich der größte Kreis die Steine selbst berührte. Merlyn kehrte an meine Seite zurück, blickte in die Runde, um das menschliche Kunstwerk zu prüfen, das er geschaffen hatte. »Ihr alle sollt von der alten Magie wissen, die wir hier ausführen ... drei, vier, fünf! Der innere Kreis von *Abred* mit der Zahl DREI, da es drei Prinzipien irdischer Manifestation gibt. Der mittlere Kreis von *Gwynydd* mit der Zahl VIER, da es die vier großen Unterteilungen der materiellen Welt gibt. Der äußere Kreis von *Ceugant* mit der Zahl FÜNF, da es die fünf Gottheiten des Geistes gibt: die Dreifache Göttin und die Doppelten Götter von Licht und Dunkelheit. Und im Zentrum: *Cythraul* die Spinne als die Dreizehn, unberührt, doch auf alles eingestimmt, was sie umgibt – der Anfang und das Ende, der unmanifestierte Mittelpunkt, der alles hervorbringt und wieder verschlingt.

Und nun, Gefährten, stehen wir dazu bereit, das mächtige NETZ VON ACHREN zu bilden, die Brustplatte von *Cythraul*, welche die HÖHLEN mit ihren Hütern sicher über die Grenzen der Welt hinausführen wird. Alle anderen, die mitgehen möchten, stellen sich jetzt Hand in Hand zwischen die Zwölf und bilden mit ihnen das kosmische Netz!«

Sie traten hervor und stellten sich schweigend zwischen die Steinsäulen, bis der Gipfel des Tor von einem riesigen lebendigen Netz
aus Händen und Armen und heldenhaften Herzen überzogen war.
Ich konnte die grenzenlose Kraft spüren, die durch die Mitte strömte,
durch einen Stromkreis aus menschlichen Armen, die untrennbar
unter *einem* Willen vereint waren: *Und dies war Merlyns Wille*,
seine Voraussicht, das Einende hinter dem Wunder.

Alle Augen folgten dem Druiden, als er langsam zum äußersten
Rand des Kreises im Osten schritt, wo die ersten Strahlen des neuen
Morgens seinen Kopf und seine Schultern in eine Aura von blassem
Gold tauchten. Er lehnte seinen Stab gegen einen Stein, öffnete das
alte Buch und studierte mit feierlicher Aufmerksamkeit ein vergilbtes
Blatt nach dem anderen. Als er endlich zu finden schien, was er gesucht hatte, fuhr er immer wieder mit dem Finger über die Seite und
sprach die fremdartigen Worte übend und abwägend lautlos zu sich
selbst. Dann legte er das *Gorchan* hinter einem Menhir nieder, hob
seine Arme mit zu Fäusten geballten Händen hoch in die Luft und
atmete tief ein, womit er die helle Kraft des frühen Morgenlichtes zu
sich herabzog. Und dann war endlich der Moment gekommen ...

ZAMA, ZAMA, OZZA ...
RACHAMA OZAI

... rezitierte er laut, immer wieder diese geheimnisvolle Wendung,
bis die Worte von dem *Netz von Achren* aufgenommen wurden und
ihr Echo in miteinander verknüpften Klangschichten über den Tor
hallte. Sich aufbauend ... ansteigend, hoch und tief ... fallend, vor
und zurück, rufend ... Rufe nach außen richtend! Und als Antwort
kamen die *Nebel von Calen*.

Wie ein Heer von dampfenden Schlangen glitt der graue Nebel
langsam in dichten Streifen zwischen die hohen Steine und hüllte
das Land ein. Bald innerhalb, bald außerhalb vom Netz wogte er
hin und her wie Wolkenwolle auf einem Webstuhl, verschluckte die
Gefährten, einen nach dem anderen, in einer dichten, wogenden
Wand. Von dort, wo ich stand, konnte ich den Druiden nicht mehr
sehen. Daher zog ich mir den *Umhang von Padaen* fest um den
Kopf, verschloß mich so dem unerwünschten Anblick und lauschte
... hörte, wie das Klangmeer immer noch um mich herum aufwallte
und toste. Dann endlich, als ich es kaum noch aushielt, durchdrang

plötzlich Merlyns Stimme das geisterhafte Gewebe und rief dreimal laut über die rezitierende Menge hinweg:

ANAIL NATHROCK ... UTHVASS BETHUDD ... DOCHIEL DIENVE!

In einer plötzlich wirbelnden Leere hörte der Tumult unvermittelt auf. Alles – die Töne, die Bewegungen, alles verlor sich in einer derart abrupten Stille, daß es fast schmerzhaft zu hören war. Ohne zu wissen, was mich erwartete, zog ich den Umhang auf die Schultern herunter und blickte mich um.

Wir standen völlig allein oben auf dem Tor – Merlyn und ich. Kein Gefährte war mehr da; keine Stimme erhob sich, kein Nebel stieg auf in jener friedlichen Einsamkeit, die verblieben war ... nichts als die schweigsame Gegenwart der steinernen Wächtern, die sich geduldig in der Morgensonne wärmten. Doch dieser Friede war, wie jeder Friede, etwas Zartes, Zerbrechliches.

Merlyn schreckte in plötzlicher Alarmbereitschaft hoch und wendete seinen Kopf von der einen Seite zur anderen. »Arthur, hörst du das? Hör nur!« Und ich hörte es tatsächlich. Von irgendwoher jenseits der Sümpfe wurden die Geräusche von Männern, die ihr Lager abbrachen, deutlich zu uns herübergeweht. Pferde wieherten, Trommeln schlugen, Metall stieß klirrend aneinander.

»Ja, Merlyn, ich höre es.« Mir schwand der Mut. »Man sollte glauben, daß wir es gerade rechtzeitig geschafft haben ... die Schätze von Avalon sind doch außer Reichweite, in Sicherheit, oder?«

Als Antwort schlurfte der Druide langsam zu mir herüber, als wäre er nun zu guter Letzt müde, und legte seinen mageren Arm um meine Schulter. »Wahrlich, sie haben diese Welt gut und sicher verlassen«, sagte er lächelnd, »und wir allein sind übriggeblieben. Es sollte nämlich einige Zeit dauern, ehe die Eindringlinge es schaffen, den See zu überqueren. Also, Bärenjunges, sollen wir das, was uns an zerbrechlicher Zeit übrig ist, als ein Geschenk an uns selbst nutzen? Komm ... versuchen wir zu vergessen, daß sie überhaupt hier sind. Laß uns, allein um unsretwillen, von der Zukunft sprechen!«

Und dann überkam uns ein großes, wundersames, glückliches, verrücktes Vergessen, während wir auf das Licht im Osten zuschlenderten, die grasbewachsenen Abhänge hinab und unter den alten Apfelbäumen, wo wir noch ein letztes Mal sprechen konnten – von der Wahrheit sprechen.

5

Von nichts kommt nichts

Wer sich an eine Freude bindet,
Der zerstört beflügeltes Leben.
Doch wer sie im Fluge küßt und findet,
Lebt ewig vom Sonnenaufgang umgeben.
William Blake

»Stimmt es also, Merlyn … bin ich tatsächlich in Albion und Angle-sey gescheitert, an meinem Glauben *und* meinem Vaterland?«

Der Druide lehnte sich schwerfällig gegen einen Apfelbaum, der einen Regen aus rosenfarbenen Blüten herabwehen ließ. »Zuweilen läßt sich viel über das Scheitern sagen«, antwortete er mit dem alten schelmischen Funkeln in seinem Blick, »… oft ist es weitaus interes-santer als der Erfolg!«

Die Sonne war strahlend über den Gipfeln der umliegenden Hügel aufgegangen und vertrieb mit ihrer Wärme alle Reste eines harten Winters. Bienen summten zwischen den Ästen des Apfelgartens, Rehe grasten auf den grünen, mit Wildblumen übersäten Hängen. Es schien ein makelloser Frühlingstag in Avalon zu sein – wenn da nicht die Schar feindlicher Soldaten gewesen wäre, die sich in die-sem Augenblick anschickten, über den See zu setzen.

Das Haus der Jungfrauen war seit dem Vormittag leer und ver-lassen. Die meisten Priesterinnen waren fortgeritten und hatten sich in den umliegenden Dörfern in Sicherheit gebracht. Auch Viviannes Haus lag kalt und verwaist da, kein munteres Feuer tanzte an jenem Tag im Kamin. Doch der Ort war nicht gänzlich verlassen: Draußen im Steingarten saß Morgainne, umgeben von einer kleinen Schar von Frauen, die es vorgezogen hatten zu bleiben – komme was da wolle. Sie wollte gerade die Anweisung geben, den Männern etwas zu essen und zu trinken zu bringen, als einer von Arthurs Spähern, die in der Nähe des Ufers Posten bezogen hatten, in Sicht kam. Er blieb am Rande des Weges stehen und verneigte sich leicht, wartete auf die Erlaubnis, sich zu nähern. Mit einer Geste des Segens winkte Morgainne ihn heran.

»Mylady«, sagte der Mann außer Atem, offensichtlich war er gerannt. »Am anderen Ufer herrscht reges Treiben. Man bereitet sich darauf vor, das Wasser zu überqueren, Flöße werden gebaut. Außerdem sind zwei Heere da, nicht nur eines. Unsere Späher sagen, ein Befehlshaber sei Amr, des Königs eigener Sohn, den seine Soldaten nach dem Sieg über seinen Vater in Camlann jetzt ›Mordred‹ nennen. Das andere Heer besteht aus gewöhnlichen christlichen Eiferern, die von einem jungen Mönch namens Gildas angeführt werden. Man sagt, der Mönch habe seine Truppen mit Hilfe der Königin Gwenhwyfar aufgestellt! Sie ziehen gegen Avalon!« Der Mann schüttelte den Kopf, er sah mutlos und verzweifelt aus. »Ich muß zu meinem Herrn Arthur, Mylady. Er wird wissen, was zu tun ist.«

»Der König hat sich zu einem Treffen mit Lord Merlyn eingeschlossen«, erwiderte Morgainne ruhig, »und er darf nicht gestört werden. Sei versichert, daß deine Botschaft zur rechten Zeit überbracht wird. Dürfte ich vorschlagen, daß du unterdessen auf deinen Posten zurückkehrst? Gwyar, Schwester … Luned! Sorgt dafür, daß dieser brave Mann etwas zu essen mit zurücknimmt. Der Segen der Göttin sei mit dir!«

Erneut verneigte sich der Mann und brach dann hastig wieder zum Landeplatz auf.

»Es ist viel sicherer zu gehorchen als zu herrschen …«, dachte Morgainne bei sich, denn jetzt war sie wirklich beunruhigt. Was war zu tun? Die Barbaren kamen nicht nur wegen Arthur, sondern auch wegen *ihrer* Insel. Und heute war *sie* die Herrin von Avalon; die Verantwortung, es vor dem Verderben zu schützen, lag nun zum größten Teil bei ihr. Ailinn, eine der jüngsten Priesterinnen, kam aus Viviannes Haus und sah Morgainne aufgewühlt dasitzen, den Kopf zwischen ihren Händen vergraben.

»Mylady, soll ich den König holen gehen? Vielleicht sollte ihm gesagt werden …«

»*Ich* möchte über solche Dinge entscheiden!« fuhr Morgainne das Mädchen an, besänftigte sich aber sofort wieder. »Es tut mir leid, meine Tochter. Es ist eben so, daß schwerwiegende Angelegenheiten uns allen ein bißchen zu schnell aufgedrängt worden sind. Du hast in guter Absicht gehandelt, mein Kind, aber ...«, und hier hielt sie inne, um einen Augenblick lang nochmals zu überlegen, »aber nein. Sollte ihre Beratung nicht bis zur Mittagsstunde unterbrochen sein, dann kannst du mit meinem Segen gehen. Ich danke dir.« Ailinn lächelte befangen, verneigte sich und kehrte dann in das Haus zurück.

»Ja, vielleicht könnte es zutreffen«, tröstete sich Morgainne. »Vielleicht werden Merlyn und mein Bruder mit einer Antwort auftauchen. Und die Göttin ist gütig gewesen ... denn entgegen aller Wahrscheinlichkeit lebt Arthur ja immer noch. Aber *wissen* die dort drüben lauernden Heere das?« Geistesabwesend zupfte sie an einer Handvoll Klee, der zwischen den Steinen wuchs. »Ist ihnen klar, daß ein schlecht ausgelöschtes Feuer sich rasch wieder entzündet?« Da lächelte Morgainne, zum erstenmal an diesem Tag.

* * *

»Es ist leicht, für *andere* zu leben«, sagte Merlyn zwischen zwei Rauchwölkchen aus seiner Pfeife. »Du hast es in bewundernswerter Weise während deines ganzen Lebens als König getan. Wenigstens heute fordere ich dich dazu auf, nur für *dich* zu leben. Die Antwort auf alles ist in dir, erinnerst du dich? Es ist so schwer, gegen einen Feind zu kämpfen, der Außenposten in deinem eigenen *Kopf* hat!« Der Druide stand auf, reckte sich und kam herüber zu mir an die Stelle, wo ich törichterweise damit beschäftigt war, Wolken am Himmel aufzulösen. »Manchmal frage ich mich, ob tatsächlich du es warst, Arthur, der all diese Jahre in meiner Höhle gelebt hat, oder nicht?«

Ich wendete meinen Blick vom Himmel ab und begegnete seinem Blick, aus denselben zeitlosen Augen, die ich als Junge so gut gekannt hatte. »Ja, ich erinnere mich. *Wer das ganze Universum zu verstehen sucht, wird überhaupt nichts verstehen. Doch wenn sich einer bemüht, sich selbst zu verstehen, dann wird er das ganze Universum verstehen lernen.* Ist nicht das gemeint?«

Merlyn schien zufrieden. »Den Göttern sei Dank ... der Junge in dir ist immer noch lebendig und strampelt. Und dieser Junge ist auch als Mann und als König einzigartig. Die große Mehrzahl der Menschen verbringt ihr Leben ausschließlich mit einem Bündel von Anfängen. Du aber hast ein lebendiges Vermächtnis geschaffen, das uns übrige überdauern wird. Du hast mit der Überzeugung begonnen, daß Freiheit im Leben etwas ist, wofür es sich lohnt, zu leben und zu sterben, und dein Glaube hat mitgeholfen, diese Tatsache zu erschaffen. Lassen wir nun am Ende den flügge gewordenen Vogel frei und sehen ihm dabei zu, wie er fliegt! In der Tat, groß ist die Kunst des Beginnens, aber noch größer ist die Kunst des Beendens. Schau nur!«

Er wies mit dem Finger zu der Wolke hoch, die ich beobachtet hatte, schloß dann die Augen und blies ein winziges Rauchwölkchen aus seiner Pfeife in ihre Richtung. Fast auf der Stelle begann sich die große wogende Wolkenform am Himmel aufzulösen, und bald war überhaupt nichts mehr von ihr übrig. »So ist es oft im Leben«, fuhr er fort, »daß eine Sache dann am allerschönsten ist, wenn endlich die Ausmaße einer so großartigen Form erreicht sind, daß sie mit Würde wieder verschwinden darf. Du mußt jetzt, wie die Wolke, deine Vergangenheit loslassen. Ob zum Guten oder zum Schlechten: sie ist *vorüber*. Nur wenn du deinen Königsrang bereitwillig aufgibst, wirst du erkennen, welche Last er war – und welche Freiheit dann wieder da ist!«

Ich zwang mich zu einem Lächeln. »Für die Dauer der Zeit, die noch bleibt, will ich zu vergessen suchen, aber ...« Ich krümmte mich vor einem plötzlichem Schmerz in der Brust und bekam keine Luft mehr. Mit einem tief betroffenen Blick bettete Merlyn mich auf den Boden.

»Sei nicht in Sorge, Bärenjunges«, sagte er, so als würde er wieder den kleinen Jungen trösten, »denn ich habe deine Zeit vorausgesehen, und sie ist noch nicht gekommen. Das versichere ich dir.« Er öffnete einen der vielen Beutel, die ihm an der Seite hingen, und holte ein Bröckchen aus getrockneten Kräutern daraus hervor. »Hier, tu dir dies unter die Zunge, und es wird dir besser gehen.«

Da Merlyn immer sein Wort hielt, fühlte ich mich schon bald besser. »Schwierigkeiten, Arthur, welche Form auch immer sie annehmen mögen, sind Botschaften. Es gibt noch Dinge, die du in dieser Welt erkennen mußt, bevor du hinüber in eine andere gehen kannst. Dinge, die du noch *verstehen* mußt.« Die letzten Worte hingen einen Augenblick in der Luft.

»Nichts in der Welt kann verstanden werden, bevor es nicht zuerst erkannt ist«, widersprach ich durch den Schmerz hindurch. »Manchmal hat es den Anschein, als würde ich wenig von dem verstehen, was geschehen ist.«

Der Druide half mir, langsam wieder auf die Beine zu kommen. »In der Jugend lernen wir ... im Alter verstehen wir! Laß uns den Weg nach oben auf den Tor zurückgehen, vielleicht liegt dort eine Erkenntnis und wartet?« Ich machte einen unsicheren Schritt vorwärts, krümmte mich erneut zusammen und versuchte, den meine Brust zerreißenden Todesschmerz durchzustehen. »Meister, ich ... ich will nicht klagen, aber ...«

Merlyn unterbrach meine Worte mit einer knappen Handbewegung. »Ich erinnere mich, daß ich früher einmal darüber geklagt habe, daß ich keine Schuhe hatte ... bis zu dem Tag, als ich einen Mann traf, der keine Füße hatte.« Wir lächelten uns an und wußten, daß uns das Geschenk des Lebens noch eine Zeitlang gegeben war.

Ganz langsam krochen wir auf dem sich windenden Prozessionsweg nach oben. Dort erwartete uns der große Steinkreis in seiner ganzen dunklen Erhabenheit. Mein alter Freund führte mich auf die Seite, wo der Darkenstone stand – magischer Spiegel zwischen den Welten. Ich legte meine zitternden Hände darauf, um mich zu stützen.

»Ich habe dich hierhergeführt, damit du Zeuge vom ganzen Bilde deines Lebens sein kannst, ehe du es verläßt«, erklärte Merlyn ruhig. »Der beste Weg hinaus geht immer mitten hindurch!«

»Gut«, entgegnete ich mit schwachem Flüstern, denn meine Wunde brannte immer noch wie Feuer, »wenn es etwas gibt, woran es in meinem Leben scheinbar gemangelt hat, dann sind es Antworten.«

»Aha ...«, gab der Druide lakonisch zurück, »jetzt fängst du schon wieder damit an, alles schwarzweiß malen zu wollen!«

»Nicht schwarzweiß – ich möchte nur meinen Platz darin finden ... mein Vermächtnis. Wenn Ihr nur nicht fortgegangen wäret, dann vielleicht ...«

»Eine Antwort ist stets eine Form von Tod.« Merlyns Tonfall verriet mir, daß wir in der Tat in einer Sackgasse steckten. »Und was meinen Abschied vom Hof betrifft, nun, du weißt genausogut wie ich, was dahinter steckte.«

»Sprecht doch weiter«, sagte ich verächtlich, »sprecht den Namen ruhig aus, wenn Ihr wollt! Gwenhwyfar ist meine einzige echte Schwäche gewesen. Ich hatte keine andere Wahl, als darauf zu hören.«

»Was in deiner Macht liegt zu tun, liegt auch in deiner Macht, *nicht* zu tun!« zitierte er hitzig. »Außerdem ist deine Königin in all den langen Jahren niemals sie selbst gewesen: Ihre Meinung war die der Priester ... *und sie ist es immer noch*! Du weißt doch, wer die Geldmittel gibt für den ›heiligen Krieg‹, der in diesem Augenblick vor unseren Toren geführt wird, oder?«

Mir wurde schwindlig, und ich vermochte nicht, die Unzulänglichkeiten meines Lebens auch nur noch einen Moment länger zu verteidigen. Der Druide schien dies zu bemerken und hielt plötzlich inne.

»Ja ... aber natürlich kennst du jede schmerzliche Einzelheit«, lenkte Merlyn ein, und sein Gesichtsausdruck war nicht mehr hart, sondern reumütig. »Du hast ein ganzes Leben so durchlebt – auch als nicht einmal ich zu deiner Unterstützung da war. Es tut mir aufrichtig leid, Arthur, vergib mir. Ich hatte nicht die Absicht, dir Vorwürfe zu machen, sondern nur die andere Seite derselben Münze zu zeigen. Gwenhwyfar war kein schlechter Mensch, bloß verblendet durch ihre Intoleranz anderen gegenüber. Nun – auch sie hat eine andere Seite gehabt. Es ist nur so, daß Religion immer ein Wegweiser sein sollte und niemals ein Gefängniswärter.«

Ich konnte nur nickend mein Einverständnis ausdrücken, während Merlyn sich auf den magischen Akt vorbereitete. Er legte seine Hände leicht auf den Rand des Steins, schloß die Augen und begann feierliche Worte zu murmeln. Mit zitternden Augenlidern rief der Magier dreimal die uralten Worte der Macht:

ADVARIN MACH CUMHALL ...
MACH CUMHAIL ADVARIN
CUMHAIL ADVARIN MACH ...

»Schau nach unten, Sohn des Pendragon!« sagte der Druide mit seiner geisterhaft klingenden Ritualstimme, die ich so gut kannte. Ich gehorchte ihm, beugte meinen Kopf über die ebenholzschwarze Oberfläche des Steins und schaute tief hinein.

Sehr lange sah ich nichts – außer wirbelnden Flecken von Wolken und Blättern, die sich darin widerspiegelten. Dann schien etwas Dunkles und Warmes nach außen wie die Sonne auf mein Gesicht zu strahlen und meinen Geist hinabzuziehen, um sich mit ihm zu verbinden. Lautlos brachen Farben hervor und formten sich nach und nach zu einer Collage aus Bildern und Gestalten. Die Welt des Tor, des Heeres und des Steinkreises, trieb unerreichbar davon. Ich war gezwungen, kräftig Atem zu holen, so als würde ich unter Wasser getaucht werden. Der Darkenstone drehte sich und riß die Bilder in ein wirbelndes Durcheinander, das jäh in einer Schwärze endete.

Fast lag ich mit dem Kopf auf dem Stein. Als ich zurückwich, bemerkte ich, daß winzige Punkte aus reinem weißem Licht begonnen hatten, sich zu kleinen, gegenständlichen Bildern zu formen, die fern und blaß wirkten. Da ich zu schwach war, um mich ihnen zu entziehen, entspannte ich mich und ließ das bunte Treiben der Gestalten an mir vorübergleiten.

Szenen meiner Kindheit an einem weit entfernten Ort tauchten auf, Szenen, von denen ich nie etwas gewußt hatte. Da saß meine Mutter, Igraine, als junge Frau vor einer riesigen Feuerstelle aus Stein und stillte einen Säugling, dessen Identität nur allzu leicht zu erraten war. Die Visionen verschmolzen mit dem Feuer und sammelten sich um einen alten Mann, der einen steilen einsamen Pfad in einer verlassenen und vom Meer gepeitschten Gegend entlangging. Glocken läuteten, Mönche rezitierten lateinische Hymnen von herber Schönheit ... und inmitten von allem tauchte ein Kind auf, ein Junge, von einem heidnischen Druiden einem christlichen Abt anvertraut, *ein Junge, zur Magie bestimmt*. In jenem Meer aus fließender Zeit glitten die Jahre dahin ... Apfelblüten verblaßten und fielen ab, große schwarze Raben schwebten hoch über Höhlen und tief über ausgebleichten Kalkbänken der Küste, die von Rundsteinen grau gesprenkelt waren ... Fackelschein schimmerte über einem See aus erhobenen Schwertern. Augenblicklich erkannte ich meinen Platz, wie eine Geschichte aus ferner Kindheit, die nochmals erzählt wird und plötzlich, während des Erzählens wie ein alter Freund begrüßt wird ... Widerhall eines gelebten und leicht vergessenen Lebens.

Verlorene Freuden und Leiden tauchten durch den stürmischen Triumph von Camelot an die Oberfläche: das Zusammenkommen

der Gefährten, wie das langsame Reifen eines guten Weines ... die
Königin in strahlender Schönheit vor dem Altar Gottes ... Amr,
mein Sohn durch alten Zauber, zum Krieger geboren mit geheimen
ehrgeizigen Zielen, die Verrat bedeuteten ... *wie oft geben wir unseren Feinden die Mittel zu unserer eigenen Zerstörung in die Hand?*
... Merlyn!

Ich sah ihn nun als alten Mann auf den Berghängen Kaledoniens, mit Scharen von Suchern umgeben ... am Fluß, am See, am
Meer gehen ... eine Hand heben und zu etwas hinüberweisen, was
jenseits lag; »Arthur!« ruft er über das Wasser, und ich bin da ...
»Schau durch die Nebel von Calen – dein Vermächtnis für die Zukunft!«

Dann ziehen die allermerkwürdigsten Dinge an mir vorbei ... bri-
tannische Bauern, kaum bewaffnet, verteidigen ihre Hütten, ihre
Familien mit dem Schlachtruf: »*Erinnert euch an Arthur ... Denkt
an den großen König!*« Einheimische Söhne, die über Generationen
hin stolz meinen Namen tragen ... zerklüftete Felsenklippen und
Kraftorte überall im Land, mächtige Festungen aus Stein, behangen
mit roten Bannern und geschmückt mit dem Emblem des Drachen:
das Wappen meines Hauses! Krieger in Rüstung, die in meinem
Namen edle Taten geloben ... Könige, die es nach Blutsverwandt-
schaft mit mir verlangt ... Barden und Harfner singen Heldenepen
von unseren Kämpfen um den Frieden ... Schriftsteller verfassen
Bücher, Tausende von Büchern ... Menschen träumen die kühnen
Träume von Camelot ... lachende Kinder schwingen Holzschwerter
und rufen laut: »*Excalibur! Excalibur!*« ... Kinder im Frieden. Alle
Kinder im Frieden ...

Die Reise, *meine* Reise verblaßte allmählich zu einem zart ver-
schwommenen Lebensgewebe – *mein* Leben, wahrlich ein seltsam
schöner Teppich, aus Regenbögen gewirkt. Ich lächelte, einig mit
allem. Um mich herum war alles still, außer den hellen Liedern
der Vögel, die sich fröhlich unter die zwischen blühenden Apfelbäumen schwärmenden Honigbienen mischten. Vor mir stand leblos
der Darkenstone, die große schwarze Gestalt schwer vom warmen
Sonnenschein. Die Mittagszeit war gekommen und schon wieder
gegangen.

Merlyn öffnete die Augen und rang sich ein erschöpftes Lächeln
ab. Im vollen Tageslicht sah er nun alt aus – sehr alt. Ich versuchte
zu sprechen, doch ein neuer Schmerzanfall durchzuckte meine Brust

und zwang mich mit einem Keuchen zu Boden. Mit unsicheren Schritten kam der Druide zu mir hinüber und legte mich, so gut er konnte, vorsichtig in eine gerade Lage.

»Ich habe so viel Zeit in meinem Leben verschwendet«, flüsterte ich zu ihm hinüber, als er sich etwas mühevoll neben mir niederließ. »Und jetzt ... jetzt hat die Zeit mich verschwendet und verzehrt.« Mein Lehrer sah beunruhigt drein.

»Zu tief bauen jene, die unter den Sternen bauen«, zitierte er mit träumerischer Überzeugung. »Hast du heute nichts gelernt, Bärenjunges?« Sein besorgtes Gesicht beugte sich ganz nahe über meines. »Hast du es denn nicht gesehen? Von uns allen hast *du* dein ganzes Leben damit verbracht, mutig nach den Sternen zu greifen ... und dein Erfolg ist bei ihnen verzeichnet. Doch deine Mission geht weiter, denke daran!«

Ich fühlte mich benommen und verwirrt. Wovon sprach er nur? Ob zum Schaden oder Nutzen, meine Aufgabe war mit Sicherheit ausgeführt.

Merlyn wußte die Botschaft zu deuten: Er beugte sich nieder und strich mir die wirren Haarlocken aus den Augen. Mit dem Geschick, das er stets darin bewiesen hatte, eine ungestellte Frage zu beantworten, sagte er dann: »Arthur, alle Weisen wissen, daß jeder Ausgang in Wirklichkeit ein Eingang zu etwas anderem ist. Nimm nicht an, nur weil dein Körper sein Ende erreicht, daß damit auch die Arbeit deiner Seele beendet sei.« Er schüttelte langsam den Kopf und legte dann seine Hand auf meine Stirn. Ein Strom aus klarem Licht schien meinen Geist zu erfüllen.

»Es hört nicht hier auf ... EX NIHILO NIHIL FIT, von nichts kommt nichts! Du bist in vielen Formen gewesen, bevor du zu dieser geworden bist ...« Der Gesichtsausdruck des Druiden veränderte sich, während sich die Ruhe des bardischen Versenkungszustandes über ihn breitete.

Du bist ein Strahl aus dem kosmischen Geist gewesen
Du bist ein Sandkorn unter dem Meer gewesen
Du bist eine Purpurrose an einer Ranke gewesen.

Als Gwydion bist du jeden Weg des Neuen Waldes gegangen
Als Tacitus hast du auf der Seite von Rom gekämpft
Als Arthur hast du die Krone des Roten Drachen getragen!

Wann werden die drei Bücher zu einem verbunden?
Wann werden die Worte Brâns beachtet?
Wann wird die Priesterschaft Erbe der Erde sein?

»Das sind deine Aufgaben, mein Freund, Vergangenheit und Zu-kunft.« Seine Stimme klang wieder so gütig wie früher. »Das Ver-mächtnis, das du hinterläßt, trägt in sich die Verheißung, den Menschen auf eine neue Stufe der Zivilisation zu erheben. Das Ver-mächtnis, das noch kommen wird, kann vielleicht die Erde retten – genau die richtige Mischung, um auf deinen Schultern zu ruhen.« Er schaute zu Boden, wartete, fragte sich wohl, ob ich ihn hörte oder nicht, und flüsterte dann: »... aber du wirst sehr wohl wissen, wann der Tag kommt, künftiger König.«

»Merlyn? Habe ich geträumt? Ihr seid ja immer noch hier ... ich bin so froh.« Halb öffnete ich die Augen. »Wenn Ihr nicht vielleicht selbst ein Traum seid?«

Der alte Mann lachte leise in sich hinein. »Wer könnte jemals sagen, ob wir die Welt im Wachzustand träumen oder nicht – ob die eigentliche Wirklichkeit nicht in dem Augenblick beginnt, wenn wir unsere Augen im Schlaf zumachen?«

»Ich habe zurückgedacht ...« Mein Geist phantasierte in einem sanften Fieber. »Wir saßen hoch oben auf den steilen Klippen von Tintagel und beobachteten die Möwen. Erinnert Ihr Euch?«

Merlyn nickte mit einem seltsamen geistesabwesenden Blick. »Wenn das Leben wie ein richtungsloser Pfad scheint«, er hielt inne, »ja ... manchmal ist die Vergangenheit unsere einzige Zuflucht. Die Vergangenheit ist stets sicher.« Einen kurzen Moment lang schie-nen ihm Tränen in den Augen zu stehen – die einzigen Tränen, die ich jemals bei Merlyn erlebt hatte.

»Und nun, mein Junge, habe ich etwas für dich,« sagte er mit ge-spielter Überraschung und wischte sich rasch mit einem Ärmel über das Gesicht, »etwas von dir, was ich all die Jahre sicher aufbewahrt habe.« Ich konnte mich nicht mehr ohne Schwierigkeiten aufrich-ten; daher hielt der Druide die kleine, geschnitzte Holzdose vor mir hoch und öffnete sie.

»Jetzt bist du wirklich für eine Reise über die Meere der Ander-welt bereit«, sagte er sanft und legte das winzige, gläserne Boot in meine Hand. Und dann schien es zum ersten Mal, daß zwischen uns wenig zu sagen blieb.

Ich drehte das kleine Kristallschiff, das sich nun erneut in meiner
Obhut befand, immer wieder hin und her, befühlte es, sog mit jun-
genhaftem Glücksgefühl sein glattes kühles Geheimnis in mich ein:
das Geschenk von Avalon, das ich vor so langer Zeit erhalten hatte!
*Das Lachen der Dame klang mir noch in den Ohren, meine Gedan-
ken wurden von Staubkörnchen im Sonnenlicht und Erinnerungen
aus verborgenen Winkeln erfüllt.* Dann kam aus einem dieser weit
entfernten Winkel das Geräusch von behutsamen Schritten entlang
des Weges. Merlyn drehte sich um und ging mit leise raschelnden
Gewändern hinüber.

»Wir möchten uns nicht aufdrängen, mein Herr ...«, Morgainne
und ihre Frauen sahen sehr besorgt aus. »Als Ihr nicht zurückgekommen seid, dachten wir, daß wir vielleicht ...«, sie unterbrach
sich, »... daß wir vielleicht irgendwie von Nutzen sein könnten.
Sagt mir bitte, wie geht es meinem Bruder Arthur?«

Der Druide nahm ihren Arm und zog sie ein wenig in Richtung
des Weges; die anderen folgten in einiger Entfernung. »Dein Bruder,
Kind, ist im Frieden. Ich habe getan, was ich konnte – er leidet
sehr.«

»Er leidet?« wiederholte Morgainne mit einem bitteren Flüstern.
»Von allen Seelen hat diese es verdient, *nicht* zu leiden!«

Merlyn lächelte verständnisvoll und nickte. »Aber sag mir, Dame
und Priesterin, von welchem Wert sind Überzeugungen, die kein
Leiden mit sich bringen?«

»Ja«, bestätigte sie mit einem Seufzen, »so ist es in der Geschichte mit dem Leiden immer gewesen. Aber das ...«

Ein jähes heftiges Getöse von der anderen Seite des Sees ließ jedes
Gespräch verstummen.

»Große Mutter, hört nur!« rief eines der Mädchen und kauerte
sich hinter eine Steinsäule. »Was war das?«

»Kriegstrommeln – ich muß fort!« Auch ich war hochgeschreckt, war wieder ein König, der Krieg führte und nun verzweifelt versuchte, sich aufzurichten.

Der Druide machte den Frauen ein Zeichen, dort zu bleiben, wo sie waren, eilte wieder an meine Seite und bettete mich sanft auf die Erde zurück. In unseren beiden Gesichtern stand der Schmerz geschrieben.

»Siehst du, Arthur, du ... du *darfst* nicht mehr versuchen, dich zu bewegen«, sagte er mit unsicherer Stimme und sichtlich erschüttert. »Alles wird gut werden, dafür will ich sorgen. *Vertrau mir.*«

Bei diesen Worten griff Merlyn nach meiner Hand und streifte mir behutsam den goldenen Pendragon-Ring vom Finger. Einen Augenblick lang wich ich erschreckt zurück, dann beruhigte ich mich. Vertrauen ... ja, *ihm* würde ich stets vertrauen. Und doch glitt ich langsam in meinen Traum zurück, denn es war trotz allem schmerzhaft zu spüren, wie die Schlangen meinen Finger für immer verließen ...

Merlyn erhob sich und eilte zu Morgainne hinüber. »Nimm eine Abordnung deiner Frauen, und begib dich rasch zum Ufer des Sees«, befahl er mit entschlossener Stimme. »Händige diesen Ring Arthurs Sohn aus, und überbringe dann dem Mönch Gildas die Botschaft, *daß ihre Anstrengungen von nun an nutzlos seien und daß der König sich jetzt weit außerhalb ihrer Reichweite befinde.* Das werden sie verstehen. Geh unter dem Banner von Avalon.« Alle Augen waren auf ihn gerichtet, zögernd und von dunklen Fragen erfüllt.

»Durch dieses Unterpfand kann Avalon vielleicht noch für eine weitere Handvoll Jahre gerettet werden, aber ...«, Merlyn senkte den Kopf. »Gildas wird nur allzubald mit einem anderen namens Columba zurückkehren. Die großen Steine werden niedergerissen und auf das Fundament ihrer Kirche gestürzt werden. Ich habe es vorausgesehen.« Die Dame vom See blickte ihn entsetzt an. »Denn das Unabänderliche ist stets die allerstärkste Magie«, fügte er schwermütig hinzu.

»Aber wohin werdet *Ihr* jetzt gehen?« fragte Morgainne mit schicksalsergebener Miene.

»Eine letzte Reise steht mir noch bevor!« rief Merlyn fast erleichtert aus. »Als letzter der *Pheryllt*-Ältesten trage ich die Verantwortung, das *Gorchan von Maeldrew* in Sicherheit zu bringen. Es muß jenseits der Grenzen von Avalon gebracht werden, um in der großen Höhle an den Berghängen von Snowdonia unter dem Schwarzen *Stein von Ardan* zu ruhen. Eines Tages dann ... wenn die Erde aufschreit, wird der Leib des Drachen vielleicht wieder zu einem Ganzen zusammengefügt werden.«

Ich, auf der anderen Seite des Kreises, begann Blut zu spucken, während ein dumpfes Dröhnen von Trommeln aus den Sümpfen widerhallte. Die Schar aus Avalon lauschte, vor Schreck erstarrt, verneigte sich dann tief und floh den Pfad hinab auf das Ufer zu.

»Merlyn?« Die feindlichen Klänge hatten mich ins Bewußtsein zurückgeholt. »Man sollte glauben, daß alle Götter tot sind, außer dem Kriegsgott – und ich werde bald unter den übrigen sein!« Ich öffnete die Augen und versuchte zu lächeln, aber der schmerzhafte Husten kam wieder. »Doch jetzt, jetzt endlich, glaube ich, daß ich vielleicht verstehe ... das Warum erkenne. Wie Ihr gesagt habt, kommt nichts von nichts, und deshalb *geht* auch nichts zu nichts. Ich weigere mich zu sterben, Merlyn! Hört Ihr mich?«

Da standen ihm zum zweiten Mal Tränen in den alten Augen. »Götter ... der Tod«, murmelte er. »Hör zu, Arthur, wenn ich dir sage: *Der König stirbt niemals.*«

Als ich nach oben über die Häupter der alten Steine schaute, schien es einen Augenblick lang, als sähe ich dort die vertraute Gestalt eines schwarzen Raben sitzen. »*Komm mit, vergiß die Welt eine Zeitlang – folge mir!*« schallte es lachend aus den Baumwipfeln, und ich wußte, daß es wieder die Spiele meiner Kindheit waren.

»Salomon ... Kriegsgötter ...«, hauchte ich mit schwacher Stimme und blickte dann ein letztes Mal auf, in Merlyns geliebtes Gesicht. »*Meine Sonne geht unter, um wieder aufzugehen*«, versicherte ich ihm, während meine Augen sich langsam schlossen – diesmal aus freiem Willen.

»Wahrlich, ich sehe einen Gott in dir«, flüsterte der Druide durch unvergossene Tränen hindurch, »... einen Geist, der niemals sterben wird. Dann also bis zu einem anderen Tag«, und er hob meine Hand mit großer Vorsicht hoch, »auf ein andermal – schlaf gut, mein Bärenjunges.«

* * *

Die Schmerzen des Lebens hatten aufgehört, mein Geist war end-
lich befreit von den Gesetzen der Menschen. Doch ich wußte, wenn
ich mich in dieser Richtung umdrehen wollte, daß es immer noch
möglich war, auf die Welt zurückzublicken, die ich hinter mir gelas-
sen hatte; einen alten Mann zu sehen, der sich voller Gram über
einen Körper beugte, welcher nun leblos und kalt, früher aber ein-
mal fast mir gleich war. Salomon lachte und versuchte, mich weiter
zu necken, doch ein guter Geist hieß mich innehalten ... sagte mir,
daß die Ewigkeit noch einen kurzen Augenblick länger warten
könnte.

Und dann war ich froh darüber, zurückzublicken und mich zu er-
innern – im Tode zurückzuschauen und den zu ehren, der mich einst
zu leben lehrte! Weit in der Ferne kniete Merlyn, erinnerte sich an
mein Leben, so wie ich an seines, war eingehüllt in eine müde Zu-
friedenheit über eine Aufgabe, von der er wußte, daß sie gut bewäl-
tigt war. Dann, als grauer Rauch von den abendlichen Herdfeuern
aus den Hütten unten im Tal aufzusteigen begann, breitete er den
Umhang von Padaen ganz behutsam über Arthurs Körper aus und
wachte darüber, wie er sich seinen Blicken entzog. Eine orangerote
Sonne schaute warm und schwer vom Horizont herüber und warf
lange, müde Schatten vor dem Abendstern, der den Weg wies.

»Aber bald werde ich es sein, der dich finden wird«, versprach der
alte Druide, während er das *Gorchan* aufsammelte und sich müde
auf den Weg zum See machte.

    Nur eine kleine Aufgabe blieb noch zu tun ...

Arthur spricht

Genau von diesem Augenblick des Todes an schien ich wirklich zwischen zwei Welten zu weilen – die beiden Welten, von denen Merlyn immer gesprochen hatte. Die eine Welt schien damit zufrieden, dort zu liegen auf dem grünen Rasen von Avalon, verbraucht, wie in ewigem Schlaf, während die andere bereitlag, entschlossen, neben einer alten Höhle in Wales zu erwachen, viele Zeitalter von jetzt an entfernt, um einer anderen Aufgabe, einer anderen *Queste* zu folgen … etwas anderem, was zu tun war.

Die Trennung in die zwei Welten war phantastisch, doch rasch und ungeduldig unterwarf sie sich den Antriebskräften des Universums: *Wähle! Tritt heraus! Bewege dich weiter! Finde deinen Traum und lebe ihn! Wachse … und kehre dann zurück, wenn du es noch einmal zu versuchen wagst.* Die Antriebskräfte des Lebens.

Und doch steht die Erinnerung an jenen letzten Tag immer noch deutlich vor meinem geistigen Auge. Wie eine Landkarte oder eine Stimme oder vielleicht auch ein Gedanke, der aus irgendeinem Grund übriggeblieben ist. Vielleicht absichtlich?

Ich kann immer noch sehen, wie Merlyn zu jenem seltsam dahinziehenden Stern hochblickte und sich seine eigenen Gedanken machte. Ich sehe mich selbst, wie ich dort lag, die Augen voller Tränen, weil unser Abenteuer vorüber war – das Stück war zu Ende. Wir wußten, daß es nie wieder eine Zeit wie diese geben würde. Keiner von uns beiden sagte etwas. Wir schauten nur zum Himmel hinauf, atmeten ein und aus, dachten denselben Gedanken. Doch keiner sprach ihn aus.

Doch jemand muß es schließlich sagen, oder nicht? Und ich wußte, daß dieser Jemand *ich* sein mußte.

Das Schwert Excalibur wartet noch immer in den Nebeln.
Mein geliebtes Camelot steht noch,
im Sonnenlicht ruhend auf dem Gipfel von Cadbury Hill.
Merlyns einsamer Stern zieht immer noch dahin und leuchtet
am Abendhimmel eines bis jetzt noch unbegrabenen Frühlings.
Warum und wozu?

Weil ich sage, daß es so ist.

GRIMOIRE III –
DRITTES MAGISCHES ZAUBERBUCH

21 Textauszüge aus *DAS GORCHAN VON MAELDREW*

1. DER UMHANG VON PADAEN: »Den mystischen Faed Feea weben«
2. ZAUBER VON LICHT UND DUNKELHEIT: »Zum Ursprung reisen«
3. DAS CYTHRAWL BEZWINGEN: »Druidische Schutzriten«
4. DIE HÖHLEN: »Die heiligen Insignien sammeln«
5. DAS NETZ: »Lieblicher Kessel der Fünf Bäume«
6. DAS CALEN ANRUFEN: »Der Ritus der Verzückung«
7. DANNWNIAU: »Geistertänze der Druiden«
8. BEGRÜSSUNG: »Die Riten der Einstimmung auf Sonne und Mond«
9. BLUESTONE: »Alte Kraftquelle der Götter«
10. DIE KUNST DES LIEDZAUBERS: »Musikalische Gaben der Druiden«
11. DER SCHATTENRITUS: »Heiliger Orden des blinden Wanderers«
12. GWYNN AP NUDD: »Den Herrn des Erdhügels anrufen«
13. DARKENSTONE: »Atmu den Verborgenen suchen«
14. DIE SCHWELLE: »Wo die Schleier am dünnsten sind«
15. DRACHENRUTEN: »Die Kraftlinien aufspüren«
16. SPIRALRITUS: »Meditationen auf die endlose Windung«
17. DER TURM: »Die Stärke, sich gegen die Welt zu stellen«
18. RITUAL VON FEUER UND STEIN: »Die Flamme von Annwn«
19. MASKE: »Den Blick nach innen wenden«
20. DIE HARFE VON ERIN: »Geheimnisse bardischer Liedkunst«
21. DER RITUS DES EXILS: »Die Gleichgültigkeit der Menschheit verbannen«

* * *

Diese Textauszüge sind wegen ihrer Bedeutung für die keltischen Mythen aufgenommen worden und nicht als Lehrsystem zur Selbst-Einweihung bestimmt – obwohl manch einer sie vielleicht in solch einer Weise anwenden wird. Sie werden hier aber ausschließlich als einzigartige Beispiele für Praktiken der druidischen Tradition vorgestellt, soweit sie uns durch die Schriften von Llewellyn Sion aus dem 16. Jh. erhalten sind. Für einen Schüler des Druidentums, der *Merlyns Vermächtnis* und *Merlyns Lehren* oder einen vergleichbaren Übungskurs ernsthaft *durchgearbeitet* und nicht nur *durchgelesen* hat, sollten diese Texte anregendes Material sein, mit dem er sein Wissen ergänzen oder ein bereits bestehendes Lernprogramm erweitern kann.

1. Lektion: Der Umhang von Padaen

»Den mystischen Faed Feea weben«

Der Zaubermantel des Poeten ist eine der ältesten Formen walisischer Magie, die uns durch mündliche Überlieferung erhalten ist. Ein dafür besonders vorbereitetes Leinen wurde mit geheimen Pflanzenessenzen gefärbt, um dann als Verhüllung über den Poeten gelegt zu werden, wodurch ein prophetischer Trancezustand herbeigeführt wurde.

Pphd, *Book of the Dean of Lismore*, 1516

Der lose fallende Umhang des Zauberers hat lange zum Bild des Hexenmeisters gehört, und er ist immer wieder in Bühnenstücken dargestellt oder in Geschichten erwähnt worden. Auch diese Tradition scheint auf keltische Zeiten zurückzugehen, wofür der *Mantel von Arthur* und das *Hemd von Mannanan* gute Beispiele sind. Und was wäre schließlich die Gestalt Merlyns ohne seine druidischen Gewänder? Es stimmt zwar, daß ein Magier diesen »Aufputz« eigentlich überhaupt nicht braucht, doch Gegenstände mit Symbolkraft haben ganz bestimmt eine Wirkung auf den Bewußtseinszustand und können daher wertvolle Hilfen sein – besonders wie in unserem Falle hier, wo ein Ritualfragment mit einem solchen Objekt verknüpft ist.

Wir wollen uns zuerst mit der Anfertigung beschäftigen und später Anregungen für das Ritual geben. Sie brauchen etwa 2 x 2 m weißen Stoff oder Leinen von bester Qualität. Gehen Sie in ein gutes Stoffgeschäft, schauen sich dort gründlich um, und feilschen Sie nicht um den Preis: Eine alte Regel lautet, sich niemals Sorgen wegen der Kosten zu machen, wenn es um ein magisches Objekt geht – wenn Sie das Geld für etwas, wovon Sie instinktiv wissen, daß es genau das Richtige ist, nicht haben, dann warten Sie solange, bis Sie das Geld haben. Der Stoff kann leicht oder schwer, von grober oder feiner Webart sein – Hauptsache, er gefällt Ihnen; die Wahl liegt bei Ihnen. Er muß nur ungefärbt und für den Zweck geeignet sein. Nehmen Sie Ihre 4 m² Stoff mit nach Hause und runden ihn an den Stellen leicht ab, die später die beiden unteren Ecken des Capes sein werden.

Als nächstes muß der Stoff vorbereitet, nämlich in der richtigen Farbe mit den richtigen Pflanzen *von Hand* gefärbt werden, was hierbei ein unumgänglicher traditioneller Brauch ist. Entscheiden Sie, welche Farbe für diesen Zweck geeignet ist – wieder müssen Sie Ihre innere magische Stimme sprechen lassen. Sie können unter allen Farben wählen, ausgenommen *Weiß* oder *Schwarz*, die im strengen Sinne keine Farben und nur den Eingeweihten vorbehalten sind. (Die druidischen Bruderschaften, nach Art von Rotary Clubs und vom Versandhandel betreut, die man mit weißen Leintüchern herumstolzieren sieht, sind in jeder Hinsicht ein Greuel – schenken Sie ihnen keine Beachtung!)

Wenn Sie eine Farbe gewählt haben, mit der Sie eine positive Übereinstimmung haben, ziehen Sie die folgende Übersicht von Pflanzen zu Rate, die gute Farbpigmente liefern. Wir haben die Liste in der Reihenfolge der Regenbogen- oder Spektralfarben zusammengestellt und nur diejenigen aufgenommen, die wir selbst verwenden oder ausprobiert haben.

Sehr dunkel: Schwarzdorn
                      Sommereiche
                      Krauser Ampfer

Violett: Echter Alant
                Pflaume
                Heidekraut

Purpur: Weintraube
                Schwarzer Holunder
                Scharfer Hahnenfuß

Blau: Färberwaid/Indigopflanze
              Kornblume
              Stockrose

Grün:	Weißbirke
	Huflattich
	Bartgras/gewöhnliches Gras

Gelb:	Kamille/Golden Pipes
	Ringelblume/Sonnenblume
	Johanniskraut

Orange:	Goldrute
	Sumach/Springkraut
	Besenginster/Espe

Rot:	Roterle/Stechpalme
	Kermesbeere/Weihnachtsstern
	Wilder Wein/Gartenraute

Nehmen Sie 30 g des getrockneten Krautes auf 1 Pfund Stoffgewicht. Lassen Sie das Kraut in 10–12 l weichem Wasser leicht sieden. Seihen Sie durch, fügen ½ Tasse jodiertes Salz hinzu und lassen die Flüssigkeit 20 Minuten kochen. Geben Sie den Stoff hinein, machen ihn gleichmäßig naß und bringen das Ganze wieder zum Kochen. Stellen Sie die Herdplatte aus und lassen alles stehen, bis es abgekühlt ist. Spülen Sie den Stoff einmal kurz in kaltem Wasser aus und trocknen ihn dann draußen an der Luft auf einer Wäscheleine. Fertig ist Ihr Umhang!

Das einzige, was er jetzt noch braucht, damit Sie ihn tragen können, ist eine Halsfibel oder *Brosche*. Die Kelten liebten diese Broschen nicht nur ganz besonders, sie waren auch berühmt für ihre kunstvolle Herstellung. Ein hervorragendes Beispiel dafür ist am Anfang dieses Kapitels abgebildet. Originalreproduktionen keltischer Broschen sind heute in vielen Geschäften, manchen Museen und über den Versandhandel* erhältlich.

Nun zur magischen Anwendung. Das *Buch der Pheryllt* hält sich an die bardische Tradition, wie sie im Eingangszitat umrissen ist, und bietet eine »Inspirationsübung«, die den *Umhang von Padaen* einbezieht.

---

* z. B. im Pranahaus, Kronenstr. 2, D-79100 Freiburg

Der Ritus mit verbundenen Augen

* Dieser »Flug des Geistes« kann im Haus oder draußen ausgeführt werden. Diesmal gibt es gute Gründe, eher drinnen zu arbeiten, um Ablenkungen und Geräusche auf ein Minimum zu reduzieren. Es handelt sich hierbei um eine *innere* Suche, die nicht auf die Beherrschung der *äußeren* Welt zielt. Die Landschaften befinden sich in Ihrem Inneren.

* Mit dieser Zielvorstellung entscheiden Sie sich für den Raum, wo Sie arbeiten wollen. Sie sollten weder zu müde noch allzu munter sein. Reinigen Sie den Bereich und stellen Ihren tragbaren Steinkreis auf, wenn Sie nicht mit einem festen Kreis im Freien arbeiten. Wie immer ist Ihr Kreis ein machtvolles Element des Schutzes.

* Obwohl es wenige Einschränkungen bei unserer Aufgabe gibt, ist dieses Ritual weitaus wirksamer, wenn es in einem verdunkelten Bereich durchgeführt wird; Licht bedeutet eine Ablenkung, die wir möglichst verringern wollen. Legen Sie den Zeitpunkt für Ihren Ritus auf Sonnenuntergang oder später bzw. vor Sonnenaufgang, oder dunkeln Sie das Zimmer ab.

* Zünden Sie eine einzige weiße Kerze an, und stellen Sie sie nach Osten außerhalb Ihres Steinkreises. Verbrennen Sie kein Räucherwerk.

* Legen Sie sich auf den Boden in die Mitte des Kreises und breiten Ihren Umgang so über sich aus, daß er Sie von Kopf bis Fuß völlig gleichmäßig und angenehm bedeckt.

* Entspannen Sie sich. Wenn Sie (wie ich selbst) Beklemmungen erleben, weil etwas Ihr Gesicht bedeckt, dann arbeiten Sie sich vorsichtig Stück für Stück heran. Nach einer Weile gewöhnt man sich daran. Auf der körperlichen Ebene wird damit der Zweck verfolgt, daß sich der Kohlendioxydspiegel in Ihrem Blut beträchtlich erhöht, wenn Nase und Mund bedeckt sind. Dies hilft die Tür zur Anderwelt zu öffnen ... wie ein »kleiner Tod«, obwohl keine Gefahr damit verbunden ist. Personen mit Atembeschwerden sollten sich allerdings nicht daran beteiligen! Beginnen Sie mit einem rituellen Atemrhythmus, der darauf beruht, daß Sie Ihre Herzschläge zählen: 2-einatmen, 2-ausatmen, was Sie bis auf 6-6 steigern.

* Bald werden Sie in Ihrem Blickfeld farbige Lichtblitze wahrnehmen. Dies ist das Zeichen für die Schranke zur Anderwelt. Wenn

dieses Phänomen auftaucht, dann lenken Sie mit aller Kraft Ihr Bewußtsein hinein.

* Niemand kann das Ergebnis eines rituellen Geistesfluges voraussagen. Wenn Sie sich *jenseits der Lichter* auf ein bestimmtes Thema oder Problem konzentrieren, werden Sie Ihre eigenen Bedingungen aufstellen. Wenn nicht, sind Sie den herrlich ziellosen Strömungen und Wirbeln der Meere von *Annwn* preisgegeben. Jahrhundertelang haben die größten bardischen Dichter dort ihre Inspiration und schöpferische Kraft gefunden – und in die Welt der Menschen zurückgebracht. Denken Sie daran, daß die wahre Entdeckungsreise nicht darin liegt, neue Landschaften zu suchen, sondern neue Augen zu haben ...

2. Lektion: Zauber von Licht und Dunkelheit

»Zum Ursprung reisen«

Wir Priester müssen in Zwei Welten leben:
Der Welt der Form und der Anderwelt der Kraft,
denn die wahre Erleuchtung liegt im Gleichgewicht zwischen ihnen.
Laßt unser Ziel daher sein:
Zwischen Form und Kraft zu leben und zu wachsen,
In der Welt zu sein, aber nicht von ihr.
St. Cornneille, *The Yellow Book of Ferns*

Der Zweck dieser magischen Lektion ist recht einfach: *Beweis-führung*. Während gemeinhin die Vorstellung und Erwartung existiert, daß sich vielleicht der Zorn der Götter herabsenkt, wenn man dies versucht, sollte man es dennoch tun – und es wird selbst für den unkritischen Leser von Nutzen ist. Doch vorher wollen wir hören, was ein großer alter Kabbalist über das Thema *Enthüllung von religiösen Mysterien* zu sagen hatte:

Das Volk wird immer über Dinge spotten, die leicht verständlich sind ... Ein Geist, der die Weisheit liebt und Betrachtungen anstellt über die naheliegende Wahrheit, ist dazu gezwungen, diese zu verkleiden, damit die Menge sie akzeptieren kann ... Das Volk braucht Geschichten, und für diejenigen, die nicht stark genug sind, die Wahrheit in all ihrem Glanz zu betrachten, wird sie sich tödlich auswirken. Wenn die priester-lichen Gesetze die Zurückhaltung von Urteilen und die Allegorie von Worten zuließen, würde ich die angetragene Würde unter der Bedin-gung akzeptieren, daß ich zu Hause ein Philosoph sein und draußen Apologien und Gleichnisse erzählen dürfte ... In der Tat, was kann es schon an Gemeinsamkeiten geben zwischen dem einfachen Volk und höchsten Weisheit? Die Wahrheit muß geheimgehalten werden, und die Massen brauchen eine Lehre, die ihrem unvollkommenen Verstand angepaßt ist.

Bischof Synesius

Mit dem Bedürfnis, die Gültigkeit unserer Quellen zu beweisen, beschwören wir tatsächlich den alten druidischen Widerwillen darüber herauf, »die Dinge für alle deutlich sichtbar zur Schau zu stellen«, wodurch sie wiederum entweiht werden könnten. Wir hoffen jedoch, die Zahl der Gegner beträchtlich zu reduzieren, indem wir diese alten Seiten offenlegen.

Die Kontroverse rankt sich um die beiden *ZAUBER DES WIR-KENS*, die sich durch viele Kapitel von *Merlyns Vermächtnis* ziehen. Wir behaupten, daß sie sehr alt sind; die Quellen sind auf den folgenden Seiten im Original reproduziert. Beide »Zauber« sind in den *Pheryllt*-Manuskripten enthalten und durch Querverweise belegt. Der erste (»*Anail nathrock, uthvass bethudd, dochiel dienve*«) wurde in einer Mitte des 19. Jahrhunderts erschienenen Studie über die Druiden erwähnt. Wenn er dreimal von einem echten Eingeweihten ausgesprochen wird, kann er auf jede Form von Materie einwirken, die von dem *solaren* Strahl beherrscht wird.

---

118   THE DRUIDS.

astrology and divination. The ancient Greeks and Romans had their oracles and sibyls. These two words are quite familiar to the readers of the old classics; and yet, even the learned are unable to give of them a satisfactory derivation. The language of the Druids seems to supply the deficiency. Sibyl, in Latin, *sibylla*, is formed from *swil-bheil*, which means "the eye of the mouth;" or "the eye-mouth," that is, "the eye that sees, and the mouth that announces future events." Even in Scripture, those who foretold future events were called seers. The Latin word, *oraculum*, "oracle," appears to be the literal representative, in that language, of the Celtic words *swil-bheil*, that is, *oris-oculus*, "the eye of the mouth." Sibyl and oracle thus appear to be the same, both in the words and in the meaning, and, also, to be derived from a Druidical source. It appears that females were, at one time, admitted to the order or fraternity of the Druids, and that they were appointed to fill certain offices in connexion with the oracles or *swil-bheil*. Hence, the name of *sibyl* or *sibylla*, of the Latins. A female of this class was called a *bean-draoi*, that is, "a woman Druid;" and by the name was meant a priestess, prophetess, or enchantress.

Some vestiges of the ancient divination and wonder-working can still be traced in the customs and language of the people of this country. Fortune-telling still lives, though con-

THE DRUIDS.   119

fined to the few knaves who practise it, and the silly dupes by whom it is accepted. The fairy of the inexhaustible purse of gold is known to be walking abroad; but no one can capture him. The Banshee, or supernatural wailer, is reported as having been often seen in her white robes, by lonely stream and in deep valley, announcing in the mournful tones of the native *caoine*, or funeral wail, the approaching death of some worthy member, young or old, of the ancient respectable families. The word fairy is formed from the Celtic *fear-si*, which means "a man of the supernatural world," from *fear*, "a man" and *si*, (pronounced *shee*), "the mysterious world." *Banshee* means "a woman of the supernatural life," from *bean*, "a woman," and *si*, "the supernatural existence." In the Irish language, a male fortune-teller is called *fear-feasa*, "a man of knowledge," and a female of the craft, *bean-feasa*, "a woman of knowledge." This knowledge is understood to be derived from some supernatural or mysterious source. Even some of the old Druidical cabalistic expressions used in evoking, or calling up, the spirit of divination, still exist; such, for instance, "*anail nathrock, uthvass bethudd, dochiel dienve.*"

These latter words seem to be a sort of barbarous Irish form of an ancient Celtic expression, and are among the oldest surviving fragments of prehistoric verse to be recovered from Ogham inscrip-

Der zweite »Zauber«, der auf den *lunaren* Strahl der Materie Einfluß nimmt, ist sowohl in den beiden *Pheryllt*-Manuskripten als auch im *Gorchan von Maeldrew* enthalten – in Werken also, deren Veröffentlichung 300 Jahre auseinanderliegt! Erproben Sie die Kraft dieser Verse, wenn Sie möchten, aber vergessen Sie nicht:

Manche Dinge müssen zuerst geglaubt werden,
damit sie wahrgenommen werden können ...

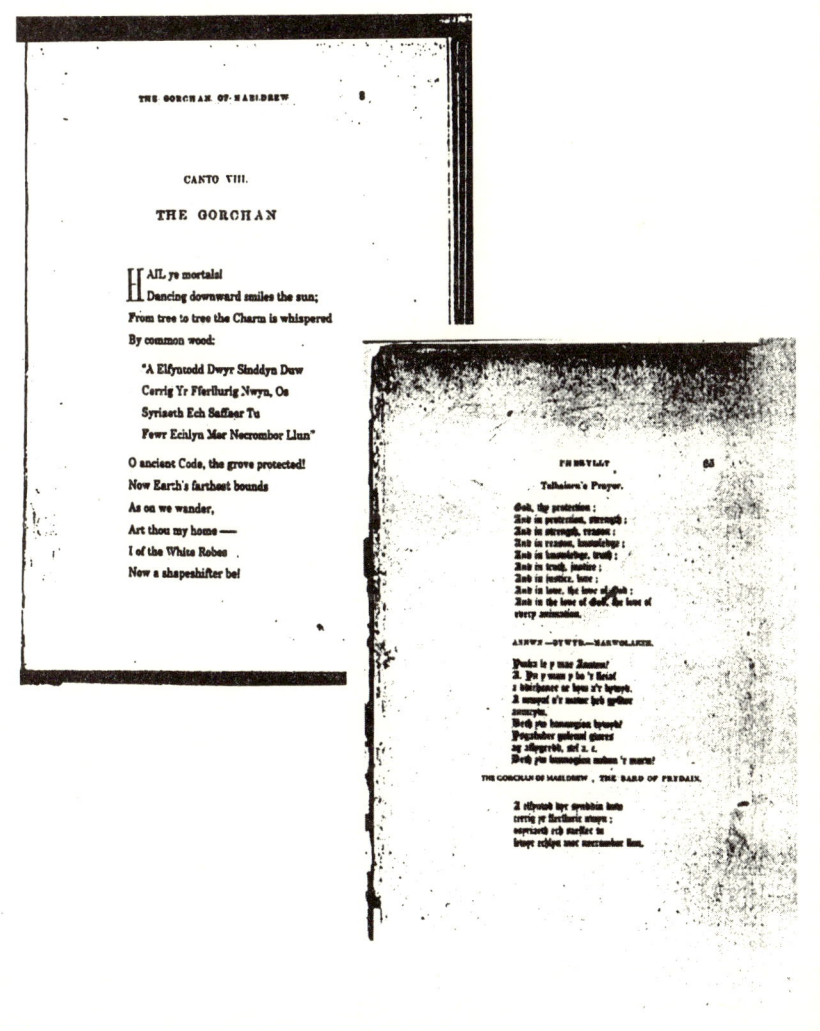

3. Lektion: Das Cythraul bezwingen

»Druidische Schutzriten«

Ein geschlossener Kreis – und noch dazu ein Steinkreis – ist für jeden Arbeiter der Magie, ob Druide oder nicht, die mächtigste Schutzform.

Merlyns Vermächtnis, Kap. 5,
»Von Wind, Meer, Feuer & Stein«

Die magische Volksüberlieferung ist reich an wunderbaren Mitteln zur Anrufung von Schutz und Segen. Der Schotte Alexander Carmichael hat 44 Jahre lang keltische Hymnen, Gebete, Zaubersprüche, Rituale, Beschwörungen, Omen und Weissagungen gesammelt und in sein Monumentalwerk *Carmina Gadelica* einfließen lassen. Etwa drei Viertel dieser Verse haben in irgendeiner Form mit dem Thema *Schutz* zu tun. Viele nützliche Anrufungen sind darin enthalten, die oft in schwierigen Augenblicken des Lebens angewendet werden können – und uns stets daran erinnern, daß es Hilfe aus der jenseitigen Welt gibt, ob diese sich nun in uns oder außerhalb von uns befindet.

Zum Schutz des Lebens gehört häufig die Kraft des Gebetes und die damit verbundenen Symbole und Riten. Angesichts der großen Zahl dieser Riten habe ich mich dazu entschlossen, mich nur auf solche zu konzentrieren, die ausdrücklich in den *Pheryllt*-Manuskripten enthalten sind. Es folgen fünf Beispiele:

1. Das *Drachenauge*, ein Schutzsymbol, das durch die *Pheryllt* (und höchstwahrscheinlich durch die Priester von Atlantis) in die keltische Mystik Eingang gefunden hat. Dieses Zeichen wurde auf Kleidern getragen, in Metall geätzt, eingestickt und mit Edelsteinen besetzt. In der Mythologie galt der Rote Drache lange als ein Element des Schutzes – ob er nun über einen Meister wachte oder seinen Schatz hütete. Die Macht dieses Symbols soll durch die folgende Invokation freigesetzt werden:

Anrufung des Drachen

Cum saxum saxorum
In duersum montum oparum da,
In aetibulum
In quinatum – Draconis!

2. Ein anderer alter Vers, der die Elemente selbst um Schutz anruft, soll sogar von dem hl. Patrick benutzt worden sein:

Heute rufe ich an
die Stärke des Himmels,
das Licht der Sonne,
den Glanz des Mondes,
das Leuchten des Feuers,
die Geschwindigkeit des Blitzes,
die Schnelligkeit des Windes.
die Tiefe des Meeres,
die Beständigkeit der Erde,
die Festigkeit des Steins.

3. Eine weitere kraftvolle symbolische Geste, die von den Druiden in Wales entwickelt wurde, war das *Zeichen der Drei Strahlen*. Es gibt überzeugende Beweise dafür, daß dieses Vorbild die Basis für das spätere *Kreuzeszeichen* der katholischen Kuldeer-Kirche bildete. Im Unterschied zu dem christlichen Zeichen, das Sie gewöhnlich auf Ihrer Brust ausführen, werden die Drei Strahlen im allgemeinen vor Ihnen in die Luft gezeichnet. Man glaubte, daß dieser Akt die Dunkelheit bannte, indem er das Licht anrief – die Drei Strahlen der Inspiration oder Erleuchtungen von *Awen*.

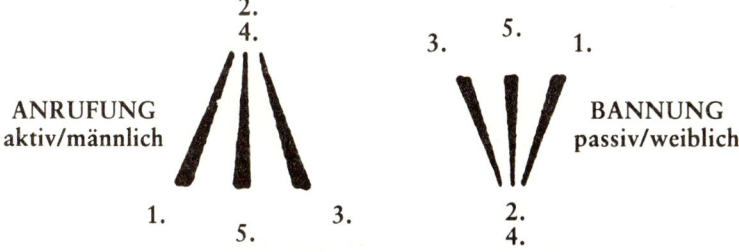

2.
4.

3.   5.   1.

ANRUFUNG
aktiv/männlich

BANNUNG
passiv/weiblich

1.   3.   2.
   5.   4.

4. Aufgrund ihrer wunderbaren Wirksamkeit bevorzuge ich eine alte Invokation, die unter dem Namen »Talhaiarns Gebet« bekannt ist. Alle Versuche, diese Verse zurückzuverfolgen, waren vergeblich, doch wir wissen, daß mehrere Versionen davon in der mittelalterlichen und späteren Liturgie der römisch-katholischen Kirche auftauchen. Nachfolgend die Fassung aus dem *Pheryllt*-Manuskript von 1588:

Talhaiarns Gebet

Gewähre, o Gott, deinen Schutz
Und im Schutz Stärke
Und in der Stärke Verständnis
Und im Verständnis Wissen
Und im Wissen Wahrheit
Und in der Wahrheit Gerechtigkeit
Und in der Gerechtigkeit Liebe
Und in der Liebe die Liebe zu Gott
Und in der Liebe zu Gott die Liebe
Zu allem, was lebt.

5. Da der *Kreis* das überall anerkannte universelle Schutzzeichen ist, soll hier als letztes auf dieser Grundlage ein kleiner Ritus weitergegeben werden, der im *Pheryllt*-Manuskript als die *Handlung von Ceugant* bezeichnet wird. *Ceugant* ist der große Kreis der Unendlichkeit; dahinter ist »Er, der im Jenseits weilt«. Die »Handlung« selbst besteht einfach darin, daß Sie vor sich in die Luft eine Spirale in Richtung des Sonnenlaufes (im Uhrzeigersinn) ziehen und gegen den Sonnenlauf wieder nach außen.

Rezitieren Sie dabei:
»*NID DIM ON D'DUW – NID DUW ON D'DIM*«.

4. Lektion: Die Höhlen

»Die heiligen Insignien sammeln«

In der Welt zu leben, ohne ihren Sinn zu erkennen, ist wie in einer großen Bibliothek umherzuwandern, ohne die Bücher anzufassen. Mir schien immer, daß die Symbolkunde wieder in das System der weltweiten Erziehung aufgenommen werden sollte. Die jungen Leute werden nicht mehr dazu angehalten, nach den verborgenen, den dynamischen und immerwährenden Wahrheiten zu suchen, die in den Gestalten und Verhaltensweisen der Menschen eingeschlossen sind ...
Manly P. Hall

Die Mythologie jedes Landes, jeder Kultur und Religion hat ihre eigenen Gegenstände von tiefem Geheimnis und Mysterium, die den »*Heiligen Höhlen Britanniens*« entsprechen. Dieser Begriff bedeutet soviel wie »kostbare Reliquien« und hat eindeutig magische (oder heilige) Anklänge. In Teil III, Kap. 4 (»Die Nebel von Calen«) ist eine gute Beschreibung der *Dreizehn Schätze der Kymren* enthalten. Außer dieser walisischen Version gibt es auch eine britische und eine irische Fassung, die zur Klärung nachfolgend in tabellarischer Form aufgeführt sind:

britisch	*walisisch*
1. Schwert Caliburn	Schwert von Rydd
2. Horn von Brân	Horn von Brân
3. Mantel von Arthur	Umhang von Padaen
4. Ring von Gortigern	Fessel von Gwyddno
5. Zauberstab von Math	Messer von Llawfronedd
6. Lebensbrett von Gwenddolau	Schachbrett
7. Stein des Schicksals	Lapis Exillis
8. Schale des Priesters	Krug & Teller von Rhygenydd
9. Stab der Jahreszeiten	Mantel Arthurs von Cornwall
10. Spiegel von Atmu	Wagen von Morgan
11. Harfe von Ceraunnos	Harfe von Erin
12. Speer von Llew	Schlinge von Clydno Eiddyn

Die irische Liste ist kurz, denn sie umfaßt nur die *Vier Schätze der Tuatha de Danann*:

1. Der Speer von Lugh
2. Das Schwert von Nuada
3. Der Kessel des Dagda
4. Der Stein von Fal

Es ist interessant, daß vier Gegenstände allen drei Listen gemeinsam sind: ein Stein, ein Kessel, ein Speer und (wenn Sie Llawfronedds Messer als Klinge verstehen) ein Schwert. Auf diese Grundlage reduziert, fassen sie die vier Elementarwaffen der Druiden zusammen, mit denen wir uns bereits in *Grimoire* I/17 beschäftigt haben.

Die praktische Lektion aus diesem Kapitel ist einfach:

Als Magier sollten Sie darauf hinarbeiten, ihr *eigenes* Set von »heiligen Höhlen«, ihre eigene Sammlung von heiligen Insignien aufzubauen. Das kann kein anderer für Sie tun, und es kann Ihnen auch niemand sagen, wie Ihre Embleme aussehen sollten. Die obige Übersicht zeigt, daß die Gegenstände selbst unter den Nationen, die ihnen ursprünglich Gestalt gaben, voneinander abweichen. Persönliche Symbole sind das Werk eines ganzen Lebens – Schlüssel, um Ihre Welt der Magie zu erschließen und mit Macht zu erfüllen!

5. Lektion: Das Netz

»Lieblicher Kessel der Fünf Bäume«

In unseren Tagen ist es der Brauch, daß der Dichter den Ritus mit seinen Fingern auf folgende Weise ausführt: Wenn er den Menschen oder die Sache vor sich sieht, macht er sofort, ohne nachzudenken, mit Hilfe seiner Fingerspitzen einen Vers, den er gleichzeitig komponiert und aufsagt.

Cormacs *Glossary, Dichetal do Chennaib*

Wenn die Druiden in der 21 Jahre währenden Schulung, die verlangt wurde, von *dem Netz* sprachen, so waren damit keine Spinnennetze gemeint; sie sprachen vielmehr in einem bildlich übertragenen Sinn, d. h., sie sagten etwas und meinten damit etwas anderes. Ihr »Netz« war nur eine Metapher für die menschliche *Hand*, Teil eines kunstvollen Geheimcodes, den sie befolgten und nach dem zu leben sie durch Eid geschworen hatten. Der poetische Ritus, der als das *Dichetal do Chennaib* (»Vortrag aus den Fingerspitzen«) bekannt war, ist sowohl ein Kommunikationsmittel unter Eingeweihten als auch eine kraftvolle Form der Magie selbst. Er wurde dafür verwendet, um die Wirkung von Versen zu verstärken. Die weiter unten wiedergegebene Abbildung stammt aus dem *Pheryllt*-Manuskript.

In *Die Weiße Göttin* des Dichter-Gelehrten Robert von Ranke-Graves gibt es ein interessantes Gedicht über die Kräfte der fünf Finger. Es beruht jedoch auf der *Ogham*-Fassung des Baumalphabetes *Beth-Luis-Nion* (BLN) und nicht auf dem *Boibeloth* (BLF), das die Grundlage für unsere Hand-Darstellung aus dem *Pheryllt* bildet. Ranke-Graves und seitdem viele andere Gelehrte stimmen darin überein, daß das BLN älter als das BLF ist. Die Geschichte mit der mythologischen Erklärung für diese Variante ist interessant, da sie mit der *Schlacht der Bäume* zu tun hat.

Der Unterschied zwischen den beiden Baumalphabeten besteht im folgenden: Beim BLF wurde der Buchstabe N, *Nion (Nuin)* für die Esche, die dem Gott Gwydion geweiht war, aus der toten Jahreszeit, wenn sie noch schwarze Knospen hat, herausgenommen und zwei Monate nach vorn versetzt, wenn sie belaubt ist; dagegen wird *Farn (Fearn)*, die Erle, der dem Gott Brân geweihte Baum, die das Hervortreten des Sonnenjahres aus dem Schutz der Nacht markiert, auf den Platz von *Nion/Nuin* zurückgesetzt (Ranke-Graves). Dies hat mit der herrlichen Szene und dem alten »Rätselspiel« zu tun, in der Gwydion Brâns Namen aus einem Erlenzweig erriet, wodurch er über ihn triumphierte und seinen Platz gewann.

Aber kehren wir wieder zu unserem »Netz« zurück. Nachfolgend die Übertragung des Gedichtes von Ranke-Graves:

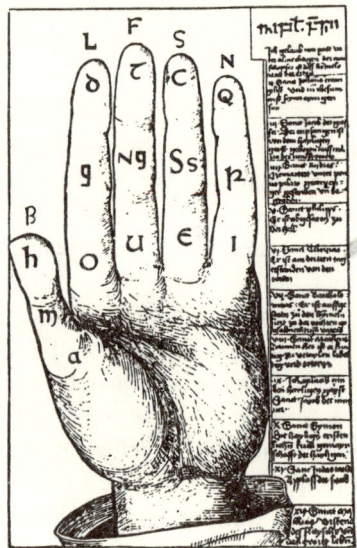

Baum-Mächte, Fingerspitzen, zuerst die Pentade der Vier,
Entdeckt alles, was euer Dichter fragt, trommelnd gegen seine Stirn.

Birkenpflock, pochender Daumen, durch die Kraft des Wahrsagens,
Birke, bring ihm Nachricht von Liebe; laut klopft das Herz.

Ebereschenrute, Zeigefinger, durch die Kraft des Wahrsagens
Enträtsele ihm ein Rätsel: Der Schlüssel ist verlegt.

Esche, Mittelfinger, durch die Kraft des Wahrsagens
Wetterkundig, sonst ein Narr, ermesse ihm die Winde.

Erle, Arztfinger, durch die Kraft des Wahrsagens
Erkenne alle Krankheiten eines zweifelnden Geistes.

Weidenstab, Ohrfinger, durch die Kraft des Wahrsagens
Presse Geständnisse aus dem Mund eines modernden Leichnams.

Fingerspitzen, fünf Zweige, Bäume, wahr-wahrsagende Bäume,
Entdeckt alles, was euer Dichter fragt, trommelnd gegen seine Stirn. *

Viele Symbole sind in dem *Kessel der Fünf Bäume* (eine weitere
Metapher) enthalten, die auch als die *Fünf Bäume des Paradieses*
bezeichnet werden: *Ailim* (Silbertanne), *Ohn* (Stechginster), *Ur*
(Heidekraut), *Eadha* (Espe) und *Ioho* (Eibe); die fünf Planeten
Venus (Daumen), Jupiter (Zeigefinger), Saturn (Mittelfinger), Sonne
(Ringfinger) und Merkur (kleiner Finger). Diese Aufzählung ließe
sich noch lange fortsetzen, doch möchten wir hier zum Abschluß
den praktischen Nutzen hinter dem »Geheimen Netz« beschreiben,
den der *Pheryllt*-Text bietet.

Dort lesen wir, daß jede magische Formel, »die auf dem Netz
und nicht in der gewöhnlichen Sprache hervorgebracht wird«, dreifach machtvoller als das gesprochene Wortes ist. Sehr nützlich für
ein Ritual … und ein gutes Motiv für jemanden, der in einem druidischen System arbeitet, diese Kunst zu beherrschen. Wir haben festgestellt, daß sich diese Methode als äußerst wirksam erweist, wenn
Invokationen, Ritualworte der Kraft oder einer der beiden »Zauber
des Wirkens« buchstabiert werden – um so mehr, wenn eine Gruppe
im Kreis sie gemeinsam benutzt. Der Gebrauch des Netzes statt des
gesprochenen Wortes scheint die Verse direkt auf die strömenden
Wasser der Anderwelt zu schicken … und damit die Unzulänglich-
keit und Flachheit der menschlichen Sprache zu umgehen.

---

* Zitiert nach: Robert von Ranke-Gaves, *Die weiße Göttin*. Reinbek 1985. S. 232
–233

6. Lektion: Das Calen anrufen

»Der Ritus der Verzückung«

*Ein unleugbar rituelles Element ist die magische Zeremonie, wo in
Analogie zu spirituellen Vorgängen bestimmte Handlungen und
Worte nach speziellen Rhythmen und einem festgelegten Ablauf ausgeführt (bzw. gesprochen) werden müssen. Nur wenn dieser Akt in der
vorgeschriebenen Weise vollzogen wird, kann er erfolgreich sein.*

Bob Stewart

Musik ist diejenige Sprache, die am höchsten wegen ihrer Fähigkeit ge-
schätzt wird, unsere Emotionen direkt anzusprechen – die universelle
Sprache, die Sprache der Seele. Sie kann uns augenblicklich in einen
Zustand der Verzückung erheben oder in Abgründe tiefster Verzweiflung stürzen lassen. Musik ist ein ausgesprochen magisches Element,
was die Druiden nur allzugut wußten. Ein ganzer Rang ihres Ordens,
die Barden, widmete sich ihrer Verbreitung und Ausübung. Wir wollen hier von der modernen Technik Gebrauch machen, um denselben
Zustand erhöhter emotionaler Energie hervorzurufen: das *Calen*, das
die alten Magier als »mystische Ekstase« bezeichnet hätten.

Welches Ziel hat dieses Ritual? Die Ansammlung von hoher ge-
lenkter Energie. Wofür kann diese Energie genutzt werden? Für alles,
worauf Sie Ihren Geist lenken können. Was brauchen Sie, um es auszuführen? Einen tragbaren CD-Spieler von guter Qualität und eine
spezielle CD (CDs haben den Vorteil, ohne Hintergrundgeräusche zu
sein); ein Ritualgewand in einer Farbe Ihrer Wahl; einen kleinen (in
einem Beutel tragbaren) Steinkreis aus acht oder zwölf Steinen; und
einen völlig ungestörten Ort für die Arbeit (wo sehr laute Musik niemand anders stört und Sie sich ganz unbeobachtet wissen).

Wie bei jedem Ritual, müssen Sie sich ein selbstgewähltes Ziel setzen, das Sie durch die Magie der Musik nun zu manifestieren suchen. Arbeiten Sie nachts daran, je später desto besser, und zwar deshalb, weil Dunkelheit die Illusion völligen Alleinseins im Geist hervorruft und äußere Ablenkungen auf ein Minimum reduziert. Wählen Sie Ihren Bereich, am besten draußen in einem Waldstück oder auf einer Wiese; aber auch geschlossene Räume sind möglich.

Zur Vorbereitung Ihres Ritualbezirks ist Räucherwerk gut geeignet, denn es geht darum, eine *Atmosphäre von hoher Energie* zu schaffen. Einige Vorschläge dafür: Mastixharz, Drachenblut, Akazie, Sandelholz, Benzoeharz, Zimt, Muskatblüte, Gewürznelke, Cayennepfeffer und Wacholder (wie auch jedes Nadelbaum-Harz, das Sie selbst sammeln können). Nehmen Sie davon, was Sie mögen, seien Sie kreativ und kombinieren Sie!

Legen Sie Ihr Ziel eindeutig fest und schreiben es (in einer magischen Schrift?) auf ein Stück Papier, das Sie dorthin legen, wo nachher das Zentrum Ihres Kreises sein wird. Stellen Sie eine brennende Kerze daneben. Ordnen Sie dann weitere Kerzen um den ganzen Bezirk an, so daß er nach Ihrem Geschmack beleuchtet ist. Setzen Sie Ihren CD-Spieler an eine gute Stelle am anderen Ende Ihres Bezirks und stellen die Lautstärke ein, Bässe und Klangvolumen, so daß es einfach toll klingt! Stellen Sie das Gerät auf *Pause*. Legen Sie Ihr Ritualgewand an (mit dem Wechseln Ihrer Kleidung verändert sich auch Ihr innerer Zustand von »alltäglich« auf »mystisch«). Atmen Sie dann tief ein, halten den Beutel mit den Steinen bereit und drücken auf *Play*.

Das weitere Ritual wird von Ihnen gestaltet. Es geht darum, daß Sie sich zur Musik bewegen und während des Musikstückes in sich einen Kegel aus emotionaler Energie aufbauen. Diese soll dann beim Finale auf das Ziel gelenkt werden, das Sie aufgeschrieben haben und das bei der brennenden Kerze im Zentrum Ihres Kreises liegt. Dafür ist erforderlich, daß Sie alle Hemmungen aufgeben und sich so bewegen, wie die Musik es Ihnen eingibt. Die Auswahl des Musikstückes ist ganz entscheidend, da die Musik dem *Weg* folgen muß, den die Energie nach unserem Wunsch nehmen soll, und nicht länger als 10 bis 20 Minuten dauern darf. Sie können sich selbst ein Musikstück aussuchen oder, da Musik mein Spezial-Lehrgebiet ist, von meinen Vorschlägen anregen lassen:

* *Carmina Burana* von Carl Orff (O Fortuna, 2:46)
* *Adagio für Streicher* von Samuel Barber (8:56)
* *Die Planeten* von Gustav Holst (Mars, 7:09)
* *Toccata und Fuge d-moll* von J. S. Bach (4:50)
* *In der Halle des Bergkönigs* von Edvard Grieg (2:30)
* *Nacht auf dem kahlen Berge* von Modest Mussorgski (7:00)

von *Richard Wagner*
* *Der Einzug der Götter in Walhall* (6:36)
* *Der Ritt der Walküren* (5:29)
* *Siegfrieds Begräbnismusik* (12:27)

von *Peter I. Tschaikowsky*
* *Symphonie Nr. 5* (4. Satz, 12:31)
* *Slawischer Marsch* (9:29)
* *1812-Ouvertüre* (15:29)
* *Nußknacker-Suite* (Russischer Tanz, Blumenwalzer)
* *Schwanensee* (1. Satz, 3:56; 5. Satz, 3:33)
* *Dornröschen* (1. Satz, 4:29; 11. Satz, 4:24)

Legen Sie nun den Steinkreis nach der Musik aus. Lassen Sie dann
völlig los. Schweben, tanzen, fallen, singen, fliegen Sie ... werden
zornig, traurig, leidenschaftlich. Keiner schaut Ihnen zu: *Werden* Sie
zu der Musik, lassen Sie sich von ihr formen, von ihrem emotiona-
len Zauber ergreifen, umfangen!

Wenn das Stück zu Ende geht oder wann immer Sie das Gefühl
haben, daß die Musik Sie hoch genug getragen hat, treten Sie wie auf
einer Bühne in die Mitte des Kreises ... und verbrennen dort das
Papier in der Kerzenflamme. Setzen Sie sich hin und entspannen sich
... meditieren Sie, während Sie wieder zu sich kommen ... wechseln Sie dann die Kleider, sammeln Ihren Steinkreis und die anderen
Gegenstände wieder ein und kehren in die normale Welt zurück.

Führen Sie dieses »Ritual der Verzückung« an drei aufeinanderfolgenden Nächten aus, wenn Sie die beste Wirkung damit erzielen
möchten. Denken Sie daran: Der Schlüssel liegt im ungestörten
Alleinsein – Sie können nicht loslassen und aus sich heraustreten in
die Anderwelt, wenn Ihnen bewußt ist, daß Sie beobachtet oder be-
lauscht werden. Die wirksamste Magie geschieht in einem Akt, der
allein ausgeführt wird. Und nun lassen Sie los!

Und die Bäume erwachten und erkannten ihn,
Und die wilden Geschöpfe sammelten sich um ihn,
Als er inmitten der waldigen Bergtäler
Vielerlei Lieder sang ...
Lied von Hu dem Mächtigen

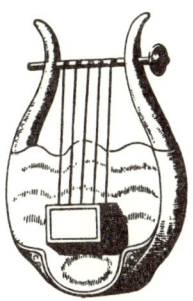

7. Lektion: Dannwniau
»Geistertänze der Druiden«

Jemand, der rein an Körper und Geist war, konnte einen heiligen Tanz oder anderes Wissen empfangen. Die alten Schamanen nannten dies »nach einer Vision rufen«. Es wurde von einem Jungen an der Schwelle zum Mannwerden verlangt: Man schickte ihn an eine abgelegene Stelle, um drei Tage zu fasten und zu wachen. Ein Adler, ein Rabe, ein Hirsch oder ein anderes Tier kamen zu ihm, sangen Lieder und verliehen ihm Wissen. Oft hatte dieses Wissen die Form eines Tanzes.

Wakan Tanka, *The Great Mystery*

Die Übersetzung des Wortes »*Dannwniau*« aus dem *Pheryllt*-Text ist sehr heikel, da es keine eindeutigen modernen Entsprechungen dafür zu geben scheint. Die hier angebotene Lösung geht daher allein auf mich zurück. Der *GEISTERTANZ* ist eine Tradition der keltischen Priesterschaft, die sie mit vielen anderen magischen und schamanischen Kulturen auf der ganzen Welt gemein hat. Es wäre plausibel, daß die Druiden heilige Tänze hatten, obwohl diese höchst selten erwähnt werden. Die keltische Kultur hat nämlich stets eine außergewöhnliche Begeisterung für das Tanzen gehabt und ist oftmals als »eine Nation tanzender Menschen« bezeichnet worden. Daher war es keine Überraschung, in dem *Pheryllt*-Abschnitt, der Dichtung und Musik behandelt, drei Beschreibungen von heiligen Tänzen zu finden. Nachfolgend eine schematische Darstellung, die einen rituellen Kreistanz mit Schritten im Vierertakt beschreibt.

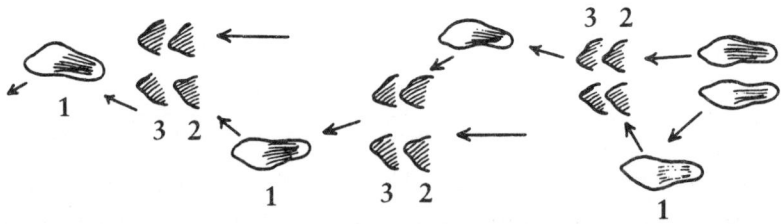

Durch Bewegung erhöht sich immer die Kraft von rituellen Handlungen, und das haben Magier zu allen Zeiten gewußt. Die Tatsache, daß die Druiden so viele Riten besaßen, die Bewegung einschlossen (wie den Ritus der Drei Strahlen, Drachenruf, Sonnenwäsche usw.), zeugt von ihrem Wissen um dieses Element und rechtfertigt die Aufnahme dieses Kapitels in das *Grimoire*. Im *Pheryllt*-Text werden nur drei Tänze beschrieben, doch kann ohne weiteres angenommen werden, daß es noch viele andere gab. Sobald Sie die Möglichkeit hatten, sich mit den hier beschriebenen Beispielen näher zu beschäftigen und sie in Ritualen praktisch zu erforschen, könnte der nächste Schritt darin bestehen, weitere Tänze für besondere Anlässe zu gestalten: zu Heilzwecken, am *Beltane*-Fest/Maifeiertag (durch den Tanz um den Maibaum als traditioneller Brauch gut belegt), vielleicht einen Speertanz für Lugh an *Lugnassad* usw. Wie gewöhnlich sind einem motivierten Geist kaum Grenzen dafür gesetzt, was durch eigene Kreativität »rekonstruiert« und so den druidischen Annalen des heiligen Tanzes zurückgegeben werden kann! Nehmen Sie die folgenden Beschreibungen nur als allgemeine Muster, da manches nicht mit unseren Vorstellungen von dem, was Tanz ist, übereinstimmt. Jedes Beispiel habe ich frei wiedergegeben und erläutert.

Drei Geistertänze in Kreisform

Spiralkettentanz

Teilen Sie die Ritualgruppe in drei konzentrisch aufgestellte Kreise. Der »Rufer«, der das Lied oder die Rezitation des Rituals anführt, steht in der Mitte des Ganzen.

Auf ein Zeichen von ihm beginnt sich der innere Kreis in Richtung des Sonnenlaufs (im Uhrzeigersinn) zu drehen, der mittlere Kreis nach dem Lauf des Mondes (gegen den Uhrzeigersinn) und der äußere Kreis wieder mit der Sonne.

Bilden Sie vom äußeren bzw. inneren Kreis her dann langsam eine Spirale und bewegen sich an den anderen vorbei nach außen bzw. innen, so daß der innere und äußere Kreis ausgetauscht werden. Der mittlere Kreis bleibt unverändert bestehen! Dieser Bewegungsablauf ist gut dafür geeignet, von einer Gruppenrezitation oder von einem Wechselgesang begleitet zu werden. Dabei bauen Sie den Kraftkegel stets von niedriger zu hoher Energie auf, behalten jedoch ein strenges Spiralmuster und langsames Tempo bei. Bahnen Sie Ihren Weg nicht so sehr mit den Augen und mit Augenkontakt, sondern verlassen Sie sich beim Bewegen auf Ihr Gefühl.

Schneller Drehtanz der Drei Stimmen
Am Anfang bildet die Gruppe einen großen Kreis mit einem Rufer/ Anführer in der Mitte. Wenn jeder seine Arme zur Seite ausstrecken kann, ohne seinen Nebenmann zu berühren, hat der Kreis die richtige Größe.

Der Rufer beginnt damit, den ersten Laut des heiligen Namens (IAO) anzustimmen: das »I« (Iiiiii ausgesprochen). Der Kreis schließt sich und dreht sich langsam in Richtung des Sonnenlaufs. Bewegen Sie sich so, als wären Sie unter Wasser.

Wenn der richtige Augenblick gekommen ist, wechselt der Rufer über zum zweiten Laut »A« (Ahhhhh ausgesprochen). Der Kreis stimmt ein und dreht sich weiter, jetzt aber langsam auf das Zentrum zu. Wenn alle Teilnehmer Schulter an Schulter in einem engen Kreis zur Mitte gewandt zusammenstehen, bewegen Sie sich nicht mehr.

Dann wechselt der Rufer zum dritten und letzten Laut »O« (Ohhhhh ausgesprochen). Der Kreis schließt sich an und hebt langsam die Hände zum Himmel, um den Ruf zu erwarten, sich wieder nach außen zu drehen.

Auf ein lautes »ABRED« des Rufers hin drehen sich die Teilnehmer rasch vom Zentrum nach außen und kehren zum ursprünglichen Kreis zurück. Dann wird dieser Bewegungszyklus wiederholt.

Affirmationstanz
Dieser Tanz ist ein Gruppenritual zum Kraftgeben. Die Gruppe teilt sich in zwei Kreise mit der gleichen Zahl von Teilnehmern. Der eine Kreis wird von dem anderen eingeschlossen; die Teilnehmer stehen sich mit einander zugewandtem Gesicht direkt gegenüber. In der Mitte befindet sich wieder ein Rufer.

Wenn alle entspannt und bereit dastehen, sagt der Rufer laut: »DIE WAHRHEIT GEGEN DIE WELT« (oder die walisische Fassung des Wahlspruchs: »Y GWIR YN ERBYN BID«). An dieser Stelle reichen sich die Teilnehmer entweder die Hände oder stellen sich Schulter an Schulter und sprechen einstimmig die Affirmation nach, wobei jeder vertrauensvoll seinem Gegenüber in die Augen schaut.

Die Kreise bewegen sich dann in entgegengesetzten Richtungen, wobei jeder Teilnehmer einen Schritt nach links macht und vor einem neuen Partner stehenbleibt.

Der Wahlspruch wird einstimmig wiederholt, dann wird die Position verändert, bis die Teilnehmer wieder ihren ursprünglichen Partnern gegenüberstehen. Dann drehen sich beide Kreise zur Mitte, rufen gemeinsam das Motto aus und heben die Hände hoch über den Kopf.

Zum Abschluß noch eine Version des *Spiraltanzes*, die wir gern am Anfang oder Ende einer Zusammenkunft zu einem Hain-Fest verwenden. Sobald das Feuer auf einer Lichtung angezündet ist, geht jeder unserer in Roben gekleideten Männer allein an eine Stelle in dem umliegenden Wald, die nahe genug ist, daß er von dort aus das Feuer sehen kann. Wenn der Zeitpunkt für den Beginn des Rituals gekommen ist, fängt der Rufer vom Feuer aus langsam zu trommeln an (2 Herzschläge auf 1 Trommelschlag). Alle Männer bewegen sich nun an den Rand der Lichtung, nacheinander treten sie gleichzeitig mit einem Trommelschlag vor und bilden einen Kreis um das Feuer, der sich in der Richtung des Sonnenlaufs langsam spiralförmig zur Mitte bewegt. Ein Mann nach dem anderen tritt hervor, um sich dem Spiraltanz anzuschließen, bis schließlich alle als Gruppe um das Feuer stehen. Dann spricht der Rufer die Segnung.

Zum Abschließen einer Zusammenkunft ist der Ablauf genau umgekehrt. Der Rufer beginnt wie am Anfang zu trommeln, während alle noch um die Feuermitte stehen. Dann tritt derjenige, der ursprünglich den Tanz angeführt hat, heraus und führt eine Spirale nach dem Lauf des Mondes an, die alle wieder zurück in den Wald führt.

8. Lektion: Begrüssung

»Die Riten der Einstimmung auf Sonne und Mond«

Vorbei an den Säulen des Alters bewege ich mich,
An den Strömen der Inspiration ...
Vorbei an dem klaren Reich des Wissens
Dicht am hellen Land der Sonne,
Vorbei an den verborgenen Reichen,
Die der Mond bei Tag bewohnt ...
Vorbei an den ersten Anfängen des Lebens.

Altes Dichterlied

Der Brauch, nach den Phasen von Sonne und Mond zu leben, zieht sich bis heute fast durch die gesamte keltische Kultur. Manche Leute verbrennen Räucherwerk oder werfen ein Mond- oder Sonnenkraut ins Feuer – und das im 20. Jahrhundert! Wie stark also der historische Einfluß hinter diesem Brauchtum war, läßt sich leicht erahnen. Die nachfolgende kurze Liste verzeichnet die gebräuchlichen Pflanzen, die von der Landbevölkerung zu wichtigen Stellungen der Sonne und besonders des Mondes als Opfergaben verbrannt wurden:

Sonnenpflanzen	Mondpflanzen
Rose	Efeu
Heidekraut	Lavendel
Rotklee	Schafgarbe
Kamille	Jasmin
Sonnenblume	Wermut
Basilikum	Thymian

Eine herrliche Beschreibung der Begrüßung von Sonne und Mond ist in Carmichaels *Carmina Gadelica* enthalten, worin der Autor jeweils ein Kapitel dem »*Neumond*« und dem »*Sonnengebet*« widmet. Jemand »aus der guten alten Zeit« hatte folgendes darüber zu sagen:

In der Zeit, als mein Vater und meine Mutter lebten, gab es keinen Mann in der Stadt, der nicht vor der Kraft der weißen Sonne seinen Hut zog, und keine Frau, die sich nicht vor dem weißen Mond der Jahreszeiten verneigte. Nein, mein Lieber, nicht ein Mann, nicht eine Frau in Barra. Alte Leute tun dies noch immer, und auch ich selbst tue es manchmal. Die Kinder verspotten mich deshalb, aber was macht das schon? Schickt es sich nicht viel mehr, daß ich mich vor der Sonne und dem Mond verneige, die der große Gott des Lebens zu meinem Wohl erschaffen hat, als vor Kindern der Erde, wie ich selbst eines bin?

Die Menschen richteten Anrufungen an Sonne und Mond, manchmal auch an die Sterne. Männer und Frauen begrüßten die Morgensonne und hießen den Neumond willkommen. Diese Gewohnheit hat sich durchgesetzt und ist auch heute noch nicht völlig außer Gebrauch, obwohl sie nun mehr eine Sache der Form als des Glaubens ist. Man begrüßte die Morgensonne wie eine hohe Persönlichkeit, die in ihr Reich zurückkehrt, und man begrüßte den Neumond, *Lochran mor an aigh* (»die große Lampe der Anmut«) mit freudigem Willkommensgruß und Beifall. Die Sonne war für die Menschen ein Gegenstand großer Ehrfurcht; der Mond aber war ein Freund großer Liebe, der sie auf all ihren Wegen zu Lande und zu Wasser geleitete. Ein Schotte aus der alten Zeit hat folgende wertvolle Einsichten zu ergänzen:

Früher hielten sich die Menschen an die Dinge der Natur – was die heutige Jugend nicht mehr tut. Sie dachten nicht daran, ein Schwein oder Schaf, eine Ziege oder Schlachtkuh bei abnehmendem Mond zu töten! Das Fleisch eines Tieres ist dann ohne Geschmack und Saft, nicht prall und ohne Fett. Sie schnitten auch keine Hasel- oder Weidenruten im letzten Mondviertel, um Körbe zu flechten, oder fällten Nadelbäume, um ein Boot zu bauen. Der Saft des Holzes geht dann nach unten in die Wurzel, und das Holz wird spröde und brüchig, ohne Mark und nutzlos. Die Menschen in der alten Zeit machten alles dies bei zunehmendem oder vollem Mond. Der Neumond war ein guter Zeitpunkt, um Haare zu schneiden, Torf zu stechen, Getreide zu ernten, Schafe zu scheren und für viele ähnliche Dinge mehr.

Solchen Weisheiten habe ich wenig hinzuzusetzen. Dieser Mann sprach aus echter Übereinstimmung mit der Erde, wie sie heute nur noch äußerst selten vorkommt. Wir können dem nichts außer vielleicht zwei kurzen Texten der Begrüßung aus dem *Buch der Pheryllt* hinzufügen. Wir verwenden genau diese Verse regelmäßig, um *durch Einstimmung* die Energien dieser Himmelskörper zu würdigen und herabzuholen. Sie haben sich als besonders wirksam erwiesen, wenn sie mit den Riten der Sonnen- und Mondwäsche (siehe *Grimoire* II/4) kombiniert werden.

Sonnengruß

Heil Dir – Sonne der Jahreszeiten!
Ich grüße Dich, wenn du droben am Himmel
mit deinen starken Schritten wanderst
auf den Flügeln der Höhe:
Glücklicher Vater der Sterne bist Du.

Ohne Schaden und furchtlos
versinkst Du in dem gefahrvollen Meer –
Glanzvoll wie ein junger König
steigst Du auf dem Ostwind wieder empor.

Sei Du mein Morgen!

Mondgruß

Ich grüße Dich, Juwel der Nacht!
Schönheit des Himmels, Juwel der Nacht!
Mutter der Sterne, Juwel der Nacht!
Pflegetochter der Sonne, Juwel der Nacht!
Erhabene Hoheit aller Sterne,

Sei Du mein Licht!

9. Lektion: Bluestone

»Alte Kraftquelle der Götter«

Während der zweiten Entstehungsphase von Stonehenge, um 2100 v. Chr., wurden die Bluestones errichtet. Was war das Besondere an diesen Steinen? Erstens, sie stammten von einem einzigen Ort auf der Welt und mußten 40 km über Land und 215 Seemeilen über stürmisches Meer herbeigeschafft werden. Moderne Ingenieure berechneten, daß 110 Männer gebraucht worden wären, die 540 Jahre lang täglich hätten arbeiten müssen, nur um die 82 Bluestones die Wegstrecke über Land zu ziehen! Warum sollten sie sich eine solche Mühe machen? Weil das Glockenbechervolk fest daran glaubte, daß die Bluestones magische Kräfte besaßen und Krankheiten heilen konnten ...

Nancy Lyon, *Magical Bluestones and Shapely Sarsens*

Die rätselhaften *Bluestones*, aus denen die inneren Kreise von Stonehenge bestehen, gibt es nur an einer einzigen Stelle auf der Welt: den Preseli Mountains im Südwesten von Wales. Der Transport dieser 82 Steine (von denen jeder bis zu 5 Tonnen wog) auf Flößen Hunderte von Seemeilen durch die tückischen Gewässer der Kanalküste, den Avon hoch und schließlich auf Blockwinden noch über Land war eines der größten bekannten Meisterstücke der »Technologie« des Altertums. Den Grund für all diese Arbeit und Mühe war Generationen von Archäologen verborgen. Erst in neuerer Zeit sind erste Anhaltspunkte aufgetaucht und verleihen lange vernachlässigten Sagen Glaubwürdigkeit, die selbst wiederum diese wichtigen Fragen erhellen. Wie so oft, wurden auch hier Sage und Aberglaube heruntergespielt, um dann später von der Wissenschaft und Archäologie erhärtet und nachgewiesen zu werden.

Die *Bluestones* sind absolut einmalig. Es gibt mehrere unterschiedliche Arten von diesem gesprenkelten Doleritgestein, die alle nur an
einem einzigen Ort zu finden sind. Geologen weichen der Frage aus,
warum dies so ist – nicht aber die Sage: Die alte mythologische Ge-
schichtsschreibung berichtet uns, daß sie in Feuerstreifen vom Himmel kamen, um die Berghänge mit der Magie der Götter zu durchdringen (Pph'd, »*Dialog entre Seanchan Torpeist ha Guynglaff d'an
Bretounet*, um 1340). Die Sage spricht also von einem Meteorregen.

Es galt lange als erwiesen, daß die *Bluestones* noch um einiges
früher auf die Ebene von Salisbury gelangten als die größeren *Sarsen*-Sandsteine, die von den Marlborough Downs herangeschafft
wurden und zu den riesigen *Trilithen* werden sollten, die heute am
meisten auffallen. Einige *Bluestones* weisen jedoch eindeutige Zeichen dafür auf, daß sie selbst einmal *Trilithen* waren. In manche
von ihnen sind Fugen und Zapfenlöcher gemeißelt (dieselbe Kon-
struktionsmethode, die später auch benutzt wurde, um die riesigen
Sarsen-Blöcke zusammenzuhalten); doch erbrachten Archäologen
den Nachweis, daß diese Steine behauen wurden, *bevor* sie verschifft
wurden und nach Stonehenge gelangten.

Dies ist ein deutlicher Hinweis darauf, daß die *Bluestones* früher
einmal als selbständiger Steinkreis aus *Trilithen* irgendwo anders
standen, bevor man sie nach Salisbury brachte. Dies würde auch
erklären, warum sie einen solch weiten Weg befördert wurden: Sie
waren schon ein heiliger Tempel, und die Kultur des Glockenbecher-
volkes (»Beaker People«) beschloß nur, diesen an eine andere Stätte
zu versetzen. Dieser Gedanke wird auch durch Geoffrey von Mon-
mouths pseudohistorische *Historia Regum Britanniae* bekräftigt,
worin nachdrücklich erklärt wird, daß die Steine von einem älteren
Tempel stammten, der (aus Irland durch das Werk Merlyns) nach
Britannien verlegt wurde. In dieser Darstellung, wie sehr sie auch
der Phantasie entsprungen sein mag, werden jedoch schon Beförde-
rung und Wiedererrichtung der Steine angesprochen; Geoffrey ist
berühmt für seine Mischung aus wahrer Geschichte und zweifelhaf-
terem Mythos. Daraus würde sich ergeben, daß die späteren, größeren *Trilithen* von Stonehenge wahrscheinlich nach dem ursprünglichen Baumuster der kleineren, älteren *Bluestones* gestaltet wurden.
Diese Schlußfolgerung wird auch im *Pheryllt*-Text gezogen, wo es in
einem Versfragment aus einem der vielen Vierzeiler, in denen Stonehenge erwähnt wird, heißt:

Brân schien es ein Wunderwerk,
Steine groß wie nie erblickt,
ein Tanz aus blau, ein Tempel alt,
geraubt von fremder Küste.

Es gibt noch weitere Beweise dafür, daß *Bluestone* als ein besonders heiliges Material angesehen wurde: Das Glockenbechervolk, das für den gewaltigen Transport aus Wales verantwortlich war, hatte auch die Gewohnheit, als Erkennungszeichen des Totem-Clans kleine Amulette in Form einer Axt aus *Bluestone* zu tragen. Daraus erklärt sich der andere Name, unter dem sie zu ihrer Zeit bekannt waren: DER BLAUAXTSTAMM. Ihr Gebrauch von *Bluestone* ging deutlich über den Bereich reiner Symbolik hinaus – er hatte eine religiöse, eine magische Grundlage.

Welche Eigenschaften konnte dieser Stein nun besitzen, um seinen Wert in alter Zeit auf eine religiöse Ebene zu erheben? In den letzten 15 Jahren sind die Rätsel des *Bluestone* vielfach ergründet worden, und dabei sind viele alte und vergessene Geheimnisse ans Licht gekommen. Ich hatte das Glück, über eine Anzeige in der US-Zeitschrift *Stonehenge Viewpoint* an fünf kleine blaugraue Stücke von echtem *Bluestone* aus den Preseli Mountains zu gelangen, die ich nur aus einem »Stonehenge-Schlüsselanhänger« herauslösen mußte. Touristisches Reiseandenken oder religiöse Ikone? Die wichtigsten Antworten auf diese Frage, die ich in den folgenden zehn Jahren herausfand, werden nachfolgend kurz zusammengefaßt:

* *Bluestone* sieht nur dann wirklich »blau« aus, wenn er naß ist.
* Die Eigenschaften, die diesen Stein so einzigartig machen, sind *psychische*, keine physischen Qualitäten; sie sind unter keinem Mikroskop zu erkennen.
* Der Stein ist äußerst empfänglich für *Klang* oder bestimmte Schwingungsfrequenzen.
* Der Stein stabilisiert die *Energie der Aura* um den Körper, indem er Energie freisetzt, wenn das natürliche Energieniveau sinkt.
* Der Stein ist für *solare*, aber nicht für lunare Kräfte empfänglich. Wird er in das Sonnenlicht gelegt, lädt er sich erstaunlich stark auf. Frauen, die den Stein über einen Zeitraum von drei Jahren auf seine »lunare Empfänglichkeit« hin prüften, glaubten dagegen nicht, daß er auf den Mond ausgerichtet war. Viele von ihnen berichteten auch von übermäßiger Nervosität und stärkeren Men-

struationsbeschwerden bei längerem Kontakt – eine entgegengesetzte Wirkung, wie die männlichen Testpersonen sie erlebten, was unsere allgemeine Auffassung von den Energieprinzipien bestätigt.

* Der Stein wirkt wie eine moderne Speicherbatterie – ein »Akku«, der erstaunlich große Mengen an aktiver Energie aufnimmt, und zwar in direkter Entsprechung mit der Aktivitätsebene des Körpers. Wir haben Klangmethoden entdeckt, um die unbegrenzte Freisetzung dieser Energie während eines Rituals auszulösen. Der Stein ist klang-sensitiv.

Welche praktischen Verwendungsmöglichkeiten gibt es für den Leser, der den alten *Bluestone* gerne näher erforschen möchte? – In unserer Gemeinschaft tragen wir unsere Steine an Halsketten/Lederbändern unter der Kleidung, denn der direkte Kontakt mit der Haut ist wichtig. Zu diesem Zweck wird durch das obere Ende ein kleines Loch gebohrt. Da *Bluestone* leicht bricht, benutzen wir für diese heikle Aufgabe einen ganz feinen Bohreinsatz mit Karbidspitze, wie Steinmetze ihn verwenden.

Schlüsselanhänger aus *Bluestone* sind zu beziehen über:

Fortress House (Vertrieb)
23 Saville Row Road
London WIX-2HF
England

Preseli Crafts (Hersteller)
Allt y Bwla Hen, Cenarth
New Castle, Emlyn Dyfed
Wales SA38-9JU, Großbritannien

> *Die Steine sind groß*
> *Magische Kraft besitzen sie*
> *Kranke Menschen machen sich auf*
> *Zu den blauen Steinen*
> *Die sie waschen und damit*
> *Ihr Übel fortspülen ...*
> Layamon, *Brut*, ca. 1200

10. Lektion: Liedzauber

»Musikalische Gaben der Druiden«

Je mehr man sich mit den Druiden beschäftigt, und besonders mit jener Seite, die mit den Barden in Zusammenhang steht, ist man stark berührt von der Großartigkeit der dionysischen Tiefen – der Widerspiegelung der klingenden Donner und Orgeltöne im Menschen, von den alten Indern die formgebende Stimme des Himmels genannt ...

E. C. Merry

Musik ist mein Hauptberuf, und ich habe mich jahrelang intensiv mit den Verbindungen zwischen Druidentum und Musik beschäftigt. Von diesen gibt es eine ganze Reihe, doch der wichtigste Schlüssel, um den wiedergefundenen Schatz zu öffnen, beruht darauf, daß die Barden ein Notenschriftsystem auf der Grundlage des *Ogham*-Alphabetes benutzten. Dieses scheint auf den ersten Blick der gewöhnlichen *Ogham*-Schrift zu gleichen, was aber nicht der Fall ist. In meinen Kopien des *Buch der Pheryllt* war ein Abschnitt als *BARDISCHE MELODIEN* bezeichnet, die sich jedoch als unverständliche Ansammlung von *Ogham*-Linien herausstellten und allen Entschlüsselungsversuchen widersetzten.

Den ersten Anhaltspunkt für eine Lösung erhielten wir aus der Lektüre des bahnbrechenden Buches *Ogham: The Poet's Secret** von Sean O'Boyle in dem Kapitel »Ogham and Magic«. Hier war der Schlüssel, dessen Existenz wir immer vermutet hatten, aber nicht ausfindig machen konnten:

---

* Dublin (Gilbert & Dalton) 1980.

Hier nun in moderner Notenschrift die Sequenz, die meiner Meinung nach durch das Ogham-Alphabet wiedergegeben wird.

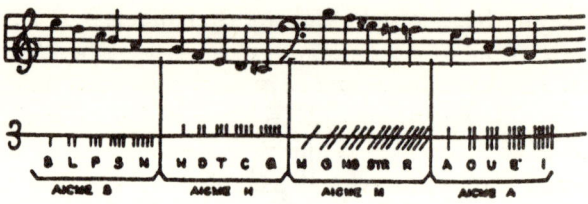

Weitere Versuche, diese Verbindung durch Querverweise zu überprüfen, führten bald zu Bob Stewarts hervorragender Untersuchung *Where is Saint George?**, die folgende Einsichten lieferte:

* Der Gott Ogma/Ogmios hat das alte *Ogham*-Aphabet erfunden und ist »einer, der bindet« (= den Zweig an das Seil oder die Noten an den Stab). Eine alte Darstellung zeigt Ogmios, der eine Schar Männer an Ketten führt, die an seiner Zunge befestigt sind.

* Das *Ogham*-Alphabet steht in enger Verbindung mit den Rezitationsformen der druidischen oder einheimischen Volksreligion. Der kirchliche Choralgesang des Abendlandes ist vermutlich daraus hervorgegangen und hat den besonderen Zweck, den Kontakt zur »jenseitigen Welt« herzustellen. Ogma/Ogmios ist damit die vorherrschende Gottheit der magischen Musik.

* Die frühen Notationen des einstimmigen Gesangs waren »gestaltete Noten«, die mit der Hand angezeigt wurden (*siehe* Lektion 5, »Das Netz«). Möglicherweise existiert eine Verbindung zwischen diesem System der Gebärdensprache und früheren *Ogham*-Alphabeten der Druiden.

* Man nimmt an, daß die *Oghams*, mit den Fingern der Hand buchstabiert – weniger die Form, in der sie in Stein oder Holz geschnitten wurden – ein geheimes Zeichensystem darstellten.

* *Ogham* diente einem nonverbalen Kommunikationsprozeß in Ritual oder Musik, in Situationen also, wo gesprochene Anweisungen unpassend gewesen wären und die Wirkung oder Konzentration beeinträchtigt hätten. Handbewegungen und Fingergelenke

---

* Moonraker Press, 1977.

wurden dazu verwendet, bestimmte Tonsätze und Tonhöhen anstelle von einzelnen Noten anzuzeigen, wie dies in der niederge-
schriebenen Musik üblich ist.

* Frühe Alphabete, Musik, Mathematik und bildliche Darstellung
waren als *symbolische Zyklen* miteinander verbunden. In dem
Versuch, dem Universum Sinn zu verleihen, wurden diese Systeme
zu einem Ganzen zusammengeschlossen. Sie haben fließende
Übergänge und sind ebenso wie die Jahreszeiten eng miteinander
verbunden. Ein Buchstabe war eine Note ... ein Gott oder eine
Göttin ... ein Baum, ein Stern, eine Jahreszeit. Alle waren Zyklen
in der himmlischen Harmonie der Sphärenmusik.

* Der einstimmige Gesang benutzte adaptierte Fassungen der Sym-
bolsysteme, die in Britannien durch die *Oghams* vertreten waren,
als alphabetische und magische Schlüssel. Die tatsächlichen Mu-
siksätze und Notenmuster mögen ursprünglich als Symbole über-
tragbar gewesen sein.

Auf den folgenden Seiten werden Transkriptionen zweier Gruppen
von Musikstücken vorgestellt, die das *Buch der Pheryllt* als DIE
CERAUNNOS-LIEDER und DIE GILGALI-ENGLYNS bezeichnet. Insgesamt sind darin mehr als 85 Notenlinien mit *Ogham*-Musik enthalten, doch mußten wir uns in diesem Rahmen sowohl nach dem
zur Verfügung stehenden Platz als auch nach der Anwendbarkeit
richten. Ich habe mich daher auf die Gruppe von *Rundgesängen*
(Kanons) konzentriert, die den größten Teil der Sammlung aus-
machen, und davon neun ausgewählt. Solche Rundgesänge sind
zyklische Lieder, die auf der Kreisform beruhen und für die rituelle
Gruppenarbeit äußerst geeignet sind. Außerdem wurden die neun
Gilgali-Lieder ausgewählt, deren Titel sich an die Neun-Sterne-
Häuser des druidischen Zodiaks halten. Ursprünglich besaßen diese
Musikstücke in der Regel auch Worte oder wahrscheinlich sogar
viele Wortvariationen und wurden »a cappella« (d. h. ohne Instru-
mentalbegleitung) gesungen. Während die Frage nach den ursprünglichen Liedtexten offenbleibt, ist als Anhaltspunkt der Taktrhythmus

oder das Schema der Tonsilben angegeben. Damit läßt sich einiges anfangen: So kann der Leser eine Textfolge gestalten, die sowohl zu dem vorgegebenen Silbenschema als auch zu dem im Titel genannten Thema paßt.

Diese Lieder sind vielleicht von einfachem Trommelschlag begleitet worden. Aber natürlich ist heute alles möglich, und es bleibt Ihnen überlassen, Kombinationen mit verschiedenen taktgebenden Instrumenten auszuprobieren, wozu gehören:

* Trommel/Pauke/Glocken/Stöcke/Rasseln
* Flöten, Harfe oder Hörner.

Viele dieser Melodien ähneln tatsächlich Sprechgesängen und Hymnen, wie sie uns aus dem christlichen Gottesdienst vertraut sind. Erst Stewarts erhellende Bemerkungen (siehe weiter oben) brachten eine Erklärung dafür: Ebenso wie sich Teile des gegenwärtigen christlichen Kultus direkt auf heidnische Riten zurückführen lassen, so müssen auch Elemente der bardisch-druidischen Musik Eingang in die offizielle Liturgie gefunden haben. Ich habe mich lange mit »Kirchenmusik« beschäftigt und dadurch diese eigentümlichen Merkmale festgestellt, und daher lösten diese Querverbindungen viele seit langem bestehende Fragen. So hoffe ich, daß diese Melodien, die so lange im verborgenen schlummerten, viele Ohren neu erfreuen werden ...

Für weitere Informationen oder Materialien, die mit dem System der bardisch-druidischen Liedkunst bekanntmachen, empfehlen wir Kapitel 11, »Liedzauber« in Merlyns Vermächtnis und Lektion 11, »Die acht Lieder des Jahreszyklus«, in Merlyns Lehren.

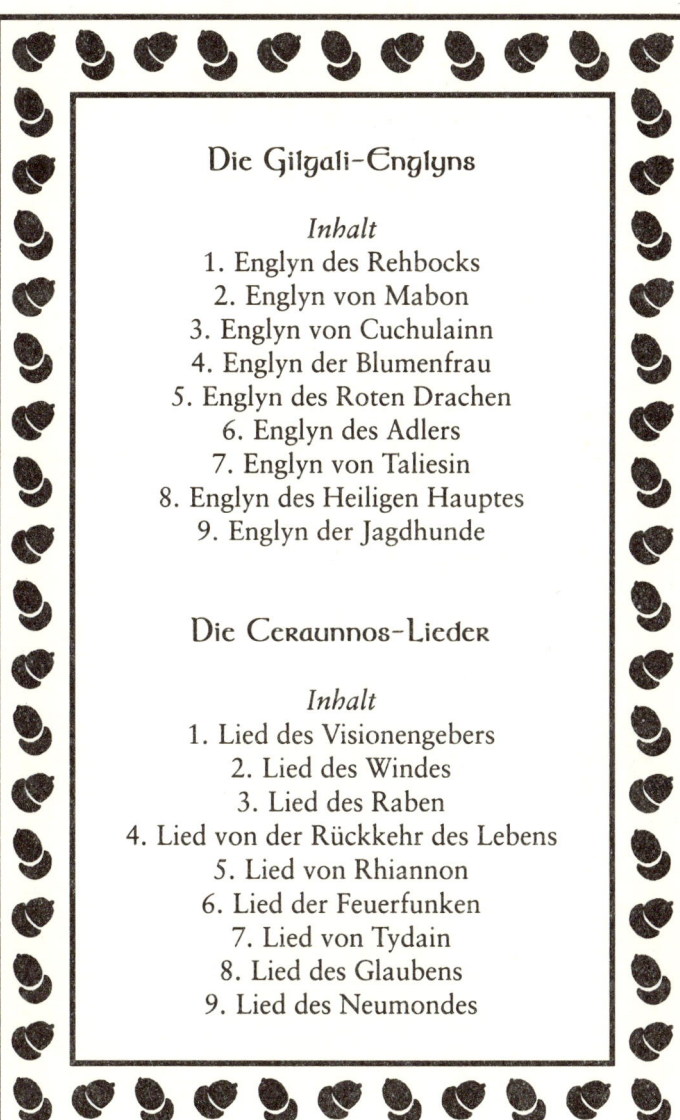

Die Gilgali-Englyns

Inhalt
1. Englyn des Rehbocks
2. Englyn von Mabon
3. Englyn von Cuchulainn
4. Englyn der Blumenfrau
5. Englyn des Roten Drachen
6. Englyn des Adlers
7. Englyn von Taliesin
8. Englyn des Heiligen Hauptes
9. Englyn der Jagdhunde

Die Ceraunnos-Lieder

Inhalt
1. Lied des Visionengebers
2. Lied des Windes
3. Lied des Raben
4. Lied von der Rückkehr des Lebens
5. Lied von Rhiannon
6. Lied der Feuerfunken
7. Lied von Tydain
8. Lied des Glaubens
9. Lied des Neumondes

1
Englyn des Rehbocks

2
Englyn von Mabon
(auch bekannt als »Veni Veni Spiritus«)

3
Englyn von Cuchulainn

4
Englyn der Blumenfrau
(auch bekannt als »Lo, How A Rose«)

5
Englyn des Roten Drachen
(auch bekannt als »Keltisches Halleluja«)

6
Englyn des Adlers

7
Englyn von Taliesin

8
Englyn des Heiligen Hauptes

(auch bekannt als »Have You Seen the Ghost of Thom?«)

9
Englyn der Jagdhunde

(auch bekannt als »Song of the Night Hunt«)

*Da Capo al Fine

1
Lied des Visionengebers
(auch bekannt als »St. Patricks Brustharnisch«)

2
Lied des Windes

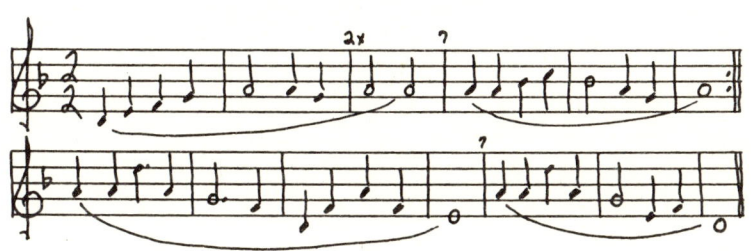

3
Lied des Raben

4
Lied von der Rückkehr des Lebens
(auch bekannt als »Skye Boat Song«)

Fine

*2X Da Capo al Fine

5
Lied von Rhiannon
(auch bekannt als »Be Thou My Vision«)

6
Lied der Feuerfunken
(auch bekannt als »Lachyn«)

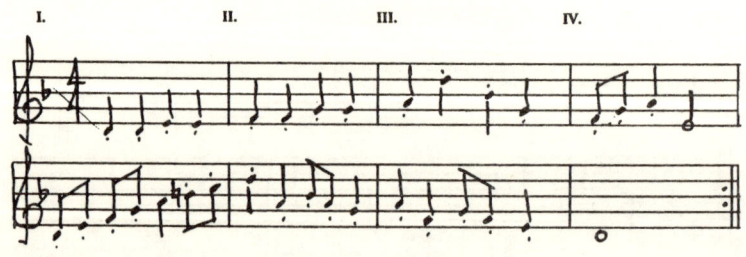

I.   II.   III.   IV.

7
Lied von Tydain

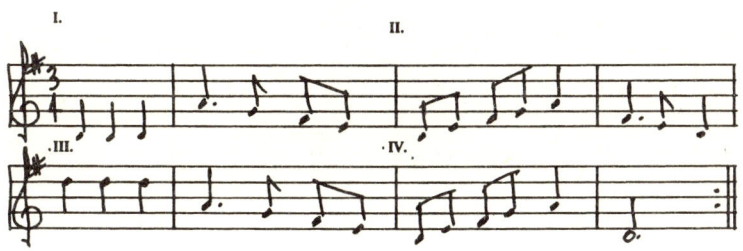

8
Lied des Glaubens
(auch bekannt als »Divinum Mysterium«)

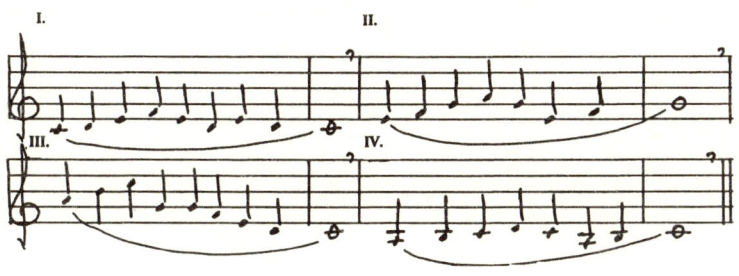

9
Lied des Neumondes

11. Lektion: Der Schattenritus

»Heiliger Orden des blinden Wanderers«

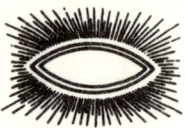

Wenn die Wahrheit hinter einem mystischen Schleier vermittelt wird, ist sie vor Mißachtung sicher und dient als Anreiz für philosophisches Denken.

Platon

Die obige Abbildung stellt das rätselhafte Symbol des *leeren* oder *blinden Auges* dar, wie es im *Buch der Pheryllt* erscheint. Dieser kleine Überrest eines verlorenen Wissens hat mich lange Zeit fasziniert – doch vergebens, denn es lag wirklich ein Schleier über diesem Rätsel! Eine eigenartige Geschichte ist damit verbunden, in der sich Druidentum und »Folklore« miteinander vermischen. Das einzige Beispiel seiner Art in dem gesamten Manuskript, ist es *deshalb* faszinierend, weil es auf eine seltsame Unterabteilung des druidischen Ordens anspielt, deren Wurzeln vielleicht in der Verehrung eines untergegangenen Gottes wie »Balor mit dem verderbenbringenden Auge« liegen. Es scheint jedoch ziemlich klar zu sein, daß dieses »Rätsel« dazu bestimmt ist, als besonders schwere Prüfung für Schüler an einem bestimmten Punkt der druidischen Ausbildung zu dienen. Hier soll zunächst das Ritualdrama und dann seine Deutung beschrieben werden.

Der heilige Orden des Blinden Wanderers

»Entferne deine Augenbinden und schaue ins Feuer – schaue nicht anderswohin. Schaue tief hinein in das Scharlachblau, das zum Himmel emporlodert wie die Flammen von Annwn! Ganz allein ... keiner ist hier außer uns und dem Feuer.

Zwanzig Jahreskreise, die der Rehbock gejagt wurde, sind vergangen, doch der Blinde wandert immer noch über die Erde. Als Druide, einer der Erwählten geboren, wurde er geblendet, weil er es unterlassen hatte, das Augenlicht eines anderen zu retten. Fern von Vertrautem wurde er geführt und dort zurückgelassen, um ohne Licht, ohne Hoffnung durch die Welt zu ziehen. Doch er überlebte nicht nur, er blieb tatsächlich lebendig und zog durch die Nacht mit einer Botschaft für alle, die auf sein Feuer stoßen. Hier, an diesem Ort, und heute, in dieser Nacht, das ist eines von jenen Feuern! Wir sprechen von einem Wunder, ihr Sucher, denn der Blinde Wanderer ist auf seinem Weg hier vorbeigekommen. Alle, die dazu ausersehen sind, auf sein Feuer zu stoßen, werden das leere Auge finden – Zeichen für ein dunkles Schicksal, das tief in die Erde gemeißelt ist, Zeichen für einen hölzernen Ogham-Pfahl, der noch tiefer in ihr Herz getrieben ist. Welche Botschaft hinterläßt er uns – dieser Geist vieler hundert Jahre? Welche notwendige Weisheit ruft laut nach uns mit der hölzernen Stimme von Ogma? Achtet darauf und hört sie, Lichtsucher, denn seine Botschaft ist kurz, doch unter Mühen aus der Dunkelheit geboren. DIE VISION, DIE INNERE SCHAU IST DAS WESENTLICHE, UM UNSICHTBARE DINGE ZU SEHEN.
Nun löst euch wieder davon! Dem Orden Geweihte, legt eure Augenbinden an und geht in die Nacht zurück. Wandert zwischen Wald und Herd zu eurem Schlaf, doch vergeßt nicht diese verzauberte Zeit und die Lehre, die sie bewirkt hat. Sucher ... ihr seid Verschworene!«

Nur dies, weder Anmerkungen noch Erklärungen werden im *Pheryllt*-Text mitgeteilt; der Rest bleibt der Spekulation überlassen. Wir glauben, daß es sich hier um ein Beispiel für ein keltisches Mysteriendrama von der Art handelt, wie sie in den alten Einweihungsschulen von Babylonien, Griechenland und Ägypten aufgeführt wurden. Vielleicht ist es auch ein Überrest von einem solchen? Mit Sicherheit folgt es dem alten »Einweihungsschema« von Eintauchen – Sich-einer-Herausforderung-stellen – Wiederemportauchen und war deshalb sicherlich als eine Art tiefsinniges pädagogisches Werkzeug bestimmt. Der Geist eines Druiden, der ewig durch die Nacht wandert und heilige Feuer errichtet ... leere Augen in heiße Asche kratzt ... geheime Botschaften für jene hinterläßt, die sie unbedingt finden müssen? Was kann dieses Drama für uns bedeuten? Zum Abschluß folgt eine kurze Geschichte aus eigener Erfahrung.

Es gibt einen Ort, einen uns bekannten Wald, wo Menschen in der heutigen Zeit eben diese Sage nachzuerleben suchen. Es sind »normale« Menschen: ein Lehrer, ein Rechtsanwalt, ein Bibliothekar, ein Tierarzt. Sie sind vernünftig und intelligent – und alle Sucher.

Doch bei Neumond wird einer von ihnen sich mit Sicherheit unbemerkt von der Feuerstelle und aus der Gruppe davonschleichen, um durch diesen besonderen Wald zu streifen und ein loderndes Feuer zu suchen, das oft verlassen aus dem Nichts auftaucht ... mit einem Auge in der Erde, einem Pfahl und einer Botschaft, die dringend gehört werden muß. Keiner von ihnen spricht darüber, nur zu der Stimme ihrer eigenen Seele, denn selbst heute noch sind sie durch den alten Schwur verpflichtet. Wir alle sind der Wahrheit verschworen, daß die innere Schau das Wesentliche ist, um unsichtbare Dinge zu sehen.

12. Lekrion: Gwynn Ap Nudd

»Den Herrn des Erdhügels anrufen«

Vor etwa 33 000 Jahren, als die ersten Zeugnisse schamanischer Magie auftauchten, können wir in der Volksüberlieferung die Ahnen zahlloser Geisterjäger finden. In Wales war Gwynns Jagd noch bis vor kurzem lebendig: Graugekleidet führte er die »Höllenhunde« und eine Schar toter Seelen an, die in Nächten gehört und gesehen werden konnten, wenn die Stürme des Mittwinters am lautesten heulten.

W. Rutherford, *Celtic Lore*

Wer unter den Lesern mit *Merlyns Vermächtnis* vertraut ist, wird sich vielleicht an das Kapitel »Jägers Mond« (und die Lektion 16 in *Merlyns Lehren*) erinnern, das über die Wilde Jagd von Gwynn ap Nudd berichtet. Dieser walisische König der Anderwelt, der in vielen alten Sagen auftaucht, ist besonders berüchtigt dafür, schöne Frauen in seine unterirdische Festung zu entführen; Gwenhwyfar, Arthurs Königin, ist das bekannteste Beispiel dafür. Als er sich schließlich den Blicken der Welt entzieht, hieß es, er habe Glastonbury Tor, *Avalon*, als seine letzte Festung gewählt und lebe seitdem in der Tiefe seiner unterirdischen Gemächer. Deshalb wird Gwynn stets mit den *Sidhe* in Verbindung gebracht und gilt als König des Kleinen Volkes der Feen von Avalon.

Dies ist eine sehr alte Sage. Die lokale Überlieferung, daß der Tor tatsächlich hohl ist, hat sich durch viele bemerkenswerte Zeugnisse von Besuchern bestätigt, die behaupten, Eingänge gesehen zu haben, die auf rätselhafte Weise auftauchen und wieder verschwinden – und zwar übereinstimmend an *Samhain* (Halloween) und am Tag der Wintersonnwende. Die kürzeste Zusammenfassung von Gwynn ap Nudds zeitgenössischer Mythologie könnte etwa folgendermaßen lauten: *Um Mitternacht an Samhain reitet der Herr der Jagd aus seiner Gläsernen Festung unter dem Tor mit seiner schreck-lichen Hundemeute hervor und treibt die Heerscharen der Toten aus der Anderwelt mit gellenden Schreien vor sich her.* Er ist in der Tat eine ehrfurchtgebietende Gestalt, die lange Zeit sehr gefürchtet und ebenso verehrt worden ist. Das *Buch der Pheryllt* nennt jedoch eine knappe, präzise Formel, um das Erscheinen dieses Gottes her-vorzurufen. Sie soll hier weitergegeben werden, jedoch nicht ohne ein Wort der Warnung.

Ich selbst habe keine Erfahrung mit diesem besonderen Ritus, wohl aber einer meiner Schüler ... Gut vorbereitet, ausgerüstet mit den drei wie üblich zugelassenen Fragen und dem notwendigen Zu-behör, brach er am bitterkalten Vorabend einer Wintersonnwende um 23 Uhr auf. Es war schon weit nach Mitternacht, als wir be-schlossen, uns warm anzuziehen und nachzusehen, ob alles in Ord-nung sei. Wir fanden unseren Freund bewußtlos und fast erfroren im Schnee. Es dauerte lange, bevor er darüber sprechen wollte, was ihm widerfahren war. *Er hatte unsichtbare Hunde überall um sich herum bellen hören und die lachende Stimme eines Mannes ... und etwas Unsichtbares wie ein riesiger kalter Schneeball hatte ihn um-geworfen ...*

Dieser Bericht soll nicht den Leser von eigenen Versuchen ab-schrecken, sondern lediglich darauf hinweisen, daß die Arbeit ernst genommen werden muß!

Den Herrn des Erdhügels anrufen

Spät in der Nacht, wenn es auf Mitternacht zugeht und wenn der Wind die Tore von Allerheiligen/Halloween heulend aufstößt, nimm einen Kiefernpfahl, in den drei Hundeköpfe geschnitzt sind, und treibe ihn tief in den gefrorenen Boden vor dem Erdhügel hinein. Verstreue überall frisches Fleisch und rufe:

> *Gwynn, sei ein Eingang, offen und frei!*
> *Fleisch für die Hunde von Annwn ist dabei ...*
> *Verlaß deinen Hügel, wo der Köpfe sind drei!*

13. Lektion: Darkenstone

»Atmu den Verborgenen suchen«

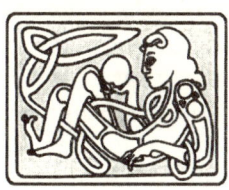

Das Größte von allem ist der Raum,
denn er umfaßt alle Dinge.
Das Schnellste ist der Gedanke
denn er durchquert den Raum in einem Augenblick.
Das Mächtigste ist die Notwendigkeit,
denn sie überwindet alle Dinge.
Das Weiseste aber ist die Zeit,
denn sie entdeckt die Neun Geheimnisse
von Licht und Dunkelheit.
Thales von Milet, 500 v. Chr.

Nostradamus, der große Visionär und Mystiker der Renaissance, war wahrscheinlich der erste Hellseher, der den Begriff des »magischen Spiegels« populär machte, den er für die Weissagung und Zukunftsschau benutzte. Nach seinen eigenen Berichten versetzte er sich dadurch in Trance, daß er lange in eine mit Wasser gefüllte Eisenschüssel hineinstarrte; dies geschah spät in der Nacht, nach einer Reihe von »Gebeten und Vorbereitungen«, bei denen es sich höchstwahrscheinlich um irgendwelche magischen Beschwörungen in lateinischer Sprache handelte. Nostradamus folgte auf seine Art einer *Queste* (»Hohen Suche«) und suchte nach *Atmu dem Verborgenen*, der jenseits des Spiegels weilt und Träume und Visionen bringt. Seine Vorrichtung war im Mittelalter wohlbekannt und wurde insgeheim von Magiern aller Richtungen benutzt.

Doch viel weiter zurück, in der alten keltischen Zeit, nannten die Druiden ihre magischen Spiegel *Steine* oder »*Darkenstones*«. Dabei handelte es sich um glänzende, durchscheinende oder opalisierende Oberflächen von Mineralien, die intensiv angeschaut wurden, um Visionen hervorzurufen. Ein gutes Beispiel dafür ist in Teil 3 dieses Buches, vor allem in den beiden letzten Kapiteln, enthalten. Die magischen Spiegel der Druiden unterschieden sich von jenen, die Nostradamus und andere mittelalterliche Magier benutzten, durch ihren natürlichen Ursprung. Die Druiden glaubten fest daran, daß etwas wahrhaft Magisches nur aus der Hand Gottes entstanden sein konnte – d. h. aus der Hand der Natur und nicht aus den unvollkommenen Bemühungen des Menschen. Daher war der Gedanke, ein Sehglas herzustellen, ihnen äußerst fremd.

Wie sahen nun die druidischen *Darkenstones* aus? Es gab viele Variationen, die alle natürlich entstanden waren und auf dieselbe Weise genutzt wurden. Kristalle und Edelsteine wurden getragen (von daher kommt unsere moderne »Kristallkugel«) und in magische Geräte eingelegt, um »das Zweite Gesicht herbeizubringen«; auch das Innere von Austernschalen mit ihrer sich optisch verändernden Perlmuttschicht wurde dafür benutzt. Wasseroberflächen von heiligen Brunnen, Quellen und Teichen wurden gewöhnlich als Lehrmittel verwendet, wie zu späteren Gelegenheiten die heiligen Eisenkessel der Cerridwen – Urform für die Eisenschüssel des Nostradamus. Genau denselben Ursprung hat auch der Heilige Gral, das Symbol für die Suche und Erleuchtung in der Arthur-Sage.

Die nachfolgende Darstellung aus einem seltenen alchemistischen Manuskript (Neapel 1606) enthält Anleitungen für die Herstellung einer alchemistischen Seher-Schale (d. h. einen künstlich erschaffenen magischen Spiegel, wie ihn der Lehrling in der Hand hält). Es wird dazu verwendet, durch den »Schleier« zu sehen.

Nun aber zur praktischen Anwendung. Die Kunst des *Hellsehens* oder *Kristallsehens*, auch als *Zweites Gesicht* bezeichnet, ist eine Fähigkeit, die im Laufe der Zeit zu erwerben ist. Wir alle besitzen dieses Potential in unterschiedlich sichtbarem Ausmaß. Im *Buch der Pheryllt* wird diese Kunst oft erwähnt, jedoch von einem magischen Standpunkt aus. Die Druiden stellten keine *Darkenstones* her, sie *fanden* sie; dies wurde als Geschenk der Götter gesehen. Ein Bach, der in einen kleinen, stillen Teich fließt ... eine natürliche Höhlung in einem Felsblock, die mit Regenwasser gefüllt ist ... der unbewegte Wasserspiegel eines alten, vergessenen Brunnens ... eine Stelle, wo sich Regen an grauem Schiefer sammelt. Es gibt nahezu unbegrenzte Formen solcher »natürlicher Spiegel«, doch zu den schönsten von ihnen gehört die Wechselwirkung von *Wasser und Stein*. Wasser hat (wie alles Kristallklare) immer das Element der Anderwelt versinnbildlicht, wie beispielsweise die Meere von *Annwn*, während der Stein die angesammelte Weisheit der Erde verkörpert. Gemeinsam entsprechen sie der *Manifestation des Darkenstone*.

Wenn Sie einmal Ihren eigenen geheimen magischen Spiegel gefunden haben, gehen Sie oft zum Üben dorthin, um die Entstehung von Bildern aus dem Wasser zu unterstützen. Blicken Sie nicht auf die Wasseroberfläche, sondern durch sie hindurch. (Wenn Sie an ein Fenster treten, konzentrieren Sie sich ja auch nicht auf das Glas als Materie, sondern auf die Bilder und Gestalten dahinter!)

Der nächste Erfolgsschlüssel für diese Art des Sehens ist *Geduld*. Setzen Sie sich ruhig und bequem in einer Weise hin, die Sie mühelos für längere Zeit aufrechterhalten können. Haben Sie immer ein Thema oder eine Frage, die Sie klären möchten, und konzentrieren sich darauf. Ein sicheres Zeichen, daß Sie Fortschritte machen, ist daran zu erkennen, daß sich ein wolkiger Schleier auf die Oberfläche zu senken scheint – wie eine Tür, die sich schließlich öffnet, um die Vision zu enthüllen. Nach der *Pheryllt*-Lehre ist *Atmu der Verborgene* der Wächter dieser Tür zwischen den Welten.

Der Mond herrscht über Wasser-Visionen. Aufgrund der stark *passiven* Natur von Wasser und Stein ist es optimal, während der entsprechenden passiven Mondphase zu arbeiten: bei NEUMOND. Tragen Sie dunkle Farben, wenn Sie zu diesem Zeitpunkt zu Ihrem Spiegel gehen, um eins mit dieser besonderen Energie zu werden; daher leitet sich auch der Begriff »*Darkenstone*« ab. Der Text schlägt vor, daß Sie »das Wasser auf Augen, Ohren, Mund und Nase tupfen, um die physischen Sinne zu verschließen und andere zu öffnen«.

Unsere Quelle nennt ein *Räucherwerk* aus Kräutern, das unmittelbar vor der Arbeit mit dem magischen Spiegel verbrannt wird und *Y Golwg* (»das Gesicht«) bringt. Die Formel dafür lautet:

* *eine Handvoll Schwarzer Nachtschatten*
* *ein Fingerhut (schwarze) Gewürznelken*
* *eine Hand (5) Lorbeerblätter*

Schließlich zitiert der *Pheryllt*-Text noch eine alte Anrufung aus den Eleusinischen Mysterien, die »leise, aber mit nicht geringer Intensität in die Wasser gesprochen« werden soll, bevor die Visionen beginnen:

> *Alles ist dunkel, während ich Atmu erwarte,*
> *der das Verborgene bringt.*
> *Hermes! Ziehe den Schleier zurück! Äskulap!*
> *Atmas*
> *A*

14. Lektion: Die Schwelle

» Wo die Schleier am dünnsten sind «

Morgaine sah die Gestalt eines jungen Mädchens, die zum Schatten verblaßte, dann aber wirklich wurde. Das Mädchen stand bis zu den Knöcheln im Wasser und weinte ... Plötzlich wußte Morgaine, was geschehen war. Die Nebelschleier hatten sich verdünnt, wie es manchmal an Punkten konzentrierter Kraft geschah. Und dieses Mädchen besaß irgendwie genug Empfindsamkeit, um es zu bemerken. Es kam vor, daß jemand in einer kurzen Vision die andere Welt schattenhaft sehen, aber nur sehr selten auch dorthin gehen konnte.
Marion Zimmer Bradley, *Die Nebel von Avalon*

Die Vorstellung, daß es *Eingangspunkte* zwischen der physischen Welt und der anderen Welt des Geistes gibt, zieht sich wie ein gemeinsamer Faden durch das Gewebe der Weltreligionen. Für die Kelten gab es viele solcher Zugangswege: Brunnen, Höhlen, Berggipfel, Wassertümpel ... doch keiner von ihnen war so wirksam wie die drei *Schwellenzustände* oder die Schleier von *Zwielicht*, *Dunkelheit* und *Nebel*. Kapitel 19, »Zwischen den Welten weilen«, in *Merlyns Vermächtnis* und Lektion 19 in *Merlyns Lehren* sind ihrer Erforschung gewidmet. In der vorliegenden Untersuchung wollen wir uns auf eine Übung beschränken, die der *Pheryllt*-Text als *Schwellenritus* bezeichnet.

Die Kelten stellten die spirituelle Schwelle zwischen den Zwei Welten symbolisch als ein verworrenes heiliges Labyrinth aus Spiralmustern dar, die oft zwei Dinge voneinander trennten. Dies stand auch für die Unendlichkeit oder das dem Menschen angeborene Unvermögen, sie zu begreifen – jene Enttäuschung, mit der wir alle geboren werden und sterben, aber auch jene Ehrfurcht, die wir erleben, wenn wir zum sternenübersäten Nachthimmel emporblicken ohne das, was darin verborgen ist, rational erfassen zu können. Dieses Gefühl von etwas Geheimnisvollem war für die Druiden und Kelten etwas sehr Zentrales.

Der *Schwellenritus* ist eine gleichzeitig ungewöhnliche und wirksame Übung, welche die Fähigkeit fördern soll, durch die keltische Schwelle von Zeit und Raum zu »schlüpfen«. Wenn Sie diese Methode ausprobieren möchten, muß Ihnen ein ausgedehnter naturwüchsiger Wald zugänglich sein, wo Sie nicht von Menschen, Straßenlaternen oder Lärm gestört werden und der soweit wie möglich vom Stadtrand entfernt liegt. Ziehen Sie dunkle, enganliegende Kleidung an, die nicht gleich an Baumästen hängenbleibt und zerreißt.

Wählen Sie eine Zeit für Ihre Arbeit, die sich am besten dafür eignet, störende Einflüsse der äußeren Welt so gering wie möglich zu halten: Die *Nachtzeit* ist dafür optimal, denn ein wichtiges Ziel besteht darin, das physische Sehen zu begrenzen. Nachdem man geübter und mit dem Ablauf des Ritus vertraut ist, bedarf es einer *Schwellenzeit*, um tatsächlich in ein »Portal« zur Anderwelt einzutreten: *Morgendämmerung, Abenddämmerung* (die Zeiten des Zwielichts) oder *Mitternacht* – doch die besten und sichersten Portale sind stets in dichtem Nebel oder Dunst zu finden, besonders unmittelbar vor einem Sturm.

Schließlich brauchen Sie noch eine *Augenbinde aus schwarzem Samt* (diese Übung wird auch als *Ritus der verbundenen Augen* bezeichnet), die fest sitzt und sich Ihrem Kopf gut anpaßt. Jetzt sind Sie bereit.

* Gehen Sie langsam tief in den Wald hinein.
* Schließen Sie die Augenbinde gut um Ihrem Kopf.
* Bleiben Sie stehen, bis Sie ganz entspannt sind; werden Sie sich Ihres Herzschlags bewußt.
* Wenn Ihre innere Stimme »Los!« sagt, beginnen Sie sich blind in den Wald hinein in irgendeiner Richtung weiterzubewegen und zählen dabei genau Ihre Herzschläge.
* Bewegen Sie sich so schnell wie möglich – ohne innezuhalten.
* Bleiben Sie stehen und nehmen langsam Ihre Augenbinde ab.

Dieser Ritus beruht auf dem Prinzip, daß *blinde Intuition* eine hervorragende Methode ist, um ein Portal zur Anderwelt zu lokalisieren und hindurchzugehen, ohne daß der vernünftige »mitdenkende« Geist sich störend einmischt. Bewegung ... konzentriertes Zählen ... Dunkelheit ... Schwelle. Diese zentripetal ausgerichteten Kräfte vermögen Sie durch das Portal zu katapultieren. Es ist ähnlich, als würden Sie in einem riesigen und geheimnisvollen Meer angeln – oft fangen Sie etwas, wenn auch seltener genau das, wonach Sie Ihre Angel ausgeworfen haben. Doch es geht um das Sportliche dabei, um das Erlebnis ... und die Chance, die große Trophäe zu erwischen.

Wenn Sie Erfolg haben, werden Sie die Veränderung durch das Portal spüren. Die Haare werden Ihnen dabei buchstäblich zu Berge stehen. Seien Sie von nun an einfach ruhig, wie unmöglich Ihnen auch alles erscheinen mag. Nehmen Sie sich Zeit, denn für die Anderwelt hat Zeit keine Bedeutung; wie lange Sie auch dort bleiben, bei Ihrer Rückkehr wird hier nur ein Augenblick verstrichen sein. Erproben und genießen Sie es, denn man weiß nie, wann das »nächste Mal« sein wird. Wenn Sie zu dem Entschluß kommen, daß nun die richtige »Zeit« zur Rückkehr gekommen ist, so wenden Sie einfach den alten Druidenzauber zum Bannen von Magie an:

Stecken Sie Ihren rechten Daumen zwischen die Zähne und beißen kräftig zu. (Ob Sie es glauben oder nicht: Dies hat noch nie seinen Zweck verfehlt!)

15. Lektion: Drachenruten

»Die Kraftlinien aufspüren«

Die überraschende Entdeckung geschah, als Watkins 65 Jahre alt war. Als er über die Hügel in der Nähe von Bredwardine in seiner Heimat ritt, hielt er sein Pferd an, um über die Landschaft zu blicken, die sich unter ihm ausbreitete. In diesem Moment gewahrte er ein Netz von Linien, die wie glühende Drähte überall auf der Oberfläche des Landes hervortraten und sich an den Stellen kreuzten, wo Kirchen, alte Steine oder andere Punkte waren, die traditionell als heilig galten.

Alfred Watkins, *The Old Straight Track*
(aus dem Vorwort von John Michell)

Magier und Schamanen haben seit langem gewußt, daß gerade, biomagnetische Kraftlinien unter der Oberfläche der Erde verlaufen, die sich kreuzen und an Punkten treffen, die häufig als außergewöhnlich, besonders oder heilig bezeichnet werden. Nach begründeter okkulter Theorie heißt es, daß die Menschen früher solche Linien (die sie »Drachenlinien« nannten) erspürten und an ihren Kreuzungspunkten Tempel, Steinkreise, Brunnen und andere Heiligtümer errichteten. Von der Landbevölkerung wurden sie zuerst als *the old straight tracks* (»die alten, geradlinigen Spuren«) erkannt und anerkannt. Im Laufe der Zeit sind viele Landkarten aufgetaucht, die bemerkenswerte Anordnungen und Muster von Linien aufweisen. Auf der Grundlage dieser Funde haben viele Experten (vor allem John Michell) daraus den Schluß gezogen, daß die Landschaft Britanniens früher einmal in einem Gitternetzmuster *angelegt* wurde, das auf diesen unsichtbaren Linien magnetischer Energieströme beruhte, die *Ley Lines* genannt werden. Luftaufnahmen der Landschaft, unter diesem Aspekt betrachtet, sind sehr bemerkenswert!

Das bewährteste volkstümliche Gerät für die Ortung von unterirdischen Quellen ist mit Sicherheit die *Wünschelrute*. Dies ist traditionell eine dünne Zweiggabel in Form eines Y, die von einer Weide geschnitten wird – einem Baum, der schon immer mit Wasser und dem Mond in Verbindung gebracht worden ist. Ein Rutengänger hält im Gehen die Rute an beiden Gabelenden parallel zum Boden, bis er eine Stelle bemerkt, wo das Ende sich nach unten biegt und dreht. Hier wird der Rutengänger Wasser oder etwas anderes, wonach er gesucht hat, finden. Damit sind zwei interessante Punkte angesprochen: Erstens, Wünschelruten funktionieren nur bei bestimmten Leuten – entweder man kann es, oder man kann es nicht. Früher hieß es: »Das liegt in der Familie.« Zweitens, was man schließlich findet, hängt von dem Bild ab, auf das man sich während des Wünschelrutengehens konzentriert hat. Diese erstaunlichen Tatsachen machen aus diesem sehr alten Phänomen eine Form der okkulten Wissenschaft oder Magie.

Von vielen wird die Frage gestellt, was die Drachenlinien entstehen läßt. Diese Frage ist nicht leicht zu beantworten, da viele verschiedene Elemente daran beteiligt sind. Die Hauptlinien werden durch die magnetischen Felder hervorgebracht, die in Nord-Süd-Richtung verlaufen und die Pole durch lange Strahlen verbinden. Zu den sekundären Faktoren, die weitgehend von dem geologischem Terrain abhängen, die Linien aber entweder konstruktiv oder destruktiv beeinflussen, gehören: unterirdische Wasserläufe, metallische/magnetische Erzlager, allgemeine Umrisse des Geländes, unterirdischer Magmafluß und Verwerfungen. Zusammen erzeugen alle diese Faktoren die alten Drachenlinien.

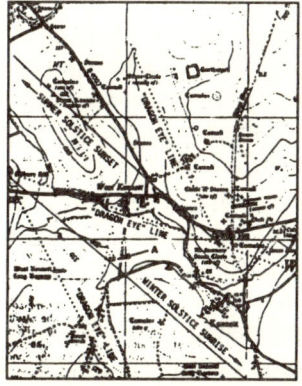

Welche Wirkungen können diese Energielinien nun hervorbringen? Früher, als die Menschen noch in enger Verbundenheit mit der Erde lebten, erzeugten die »*Knoten*« genannten Punkte, wo zwei oder mehr Linien sich kreuzten, eine einzigartige, der inneren Ruhe und spirituellen Empfindung förderliche Atmosphäre. Daher wurden Tempel und Kirchen auf diesen besonderen Punkten erbaut, und allmählich entstanden dadurch ein sie verbindendes, den *Leys* folgendes Liniennetz. Es dauerte bis zum Anfang unseres Jahrhunderts, bevor die Augen des modernen Menschen die Muster bemerkten, die unsere Vorfahren schon vor langer Zeit gespürt hatten.

Eine weitere Auswirkung der *Ley Lines* betrifft Getreide und Bäume. Der erste moderne Beweis dafür waren Luftaufnahmen, die seltsame lange Linien zeigten, die in der Färbung des Getreides sichtbar wurden. Diese verliefen über weite Entfernungen durch Felder, auf denen unterschiedliche Getreidearten wuchsen, und wurden zuerst auf Mineralablagerungen im Boden zurückgeführt. Doch als durch den Blick auf das größere geographische Bild offenkundig wurde, daß Mineralien nicht der Grund dafür sein konnten, begannen Wissenschaftler nach anderen Erklärungen zu suchen. Ohne ihre weitläufigen Hypothesen zu berücksichtigen, ist es einfach eine Tatsache, daß Getreide aufgrund von starken Energien auf Drachenlinien anders wächst – nämlich beträchtlich größer, grüner und gesünder, und zwar in Streifen. Dies gilt auch für Bäume. Ein Baum mit einer durchschnittlichen Lebenserwartung von 75 Jahren, der das Glück hat, auf einem Kreuzungspunkt von *Ley Lines* zu wachsen, kann Hunderte von Jahren alt werden, während seine Baumverwandten um ihn herum schon vor Generationen abgestorben sind. Sie alle haben das schon gesehen: einen riesigen und knorrigen, uralten Baum, der in einem Wald inmitten von viel jüngeren Bäumen wächst! Warum? Wieder ist es der überdurchschnittlich starke Zugang zur Lebenskraft an einer Stelle, wo sich Drachenlinien kreuzen! Nach diesen besonderen alten Bäumen suchen übrigens auch Magier und Schamanen, wenn sie den idealen *Orakelbaum* ausfindig machen wollen (siehe *Grimoire* I/6).

Was hier interessiert ist, wie diese Fähigkeit für uns praktisch nutzbar gemacht werden kann. Das Wissen darum, wo genau die Drachenlinien in unserem eigenen Lebensumfeld liegen und wo sie sich kreuzen, kann von sehr großer Bedeutung sein für die Frage, wo die magische Arbeit ausgeführt wird, wo Steinkreise angelegt werden usw. An dem Ort, wo ich lebe und arbeite, ist *jedes* Bauwerk und *jede* Ritualstätte entsprechend dem Gitternetzmuster der *Ley Lines* angelegt! Auf diese Weise kann die Erde uns tatsächlich in unserer Entwicklung unterstützen. Wie können wir diese Punkte herausfinden? Durch eine moderne Version der alten Wünschelrute aus Holz.

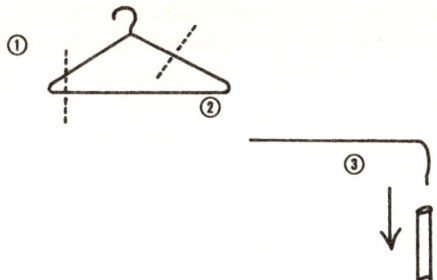

Drachenruten

Studieren Sie bitte sorgfältig die obige Darstellung. Sie werden drei Dinge dafür brauchen:
1. eine Zange
2. zwei Kleiderbügel aus Metall
3. zwei 15 cm lange, 1 cm dicke Holzdübel, die Sie in jedem Eisenwaren- oder Heimwerkerladen bekommen.

1. Schritt: Schneiden Sie die beiden Kleiderbügel an den Stellen durch, wo die gestrichelten Linien dies anzeigen.
2. Schritt: Biegen Sie die beiden unteren Teile gerade, bis sie der angegebenen Form gleichen.
3. Schritt: Stecken Sie die kürzeren Enden in die Holzdübel, so daß sie ungehindert ausschlagen können.

Damit sind diese nützlichen Werkzeuge auf dem Gebiet der Magie gebrauchsfertig. Meine Großmutter hat einmal seit langem vermißte Autoschlüssel mit einem Satz Drachenruten gefunden, ohne sie je zuvor benutzt zu haben! Die Drachenruten können jedoch auch Übung erfordern.

Halten Sie die Drachenruten an den hölzernen Enden, eine in jeder zur Faust geschlossenen Hand, so daß sie vor Ihnen genau geradeaus weisen und in einem Abstand von etwa 20 cm parallel zueinander sind. Konzentrieren Sie sich nun auf das, wonach Sie suchen: einen Gegenstand, Wasser, Metalle ... Gehen Sie langsam, und halten Sie die Drachenruten bewußt möglichst parallel zueinander. Sie werden dann plötzlich bemerken, daß sie sich ohne eine

Bemühung von Ihrer Seite *unvermittelt kreuzen*! Untersuchen Sie die darunterliegende Stelle.

Versuchen Sie, wenn Sie mit der Zeit geübter im Umgang mit den Drachenruten geworden sind, gerade verlaufende *Ley Lines* ausfindig zu machen. Zeichnen Sie eine grobe Karte Ihres Waldgebietes oder Arbeitsbezirks und tragen diese Linien ein. Bald werden Muster entstehen, aus denen sich Kreuzungspunkte und (hoffentlich!) neue Stellen für die spirituelle Arbeit ergeben, an die auszuprobieren Sie vorher nicht im Traum gedacht hätten!

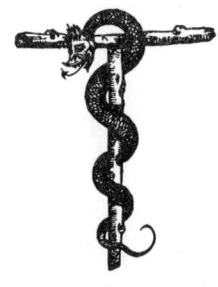

16. Lektion: Spiralritus

»Meditationen auf die endlose Windung«

Die keltischen Künstler-Philosophen waren von dem Gedanken erfüllt, daß die Augen Gottes Fehler entdecken und daß sie alle einzig und allein zu Seinem Ruhm arbeiteten.

George Bain

Sie können die Arbeit des keltischen Kunsthandwerkers nicht distanziert betrachten, Sie müssen ihn begleiten – mit ihm nach unten gehen in die Spirale seiner Welt, wo Raum und Zeit sich vor Ihren Augen zu winden und zu wirbeln beginnen, wo die Grenzen der Realität davonfliegen und sich auflösen.

Am allerwichtigsten für das Verständnis der keltischen Kunst ist, daß sie nicht darauf abzielte, der *Wirklichkeit* Ausdruck zu verleihen oder sie nachzubilden, sondern Ausdruck religiöser Philosophie war. Die fertigen Darstellungen waren nicht den Augen der Menschen, sondern den Augen Gottes gewidmet – denn wer, mit bloß sterblicher Wahrnehmung begabt, könnte wohl die unendlich feine Welt des Unendlichen würdigen, welche die keltischen Künstler erschufen?

Zwei führende Experten auf dem Gebiet der alten Kunst Britanniens haben sehr aufschlußreiche Anmerkungen dazu gemacht:

Die äußerst winzigen Darstellungen der piktischen Buchkunst machen es unmöglich, daß gewöhnliche Augen viel davon wahrnehmen können. Vielleicht werden wir nie wissen, welche Hilfen für ihre Sehkraft und welche Werkzeuge sie hatten, die sie dazu befähigten, Linien mit einer weitaus größeren Genauigkeit zu zeichnen als Künstler der Neuzeit. Diese Inhalte beweisen auch deutlich, daß diese Kunstfertigkeit nicht für Augen und Beifall der Menschen zur Schau gestellt wurde. (George Bain)

Auf einer Fläche von noch nicht einmal 1 Zentimeter habe ich mit einem Vergrößerungsglas nicht weniger als 158 Verflechtungen eines feinen Bandmusters gezählt, das aus weißen, schwarz umrandeten Linien auf einem schwarzen Hintergrund gebildet war. Kein Wunder, daß die Tradition behauptete, diese unfehlbaren Linien seien von Engeln gezogen worden! (J. O. Westwood)

Der keltische Kunsthandwerker war somit weit mehr als ein bloßer Künstler, denn sein Werk war buchstäblich auf das Göttliche gerichtet. Es handelt sich in der Tat um eine Welt »eingefangener Gedanken« … um ein ganzes Universum aus Mythos und Magie, das stets unterwegs ist, ohne sich je zu bewegen! So wie ein Wassertropfen aus einem stillen Teich, der plötzlich in einen Mikrokosmos aus Leben, Farbe und Bewegung zerbirst – wenn man ihn unter dem Mikroskop betrachtet.

Niemand hat mich (leider) in die Welt der keltischen Kunst eingeführt; sie hat mich allmählich in ihren Bann gezogen. Bei unzähligen Gelegenheiten habe ich Bücher über keltische Themen durchgeblättert und stieß immer wieder auf eine Faksimile-Seite aus einem der alten Bücher, wie dem *Book of Kells.* »Oh, wie schön …«, aber nie hatte ich Zeit, diese Ornamente genauer zu betrachten. Erst im Laufe der Jahre hielt ich manchmal inne, war einen Augenblick lang gefesselt von einem Quadratzentimeter … Inzwischen nehme ich mir bei passender Gelegenheit die Zeit, bewußt in dieser einzigartigen und wunderbaren keltischen Welt zu meditieren, die ebenso legendär und farbenprächtig wie jede ihrer großen Sagen ist.

Diese Lektion des *Grimoire* bietet nun dem an »Celtica« interessierten Leser die Gelegenheit, sich persönlich in diese Welt einführen zu lassen. »Einführen« sage ich, weil die keltische Kunst ein Universum ist, unermeßlich groß, mit vielen geheimnisvollen und unerforschten Winkeln. Als Ausrüstung für Ihre »Reise« schlage ich Ihnen als einziges Gerät *eine Lupe* vor! Nehmen Sie sich Zeit zu meditieren und von dem fasziniert zu sein, was Sie sehen … lassen Sie sich davon ergreifen und in den Sog ziehen … folgen Sie den unendlichen Windungen Ihres eigenen Lebens und Schicksals, das Sie – unaufhaltsam – in das große Jenseits führt.

Bevor Sie sich ernsthaft auf die Reise begeben, lassen Sie mich eine wichtige Person würdigen, die mir (obwohl schon lange tot, ehe ich geboren wurde) zu einem lieben Freund geworden ist: George Bain, ein Lehrer, Schriftsteller, Designer und keltischer Künstler unseres Jahrhunderts, der uns durch ein pädagogisches Meisterwerk, sein Buch *Celtic Art: The Methods of Construction* (Dover Publications, New York 1973), als erster auf diese äußerst spannenden Erkundungen schickte. Für jemanden, der keltische Kunst wirklich so versteht wie er, ist sein Buch ein echter Schlüssel, um das verwickelte Labyrinth zu entwirren, das einen wertvollen Schatz umgibt. Wir empfehlen nachdrücklich, es Ihrer Sammlung von »Celtica« hinzuzufügen und seinen Inhalt als Quelle für schöpferische Inspiration oder stille Meditation zu nutzen.

Es ist gut, ein Ziel für diese Reise zu haben;
doch was am Ende zählt, ist die Reise.

Dieses bemerkenswerte Werk ist eine der Buchmalereien (»*Illumina-tionen*«) auf den hinteren Seiten der *LINDISFARNE GOSPELS* aus dem 7. Jh. n. Chr. Beachten Sie das in sich geschlossene symbolische Universum, das mit unübertroffener Symmetrie geschaffen ist.

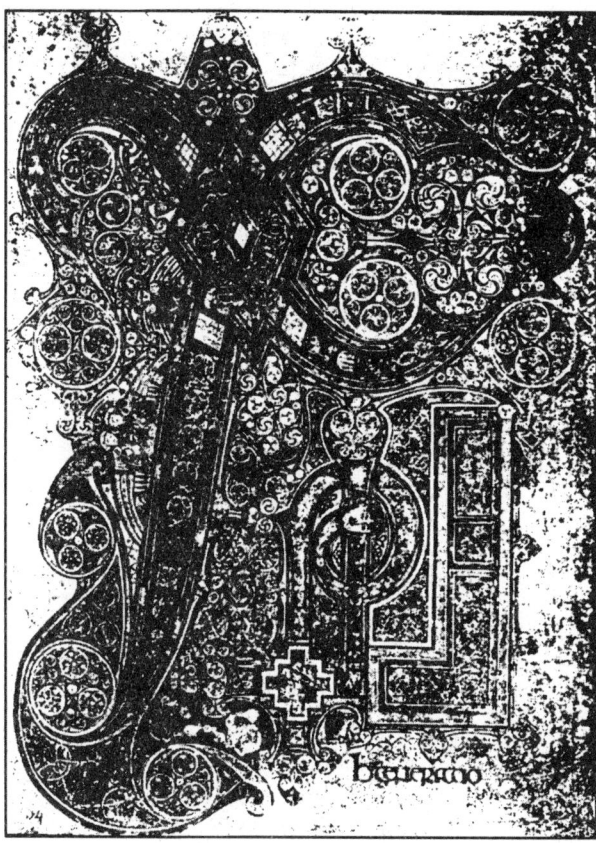

Dies ist eine Vortitelseite aus dem berühmtesten keltischen Manuskript, dem *BOOK OF KELLS*, um 850 n. Chr. Zwei griechische
Buchstaben stehen sinnbildlich für den göttlichen Namen: ein großes *chi* und ein kleinerer Buchstabe *rho*. Achten Sie auf das erlesene,
wie mit Edelsteinen besetzte Ornament des Universums.

17. Lekᴛion: Der Turm

»Die Stärke, sich gegen die Welt zu stellen«

In Idris bin ich gewesen, wo Schlangensteine
Und Blumen aus blassem Veilchenblau sich verbinden
Zu einem schimmernden Tor voller Wunder ...
Wo Gebeine toter Krieger sich sammeln
In einem Sturm aus wirbelnden Wolken und Flammen,
Die unter den sich auftürmenden Himmeln tosen,
Wo große Raben schweben ...

Lied von Dwyfyddiaeth

Seit dem legendären Bericht über den Turmbau zu Babel nimmt der Archetyp des *Twr Uchel*, des »Hohen Turmes«, in allen Mythologien der Welt eine vorherrschende Stellung ein. Er wird hier deswegen in ein Buch über Druidentum aufgenommen, weil seine Form mehr als 60mal in irgendeinem Zusammenhang erwähnt wird. Hinzu kommt noch der *Turm-Ritus*, eine poetische Meditation, die darauf abzielt, diesen Archetyp zu erschließen.

Caer Wydyr, der Gläserne Turm auf der Insel Bardsey, ist der Ort, wohin Merlyn sich mit den Dreizehn Schätzen Britanniens am Ende seines Lebens zurückzog ... dann gibt es *Conans Gläsernen Turm*, der von den Fomoriern auf der Insel Tory erbaut wurde und wahrscheinlich derselbe ist, in dem Ethlinn später eingesperrt war ... *Gwynn ap Nudds Turm-Festung* auf der Glasinsel von Glastonbury, wo er Gwenhwyfar gefangenhielt ... der *Turm der Wunder*, wo Parzival endlich den Gral findet ... der *Dun na Sciath*, ein riesiger runder Steinturm ... der uneinnehmbare *Turm von Delbchaem*

... der geheimnisvolle purpurfarbene Glasturm von *Caer Idris*, der stets hinter einer Wand aus Silberwolken verborgen ist ... oder der *White Tower Hill*, wo Brâns Haupt unter dem heutigen *Londoner Tower* begraben liegt ... Diese Aufzählung, die sich noch lange fortsetzen ließe, soll lediglich zeigen, wie stark das Bild des Turmes in den keltischen Sagen präsent ist.

Der Turm als Archetyp hat die Funktion, etwas zu *bewachen* – etwas nicht herein- oder etwas nicht herauszulassen. Oft ist der Turm ein Symbol für die Anderwelt, umgeben von Meeren, Wolken oder Nebel; sie alle versinnbildlichen den schützenden Schleier, der die Welten voneinander trennt. Sehr oft ist der Turm aus *Glas* oder *Kristall* erbaut – einer Substanz, die ebenfalls zur Anderwelt gehört. Das Entscheidende ist, daß Türme immer in *beiden* Welten existieren und häufig von geheimnisvollen Hütern des verborgenen Wissens bewohnt werden – den Zauberern. Sie stehen über den Dingen, gegen die Welt des materiellen Chaos und Verderbens; sie wachen über Weisheit und Schönheit wie über einen heiligen Schatz. Von wie vielen Königstöchern haben Sie gelesen, die Eifersucht in einen Turm einsperrte ...? Und immer gibt es einen Sucher – einen Retter.

Der *Pheryllt*-Text enthält eine Meditation mit dem Namen *DER TURM-RITUS*, welchem das obige Symbol ohne weitere Erklärung vorangestellt ist. Im Text ist jedoch mehrmals der *Turm von Cwy* erwähnt.

Auf welche »praktische Ebene« führt uns dies nun? Vielleicht auf zwei. Zum einen: Der Turm ist ein seit langem bestehendes Symbol für magisches Wissen. Ich selbst lebe tatsächlich in einem Turm, der eigens aufgrund dieser Symbolik erbaut wurde und den wir »Tower Lodge« nennen. Viele Besucher bestätigen die dort vorhandene besondere Energie, die sie ein hohes Maß an innerer Wachheit erleben läßt. Manche können nicht schlafen, andere schlafen und träumen dort ungewöhnlich tief und klar, doch fast jeder hat etwas über den Turm zu berichten. Vielleicht, weil er ein Archetyp ist? – Probieren Sie es selbst aus, wenn Sie jemals die Gelegenheit haben, in Ihre *Queste* ein derart geheimnisvolles Bauwerk einbeziehen zu können. Dies könnte sicher etwas Magisches in Ihr Leben hineinbringen – oder hervorlocken!

Zweitens: Man kann auch heute noch mit dem magischen Archetyp des Turms experimentieren und die Meditation des *Turm-Ritus* ausüben (*siehe unten*). Wir vermuten, daß sie ursprünglich einem ähnlichen Zweck wie andere Rituale diente, die als *Affirmationen* oder *Verse zum Kraftverleihen* bezeichnet worden sind, wie das »Lied von Amergin« oder viele Gedichte von Taliesin. Als Visualisation unmittelbar vor der Ritualarbeit hat sich dies als sehr wirksam erwiesen.

Der Turm-Ritus

Wehe der Welt, die nicht sehen kann!
Hoch erhebt sich der Turm von Cwy seit dem Tag meiner Geburt.
Die Festungen von Caer Fandwy, von Defwy oder Nimrod:
Keine kommt dem gleich!
Denn mit allem Wissen bin ich begabt, Bewahrer im Stein,
Hüter des heiligen Wachtturms!

18. Lektion: Ritual von Feuer und Stein

»Die Flamme von Annwn«

Ebenso wie der Schöpfer des Universums es für gut hielt, der Materie die Form der vier Elemente zu geben, meinte der Mensch, die größte Kraft liege bei Feuer und Wasser! Doch das ist töricht, denn ich behaupte, daß das allertiefste Geheimnis in den Reichen von Feuer und Erde verborgen liegt ...

Pythagoras, *Über Entelechie*

Diese Worte stellte der Herausgeber des *Book of Pheryllt* der Textsammlung voran. Viele Jahre lang habe ich über die möglichen Bedeutungen dieser Worte von Pythagoras nachgedacht, denn sie könnten in Bezug zu dem druidischen *Ritual von Feuer und Stein* stehen. Die Tatsache, daß es sich dabei um ein Zitat aus einem verschollenen Werk handelt, wäre schon genug, doch im Laufe der Zeit wurden auch noch andere Verbindungen offenkundig. An erster Stelle ist hier die mystische Beziehung zwischen FEUER & STEIN zu nennen, Formgebung und Verfestigung. Feuer ist im Ritual immer auf einem Steinaltar als Fundament errichtet worden, und Stein ist ursprünglich aus der Hitze des Feuers entstanden. Zwischen beiden gibt es einige sehr tiefe mystische Verbindungen, die im Reich der Vier Elemente nur selten beachtet werden.

Das hier wiedergegebene Ritual ist in zweifacher Hinsicht einzigartig: Erstens ist es ausgesprochen *ursprünglich*, da die Kräfte, die es erweckt, unbegrenzt und ungebändigt sind, so wie es auch die Religion einmal in den Anfängen der Zivilisation war. Zweitens ist es der einzige, im *Pheryllt*-Text enthaltene Ritus, der alle Vier Elemente in die magische Handlung einbezieht: eine *Steinschale* für Erde, *Brunnenwasser* für Wasser, drei *Mistelbeeren* für Luft, eine *Flamme* für Feuer und eine *schwarze Kerze* für das fünfte unerkennbare Element

Nwyvre. Der *Pheryllt*-Text nennt diesen einzigartigen und machtvollen Ritus »den ältesten Zauber, der unserer Sammlung bekannt ist«.

Um dieses Orakelritual kennenzulernen – denn das ist es in Wirklichkeit –, besorgen Sie sich die folgenden ungewöhnlichen Dinge:

* *Wasser* aus einem sehr tiefen Brunnen; etwa 4 Liter sollten ausreichen.
* eine *Steinschale*: Dies kann ein natürlicher Stein von der Größe eines Tellers mit einer schalenähnlichen Aushöhlung sein, die mindestens 5 cm tief sein sollte. Gehen Sie in einer Felsschlucht, an einem Strand, Bach- oder Flußufer allein auf die Suche danach (denn wahre Magie ist eine »private« Kunst, ganz für Sie allein!). Nehmen Sie sich Zeit dafür und achten darauf, daß der Stein den angegebenen Maßen so genau wie möglich entspricht.
* *drei Mistelbeeren*: Sie können diese in Ihrem Kräuter- oder Naturkostladen bestellen; normalerweise sind sie mit den Blättern gemischt. Wenn Sie bis zum Spätherbst oder Dezember warten, können Sie auf Märkten auch Mistelzweige kaufen (die Mistel steht bei uns unter Naturschutz).
* eine *natürlich gefärbte schwarze Kerze*: Diese Aufgabe ist die schwierigste. Es ist zwar ohne weiteres möglich, eine 20 bis 25 cm große schwarze Kerze käuflich zu erwerben, doch wenn irgend möglich, ist es weit besser, sie selbst herzustellen. Kaufen Sie eine Packung Paraffin oder Bienenwachs und schmelzen dies mit *einer* der folgenden drei Substanzen, die alle eine schwarze Farbe ergeben:
  * *Mädesüß* (getrocknetes Kraut)
  * *Pflaume* (zerstoßene Kerne)
  * *Schwarzdorn* (Rinde)

Das Ritual kann im Haus oder draußen ausgeführt werden. Um optimale Ergebnisse zu erzielen, arbeiten Sie entweder bei *Neumond* (für den Stein) oder bei *Vollmond* (für das Feuer). Legen Sie dafür ein besonderes Gewand an. Da es sich hierbei um ein Orakel handelt, entscheiden Sie sich für eine Reihe von Fragen nach dem Schema »Ja-Nein-unbekannt«. Ich selbst arbeite mehrmals im Monat mit dieser Methode, und obwohl sie von einer fast kindlichen Einfachheit ist, hat sie stets die richtigen Antworten geliefert – bisweilen erschreckend in ihrer Genauigkeit! Fragen Sie nur, was

Sie wirklich wissen möchten. Werden Sie sich über Ihre Fragen, Absichten und Motive klar ...

Was die Herkunft der fremdartig anmutenden Worte der Macht aus dem Ritualtext anbetrifft, so habe ich keine Ahnung. Nach den Übersetzungen handelt es sich offenbar um Götternamen aus irgendeinem Urdialekt aus einer Zeit, lange ehe die Druiden oder selbst die *Pheryllt*-Priestern an Albions Küsten wandelten! Ich erhebe nicht den Anspruch, mehr zu wissen – außer daß es sich bei dem Ritual von Feuer und Stein um ein Werk alter Magie handelt, das sowohl Vorsicht als auch Respekt verlangt.

Ritual von Feuer und Stein

* Verbrennen Sie als Räucherwerk auf einer Räucherkohlenschicht eine Mischung aus den folgenden, zu Pulver zermahlenen Substanzen: weißer Knochen, schwarze Kohle, gelber Schwefel.
* Wenden Sie sich nach Norden und füllen das Steinbecken, in dessen Mitte Sie die schwarze Kerze befestigt haben, mit dem Brunnenwasser.
* Entzünden Sie die Kerze und rufen laut die Namen des Geist-Herrn aller gehörnten Tiere ... der Geist-Tochter von Wind und Regen ... des Geist-Herrn der Farben der Erde ... des Geist-Herrn, der in den Augen von Mensch und Tier wohnt!

> MANGASHAR!
> DAIANASHIRA!
> THUMUG!
> URSCUMOK!

* Wenn die Kerze gleichmäßig brennt, stellen Sie Ihre Fragen. Die Flamme wird als Bestätigung aufflackern, als Verneinung kleiner werden und im Wasser ausgehen, wenn es sich um etwas Unbekanntes oder Unpassendes handelt.

19. Lektion: Maske

»Den Blick nach innen wenden«

In alten Zeiten machten die Druiden Samhain-Masken aus lebenden Bäumen. Der Holzschnitzer zog sich in den Wald zurück, nachdem er geträumt hatte, aus welchem Holz die Maske sein sollte. Er wählte einen heiligen Totem-Baum und verbrannte an seinem Fuß Räucherwerk als Opfergabe. Dann rieb der Druide die Rinde mit Bienenwachs und Myrrhe ein, während er erweckende Zauberformeln sprach und den Baum darum bat, der Maske, die nun aus seinem Stamm geschnitzt würde, seine Lebenskraft, seinen Wesenskern und Charakter zu verleihen. Solche Masken hatten keine Öffnungen für die Augen und Gesichtsschnitzereien, die so schauerlich anzusehen waren, daß sie nicht nur erschreckend auf übelwollende Geister wirkten, sondern über die Seele des Priesters hinaus tief in die Grenzen der Anderwelt hinein, (pph'd).

Llywelyn Sion, *The Book of Pheryllt*, 1588

Unmittelbar nach dem Abschnitt über den *Faed Feea* (siehe *Grimoire* III/1) erscheint im *Pheryllt*-Text überraschend eine Seite über Masken. Überraschend deshalb, weil ich niemals zuvor auf einen Hinweis gestoßen war, der Masken mit dem Druidentum in Verbindung brachte, obwohl es sich dabei weltweit um ein sehr verbreitetes Element des Schamanismus handelt. Durch die Tatsache, daß es unmittelbar auf das Thema des Ritualumhangs folgt, könnten die beiden ohne Zweifel als verwandte magische Insignien verstanden werden, denn ihnen ist ein hervorstechender Faktor gemeinsam: *Sie sind Werkzeuge der Blindheit* und lenken den Blick nach innen, fort von der sichtbaren Welt – was ein Erkennungszeichen für die magisch-schamanische Einweihung ist. Die beschriebenen Masken haben nämlich keine »Gucklöcher«!

Diese Lektion ist eine sehr kurze, wenn auch nur deshalb, weil es dazu praktisch nichts in der überlieferten druidischen Tradition gibt! Doch die Tatsache, daß über das Thema von Masken *nichts Schriftliches aufgezeichnet* worden ist, bedeutet keineswegs, daß diese Praxis nicht zum druidischen Ritual gehörte. Die Einbeziehung von Masken in ihr Repertoire wäre äußerst folgerichtig, denn das Verborgene, Verschwiegene und Rätselhafte war das Element der Druiden, dieser ursprünglichen Mystiker!

20. Lektion: Die Harfe von Erin

»Geheimnisse bardischer Liedkunst«

Die Harfe der Barden ist ein Sinnbild für die von Liebe durchdrun
gene Seele, welche die himmlische Weisheit von Zeitalter zu Zeitalter
weiterzugeben vermag.

E. C. Merry

Von allen bekannten Instrumenten, die in der keltischen Kultur
verwendet wurden, ist die Harfe die Königin: Sinnbild für das alte
Irland, Markenzeichen der bardischen Kollegien, in Sage und Lied
mehr als jedes andere erwähnt.

Wir haben hier die Absicht, in Ihnen, dem Leser, ein aktives
Interesse zu wecken (falls dieses noch nicht existiert) und Sie zu ermutigen, dieses ganz und gar druidische und authentischste Vermächtnis der keltischen Musik zu erwerben, es spielen zu lernen
und sich daran zu erfreuen. Wir beobachten heute ein neuerwachtes
Interesse nicht nur an der Harfe, sondern an keltischen Themen
allgemein. Für diejenigen, die sich mit keltischer Musik befassen
und dadurch dem ursprünglichen Archetyp näherkommen möchten, sind viele hervorragende Aufnahmen erhältlich.

Als **ersten Schritt**, um keltische Musik im allgemeinen kennenund schätzenzulernen, schlage ich Ihnen vor, in den besten Plattenladen Ihrer Umgebung zu gehen und sich die empfohlenen Musikbeispiele anzusehen, um vielleicht einige davon zu erwerben. Unsere
Wunschliste für den Anfang umfaßt die folgenden 21 Titel:

* Enya: »The Celts«/»The Memory of Trees«/»Shepherd's Moon«/
»Watermark«

* Mystic Voyage: »Stonehenge«
* The Celtic Connection: »Over the Sea to Skye«
* Chieftains: »The Celtic Harp«
* Clannad: »Lore« & »Legend«
* Maire Breatnach: »The Voyage of Brân«
* Green Linnet: »Heart of the Gaels«
* Hearts of Space: »Celtic Twilight«
* Maggie Sansone: »Mist & Stone« / »Dance Upon the Shore«
* Windham Hill: »A Winter's Solstice I-IV«
* Carol Thomas: »The Enchanted Isles«
* Ruben Correa: »Celtic Sea Whisperings«
* Johnson/Dunning: »Songs from Albion I & II«
* Sue Richards: »Grey Eyed Morn«
* Narada: »Celtic Odyssey«
* Julianne Baird: »Greensleeves«

Als **zweiten Schritt** erkundigen Sie sich in einer guten Musikalien-handlung nach dem Preis einer Harfe. Für Ihre Zwecke brauchen Sie eine Mini- oder Schoßharfe, die auch als »irische Harfe« oder »bardische Harfe« bezeichnet wird. Das richtige Modell hat zwischen 16 und 21 Saiten, wobei die Sorte mit 21 Saiten am besten ist. Da Ihre Harfe mit Sicherheit bestellt werden muß, brauchen Sie Geduld ... und können sich in der Zwischenzeit daheim die bereits besorgte Musik anhören und sich zudem mit den Grundlagen unseres **dritten Schritts** vertraut machen!

Fast alle Miniharfen sind auf »F« gestimmt, d. h., die tiefste Note (das ist die längste und dickste Saite) ist ein F, und alle anderen Saiten steigen nach dieser Tonleiter (»Skala«) an, die aus einer Folge von acht Noten besteht: F-G-A-H-C-D-E usw. Sie können sich diese Tonleiter auf der Abbildung der Klaviertastatur anschauen und sehen, wie die Saiten auf Ihrer Harfe mit den Tasten des Klaviers in Beziehung stehen, und dann zu musikalischen Notenbeispielen übergehen (siehe *Grimoire III/10*). *Die tiefste Note der dargestellten Klaviertastatur ist auch die tiefste Note/Saite auf Ihrer Harfe.* Lesen Sie den letzten Satz noch einmal, wenn Sie Ihre Harfe haben und betrachten Sie sie dabei: Das stellt eine wichtige visuelle Verbindung zwischen Harfe, Klavier und Noten her.

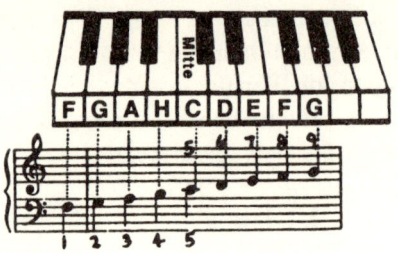

Nun werden Sie erfahren, wie man Harfe nach Zahlen spielt! Sie sehen, daß die Noten der obigen Darstellung von 1 (was der untersten Harfensaite entspricht) bis 9 numeriert sind (natürlich geht es dann noch weiter, ist jedoch hier nicht mehr abgebildet). Entsprechend reichen auch die Zahlenangaben für Ihre Harfe von der unteren Saite 1 bis zur oberen Saite 21. Mit der untersten 1 beginnend, können Sie also die Saiten abzählen und auf diese Weise die folgenden Stücke spielen lernen.

Lied der Huron-Indianer

Bei diesem indianischen Lied handelt es sich um eine sehr alte und seltene Notenschrift von 1540. Unter den Noten stehen die Zahlen für die Saiten, so daß der Leser das Stück danach spielen kann. Natürlich können diese Zahlenfolgen nach der obigen Darstellung auch problemlos auf dem Klavier gespielt werden. Nachfolgend werden in diesem »Schnellkurs« über das Harfenspiel noch drei alte *Ogham*-Melodien aus »Die Kunst des Liedzaubers« (*Grimoire* III/10) für Ihre Praxis und zu Ihrem Vergnügen auf dieses Zahlenmuster übertragen.

Lied der Feuerfunken:

1-1-2-2 3-3-4-4 5-8-6-4 3-4-5-2
1-2-3-4-5-6-7 8-5-6-5-4 5-3-4-3-2-1

Lied von Tydain:

1-1-1 5-4-3-2 1-2-3-4-5 3-2-1
8-8-8 5-4-3-2 1-2-3-4-5 1

Englyn des Rehbocks:

2-3-1-2 3-4-2-3 5-5-5 5-4-3 2-3-1-2
2-3-1-2 3-4-2-3 5-5-5 5-4-3 2-3-1-2

21. Lektion: Der Ritus des Exils

»Die Gleichgültigkeit der Menschheit verbannen«

Vor langer Zeit wurde die Erde als Lebewesen betrachtet. Jeder Teil der Erde wurde als lebendig empfunden. Von ihren verschiedenen geographischen Zonen sandte sie ganz besondere Kräfte aus, welche einen direkten Einfluß auf die dort lebenden Menschen ausübten ...
Rudolf Steiner

Welch eine faszinierende Feststellung: Hätte der keltische Missionar St. Columba nicht den Anfangsvers des alten *Ritus des Exils* ausgesprochen, um »eine ruchlose Versammlung finsterer Götzendiener« in den Höllenschlund zu verbannen, dann hätten wir heute keinen Nachweis davon! Die Chronik berichtet nämlich, daß Columba einstmals Feuer mit Feuer bekämpfte, indem er eines der von den Druiden am meisten gehüteten Rituale gegen sie selbst verwendete. Warum auch nicht? Schließlich war Columba, wie ebenfalls berichtet wird, ursprünglich selbst ein eingeweihter Druide des höchsten Ordens gewesen und kannte dadurch all ihre Geheimnisse. Dies könnte durchaus der Wahrheit entsprechen, denn Columba ist berühmt für seine Doppelrolle, die Druiden gleichzeitig zu unterstützen und zu verdammen. Untersucht man die erhaltenen Schriften genauer, wundert man sich oft, welche verborgenen Tiefen es in Columba wohl gegeben hat ... Auf jeden Fall war irgendein rechtschaffener Mönch so freundlich, genügend von Columbas Höllenfeuer aufzuschreiben, um uns heute mit einem dringend benötigten Puzzleteil zu versorgen. Der *Pheryllt*-Text verzeichnet den *Ritus des Exils* in drei Teilen, wobei er den ersten direkt Columba zuschreibt – und dafür einen früheren Heiligen namens Patrick zitiert!

Bevor der Ritus übermittelt wird, ist ein Wort der Warnung angebracht. Es handelt sich hier um einen sehr alten und machtvollen Überrest des Druidentums, mit Spuren der östlichen Lehre des Zarathustra, die möglicherweise auf den Ursprungsort hindeuten; darüber hat es im Laufe der Geschichte viele Diskussionen gegeben, was auf seinen Einfluß über eine sehr große Zeitspanne zurückgeführt worden ist. Wenn auch AUTORITÄT stets als eine Art »Sicherheitsprinzip« wirkt, das einen Eingeweihten zurückweist, der eine mystische Handlung nicht ausführen kann, für welche er sich nicht zuvor VOLLE AUTORITÄT erworben hat, so ist es für einen Schüler stets ratsam, die alte Magie mit Respekt und Vorsicht zu behandeln. Ich persönlich habe es daher nie gewagt, diesen Ritus auszuprobieren. Vielleicht rührt dies aus meiner Kindheit, denn schon als Junge hatte ich gehört, daß Merlyn diesen Ritus einmal dazu benutzte, um sein magisches Reich dem Zugriff der profanen Welt zu entziehen!

Der Ritus des Exils

1. Wenn alles bereit ist, wie von den Göttern bestimmt, spricht der Priester inmitten der Schatten des Zwielichts die folgenden Worte:

Gemäß der Vorsehung
In dieser schicksalhaften Stunde
Ordne ich die ganze Schöpfung mit ihrer Macht:

Und die Sonne mit ihren leuchtenden Tränen
Und den Schnee mit seinem weißen Fall
Und das Feuer mit der Stärke des Drachen
Und den Blitz mit seinem jähen Zorn

Und die Winde mit ihrer Schnellfüßigkeit
Und das Meer mit seiner Tiefe
Und die Felsen mit ihren Steilhängen
Und die Erde mit ihrer Festigkeit ...

Sie alle verbanne ich ins Exil
Durch Atmus allmächtige Hilfe und Gnade,
Zwischen mir und dem Dunklen Reich,
Fern von diesem Ort!

2. Während der Priester die innere Kraft der Magi sammelt, die er braucht, um seinen letzten Worten Macht zu verleihen, rezitiert er das Mantra:

ZAMA, ZAMA, OZZA
RACHAMA, OZAI ...

3. Schließlich, um die Schicksalsfracht auf ihre vorbestimmte Reise über die Meere von *Annwn* zu senden, spricht der Priester dreimal die Worte der Macht:

ANAIL NATHROCK ...
UTHVASS BETHUDD ...
DOCHIEL DIENVE ...

Damit endet der Ritus.

Und damit sind auch wir ans Ende unserer magischen Reise gelangt – das eigentlich kein Ende, sondern ein Anfang ist. Der Weltenmagier hat einen wunderbaren Teppich gewoben und läßt seine Fäden in unseren Händen zurück, damit wir ihn vollenden können; und in der Mitte ist ein Raum für uns frei gelassen, um jene Figur hineinzuweben, deren Gesicht und Gestalt sich uns immer noch entzieht, obwohl wir schon zweitausend Jahre lang die Fäden dafür in den Händen halten ...

Welch eine phantastische Mischung, so werden Sie nun womöglich denken, aus Sage, Aberglaube und Pseudo-Historie! Doch vielleicht hat hin und wieder die unschuldige Schönheit einer alten Geschichte Ihr Herz berührt, so daß Sie sagen mußten: »Es ist wahr«.

Epilog: Der Leib des Drachen

Unter der Oberfläche der Dinge regt sich ein heimlicher Drang nach der Einführung eines neuen keltisches Geistes, ein Wunsch nach der Geburt eines rein äußerlichen, politischen »Keltentums«. Die Volksseelen vergangener Zeiten haben heute eine andere Mission: Sie sind nicht mehr die Seele eines Volkes, *sondern die Seele eines* spirituellen Erwachens der Menschheit. *König Arthur wird nicht durch den Hörnerschall irgendeines nationalen Geltungsstrebens aufgeweckt werden, sondern nur durch den Schrei der Erde, Mutter der Schönheit, die singend in den Herzen der Menschen Einzug halten wird, wie eine Flamme auf dürrem Gras, wie ein Flammenwind in einem großen Wald.*

E. C. Merry, *The Flaming Door*

Wenn, nach den Worten Merlyns, die Druiden jemals ihren Einfluß in der Welt verlieren würden, dann gerate die Erde, der »Leib des Drachen«, in größte Gefahr – ohne Hüter, ohne Wächter, und bliebe es bis zu deren Rückkehr viele Generationen später. Wie sehr hatte er recht damit! Eine Folge davon ist sicherlich, daß auch der Große Drache langsam zu sterben beginnen könnte, wenn die Zauberer vom Schauplatz der Gesellschaft und Staatslenkung verschwänden. Seit dem Anfang aller Zeiten sind Zauberer und Drachen unzertrennliche Gefährten gewesen. So wollen wir nun hören, was wir, die Druiden von Gestern & Heute, zur Rettung der Erde tun können.

Die Prophezeiung der Morrigan

Ich werde keine Welt schauen, die mir lieb ist ...
Sommer ohne Blumen,
Kühe ohne Milch,
Frauen ohne Sittsamkeit,
Männer ohne Tapferkeit,
Eroberungen ohne König ...
Wälder ohne Bauholz,
Meere ohne Ausbeute.

Die Erde selbst ist die *Krise*. Sie liegt im Sterben. Sie ist dabei, den Kampf gegen ihre Bewohner zu verlieren, die Fähigkeit einzubüßen, sich selbst wieder zu regenerieren. *Der Mensch gegen die Erde.* Lesen Sie die alte irische Prophezeiung der Morrigan noch einmal. Die Ozonschicht, zu unserem Schutz vorhanden, ist bereits irreparabel geschädigt. Millionen Tonnen unnatürlicher Chemikalien ergießen sich jedes Jahr in unsere Gewässer und töten das lebensspendende Gleichgewicht darin ab. Die Städte auf unserem Globus hüllen sich Tag für Tag in eine dichte Schicht aus schwarzem Smog. Das Land ist zur Heimat von gewaltigen Bergen von Plastikmüll und einer wachsenden Zahl undichter Tonnen mit radioaktiven Materialien geworden – Mutter Erde nimmt alles in sich auf. Für den Menschen, der in seinem häuslichen Komfort vor sich hinlebt, sind diese Gefahren »weit weg«. Wir haben bereits im Prolog davon gesprochen, und nun, da wir am Ende dieses Buches angelangt sind, stellt sich die Frage, ob und wie *Merlyns Wiederkehr* mit den *Drei Verschollenen Büchern* dabei helfen kann, dieser Krise zu begegnen.

Antwort: *Sie selbst müssen es tun!* Bücher sind nur Auslöser für Ideen, die Menschen dann ausführen – oder nicht. Bei der erwähnten Krise handelt es sich definitiv um ein Problem des Menschen. Die Erde allein kann sehr gut für sich sorgen; überall auf ihrem Antlitz ist das Zeichen des göttlichen Gleichgewichtes erkennbar. Die Kelten haben dieses verehrt, gespiegelt, nachgeahmt und zu einem wesentlichen Bestandteil ihres Lebens, ihrer Geschichten und ihrer Kunst gemacht. Die Druiden haben, ihm zu Ehren, ihre religiöse Philosophie darauf gegründet. Lediglich dort, wo Menschen blindlings leben, nur an sich selbst denken und ohne

Schuldgefühl alles tun, was sie wollen, wird das Gleichgewicht zerstört. Die Krise ist da.

Sind wir ein *Teil* der Erde oder einfach nur Wesen, die nach einer Handvoll Jahren eh für den Himmel oder die Hölle bestimmt sind – und hier nur eine Zeitlang auf Besuch? Worauf ist unser Blick gerichtet? Wenn wir ein Teil der Erde sind, dann tragen wir auch die Verantwortung dafür, ihr Gleichgewicht zu schützen, denn dies ist auch unser Leben. Wenn wir uns selbst jedoch bloß als Besucher sehen, dann sind wir weitgehend von der Verantwortung entbunden – außer vielleicht als Eltern für unsere Kinder.

In der biblischen Schöpfungsgeschichte wird die Beziehung des Menschen zur Erde durch den Satz »Macht euch die Erde untertan« festgelegt. Nach der fortschreitenden Zerstörung zu urteilen, scheint dies weltweit typisch dafür zu sein, wie der moderne Mensch denkt und handelt. Er hat sich durch diesen Mythos selbst isoliert, an die falsche Stelle gesetzt und seinen Rang in der natürlichen Welt vergessen, ist nicht ein Teil des Ganzen, sondern hat sich als Herr über die »niedere Erde« erhoben. Gibt uns die Macht unserer Technologie das Recht, die Erde zu unterwerfen?

Arthur und Merlyn haben versucht, vor etwa 1500 Jahren, inmitten von Bürgerkrieg und feindlichen Invasionen, den Kern dieser Frage anzusprechen; er bildet auch die moralische Grundlage für das, was vor über 10 000 Jahren in Atlantis geschehen ist. Welche Antworten hat es damals gegeben? Welche Antworten gibt es heute?

Das vorliegende Buch bietet eine Lösung in drei Teilen an:

* Der *Prolog* zeigt auf, worin die Krise besteht.
* Das *Buch* selbst zeigt auf, wodurch die Krise verursacht wird.
* Der *Epilog* zeigt die Lösung auf, wodurch die Krise behoben werden kann.

Aber bedeutet das nicht, daß wir uns vom Stand unserer Technologie, von Computern abwenden und zur Zaubermedizin, zu den Stammesfehden des »Dunklen Zeitalters« zurückkehren sollen? Nein und nochmals Nein! Wenn die Geschichte uns irgend etwas gelehrt hat, dann die Erfahrung, daß ein freiwilliger, *gewollter Rückschritt* unmöglich ist – wohl aber die ungewollte, von außen erzwungene Form, wo sich die Naturgesetze des Universums in Form von Überschwemmung, Hungersnot oder als »atomare Lösung« gegen uns erheben. Wir *können* nicht zurückgehen und sollten es auch nicht; denn Wachstum bedeutet mehr als Rückzug!

Welche Optionen haben wir also, wenn wir nicht wollen, daß das Schicksal irgendwann wieder einmal in unsere gedankenlose Zerstörung der Erde eingreift?

Hier regen die alten Manuskripte, die seit alters her unter dem Namen DER LEIB DES DRACHEN zusammengefaßt werden, zu einigen sehr realen mystischen Möglichkeiten an. Damit bleibt jedoch das Grundproblem bestehen, wie »mystische Lösungen« in einem Zeitalter von Techno-Ratio verwirklicht werden können. *Die Tatsache aber, daß wir alle das Produkt zahlloser früherer Leben sind und daß viele von uns tiefsitzende Beziehungen zum Erdbewußtsein haben, die nur auf einen »Auslöser« warten, um sich wieder auf ein Ziel zu richten, wird sich vielleicht als die gesuchte Antwort herausstellen.* Der Verfasser dieses Buches und seine Heerscharen von Geister-Druiden vertrauen zumindest darauf. Eine solche Antwort hat zwei Seiten: Die Lösung liegt sowohl tief in dem sorgsamen Ausdeuten der alten Manuskripte selbst als auch in den Herzen jener verborgen, die den Ruf hören und ihm folgen. Ehe wir uns genauer damit beschäftigen, soll zunächst noch einmal der Weg klar formuliert werden:

Wir haben eine Krise.
Der Planet Erde – der Leib des Drachen – stirbt.
Der Mensch, unbewußt, isoliert oder gleichgültig,
ist die Ursache dafür.
Technologie und religiöser Mythos haben
zu Gefühllosigkeit und einer künstlichen
Unempfänglichkeit für Verantwortung geführt.
Es muß bald etwas unternommen werden.
Die Lösung liegt nicht in einem Rückschritt.
Der Mensch muß seine Denkweise verändern.

Die letzte und wichtigste Zeile führt uns zu dem alten Grundsatz: *Ein Mensch, der gegen seinen Willen »überzeugt« wird, ist nicht überzeugt.* Keine Regierung, keine militärische oder gesellschaftliche Macht wird unsere globale Krise lösen. Die wirkliche Antwort liegt in einer Änderung der *Denkweise* des Menschen – eine weitaus schwierigere Herausforderung, zu der Mittel und Wege gehören, die über die Vorstellungskraft der meisten hinausgehen. Der Mensch muß auf irgendeine Weise von der Erkenntnis überzeugt werden, selbst Sorge und Verantwortung dafür zu übernehmen, damit seine Erde überleben kann. Natürlich stellt sich hier die Frage des *Wie*, und darum geht es hauptsächlich in diesem Epilog.

Wenn der Gedanke, die Wahrnehmung des Menschen weltweit zu verändern, außerhalb der normalen Vorstellungskraft liegen mag, so gilt dies vielleicht auch für die Mittel. Dies wäre nicht überraschend, denn die von uns umrissene Lösung ist *magisch,* in dem echten Sinne, der uns gewöhnlich bis zum Alter von zehn Jahren gründlich ausgetrieben, »wegkonditioniert« worden ist! Doch echte Magie existiert, und jedes Kind weiß das. Es wird sehr hilfreich sein, wenn der Leser mein schon erschienenes Doppelwerk: *Merlyns Vermächtnis* und *Merlyns Lehren* bereits durchgearbeitet hat, denn dann dürfte die objektive Welt der Magie ihm nicht mehr fragwürdig erscheinen. Ich bitte an dieser Stelle den Leser darum, mir unvoreingenommen zuzuhören und mit einem Urteil solange zu warten, bis er sich genügend Zeit genommen hat, um das Gesamtbild sorgfältig zu betrachten und zu überprüfen. Es steht schließlich sehr viel auf dem Spiel!

* * *

Erste Anhaltspunkte lieferten vor Jahren die *VIERZEILER VON BRÂN* (siehe das Kapitel »Das Haupt« in Teil 2). Ein ganzes Buch könnte mühelos allein als Kommentar über die *Vierzeiler* geschrieben werden, doch hier sollen nur einige besonders bekräftigende Verse herangezogen werden:

* Sowohl die *Vierzeiler* als auch *Merlins Prophezeiungen* erwähnen die »Drei Verschollenen Bücher aus Wales, die zu einem vereint werden«. Dann wird die Zeit gekommen sein, daß die »Feuerväter« (d. h. die Druiden) wiederauferstehen. Mit *Merlyns Wiederkehr* ist diese Prophezeiung erfüllt.

* Die *Vierzeiler* sprechen von »21 Seelen«, die gemeinsam in allen drei nacherzählten Sagen aus den Verschollenen Büchern aufgetreten sind. Wenn diese Gruppe sich um das Jahr 2000 erneut vereint, besteht die Möglichkeit, die Druiden wieder in ihr früheres Amt als Hüter der Erde einzusetzen.

* Die *Vierzeiler* sprechen außerdem von der Errichtung eines geographischen Ortes (»Neues Land« oder »Neuer Wald«), wo diese Gruppe zusammenkommen und arbeiten wird, um das Druiden-

tum wiederherzustellen, und von einer »Wiedergeburt Arthurs«, von einem, der als 21. die Verantwortung tragen wird für Erfolg oder Mißerfolg dieses Bestrebens.

* Als letztes und wichtigstes enthalten die *Vierzeiler* Hinweise sowohl auf die angesprochene *Krise* als auch auf die erwähnte *magische Lösung*, die sich an die Geschichtenfolge um Gwydion in Teil 1 dieses Buches, »DIE SCHLACHT DER BÄUME«, hält.

Sagen aus ganz verschiedenen Kulturen, wie der europäischen, indischen, orientalischen und indianischen, berichten davon, daß Bäume früher einmal (häufig in einem Goldenen Zeitalter) im menschlichen Sinne weitaus bewußter als heute waren. Fast alle Kulturen – und besonders ausgeprägt die Kelten – schrieben den Bäumen sowohl die Fähigkeit des *Denkens* als auch der *Sprache* zu. Bäume waren heilige Wesen, doch irgendwann wurden sie zu den »Dekorationsstücken« in Garten und Park reduziert, wofür man sie heute üblicherweise hält.

Was sagt uns der keltische Zweig der Mythologie darüber? – *Die Bäume schlafen. Doch wenn etwas das Potential besitzt, das Weltbewußtsein der Menschheit zu beeinflussen und auf die Rettung der Erde zu lenken, dann sind es die Bäume* – die alten Gefährten des Menschen. Erinnern Sie sich noch an den Grundsatz, daß die *Denkweise* des Menschen verändert werden muß? Nun, die Baumsprache besitzt ein solches Potential, wie eine telepathische Sprache der Seele: Bilder, Träume, Emotionen und Empfindsamkeit – alles Bereiche, die im Menschen wieder erweckt werden müssen. Das »Lied der Waldbäume« liefert die praktische Methode dafür, *wie* dies zu erreichen ist. Es bietet uns die notwendigen Formeln dafür, einen Baum in sein Bewußtsein zurückzuführen, und diese Praxis können wir zum Wohle des Planeten Erde unseren alltäglichen Lebenserfahrungen hinzufügen.

Wie fast alle keltischen magischen Formeln besitzt auch dieser Zauber drei traditionelle Teile: die *Invokation* (Anrufung), die *Evokation* (Rezitation oder Gesang) und die *Segnung*. Um der Klarheit willen werden sie nacheinander einzeln beschrieben.

Bitte beachten Sie: Nur zwanzig ganz bestimmte Bäume sind Teil dieses archetypischen Systems, und nur sie können durch den Gebrauch der nachfolgenden Formeln erweckt werden. Konzentrieren Sie sich ausschließlich auf diese.

Die Invokation

Dieses Wort bedeutet »anrufen/einladen«. Die Invokation setzt den Baum in Kenntnis davon, daß Sie mit ihm kommunizieren möchten – dem Klingeln des Telefons vergleichbar. Gehen Sie allein zu dem Baum, berühren ihn mit der rechten Hand oder Ihrem Druiden-Stab und sprechen leise den *Zweiten Zauber des Wirkens*:

ANAIL NATHROCK (Ah-Nahl Nahth-rock)
UTHVASS BETHUDD (Uuuth-Vass Beth-Uuudh)
DOCHIEL DIENVE (Dou-chiel Dii-ehn-veh)

Damit haben Sie die Aufmerksamkeit des Baumes gewonnen; er hat eine alte Klangfolge wahrgenommen, die besonders dem keltisch-druidischen Archetyp zugehörig ist.

(Für weitere Informationen über die Wirkungen und Anwendungen dieses Zaubers siehe *Merlyns Vermächtnis* und *Merlyns Lehren*.)

Die Evokation

Dieses Wort bedeutet »hervorrufen«. Die Evokation kann entweder gesprochen (rezitiert) oder (in einer oder mehreren Tonhöhen) gesungen werden. Sie setzt den Baum in Kenntnis davon, daß Sie ihn anrufen und auffordern, wach zu werden – der eigentlichen Mitteilung bei einem Telefonanruf vergleichbar.

Zeichnen Sie mit den Fingern Ihrer rechten Hand auf die Oberfläche der Baumrinde das *Ogham-Zeichen* für diesen besonderen Baum (siehe die nachfolgende Übersicht). Sprechen Sie dabei den *dreifachen Namen*, der den Baum sein Bewußtsein wiedererlangen läßt. Dieser Name besteht aus drei Teilen, die aus der Gegenwart in die ferne Vergangenheit zurückreichen. Der dreifache Name für die Eiche: *EICHE-DUIR-DAIBHAITH* setzt sich beispielsweise wie folgt zusammen:

* *Eiche*: deutsch (für die Gegenwart)
* *Duir*: walisisch-druidisch (für die Vergangenheit)
* *Daibhaith*: Gortigern (für die ferne Vergangenheit)

Die Namen sollten klar und deutlich, mit fester Autorität ausgesprochen werden. Nur wenn man sich *genau* an die Klangfolge hält, wird dies zu den erwünschten Ergebnissen führen; es handelt sich um eine präzise Formel, die wie ein bestimmter Schlüssel nur dann das archetypische Schloß öffnen wird, wenn dieser genau paßt. Bei jeder Abweichung wird der Baum das ursprüngliche Muster nicht »erkennen«. (Haben Sie jemals versucht, Ihre Autotür mit Ihrem Hausschlüssel zu öffnen?)

Wer diesen Ritus durch das authentische Element *Musik* ergänzen möchte, sollte wissen, daß die Tonhöhe selbst nicht so wichtig wie die Intonation ist. Mit *Tonhöhe* ist die besondere Schwingungsfrequenz gemeint, wie sie beispielsweise die verschiedenen Klaviertasten haben, mit *Intonation* (Tongebung) die Schwingungsqualität oder Resonanztiefe, die einen geschulten Redner von einem ungeübten unterscheidet. Der Dreifache Name sollte auf einem oder mehreren Tönen gesungen und dabei besonders *intoniert* werden. Lassen Sie Ihre Geist-Seele die Töne hervorbringen; wenn Sie es richtig machen, sollten Sie spüren, wie die Töne in Ihrer Brust vibrieren und nachschwingen. Sie können alle Töne verwenden, doch ich gebe Ihnen die folgende Anregung: Arbeiten Sie mit *tieferen* Tönen für die Bäume, die zum *passiven Element* gehören und auf Erde oder Wasser ausgerichtet sind; arbeiten Sie mit *höheren* Tönen für die Bäume, die zum *aktiven Element* gehören und auf Luft oder Feuer ausgerichtet sind. Ob Sie laut oder leise singen: Lassen Sie tiefe wie hohe Töne nachschwingen! Bäume spüren sowohl Energie als auch Schwingung.

Die folgende Übersicht bietet Ihnen drei wichtige Informationsbereiche. Sie sollten sich gründlich damit vertraut machen, bevor Sie damit beginnen, diesen Ritus auszuführen.

Dreifacher Name (mit Aussprache)	*Ogham-Zeichen*	*Element*
1. Birke-Beith-Boibel (..., Bei-iz, Boi-bell)		Luft
2. Eberesche-Luis-Loth (..., Luu-is, Louz)		Luft
3. Erle-Fearn-Forann (..., Fearn, For-ann)		Feuer
4. Weide-Saille-Saliath (..., Seil, Sah-laiz)		Wasser
5. Esche-Nuin-Neiagadon (..., Nuu-ihn, Neh-agah-dohn)		Luft
6. Weißdorn-Huathe-Huiria (..., Hu-ah-zuh, Huu-i-ri-uh)		Feuer
7. Eiche-Duir-Daibhaith (..., Do-ier, Dai-buh-iz)		Feuer
8. Stechpalme-Tinne-Teilmon (..., Tin-uh, Tiel-mohn)		Feuer
9. Haselstrauch-Coll-Cae (..., Kole, Kei)		Wasser
10. Apfelbaum-Quert-Kaliap (..., Cert, Kei-lip)		Wasser

Dreifacher Name (mit Aussprache)	*Ogham-Zeichen*	*Element*
11. Weinstock-Muin-Muriath (…, Mu-in, Mu-rii-ez)		Wasser
12. Efeu-Gort-Gath (…, Gort, Gahz)	*	Erde
13. Schilf-Ngetal-Ngoimar (…, Neh-tahl, No-ii-mahr)		Luft
14. Schwarzdorn-Straif-Stru (…, Straif, Struh)	*	Erde
15. Holunder-Ruis-Riuben (…, Ruu-is, Rii-uh-ben)		Erde
16. Tanne-Ailim-Achab (…, Ai-limb, Ach-ab)	*	Erde
17. Stechginster- Ohn-Oise (…, Oun, Oo-ise)		Feuer
18. Heidekraut-Ur-Urith (…, (S)ure, (S)ure-iz)	*	Luft
19. Pappel-Eadha-Essu (…, Ei-ah-duh, Ei-sue)		Wasser
20. Eibe-Ioho-Iachim (…, Ai-o-hou, Ai-ah-him)	*	Erde

Die Segnung

Dieser Schritt ist eine Art Weihe oder »*Segen*«, wie bei einem Abschiedsgruß oder Auflegen des Hörers nach einem Telefongespräch. Die Segnung setzt den Baum in Kenntnis davon, daß Sie ihm alles gesagt haben und ihn bitten, über Ihr Anliegen nachzudenken bzw. danach zu handeln. Dieser dritte Schritt ist der einfachste, denn es gehört nichts weiter dazu, als Ihre Hand vom Baum zu nehmen, zurückzutreten und dreimal mit der Hand oder dem Stab auf den Baumstamm zu klopfen.

Das ganze Ritual ist außerordentlich einfach, wenn man es einmal erlernt hat, und seine Ausführung dauert im Durchschnitt nicht länger als 15 bis 20 Sekunden.

Was nun weiter geschieht, wird durch viele Faktoren bestimmt. Nach einer gewissen Zeit, deren Dauer von der Art des Baumes, der Jahreszeit, dem Wetter, der Geographie der *Ley Lines* usw. abhängt, wird der Baum allmählich zu einem überbewußten Zustand erwachen und die Kommunikation mit anderen erwachten Bäumen suchen. Wenn genügend Menschen genügend Bäume überall auf der Welt aufwecken, wird sich schließlich ein einheitliches Bewußtseinsnetz über den ganzen Globus erstrecken, und dann kann eine Wirkung auf das menschliche Bewußtsein einsetzen. Wie alles, was auf ein Ziel gerichtet ist, erfordert auch dieser *Prozeß* Zeit – ist aber etwas ganz Wundervolles!

Welchen Platz nehmen Sie darin ein? Kaufen Sie sich als erstes das beste Baumbuch, das Sie finden können, und lernen alles über die zwanzig besonderen Bäume. Lernen Sie dann als zweites das »*Lied der Waldbäume*« und machen es zu Ihrem persönlichen Alltagsritual. Wenden Sie es an, wann immer und wo immer Sie können; es ist kurz und schnell, faßt jedoch alles zusammen. Wenn genug Menschen zum Mitwirken an diesem Plan motiviert werden können, werden sich bald Vernetzungsmuster entwickeln, ein »Grünes Internet« sozusagen, und wir werden uns in einem Meer des neuen Bewußtseins finden, in einer »grünen Schule«, und lernen, ohne es zu merken!

Und damit ist das wahre Ausmaß von *Merlyns Wiederkehr* mit den Drei Verschollenen Büchern voll und ganz offengelegt worden. Ob diese Forschung, dieser Plan unserem Planeten tatsächlich hilft, wird von *Ihnen*, die Sie dieses hier gerade jetzt lesen, abhängen. Ich vertraue darauf, daß viele Druiden aus vergangenen Zeiten unter den Lesern dieses Buches sein werden – Menschen, die sich seltsam hingezogen fühlen zu dem hierin Erzählten, eine eigenartige Verbindung spüren, die sich gegen die »rationale Unlogik« des Alltags empört. Ihnen sei gesagt: *Hören Sie auf Ihre innere Stimme.* Probieren Sie es und sehen selbst, was geschieht. Noch kann Mutter Erde geholfen werden, noch kann sie durch etwas so Vernachlässigtes wie die Magie gerettet werden.

Nachdem Sie nun alles über *unsere* Geschichten, *unsere* magischen Träume und Ziele gehört haben – wie wär`s, wenn Sie nun Ihre eigenen Abenteuer zu leben begännen? Berichten Sie uns von dem, was *Sie* erfahren! Und denken Sie vor allem an eines: Die mystische Erde des Neuen Waldes wartet geduldig auf uns alle ...

Douglas Monroe
The American Institute, Ixtapa, Mexiko
August 1998

Verlag Hermann Bauer · Freiburg im Breisgau

Douglas Monroe

Merlyns Vermächtnis

432 S. mit 122 s/w-Abb., geb.; ISBN 3-7626-0502-5

Britannien in einem Sommer des 6. Jahrhunderts n. Chr. Ein Junge sitzt auf den Felsklippen des Klosters Tintagel und schaut dem Spiel der Wellen zu. In wenigen Stunden wird er in den Wäldern zum ersten Mal seinem Lehrer Merlyn begegnen, dem großen Druiden, Magier und Seher. Seine Lehrjahre bei diesem Hüter keltischen Wissens werden Arthur in der Folge mit allen geheimen Überlieferungen des Druidentums, der alten Naturreligion, vertraut machen – mit der Beherrschung der Elemente, mit den Kräften der Natur, dem Zyklus der Jahreszeiten, mit magischen Ritualen und kraftvollen Techniken der spirituellen Transformation. Von der Felsenküste Tintagels führt Arthurs Weg in Merlyns Begleitung durch manch gefahrvolle Begebenheit und Bewährungsprobe – bis nach Stonehenge, wo der junge Mann schließlich zum Priester-König geweiht wird.
Schauplatz ist die Landschaft der britischen Insel, mit ihren Höhlen, Küsten und Bergesgipfeln und sagenumwobenen Kraftorten wie Camelot, Stonehenge und den Apfelgärten von Avalon.
Merlyns Vermächtnis basiert auf alten Sagenfragmenten und keltischem Volksgut. Die Kämpfe und Visionssuche des jungen Arthur sind in fesselnder Erzählkunst beschrieben. Dieser großartige Roman läßt eine historische Epoche Britanniens lebendig werden, macht authentisches druidisches Wissen erstmals zugänglich und ist zugleich ein einmaliges Leseerlebnis.

Verlag Hermann Bauer · Freiburg im Breisgau

Verlag Hermann Bauer · Freiburg im Breisgau

Douglas Monroe

Ꮭ)erlyns Lehren

Das Arbeitsbuch zu Merlyns Vermächtnis

188 S. mit 75 s/w-Abbildungen, kart., ISBN 3-7626-0516-5

Dieses Buch ist ein kompletter Kurs in Druidenmagie. Es enthält die geheimen Rituale, welche gemäß einer alten Tradition über Jahrhunderte nur mündlich von Lehrer zu Schüler weitergegeben werden durften. Neben Rezepten zur Herstellung von Kräutertinkturen und heiligen Getränken und der Unterweisung in zahlreichen Ritualen zur Beherrschung der Elementarkräfte geht es um keltische Feste, Baum- und Zahlenmagie und die Kraft der Drachenlinien. Dieses praktische Arbeitsbuch öffnet neue Wege der Wahrnehmung und vertieft das Empfinden der eigenen Wirklichkeit.

Joan Grant

Augen des Horus

456 S., Halbleinen, ISBN 3-7626-0514-9

Die englische Autorin Joan Grant schrieb eine Reihe von Büchern, die auf ihren Erinnerungen an vergangene Leben basieren. Eines ihrer spannendsten Bücher ist *Augen des Horus*, die packende Geschichte des jungen Ra-ab gegen Ende der XI. Dynastie. Das Ägyptische Reich steht an einem Wendepunkt. Ra-ab, Sohn und Nachfolger des Fürsten der Antilopenprovinz, wird in den Kampf des Lichts gegen die Mächte der Finsternis hineingezogen. In der geheimen Bruderschaft »Augen des Horus«, die den Aufbruch des Neuen Morgens für Ägypten vorbereitet, erhält er seine Aufgaben. Joan Grant läßt die Welt des Alten Ägypten lebendig werden, seinen Zauber, aber auch seine Schrecken.

Verlag Hermann Bauer · Freiburg im Breisgau

Verlag Hermann Bauer · Freiburg im Breisgau

R. J. Stewart

Der Merlin-Tarot

78 Tarotkarten mit Handbuch

ISBN 3-7626-0526-2

Der Merlin-Tarot hat seine Wurzeln in der keltischen Naturreligion. Das einzigartige Konzept dieses Tarot beruht auf den magischen und spirituellen Abenteuern Merlins, die aus authentischen Quellen des 12. Jahrhunderts nachgezeichnet wurden. Das Set enthält 78 Karten – Trumpfkarten, Zahlenkarten und Hofkarten – mit kraftvollen magischen Bildern, in denen sich sowohl individuelle menschliche Situationen als auch universelle Energien widerspiegeln. Im Handbuch erfahren Sie alles Notwendige, um mit dem Merlin-Tarot arbeiten zu können.

Lancelot Lengyel

Das geheime Wissen der Kelten

enträtselt aus druidisch-keltischer Mystik und Symbolik

384 S. mit 850 Abb., kart.; ISBN 3-7626-0200-X

Die Kelten werden als kulturtragendes Volk immer wieder zitiert und behandelt und in mancherlei Versuchen dargestellt. Lengyel berichtet nicht mehr allein über die Kelten, sondern »das geheime Wissen der Kelten« wird in einer neuen Perspektive aus Symbolik und Mystik enträtselt. Etwa 850 bildliche Darstellungen schmücken das Buch und zeugen von der unendlichen kreativen Ausdrucksweise des esoterisch gebildeten keltischen Menschen.

Das äußerst sorgfältig recherchierte Werk stellt einen unvergleichlichen Beitrag dar zur rechten Erfassung eines kulturellen Erbes, das aus dem keltischen Großraum zwischen Irland und dem Schwarzen Meer auf uns übergegangen ist. Jeder sollte es lesen, der echte überlieferte Information über seine Altvordern sucht.

Verlag Hermann Bauer · Freiburg im Breisgau